AF559153

★ MARCO POLO HIGHLIGHTS 2 – 5

EUROPE MAP 1 : 4 500 000 6 – 21

Europe • Europa

ROAD MAP 1 : 200 000 22 – 99

België/Nederland/Luxemburg · Belgique/Pays-Bas/Luxembourg · Belgien/Niederlande/Luxemburg · Belgium/Netherlands/Luxembourg
Belgio/Paesi Bassi/Lussemburgo · Bélgica/Países Bajos/Luxemburgo · Bélgica/Países Baixos/Luxemburgo · Belgie/Nizozemsko/Lucembursko
Belgia/Holandia/Luksemburg · Belgium/Hollandia/Luxemburg · Belgien/Nederlandene/Luxembourg · Belgien/Nederländerna/Luxemburg

TRANSIT MAPS 1 : 100 000 100 – 107

Amsterdam
Brussel/Bruxelles
Luxembourg

CITY MAPS 1 : 20 000 108 – 120

Amsterdam
Antwerpen
Brugge
Brussel/Bruxelles
Arnhem
Eindhoven
Gent
Groningen
Den Haag ('s-Gravenhage)
's-Hertogenbosch
Liège
Luxembourg
Maastricht
Utrecht
Rotterdam

i 121 – 123

Reisinformatie · Informations voyageurs · Reiseinformationen · Travel information
Informazioni utili per il viaggio · Información turística · Informações de viagem · Cestovné informácie
Informacje dla podróżujących · Utazási információk · Rejseinformation · Reseinformation

A-Z 125 – 160

Register van plaatsnamen · Index des localités · Ortsnamenverzeichnis · Index of place names
Elenco dei nomi di località · Índice de topónimos · Índice dos topónímicos · Rejstřík sídel
Skorowidz miejscowości · Helységnévmutató · Navnefortegnelse · Ortnamnsförteckning

★ MARCO POLO Highlights

1 LEEUWARDEN

(UK) Student flair, the beautiful old town and the museum in the Princessehof attract visitors.

(D) Studentisches Flair, die schöne Altstadt und das Museum im Princessehof locken Besucher an.

(F) L'ambiance estudiantine, la belle vieille ville et le musée dans le Le Princessehof attire les visiteurs.

(I) L'atmosfera studentesca, il bellissimo centro storico e il museo del Princessehof attirano i visitatori.

2 GRONINGEN

(UK) The city impresses with its magnificent university building and the famous Groningen Museum.

(D) Die Stadt beeindruckt durch das prächtige Universitätsgebäude und das bekannte Groninger Museum.

(F) La ville impressionne par son magnifique bâtiment universitaire et son célèbre musée de Groningue.

(I) La città colpisce per il suo magnifico edificio universitario e il famoso Museo Groninger.

3 ECOMARE

(UK) Animals and plants of the mudflats and the North Sea are the theme of this nature centre.

(D) Tiere und Pflanzen des Watts und der Nordsee sind das Thema dieses Naturzentrums.

(F) Les animaux et les plantes des watts et de la mer du Nord sont le thème de ce centre nature.

(I) Animali e piante delle distese fangose e del Mare del Nord sono il tema di questo centro naturalistico.

4 WILDLANDS – ADVENTURE ZOO

(UK) Discover this fascinating zoo with its three themed areas and their respective animal world!

(D) Entdecken Sie diesen faszinierenden Zoo mit seinen drei Themenbereichen und der jeweils dazugehörigen Tierwelt!

(F) Découvrez ce zoo fascinant avec ses trois zones thématiques et leur faune respective !

(I) Scoprite questo affascinante zoo con le sue tre aree tematiche e la rispettiva fauna selvatica!

5 AMSTERDAM

(UK) Rijksmuseum, Van Gogh Museum, Nieuwmarkt and Grachtenring - Amsterdam has a lot to offer!

(D) Rijksmuseum, Van-Gogh-Museum, Nieuwmarkt und Grachtenring - Amsterdam hat viel zu bieten!

(F) Le Rijksmuseum, le musée Van Gogh, le Nieuwmarkt et la ceinture de canaux - Amsterdam a beaucoup à offrir!

(I) Il Rijksmuseum, il Van Gogh Museum, il Nieuwmarkt e il Grachtenring: Amsterdam ha molto da offrire!

6 SCHEVENINGEN

UK In the Netherlands' largest seaside resort, you can stroll along the beach promenade.

D Im größten Seebad der Niederlande lässt es sich herrlich entlang der Strandpromenade flanieren.

F Dans la plus grande station balnéaire des Pays-Bas, vous pouvez vous promener le long de la promenade de la plage.

I Nella più grande località balneare dei Paesi Bassi, è meraviglioso passeggiare sul lungomare.

7 KEUKENHOF

UK A splendour of flowers from March to May in the Netherlands' most famous garden in Lisse near Leiden.

D Blütenpracht von März bis Mai im berühmtesten Garten der Niederlande in Lisse bei Leiden.

F Splendeur des fleurs de mars à mai dans le jardin le plus célèbre des Pays-Bas, à Lisse, près de Leyde.

I Uno splendore di fiori da marzo a maggio nel giardino più famoso dei Paesi Bassi, a Lisse, vicino a Leida.

9 RIJKSMUSEUM KRÖLLER-MÜLLER

UK Picasso, Mondrian, Van Gogh - the museum exhibits a world-class collection and sculptures.

D Picasso, Mondrian, Van Gogh - das Museum zeigt eine Sammlung von Weltrang sowie Skulpturen.

F Picasso, Mondrian, Van Gogh - le musée présente une collection de niveau mondial ainsi que des sculptures.

I Picasso, Mondrian, Van Gogh - il museo espone una collezione di livello mondiale e sculture.

10 DOMBURG

UK The venerable seaside resort on the Walcheren peninsula is known for its artistic heritage.

D Das ehrwürdige Seebad auf der Halbinsel Walcheren ist bekannt für sein künstlerisches Erbe.

F Cette vénérable station balnéaire de la presqu'île de Walcheren est connue pour son patrimoine artistique.

I La venerabile località balneare sulla penisola di Walcheren è nota per il suo patrimonio artistico.

11 DELTAPARK NEELTJE JANS

UK The superlative storm surge barrier protects the coast of Zeeland.

D Das Sturmflutwehr der Superlative schützt die Küste von Zeeland.

F Le barrage anti-tempête de tous les superlatifs protège la côte de Zélande.

I La superlativa barriera contro le mareggiate protegge la costa dello Zeeland.

12 'S-HERTOGENBOSCH

UK The Binnendieze flows under buildings - and the excursion boats follow its course.

D Die Binnendieze fließt unter Gebäuden hindurch - und die Ausflugsboote folgen ihrem Lauf.

F La Binnendieze s'écoule sous les bâtiments - et les bateaux de plaisance suivent son cours.

I Il Binnendieze scorre sotto gli edifici - e le barche da escursione seguono il suo corso.

13 BRUGGE

UK The "Pearl of Flanders" impresses with its medieval city centre surrounded by city walls.

D Die "Perle Flanderns" besticht durch ihre mittelalterliche, von Stadtmauern umgebene Innenstadt.

F La "perle des Flandres" séduit par son centre-ville médiéval entouré de remparts.

I La "Perla delle Fiandre" colpisce per il suo centro storico medievale, circondato da mura cittadine.

14 GENT

UK One of the most beautiful cities in Flanders. Special highlights: Ghent Altarpiece and Belfry.

D Eine der schönsten Städte Flanderns. Besondere Höhepunkte: Genter Altar und Belfried.

F Une des plus belles villes de Flandre. Points forts particuliers : L'autel de Gand et le beffroi.

I Una delle città più belle delle Fiandre. Da non perdere: la pala d'altare di Gand e Belfried.

15 ANTWERPEN

UK Art diamonds, Europe's second largest port, the Cathedral of Our Lady - Antwerp impresses.

D Kunst Diamanten, zweitgrößter Hafen Europas, die Liebfrauenkathedrale - Antwerpen beeindruckt.

8 KINDERDIJK

UK Picture-book Holland: The 19 windmills were once used to pump water out of the marshland.

D Bilderbuch-Holland: Mit den 19 Windmühlen wurde früher Wasser aus dem Marschland gepumpt.

F La Hollande des images : les 19 moulins à vent servaient autrefois à pomper l'eau des marais.

I L'Olanda da cartollina: i 19 mulini a vento venivano usati un tempo per pompare l'acqua dalle paludi.

Ⓕ Les diamants de l'art, le deuxième port d'Europe, la cathédrale Notre-Dame - Anvers impressionne.

Ⓘ Diamanti d'arte, il secondo porto più grande d'Europa, la Cattedrale di Nostra Signora - Anversa impressiona.

16 IEPER

ⓊⓀ The splendid market square and the magnificent Lakenhalle are the highlights of old Ypres.

Ⓓ Der prächtige Marktplatz und die prachtvolle Lakenhalle sind die Höhepunkte des alten Ypern.

Ⓕ La magnifique place du marché et la splendide Halle aux draps sont les points forts du vieil Ypres.

Ⓘ La splendida piazza del mercato e la magnifica Lakenhalle sono i punti salienti della vecchia Ypres.

17 BRUSSEL – BRUXELLES

ⓊⓀ Atomium, Manneken Pis, seat of the EU - the "capital of Europe" is definitely worth a visit.

Ⓓ Atomium, Manneken Pis, Sitz der EU - die "Hauptstadt Europas" ist auf jeden Fall einen Besuch wert.

Ⓕ Atomium, Manneken Pis, siège de l'UE - la "capitale de l'Europe" vaut assurément le détour.

Ⓘ Atomium, Manneken Pis, sede dell'UE - la "capitale d'Europa" merita sicuramente una visita.

18 LEUVEN

ⓊⓀ Lively university city with one of the most beautiful town halls in Belgium.

Ⓓ Lebendige Universitätsstadt mit einem der schönsten Rathäuser Belgiens.

Ⓕ Ville universitaire animée avec l'un des plus beaux hôtels de ville de Belgique.

Ⓘ Vivace città Vivace città universitaria con uno dei municipi più belli del Belgio.

19 GROTTEN VAN DE SINT PIETERSBERG

ⓊⓀ Venture into the darkness of the old tunnel system under the Sint Pietersberg!

Ⓓ Wagen Sie sich in die Dunkelheit des alten Stollensystems unter dem Sint Pietersberg!

Ⓕ Osez vous aventurer dans l'obscurité de l'ancien système de galeries sous le Sint Pietersberg !

Ⓘ Avventuratevi nell'oscurità dell'antico sistema di tunnel sotto il Sint Pietersberg!

21 TOURNAI

ⓊⓀ The first capital of Frankia has a beautiful and impressive cathedral.

Ⓓ Die erste Hauptstadt des fränkischen Reiches besitzt einen prächtigen und mächtigen Dom.

Ⓕ La première capitale de l'Empire franc possède une cathédrale magnifique et puissante.

Ⓘ La prima capitale dell'Impero dei Franchi co possiede una magnifica e imponente cattedrale.

22 SCHEEPSLIFT VAN STREÈPY- THIEU

ⓊⓀ Technology enthusiasts can marvel at one of the largest ship lifts in the world on the Canal du Centre.

Ⓓ Für Technikbegeisterte gibt es am Canal du Centre eines der größten Schiffshebewerke der Welt zu bestaunen.

Ⓕ Pour les passionnés de technique, le Canal du Centre abrite l'un des plus grands ascenseurs à bateaux du monde.

20 VAALSERBERG

ⓊⓀ The summit makes you a border crosser: the mountain is located in the Netherlands, Belgium and Germany.

Ⓓ Der Gipfel macht Sie zum Grenzgänger: Der Berg liegt in den Niederlanden, Belgien und Deutschland.

Ⓕ Le sommet fait de vous un frontalier : la montagne se trouve aux Pays-Bas, en Belgique et en Allemagne.

Ⓘ La vetta vi fa attraversare i confini: la montagna si trova nei Paesi Bassi, in Belgio e in Germania.

Ⓘ Gli appassionati di tecnologia possono ammirare uno dei più grandi ascensori per navi del mondo sul Canal du Centre.

23 NAMUR

ⓊⓀ The lively university city attracts visitors with sights such as the monastery treasure and the citadel.

Ⓓ Die lebendige Universitätsstadt lockt mit Sehenswürdigkeiten wie dem Klosterschatz und die Zitadelle.

Ⓕ La ville universitaire animée attire les visiteurs avec des curiosités comme le trésor du monastère et la citadelle.

Ⓘ La vivace città universitaria attira i visitatori con attrazioni come il tesoro del monastero e la cittadella.

24 GROTTE DE HAN

Ⓤⓚ A huge, dome-shaped room awaits visitors in one of the largest stalactite caves in Europe.

Ⓓ In einer der größten Tropfsteinhöhlen Europas erwartet den Besucher ein riesiger, kuppelförmiger Raum.

26 THE FAMILY OF MAN

Ⓤⓚ The castle of Clervaux is home to the famous photo collection "The Family of Man".

Ⓓ Das Schloss von Clervaux beherbergt unter anderem die berühmte Fotosammlung "The Family of Man".

Ⓕ Le château de Clervaux abrite entre autres la célèbre collection de photos "The Family of Man".

Ⓘ Il castello di Clervaux ospita, tra l'altro, la famosa collezione fotografica "La famiglia dell'uomo".

Ⓕ Dans l'une des plus grandes grottes de stalactites d'Europe, une immense salle en forme de dôme attend le visiteur.

Ⓘ In una delle più grandi grotte di stalattiti d'Europa, un'enorme sala a forma di cupola attende il visitatore.

25 VALLÉE DE L'OURTHE

Ⓤⓚ The valley is an attractive destination for nature lovers, gourmets, canoeists and hikers.

Ⓓ Das Tal ist ein attraktives Ziel für Naturliebhaber, Gourmets, Kanufahrer und Wanderer.

Ⓕ La vallée est une destination attrayante pour les amoureux de la nature, les gourmets, les canoéistes et les randonneurs.

Ⓘ La valle è una destinazione attraente per gli amanti della natura, i buongustai, i canoisti e gli escursionisti.

27 BURG VEIANEN

Ⓤⓚ Luxembourg's biggest and still preserved medieval fortification rises above the Our river.

Ⓓ Die mächtigste noch heute erhaltene Wehranlage Luxemburgs thront hoch über dem Fluss Our.

Ⓕ La plus grande fortification médiévale du Luxembourg, encore préservée, s'élève au-dessus de l'Our.

Ⓘ La fortificazione più imponente del Lussemburgo, che si conserva ancora oggi, si erge sopra il fiume Our.

28 ABTEIMUSÉE ZU IECHTERNACH

Ⓤⓚ Here you can admire facsimiles of works from the world-famous Echternach School of Writing.

Ⓓ Hier kann man Faksimiles von Werken der weltberühmten Echternacher Schreibschule bewundern.

Ⓕ On peut y admirer des fac-similés d'œuvres de l'école d'écriture d'Echternach, mondialement connue.

Ⓘ Qui si possono ammirare i facsimili delle opere della Scuola di scrittura di Echternach, famosa in tutto il mondo.

29 MÜLLERTHAL-TRAIL

Ⓤⓚ Outdoor fans take note: the 112 km long Müllerthal Trail is a varied hiking trail.

Ⓓ Outdoorfans aufgepasst: der 112 km lange Müllerthal-Trail eignet sich als abwechslungsreicher Wanderweg.

Ⓕ Avis aux amateurs d'activités de plein air: le Mullerthal Trail, long de 112 km, est un sentier de randonnée très varié.

Ⓘ Gli amanti dell'outdoor prendano nota: il Sentiero di Müllerthal, lungo 112 chilometri, è un percorso escursionistico molto vario.

30 LUXEMBOURG

Ⓤⓚ Old town and casemates, cathedral, and museums - Luxembourg attracts visitors with its diversity.

Ⓓ Altstadt und Kasematten, Kathedrale und Museen - Luxemburg zieht Besucher mit seiner Vielfalt an.

Ⓕ Vieille ville et casemates, cathédrale et musées - Luxembourg attire les visiteurs par sa diversité.

Ⓘ Centro storico e casematte, cattedrali e musei: il Lussemburgo attrae i visitatori con la sua diversità.

1 : 4 500 000

OVERZICHTSKAART
QUADRO D'UNIONE
SKOROWIDZ ARKUSZY

CARTE D'ASSEMBLAGE
MAPA ÍNDICE
ÁTTEKINTŐTÉRKÉP

BLATTÜBERSICHT
ÍNDICE DE MAPA
OVERSIGTSKORT

KEY MAP
KLAD MAPOVÝCH LISTŮ
ÖVERSIKTSKART

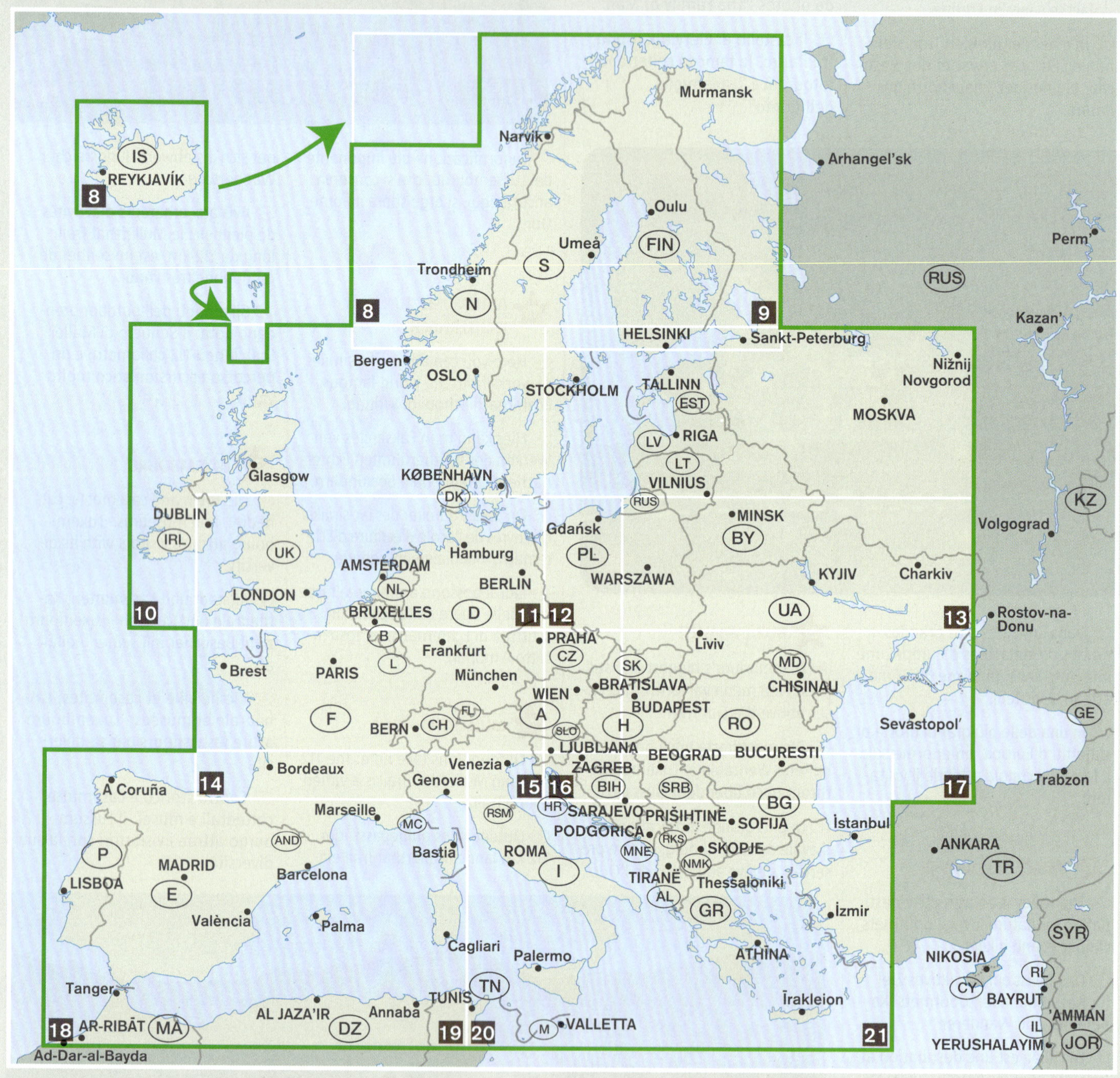

1 : 4 500 000

Legenda · Légende · Zeichenerklärung · Legend · Segni convenzionali · Signos convencionales
Sinais convencionais · Vysvětlivky · Objaśnienia znaków · Jelmagyarázat · Tegnforklaring · Teckenförklaring

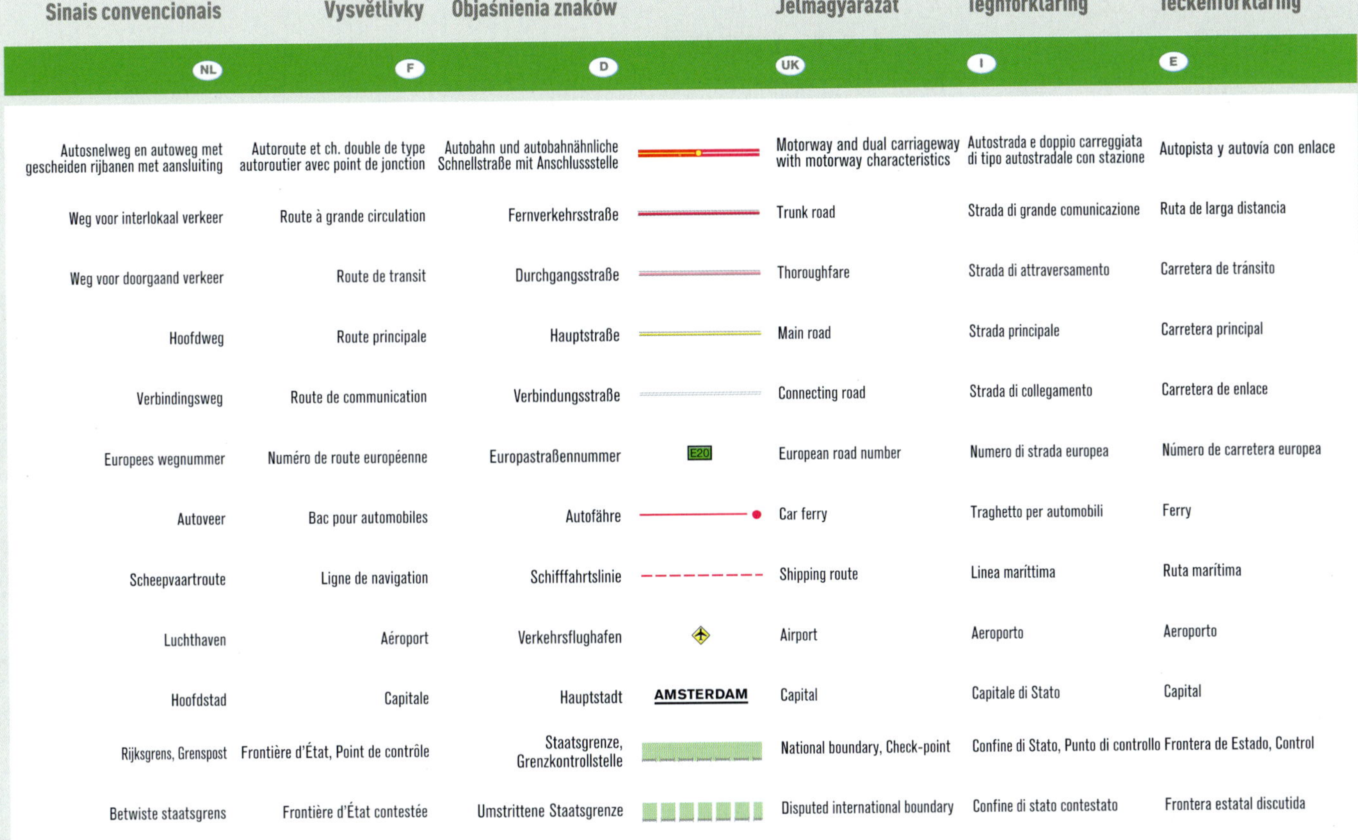

NL	F	D		UK	I	E
Autosnelweg en autoweg met gescheiden rijbanen met aansluiting	Autoroute et ch. double de type autoroutier avec point de jonction	Autobahn und autobahnähnliche Schnellstraße mit Anschlussstelle		Motorway and dual carriageway with motorway characteristics	Autostrada e doppio carreggiata di tipo autostradale con stazione	Autopista y autovía con enlace
Weg voor interlokaal verkeer	Route à grande circulation	Fernverkehrsstraße		Trunk road	Strada di grande comunicazione	Ruta de larga distancia
Weg voor doorgaand verkeer	Route de transit	Durchgangsstraße		Thoroughfare	Strada di attraversamento	Carretera de tránsito
Hoofdweg	Route principale	Hauptstraße		Main road	Strada principale	Carretera principal
Verbindingsweg	Route de communication	Verbindungsstraße		Connecting road	Strada di collegamento	Carretera de enlace
Europees wegnummer	Numéro de route européenne	Europastraßennummer	E20	European road number	Numero di strada europea	Número de carretera europea
Autoveer	Bac pour automobiles	Autofähre		Car ferry	Traghetto per automobili	Ferry
Scheepvaartroute	Ligne de navigation	Schifffahrtslinie		Shipping route	Linea marittima	Ruta marítima
Luchthaven	Aéroport	Verkehrsflughafen		Airport	Aeroporto	Aeroporto
Hoofdstad	Capitale	Hauptstadt	AMSTERDAM	Capital	Capitale di Stato	Capital
Rijksgrens, Grenspost	Frontière d'État, Point de contrôle	Staatsgrenze, Grenzkontrollstelle		National boundary, Check-point	Confine di Stato, Punto di controllo	Frontera de Estado, Control
Betwiste staatsgrens	Frontière d'État contestée	Umstrittene Staatsgrenze		Disputed international boundary	Confine di stato contestato	Frontera estatal discutida

P	CZ	PL		H	DK	S
Auto-estrada e via rápida de faixas separadas com ramal de acesso	Dálnice a dvouproudá silnice dálnicového typu se čtyřmi jízdními pruhy s najezdem	Autostrada i autostradopodobna droga szybkiego ruchu z rozjazdami		Autópálya és autópálya jellegű gyorsforgalmi út bekötőútval	Motorvej og motortrafikvej med to vejbaner med tilkørsel	Motorväg och motortrafikled med av- och påfart
Estrada nacional principal	Dálková komunikace	Droga dalekobieżna		Távforgalmi út	Fjerntrafikvej	Fjärrtrafikväg
Estrada de trânsito	Průjezdní silnice	Droga przelotowa		Átmenő út	Gennemfartsvej	Genomfartsled
Estrada principal	Hlavní silnice	Droga główna		Főút	Hovedvej	Huvudled
Estrada de ligação	Spojovací silnice	Droga łącząca		Összekötő út	Forbindelsesvej	Förbindelseled
Número de estrada europeia	Číslo evropské silnice	Numer drogi europejskiej	E20	Európaiút-szám	Europavejnummer	Europavägnummer
Balsa para viaturas	Trajekt pro auta	Prom samochodowy		Autókomp	Bilfærge	Bilfärja
Linha de navegação	Lodní linka	Linia żeglugowa		Hajóútvonal	Skibsrute	Sjöfartslinje
Aeroporto	Dopravní letiště	Port lotniczy		Légi kikötő	Lufthavn	Flygplats
Capital	Hlavní město	Stolica	AMSTERDAM	Főváros	Hovedstad	Huvudstad
Fronteira nacional, Posto de controlo	Státní hranice, Celnice	Granica państwa, Placówka celna		Államhatár határátkelőhelyel	Statsgrænse, Grænsekontrol	Statsgräns, Gränskontrollstation
Fronteira nacional disputável	Sporná statní hranice	Sporna granica państw		Ellentmondó államhatár	Kontroversiel statsgrænse	Kontroversiell statsgräns

ÍSLAND
Grímsey
Hornbjarg
Bolungarvík
Ísafjörður
Flateyri
Þingeyri
Patreksfjörður
Bíldudalur
Bjargtangar
Brjánslækur
Breiðafjörður
Hólmavík
Húnaflói
Hofsós
Siglufjörður
Ólafsfjörður
Flatey
Raufarhöfn
Kópasker
Ólafsvík
Búðir
Stykkishólmur
Búðardalur
Blönduós
Hvammstangi
Sauðárkrókur
Dalvík
Grenivík
Húsavík
Ásbyrgi
Þórshöfn
Fontur
Akureyri
Varmahlíð
Kolbeinsstaðir
Faxaflói
Borgarnes
Akranes
REYKJAVÍK
Keflavík
Hafnir
Grindavík
Hafnarfjörður
Þingvellir
Hveragerði
Þorlákshöfn
Eyrarbakki
Selfoss
Hella
Hvolsvöllur
Langjökull
Hofsjökull
Sprengisandur
Vatnajökull
Mýrdalsjökull
Vestmannaeyjar
Surtsey
Heimaey
Vík í Mýrdal
Kirkjubæjarklaustur
Höfn
Djúpivogur
Egilsstaðir
Seyðisfjörður
Neskaupstaður
Eskifjörður
Vopnafjörður
Bakkafjörður
Mývatn
Reykjahlíð
NORSKEHAVET
Arctic circle
NORWEGIAN
SEA
Lofoten
Vesterålen
Ringvassøy
Kvaløya
Tromsø
Senja
Andøy
Hinnøy
Langøya
Narvik
Harstad
Svolvær
Vestvågøy
Moskenesøy
Værøy
Røst
Vestfjorden
Bodø
Fauske
Træna
Mo i Rana
Mosjøen
Sandnessjøen
Vega
Brønnøysund
Vikna
Folda
Namsos
Steinkjer
Frøya
Hitra
Frohavet
TRONDHEIM
Kristiansund
Molde
Ålesund
Runde
Vestkapp
Måløy
Florø
Førde
Sognefjorden
Bergen
Gudvangen
Sunndalsøra
Oppdal
Røros
Rondane
Jotunheimen
Lillehammer
Hamar
Storuman
Östersund
Sundsvall
Hudiksvall
Bollnäs
Mora
Rättvik
Ljusdal
Kramfors
Sollefteå
Vilhelmina
Jämtland
Dalarna

BARENTS SEA
BARENCEVO MORE
Nordkapp
Magerøya
Honningsvåg
Hammerfest
Kvaløy
Sørøya
Vardø
Varangerhalvøya
Varangerfjorden
Vadsø
Kirkenes
Nikel'
Pečenga
Poljarnyj
Severomorsk
MURMANSK
Kola
Olenegorsk
Lovozero
Revda
Kirovsk
Apatity
Polarnye Zori
Kandalakša
Kovdor
Zelenoborskij
Kovda
Umba
Kandalakšskaja guba
BELOE MORE
Arhangel'sk
Solovetskij
Kem'
Belomorsk
Onežskaja guba
Onežskij-ov
Kostomukša
ROSSIJA
Segeža
Medvež'egorsk
Kondopoga
PETROZAVODSK
Ladožskoe ozero
Sortavala
Priozersk
Svetogorsk
Vyborg
Kronštadt
Petrodvorec
SANKT-PETERBURG
Kolpino
Puškin
Sosnovyj Bor
Kiriši
Volhov
Lodejnoe Pole
Olonec
Pitkjaranta
Karasjok
Kautokeino
Alta
Finnmarksvidda
Lakselv
Ivalo
Inari
Inarijärvi
Kilpisjärvi
Enontekiö
Muonio
Kittilä
Sodankylä
Savukoski
Salla
Kemijärvi
Rovaniemi
Kuusamo
Tornio
Haparanda
Kemi
Oulu (Uleåborg)
Hailuoto
Raahe (Brahestad)
Kajaani
Suomenselkä
Nurmes
Iisalmi
KUOPIO
Joensuu
Varkaus
Savonlinna
Mikkeli
Jyväskylä
Seinäjoki
Vaasa
Kokkola Karleby
Pietarsaari Jakobstad
Pori
TAMPERE TAMMERFORS
Lahti
Hämeenlinna
Kouvola
Kotka
Hamina
Lappeenranta
Imatra
Porvoo Borgå
HELSINKI/HELSINGFORS
Rauma
Uusikaupunki
SUOMI
FINLAND
BOTTENVIKEN
PERÄMERI
BOTTENHAVET
SELKÄMERI
FINSKIJ ZALIV
Kiruna
Gällivare
Jokkmokk
Boden
Luleå
Piteå
Skellefteå
Umeå
Örnsköldsvik
Härnösand
Arvidsjaur
Tromsø
Narvik

ATLANTIC
OCEAN
Rockall (U.K.)
St. Kilda
Føroyar
Færøerne
(Danmark)
Streymoy
Vestmanna
Vágar
Sandoy
Norðoyar
Eysturoy
Tórshavn
Thorshavn
Tvøroyri
Suðuroy
Shetland Islands
Unst
Yell
Mainland
Lerwick
Foula
Fair Isle
Orkney Islands
Westray
Sanday
Stromness
Kirkwall
Hoy
Outer Hebrides
Nah - Eileanan Siar
Inner Hebrides
Lewis
Leodhais
Stornoway
Harris
North Uist
South Uist
Skye
Mull
Islay
Jura
Arran
Thurso
Wick
John o'Groat's
Ullapool
Moray Firth
Inverness
Elgin
Fraserburgh
Peterhead
ABERDEEN
Grampian Mountains
North West Highlands
Fort William
Ben Nevis
Oban
Montrose
Arbroath
DUNDEE
Perth
Stirling
Greenock
GLASGOW
Firth of Forth
EDINBURGH
Ayr
Kilmarnock
Dumfries
Carlisle
UNITED KINGDOM
In Great Britain and Northern Ireland distances in miles
Londonderry
Derry
Coleraine
Ballymena
Northern Ireland
Bangor
BELFAST
Lisburn
Armagh
Newry
Isle of Man
Douglas
Ireland
Éire
IRELAND
ÉIRE
Sligo
Galway
Gaillimh
Athlone
Dundalk
Dún Dealgan
Drogheda
Droichead Átha
BAILE ÁTHA CLIATH
DUBLIN
Dún Laoghaire
Limerick
Luimneach
Kilkenny
Waterford
Port Láirge
Wexford
Loch Garman
Rosslare Harbour
CORK
CORCAIGH
Killarney
Cill Airne
Tralee
Trá Lí
Skibbereen
Kinsale
IRISH SEA
St. George's Channel
CELTIC SEA
NEWCASTLE UPON TYNE
SOUTH SHIELDS
SUNDERLAND
Durham
Hartlepool
Stockton-on-Tees
MIDDLESBROUGH
Whitby
Scarborough
YORK
LEEDS
BRADFORD
Lancaster
BLACKPOOL
PRESTON
BOLTON
Southport
LIVERPOOL
MANCHESTER
HUDDERSFIELD
KINGSTON UPON HULL
Grimsby
Doncaster
SHEFFIELD
STOKE-ON-TRENT
Chester
Crewe
Lincoln
NOTTINGHAM
DERBY
LEICESTER
WOLVERHAMPTON
WALSALL
BIRMINGHAM
COVENTRY
Peterborough
Northampton
CAMBRIDGE
IPSWICH
NORWICH
Great Britain
Shrewsbury
Telford
Aberystwyth
Carmarthen
Pembroke Dock
SWANSEA
CARDIFF
NEWPORT
Gloucester
Cheltenham
OXFORD
SWINDON
LUTON
LONDON
COLCHESTER
SOUTHEND-ON-SEA
Bristol Channel
BRISTOL
Bath
READING
Taunton
Exeter
PLYMOUTH
Torquay
Penzance
Isles of Scilly
Weymouth
BOURNEMOUTH
POOLE
SOUTHAMPTON
PORTSMOUTH
BRIGHTON
Hastings
Canterbury
Dover
Maidstone
Folkestone
English Channel
La Manche
Calais
Boulogne-sur-Mer
Paris
FRANCE
0° Greenwich
0 25 50 100 150 km
0 25 50 100 miles
14

0° Greenwich
Ålesund
8
Trondheim
NORTH SEA
NORDSEE
BERGEN
Stavanger
Haugesund
Kristiansand
OSLO
Drammen
Skien
Porsgrunn
Lillehammer
Hamar
Karlstad
ÖREBRO
GÖTEBORG
Borås
Jönköping
Halmstad
HELSINGBORG
MALMÖ
Lund
KØBENHAVN
Roskilde
AALBORG
AARHUS
Randers
Esbjerg
Odense
Kolding
Vejle
Herning
Flensburg
KIEL
Lübeck
HAMBURG
BREMEN
BREMERHAVEN
ROSTOCK
Schwerin
Greifswald
SZCZECIN
BERLIN
POTSDAM
MAGDEBURG
HANNOVER
BRAUNSCHWEIG
WOLFSBURG
OSNABRÜCK
BIELEFELD
MÜNSTER
DORTMUND
ESSEN
DUISBURG
DÜSSELDORF
KÖLN
KASSEL
GÖTTINGEN
LEIPZIG
HALLE (SAALE)
DRESDEN
CHEMNITZ
ERFURT
AMSTERDAM
DEN HAAG
ROTTERDAM
UTRECHT
GRONINGEN
HAARLEM
ARNHEM
NIJMEGEN
EINDHOVEN
ANTWERPEN
GENT
BRUGGE
BRUSSEL BRUXELLES
LILLE
NORGE
SVERIGE
DANMARK
DEUTSCHLAND
NEDERLAND
BELGIË BELGIQUE
POLSKA
OSTSEE
Skagerrak
Kattegat
26-99
15
Würzburg
Nürnberg
Frankfurt a. M.

BOTTENHAVET
SELKÄMERI
Åland
Ahvenanmaa
SUOMI
FINLAND
HELSINKI
HELSINGFORS
TURKU
ÅBO
Tampere
Hämeenlinna
Kotka
Hamina
Kouvola
Lahti
Porvoo
Borgå
Salo
Hanko
Hangö
Rauma
Pori
Sundsvall
Jyväskylä, Mikkeli
Lappeenranta
Vyborg
Sortavala
FINSKIJ ZALIV
SUOMENLAHTI
Kronštadt
Petrodvorec
Puškin
Gatčina
Narva
Kingisepp
Luga
VELIK NOVGOR
Slancy
TALLINN
Kohtla-Järve
Rakvere
Paldiski
EESTI
Tartu
Pärnu
Viljandi
Haapsalu
Hiiumaa
Saaremaa
Kuressaare
Valga
Võru
Peipsi järv
PSKOV
Ostrov
Liivi laht
Rīgas līcis
RĪGA
LATVIJA
Ventspils
Liepāja
Jelgava
Jūrmala
Cēsis
Valmiera
Sigulda
Daugavpils
Rēzekne
Jēkabpils
Tukums
Talsi
Kuldīga
Saldus
Bauska
Ludza
Sebež
Polack
LIETUVA
LITHUANIA
Klaipėda
Palanga
Šiauliai
Panevėžys
Kaunas
VILNIUS
Utena
Ukmerge
Kėdainiai
Alytus
Marijampolė
Mažeikiai
Telšiai
Tauragė
Jurbarkas
Druskininkai
ROSSIJA
KALININGRAD
Sovetsk
Zelenogradsk
Baltijsk
Gusev
Černjachovsk
MINSK
BEL
Maladzečna
Baranavičy
Lida
HRODNA
BREST
Pinsk
Slonim
Navahrudak
Belaruskaja hrada
BARYSAŬ
Slutsk
Asipovičy
STOCKHOLM
UPPSALA
VÄSTERÅS
Eskilstuna
Södertälje
Norrtälje
Nyköping
Norrköping
Linköping
Gävle
Sandviken
Avesta
Sala
Enköping
Katrineholm
Västervik
Visby
Gotland
Öland
Kalmar
Karlskrona
Nybro
Borgholm
Vimmerby
SVERIGE
ÖSTERSJÖN
BALTIC SEA
MORZE BAŁTYCKIE
Bornholm (DK)
GDAŃSK
GDYNIA
Sopot
Słupsk
KOSZALIN
Kołobrzeg
Lębork
ELBLĄG
OLSZTYN
Malbork
Tczew
Grudziądz
Chojnice
Szczecinek
BYDGOSZCZ
TORUŃ
WŁOCŁAWEK
Inowrocław
Piła
Gniezno
POZNAŃ
GORZÓW WLKP.
ZIELONA GÓRA
Świebodzin
Leszno
Kalisz
Konin
PŁOCK
WARSZAWA
ŁÓDŹ
Pabianice
Zgierz
Piotrków Tryb.
RADOM
KIELCE
CZĘSTOCHOWA
OPOLE
WROCŁAW
Legnica
Wałbrzych
Jelenia Góra
Lubin
Ostrów Wlkp.
Łomża
BIAŁYSTOK
Suwałki
Ełk
Augustów
Ostrołęka
Ciechanów
Siedlce
Biała Podlaska
LUBLIN
Chełm
Zamość
Puławy
Mielec
Stalowa Wola
Ostrowiec Świętokrzyski
Skarżysko-Kamienna
Tomaszów Maz.
Kovel'
Luc'k
Rivne
Dubno
Kremenec'
Volodymyr-Volyns'kyj
Červonohrad
Brody
Liberec
Görlitz
Zittau
Praha
Katowice
Gliwice
Kraków
Rzeszów
L'viv
Ternopil'
Berlin
Dresden
Szczecin
Rostock
Travemünde
Kiel
Karlshamn
Sassnitz

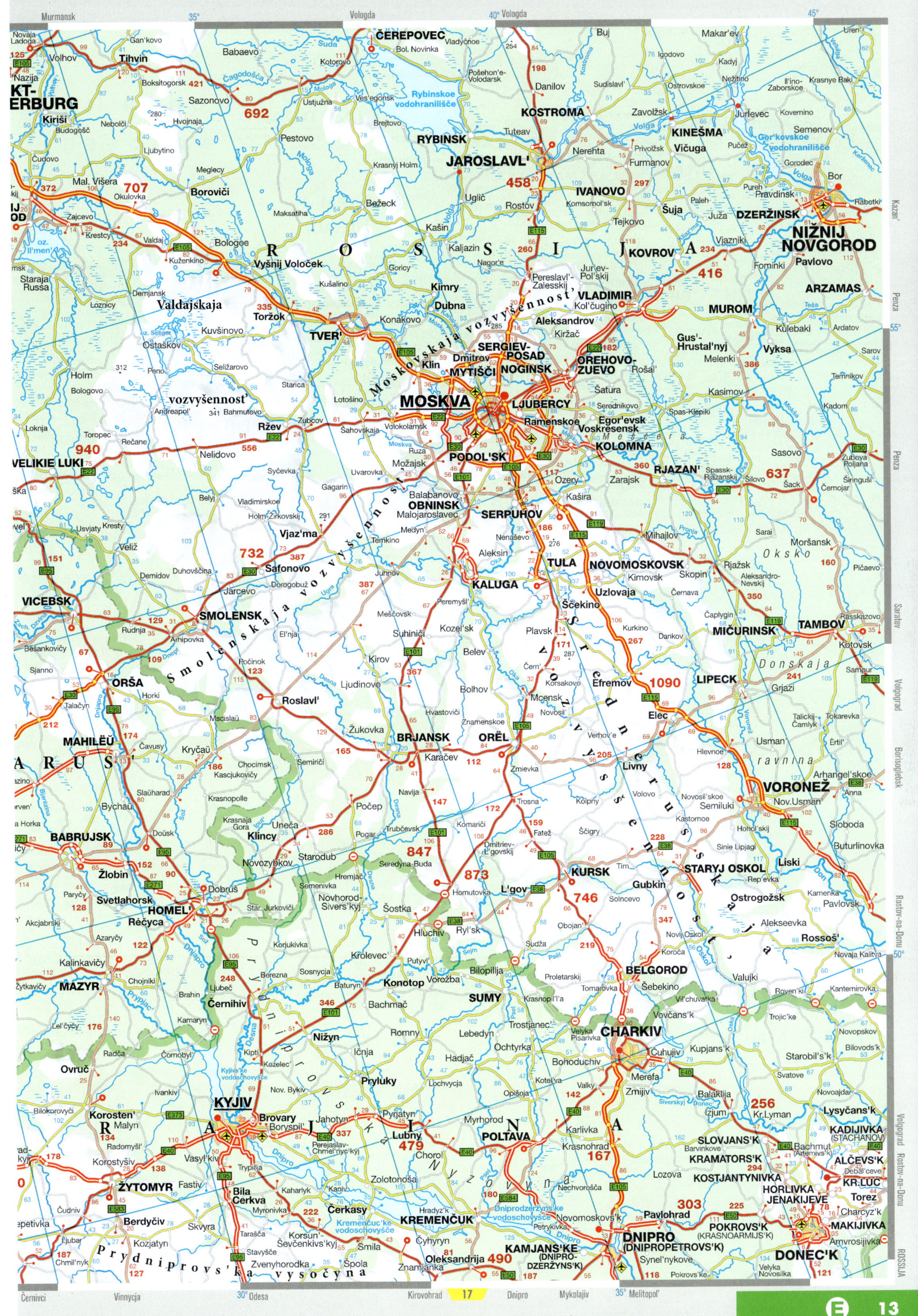

Murmansk
Vologda
Vologda
ČEREPOVEC
Rybinskoe vodohranilišče
KOSTROMA
RYBINSK
JAROSLAVL'
IVANOVO
KINEŠMA
Gor'kovskoe vodohranilišče
DZERŽINSK
NIŽNIJ NOVGOROD
Pavlovo
ARZAMAS
MUROM
VLADIMIR
KOVROV
Šuja
Rostov
Uglič
Kimry
Dubna
TVER'
Toržok
Vyšnij Voloček
Bologoe
Boroviči
Valdajskaja vozvyšennost'
Ostaškov
Kiriši
Tihvin
Volhov
Novaja Ladoga
Staraja Russa
Holm
VELIKIE LUKI
Nelidovo
Rževr
Moskovskaja vozvyšennost'
SERGIEV-POSAD
Dmitrov
Klin
MYTIŠČI
NOGINSK
OREHOVO-ZUEVO
MOSKVA
LJUBERCY
Ramenskoe
Egor'evsk
Voskresensk
KOLOMNA
PODOL'SK
Možajsk
OBNINSK
Malojaroslavec
SERPUHOV
Kašira
Ozery
Zarajsk
RJAZAN'
Kasimov
Sasovo
Mešč era
Gus'-Hrustal'nyj
Vyksa
Kulebaki
Vjaz'ma
Safonovo
SMOLENSK
Smolenskaja vozvyšennost'
Roslavl'
KALUGA
TULA
NOVOMOSKOVSK
Ščekino
Uzlovaja
Aleksin
Efremov
Srednerusskaja vozvyšennost'
LIPECK
Elec
MIČURINSK
TAMBOV
Oksko-Donskaja ravnina
VORONEŽ
Liski
Rossoš'
Ostrogožsk
STARYJ OSKOL
Gubkin
KURSK
L'gov
ORËL
Mcensk
BRJANSK
Klincy
Novozybkov
Dobruš
HOMEL'
Rečyca
Žlobin
BABRUJSK
MAHILËŬ
ORŠA
VICEBSK
MAZYR
Kalinkavičy
Svetlahorsk
Černihiv
Nižyn
Pryluky
KYJIV
Brovary
Boryspil'
Bila Cerkva
ŽYTOMYR
Berdyčiv
Korosten'
Ovruč
Konotop
SUMY
Romny
Ochtyrka
BELGOROD
CHARKIV
POLTAVA
Lubny
Čerkasy
KREMENČUK
Kremenčuc'ke vodoschovyšče
Oleksandrija
KAMJANS'KE (DNIPRODZERŽYNS'K)
DNIPRO (DNIPROPETROVS'K)
Novomoskovs'k
Pavlohrad
Izjum
Slovjans'k
KRAMATORS'K
KOSTJANTYNIVKA
HORLIVKA
JENAKIJEVE
MAKIJIVKA
DONEC'K
POKROVS'K (KRASNOARMIJS'K)
Lysyčans'k
ALČEVS'K
KR.LUČ
Prydniprovs'ka vysočyna
Prydniprovs'ka nyzovyna
ROSSIJA
BELARUS'
UKRAJINA
Kazan'
Penza
Saratov
Volgograd
Borisoglebsk
Rostov-na-Donu
Černivci
Vinnycja
Odesa
Kirovohrad
Dnipro
Mykolajiv
Melitopol'
17

Glasgow 10 Newcastle

Bilbao Pau 0° Greenwich Toulouse 19 Albi Narbonne Marseille 5° Marseille

Esbjerg
Kolding
København
SVERIGE
Malmö
11
26-99
MORZE BAŁTYCKIE
OSTSEE
DANMARK
POLSKA
Deutsche Bucht
Nord-friesische Inseln
Ostfriesische Inseln
KIEL
ROSTOCK
HAMBURG
BREMEN
BERLIN
POTSDAM
SZCZECIN
GDAŃSK
POZNAŃ
HANNOVER
MAGDEBURG
LEIPZIG
DRESDEN
DORTMUND
ESSEN
KÖLN
FRANKFURT
PRAHA
WROCŁAW
ŁÓDŹ
NÜRNBERG
STUTTGART
MÜNCHEN
WIEN
BRATISLAVA
SLOVENSKO
ZÜRICH
SCHWEIZ
INNSBRUCK
SALZBURG
GRAZ
MAGYARORSZÁG (HUNGARY)
LJUBLJANA
SLOVENIJA
ZAGREB
HRVATSKA (CROATIA)
BOSNA I HERCEGOVINA
MILANO
TORINO
VENEZIA
BOLOGNA
ITALIA
MARE ADRIATICO
JADRANSKO MORE
Cuneo
Savona
Nice
Genova
La Spezia
Firenze
Rimini
Ravenna
20
Zadar
ROSSIJA
Warszawa
Kraków
Budapest
Beograd
Osijek

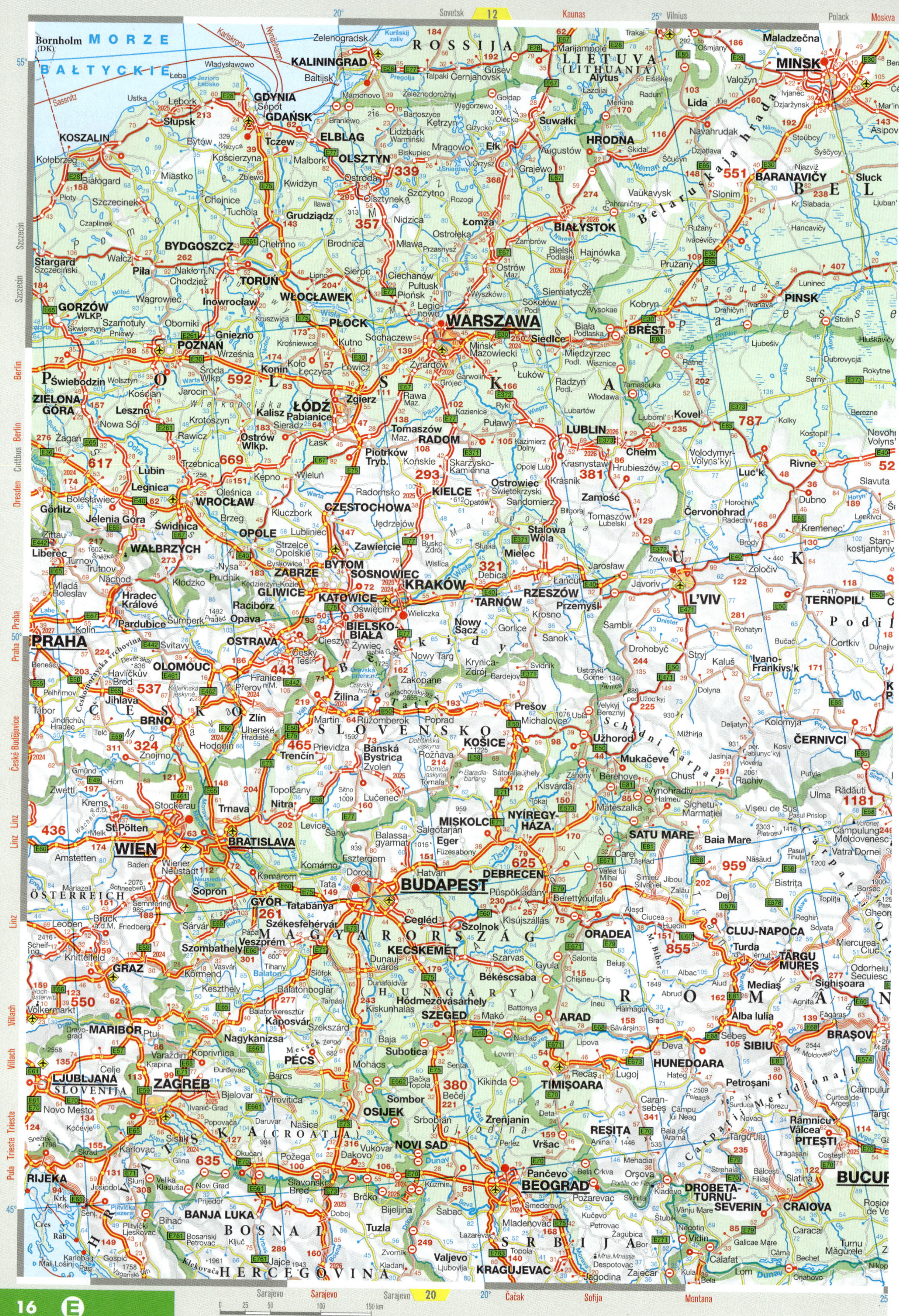

MORZE BAŁTYCKIE
Bornholm (DK)
ROSSIJA
LIETUVA (LITHUANIA)
Belaruskaja hrada
BEL
Sovetsk 12
Kaunas
Vilnius
Polack
Moskva
KALININGRAD
GDYNIA
GDAŃSK
KOSZALIN
ELBLĄG
OLSZTYN
Suwałki
HRODNA
MINSK
Maladzečna
Lida
BARANAVIČY
Sluck
BYDGOSZCZ
TORUŃ
Grudziądz
Łomża
BIAŁYSTOK
Piła
WŁOCŁAWEK
PŁOCK
WARSZAWA
Siedlce
BREST
PINSK
GORZÓW WLKP.
POZNAŃ
Konin
ŁÓDŹ
Kalisz
Radom
LUBLIN
Chełm
Kovel'
Rivne
Luc'k
ZIELONA GÓRA
Leszno
Piotrków Tryb.
KIELCE
WROCŁAW
Legnica
OPOLE
CZĘSTOCHOWA
KATOWICE
KRAKÓW
Tarnów
RZESZÓW
Przemyśl
L'VIV
TERNOPIL'
Ivano-Frankivs'k
Liberec
WAŁBRZYCH
Hradec Králové
Pardubice
PRAHA
OSTRAVA
OLOMOUC
Jihlava
BRNO
Zlín
Žilina
Prešov
KOŠICE
Užhorod
Mukačeve
ČERNIVCI
ČESKO
SLOVENSKO
Trenčín
Banská Bystrica
Nitra
Trnava
BRATISLAVA
MISKOLC
NYÍREGYHÁZA
SATU MARE
Baia Mare
WIEN
St. Pölten
Linz
ÖSTERREICH
GYŐR
Sopron
BUDAPEST
DEBRECEN
ORADEA
CLUJ-NAPOCA
TÂRGU MUREŞ
GRAZ
Szombathely
Székesfehérvár
MAGYARORSZÁG (HUNGARY)
KECSKEMÉT
Szolnok
Békéscsaba
SZEGED
ARAD
SIBIU
BRAŞOV
MARIBOR
Nagykanizsa
Kaposvár
PÉCS
Subotica
TIMIŞOARA
HUNEDOARA
LJUBLJANA
SLOVENIJA
ZAGREB
OSIJEK
NOVI SAD
REŞIŢA
PITEŞTI
BUCUR
RIJEKA
HRVATSKA (CROATIA)
BANJA LUKA
BOSNA I HERCEGOVINA
Tuzla
BEOGRAD
SRBIJA
DROBETA-TURNU-SEVERIN
CRAIOVA
Kragujevac
Valjevo
Sarajevo
Sarajevo 20
Čačak
Sofija
Montana

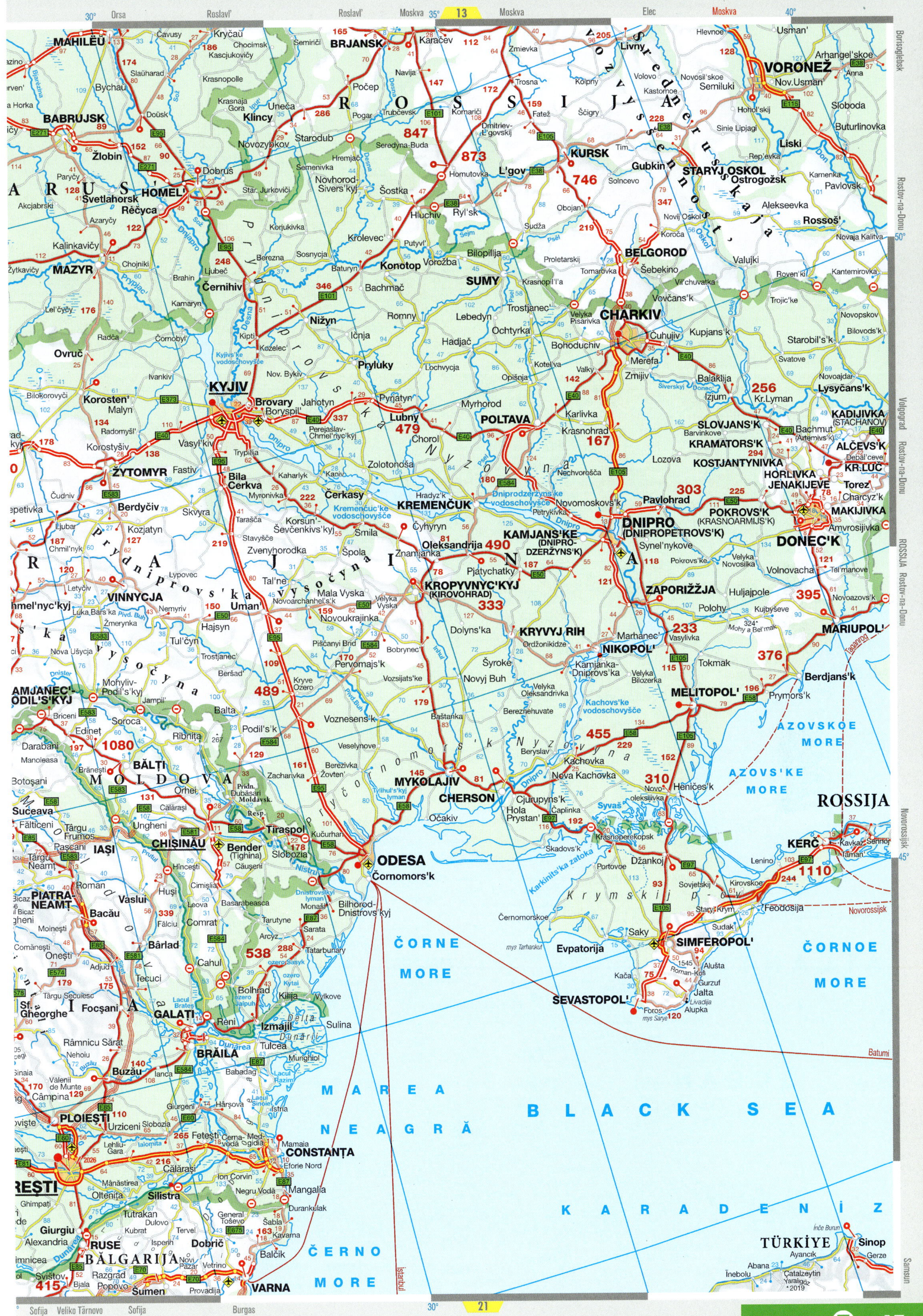
Orsa
Roslavl'
Moskva
13
Elec
Borisoglebsk
Rostov-na-Donu
Volgograd
ROSSIJA
Novorossijsk
Samsun
Sofija
Veliko Tărnovo
Burgas
21
MAHILËU
BABRUJSK
HOMEL'
MAZYR
BRJANSK
KURSK
VORONEŽ
STARYJ OSKOL
BELGOROD
CHARKIV
SUMY
ČERNIHIV
KYJIV
ŽYTOMYR
POLTAVA
KREMENČUK
DNIPRO
(DNIPROPETROVS'K)
DONEC'K
MAKIJIVKA
HORLIVKA
KRAMATORS'K
SLOVJANS'K
ZAPORIŽŽJA
MARIUPOL'
MELITOPOL'
NIKOPOL'
KRYVYJ RIH
KROPYVNYC'KYJ
(KIROVOHRAD)
ČERKASY
VINNYCJA
MYKOLAJIV
CHERSON
ODESA
SIMFEROPOL'
SEVASTOPOL'
KERČ
CHIŞINĂU
BĂLŢI
IAŞI
GALAŢI
BRĂILA
PLOIEŞTI
CONSTANŢA
VARNA
RUSE
Silistra
Dobrič
Sinop
R O S S I J A
M O L D O V A
R O M Â N I A
B Ă L G A R I J A
ROSSIJA
TÜRKİYE
Č O R N E
M O R E
Č O R N O E
M O R E
M A R E A
N E A G R Ă
B L A C K   S E A
K A R A D E N İ Z
Č E R N O
M O R E
A Z O V S K O E
M O R E
A Z O V S ' K E
M O R E

ATLANTIC OCEAN
Golfe de Gascogne
Golfo de Vizcaya
A CORUÑA
Ferrol
SANTIAGO
Lugo
OVIEDO
GIJÓN
SANTANDER
BILBAO
DONOSTIA SAN SEBASTIÁN
VITORIA-GASTEIZ
PAMPLONA IRUÑEA
LOGROÑO
BURGOS
LEÓN
Ponferrada
OURENSE
Pontevedra
VIGO
BRAGA
PORTO
Aveiro
Vila Real
Viseu
COIMBRA
Covilhã
Castelo Branco
Leiria
Santarém
LISBOA
Setúbal
Évora
Beja
Faro
Zamora
VALLADOLID
Palencia
SALAMANCA
Segovia
Ávila
MADRID
ALCALÁ DE H.
Guadalajara
Toledo
Cuenca
Soria
ZARAGOZA
Cáceres
Mérida
BADAJOZ
Ciudad Real
Puertollano
ALBACETE
VALENCIA
CÓRDOBA
Jaén
Linares
HUELVA
SEVILLA
JEREZ DE LA FRONTERA
CÁDIZ
Algeciras
MÁLAGA
GRANADA
MARBELLA
ALMERÍA
MURCIA
CARTAGENA
ALACANT ALICANTE
ELX
Orihuela
Lorca
Golfo de Cádiz
Costa del Sol
Costa Cálida
Costa Blanca
Gibraltar (UK)
Ceuta (Esp.)
TANJA (TANGER)
TÉTOUAN
EL-'ARÂICH (LARACHE)
AL-Q'NITRA (KÉNITRA)
AR-RIBÂT (RABAT)
AD-DĀR-AL-BAYDĀ (CASABLANCA)
MOHAMMEDIA
MEKNÈS
FĀS (FÈS)
TAZA
Al-Hoceima
NADOR
Melilla (Esp.)
UJDA (OUJDA)
TLEMCEN
SIDI-BEL-ABBES
WAHRĀN (ORAN)
Mostaganem
AL-MAGHRIB (MAROC)
Isla del Alborán (Esp.)
OCEAN

FRANCE
ITALIA
MARE LIGURE
Golfe du Lion
Corse (France)
Sardegna (Italia)
Illes Balears
MAR MEDITERRÁNEO
MEDITERRANEAN SEA
AL-JAZĀ'IR (ALGER)
TŪNIS
LYON
ST-ÉTIENNE
GRENOBLE
TORINO
MILANO
GENOVA
TOULOUSE
MONTPELLIER
NÎMES
MARSEILLE
TOULON
NICE
PERPIGNAN
BARCELONA
TARRAGONA
LLEIDA
CASTELLÓ DE LA PLANA
PALMA
CAGLIARI
SASSARI
ANNABA
SKIKDA
QACENTINA (CONSTANTINE)
BINZART (BIZERTE)

Edolo
Bolzano/Bozen
Belluno
Villach
Ljubljana
Graz
Budapest
Szeged
Milano
Genova
Binzart
Qacentina
Gafsa
Trento
Rovereto
BRESCIA
VERONA
VICENZA
PADOVA
Treviso
VENEZIA
Chioggia
Mantova
Cremona
Rovigo
FERRARA
PARMA
MODENA
REGGIO NELL'EMILIA
BOLOGNA
Comacchio
RAVENNA
Pontremoli
Carrara
LA SPEZIA
FORLÌ
Cesena
RIMINI
Pesaro
SAN MARINO
Lucca
Pistoia
PISA
FIRENZE
LIVORNO
Gorgona
Capraia
San Gimignano
Volterra
Siena
Arezzo
PERUGIA
Gubbio
Fano
ANCONA
Macerata
Civitanova Marche
Fermo
Ascoli Piceno
San Benedetto del Tronto
Giulianova
Teramo
Foligno
Assisi
Spoleto
TERNI
Piombino
Elba
Portoferraio
Grosseto
Orbetello
Isola del Giglio
Montecristo
Pianosa
Bastia
Corse
(France)
Viterbo
Rieti
L'Aquila
Tarquinia
Civitavecchia
CITTÀ DEL VATICANO
ROMA
Lido di Ostia
Tivoli
Avezzano
Sulmona
PESCARA
Ortona
Chieti
Vasto
Isole Tremiti
Termoli
Vieste
Manfredonia
San Severo
FOGGIA
Cerignola
Barletta
Molfetta
BARI
Andria
Monopoli
Altamura
Matera
Brindisi
TARANTO
Lecce
Otranto
Gallipoli
Golfo di Taranto
LATINA
Frosinone
Cassino
Campobasso
Isernia
Benevento
Caserta
Formia
Terracina
Anzio
Ponza
Ventotene
Ischia
Procida
NAPOLI
Avellino
Sorrento
Capri
Amalfi
SALERNO
Battipaglia
Potenza
Melfi
ITALIA
MARE TIRRENO
Sardegna
(Italia)
Olbia
Palau
La Maddalena
Golfo Aranci
Siniscola
Orosei
Arbatax
Tortolì
Muravera
Cagliari
Porto Torres
Barcelona
Marseille
Castrovillari
Diamante
Paola
Cosenza
Corigliano Calabro
Cirò Marina
Crotone
Lamezia Terme
Catanzaro
Vibo Valentia
Gioia Tauro
Locri
Isola di Stromboli
Isola Eolie o Lipari
Salina
Lipari
Isola di Ustica
MESSINA
Milazzo
REGGIO DI CALABRIA
Taormina
PALERMO
Cefalù
TRAPANI
Isole Egadi
Marsala
Mazara del Vallo
Sciacca
Agrigento
Caltanissetta
Enna
CATANIA
Nicosia
Adrano
SIRACUSA
Ragusa
Gela
Licata
Sicilia
Pachino
Pozzallo
Isole delle Correnti
Pantelleria
(Italia)
Linosa
Lampedusa
Ghawdex (Gozo)
MALTA
Valletta
Malta
TŪNIS
Golfe de Tunis
Golfe de Hammamet
Hammamet
Nabeul
Kelibia
Menzel Temime
SOUSSE
Monastir
Mahdia
KAIROUAN
El Jem
Chebba
MARE IONIO
MARE MEDITERRANEO
MARE ADRIATICO
JADRANSKO MORE
Udine
Gorizia
TRIESTE
Koper
SLOVENIJA
Postojna
Novo Mesto
ZAGREB
Karlovac
RIJEKA
Pula
Cres
Krk
Rab
Pag
Zadar
Šibenik
SPLIT
Makarska
Hvar
Korčula
Vis
Lastovo
Mljet
Dubrovnik
HRVATSKA (CROATIA)
Sisak
Osijek
Vukovar
Slavonski Brod
BANJA LUKA
BOSNA I HERCEGOVINA
Bihać
Zenica
Tuzla
SARAJEVO
Mostar
Trebinje
Herceg Novi
Kotor
Budva
Cetinje
PODGORICA
CRNA GORA
Nikšić
Bar
Ulcinj
Shkodër
DURRËS
Vlorë
Fier
SHQIPËRIA
Sarandë
Kérkira (Korfu)
NOVI SAD
Subotica
Zrenjanin
BEOGRAD
Valjevo
Kragujevac
Čačak
Užice

BUCUREŞTI
SOFIJA
ISTANBUL
THESSALONÍKI
ATHÍNA
İZMIR
BURSA
PLOVDIV
VARNA
BURGAS
SKOPJE
PRISHTINË
PRIŠTINA
R O M Â N I A
B Ă L G A R I J A
T Ü R K İ Y E
MAREA NEAGRĂ
ČERNO MORE
BLACK SEA
KARADENİZ
Marmara Denizi
Kritikón Pélagos
Kríti
Kikládes
Dodekánissa
MEDITERRANEAN SEA

1 : 200 000

OVERZICHTSKAART
QUADRO D'UNIONE
SKOROWIDZ ARKUSZY

CARTE D'ASSEMBLAGE
MAPA ÍNDICE
ÁTTEKINTŐTÉRKÉP

BLATTÜBERSICHT
ÍNDICE DE MAPA
OVERSIGTSKORT

KEY MAP
KLAD MAPOVÝCH LISTŮ
ÖVERSIKTSKART

1 : 200 000

Legenda / Légende

Zeichenerklärung / Legend

VERKEER (NL) / CIRCULATION (F) — (D) VERKEHR / (UK) TRAFFIC

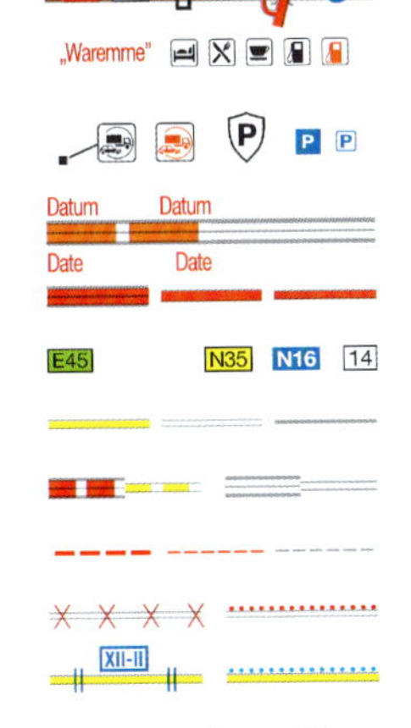

NL / F	D / UK
Autosnelweg met nummer · Tolkantoor · Aansluiting met nummer Autoroute avec numéro · Gare de péage · Point de jonction avec numéro	Autobahn mit Nummer · Gebührenstelle · Anschlussstelle mit Nummer Motorway with number · Toll station · Junction with number
Motel · Restaurant · Snackbar · Tankstation · CNG Motel · Restaurant · Snack-bar · Poste d'essence · GNC	Rasthaus mit Übernachtung · Raststätte · Kleinraststätte · Tankstelle · CNG Hotel, motel · Restaurant · Snackbar · Filling-station · CNG
Truckstop · CNG · Beveiligde parkeerplaats voor vrachtwagens · Parkeerplaats met WC · Parkeerplaats zonder WC Relais routier · GNC · Parking sécurisé poids lourds · Parc avec WC · Parc sans WC	Autohof · CNG · LKW-Sicherheitsparkplatz · Parkplatz mit WC · Parkplatz ohne WC Truckstop · CNG · Truck secure parking · Parking area with WC · Parking area without WC
Autosnelweg in aanleg met geplande openingsdatum · Autosnelweg in ontwerp Autoroute en construction avec date prévue de mise en service · Autoroute en projet	Autobahn in Bau mit voraussichtlichem Fertigstellungsdatum · Autobahn in Planung Motorway under construction with expected date of opening · Motorway projected
Autoweg met gescheiden rijbanen · Weg voor interlokaal verkeer · Belangrijke hoofdweg Chaussée double de type autoroutier · Route de grand trafic · Route principale importante	Autobahnähnliche Schnellstraße · Fernverkehrsstraße · Wichtige Hauptstraße Dual carriageway with motorway characteristics · Trunk road · Important main road
Europees wegnummer · Wegnummer Numéro de route européenne · Numéro de route	Europastraßennummer · Straßennummer European road number · Road number
Hoofdweg · Secundaire weg · Rijweg Route principale · Route secondaire · Chemin carrossable	Hauptstraße · Nebenstraße · Fahrweg Main road · Secondary road · Carriageway
Wegen in aanleg · Wegen in ontwerp Routes en construction · Routes en projet	Straßen in Bau · Straßen in Planung Roads under construction · Roads projected
Trekroute · Wandelpad · Voetpad Sentier de grande randonnée · Sentier touristique · Sentier	Fernwanderweg · Wanderweg · Fußweg Hiking route · Tourist footpath · Footpath
Gesloten voor motorvoertuigen · Tolweg Route interdite aux véhicules à moteur · Route à péage	Straße für Kfz gesperrt · Gebührenpflichtige Straße Road closed for motor vehicles · Toll road
Winterafsluiting · Toeristische route Fermeture en hiver · Route touristique	Wintersperre · Touristenstraße Closure in winter · Tourist route
Stijgingen Montées	Steigungen Gradients
Belangrijke spoorweg met station · Lokale spoorweg · Smalspoor Chemin de fer principal avec gare · Chemin de fer secondaire · Ligne à voie étroite	Hauptbahn mit Bahnhof · Nebenbahn · Schmalspurbahn Main railway with station · Secondary line railway · Narrow gauge
Toeristische stoomtrein · Autotrein-terminal Chemin de fer touristique · Gare auto-train	Museumseisenbahn · AutoZug-Terminal Tourist train · Car-loading terminal
Tandradbaan, kabelspoorweg · Kabelbaan met cabine · Stoeltjeslift Chemin de fer à crémaillère, funiculaire · Téléférique · Télésiège	Zahnradbahn, Standseilbahn · Kabinenseilbahn · Sessellift Rack-railway, funicular · Aerial cableway · Chair-lift
Autoveren · Personenveer · Scheepvaartroute Bac pour automobiles · Bac pour piétons · Ligne de navigation	Autofähre · Personenfähre · Schifffahrtslinie Car ferry · Passenger ferry · Shipping route
Luchthaven · Regionaal luchthaven · Vliegveld · Zweefvliegveld Aéroport · Aéroport régional · Aérodrome · Terrain de vol à voile	Verkehrsflughafen · Regionalflughafen · Flugplatz · Segelflugplatz Airport · Regional airport · Airfield · Gliding site
Afstanden aan autosnelwegen in kilometer Distances sur autoroutes en kilomètre	Entfernungen in Kilometer an Autobahnen Distances along the motorway in kilometers
Afstanden aan wegen in kilometer Distances sur routes en kilomètre	Entfernungen in Kilometer an Straßen Distances along the other roads in kilometers

BEZIENSWAARDIGHEDEN / CURIOSITÉS — SEHENSWÜRDIGKEITEN / PLACES OF INTEREST

Cultuur · Culture — Kultur · Culture

NL / F	D / UK
Bijzonder bezienswaardig Particulièrement intéressant	Besonders sehenswert Of particular interest
Bezienswaardig Intéressant	Sehenswert Worth seeing

Landschap · Paysage — Landschaft · Landscape

NL / F	D / UK
Bijzonder bezienswaardig Particulièrement intéressant	Besonders sehenswert Of particular interest
Bezienswaardig Intéressant	Sehenswert Worth seeing
MARCO POLO Highlight MARCO POLO Highlight	MARCO POLO Highlight MARCO POLO Highlight
Nationaal park · Natuurpark · Natuurreservaat Parc national · Parc naturel · Reserve naturelle	Nationalpark · Naturpark · Naturschutzgebiet National park · Nature park · Nature reserve
Mooi uitzicht · Panorama · Landschappelijk mooie route Point de vue remarquable · Panorama · Parcours pittoresque	Schöner Ausblick · Rundblick · Landschaftlich schöne Strecke Scenic view · Panoramic view · Route with beautiful scenery
Kerk · Kapel · Klooster · Kloosterruïne · Toren Église · Chapelle · Monastère · Monastère en ruines · Tour	Kirche · Kapelle · Kloster · Klosterruine · Turm Church · Chapel · Monastery · Monastery ruin · Tower
Kasteel, burcht · Burchtruïne · Monument · Windmolen · Watermolen Château, château fort · Château fort en ruines · Monument · Moulin à vent · Moulin à eau	Schloss, Burg · Burgruine · Denkmal · Windmühle · Wassermühle Palace, castle · Castle ruin · Monument · Windmill · Watermill
Stadion · Springschans · Uitgraving of ruïne · Belangrijk gebouw · Belangrijk areaal Stade · Tremplin · Site archéologique ou ruines · Édifice important · Aire importante	Stadion · Sprungschanze · Ausgrabungs- und Ruinenstätte · Bedeutendes Bauwerk · Bedeutendes Areal Stadium · Ski jump · Archaeological excavation or ruins · Important building · Important area
Jachthaven · Vuurtoren · Tulpenveld · Broeikas · Tankopslagplaats Marina · Phare · Serre · Champs de tulipes · Entrepôt de carburant	Sportboothafen · Leuchtturm · Tulpenfeld · Gewächshaus · Tanklager Marina · Lighthouse · Tulipfield · Greenhouse · Storage tanks
Waterval · Sluis · Grot · Windmolenpark · Een ander landschappelijk object Cascade · Écluse · Grotte · Parc éolien · Autre élément du paysage	Wasserfall · Schleuse · Höhle · Windpark · Sonstiges landschaftliches Objekt Waterfall · Lock · Cave · Windfarm · Other natural object

OVERIGE INFORMATIE / AUTRE INDICATIONS — SONSTIGES / OTHER INFORMATION

NL / F	D / UK
Kampeerterrein het gehele jaar · seizoensgebonden · Jeugdherberg · Hotel, restaurant, schuilhut Terrain de camping permanent · saisonniers · Auberge de jeunesse · Hôtel, auberge, refuge	Campingplatz ganzjährig · saisonal · Jugendherberge · Hotel, Gasthaus, Berghütte Camping site permanent · seasonal · Youth hostel · Hotel, inn, refuge
Golfterrein · Zwembad · Radio of T.V. mast · Elektriciteitscentrale · Militaire begraafplaats · Mijn Terrain de golf · Piscine · Tour radio, tour de télévision · Usine électrique · Cimetière militaire · Mine	Golfplatz · Schwimmbad · Funk-, Fernsehturm · Kraftwerk · Soldatenfriedhof · Bergwerk Golf-course · Swimming pool · Radio tower, TV tower · Power station · Military cemetery · Mine
Rijksgrens · Hoofdstad Frontière d'État · Capitale	Staatsgrenze · Hauptstadt National boundary · Capital
Regionsgrens · Zetel van de administratie Limite de région · Siège de l'administration	Regionsgrenze · Verwaltungssitz Boundary of region · Seat of the administration
Afgesloten gebied · Bos · Heide Zone interdite · Forêt · Lande	Sperrgebiet · Wald · Heide Prohibited area · Forest · Heath

1 : 200 000

Segni convenzionali
Signos convencionales
Sinais convencionais
Vysvětlivky

COMUNICAZIONI (I) · TRÁFICO (E) · (P) TRÂNSITO · (CZ) DOPRAVA

Autostrada con numero · Barriera · Svincolo numerato
Autopista con número · Portagem · Acceso con número

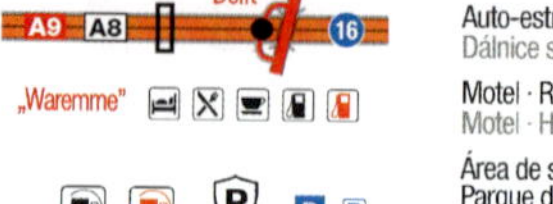

Auto-estrada com número · Portagem · Ramal de acesso com número
Dálnice s číslem · Místo výběru poplatků · Přípojka s číslem

Motel · Ristorante · Bar, snack-bar · Area di servizio · GNC
Motel · Restaurante · Bar · Estación de servicio · GNC

Motel · Restaurante · Snack-bar · Posto de abastecimento · GNC
Motel · Hostinec · Občerstvení · Čerpací stanice · CNG

Parco automobilistico · GNC · Truck parcheggio di sicurezza · Parcheggio con WC · Parcheggio senza WC
Área de servicio y descanso · GNC · Truck seguridad parking · Aparcamiento con retrete · Aparcamiento sin retrete

Área de serviço para camiãos · GNC · Truck Parqueamento Segurança · Parque de estacionamento com retrete · Parque de estacionamento sem retrete
Parkoviště pro TIR · CNG · Truck parkování bezpečnosti · Parkoviště s WC · Parkoviště bez WC

Autostrada in costruzione con data d'apertura prevista · Autostrada in progetto
Autopista en construcción con fecha de apertura al tráfico · Autopista en proyecto

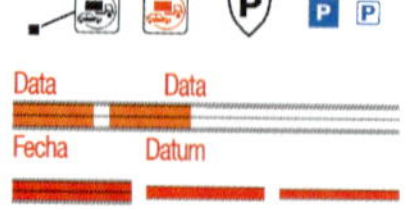

Auto-estrada em construção com data de conclusão · Auto-estrada em projecto
Dálnice ve stavbě s termínem uvedení do provozu · Dálnice plánovaná

Doppia carreggiata di tipo autostradale · Strada di grande comunicazione · Strada di interesse regionale
Autovía · Ruta de larga distancia · Carretera general importante

Via rápida de faixas separadas · Estrada nacional principal · Estrada importante de ligação principal
Dvouproudá silnice dálnicového typu · Dálková silnice · Důležitá hlavní silnice

Numero di strada europea · Numero di strada
Número de carretera europea · Número de carretera

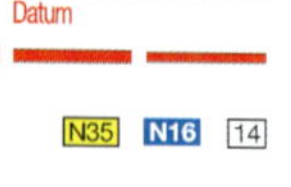

Número de estrada europeia · Número de estrada
Číslo evropské silnice · Číslo silnice

Strada principale · Strada secondaria · Sentiero carrabile
Carretera principal · Carretera secundaria · Camino

Estrada principal · Estrada secundária · Caminho
Hlavní silnice · Vedlejší silnice · Zpevněná cesta

Strade in costruzione · Strade in progetto
Carreteras en construcción · Carreteras en proyecto

Estradas em construção · Estradas em projecto
Silnice ve stavbě · Silnice plánované

Sentiero escursionistico importante · Sentiero escursionistico · Sentiero
Ruta para excursiones a larga distancia · Camino de pedestrismo · Senda

Itinerário de caminhada · Itinerário turístico de caminhada · Senda
Dálková turistická stezka · Turistická stezka · Stezka

Strada vietata ai veicoli a motore · Strada a pedaggio
Carretera cerrada para automóviles · Carretera de peaje

Estrada fechada ao trânsito · Estrada com portagem
Silnice uzavřená pro motorová vozidla · Silnice podléhající poplatkům

Chiusura invernale · Strada turistica
Cerrado en invierno · Ruta turística

XII-III

Estrada fechada ao trânsito no inverno · Rota turística
Silnice uzavřená v zimě · Turistická silnice

Pendenze
Pendientes

10%-15% · 15%-20% · >20%

Inclinação da estrada
Stoupání

Ferrovia principale con stazione · Ferrovia secondaria · Ferrovia a scartamento ridotto
Ferrocarril principal con estación · Ferrocarril secundario · Ferrocarril de vía estrecha

Linha ferroviária principal com estação · Linha ferroviária secundária · Linha ferroviária de bitola reduzida
Hlavní železnice se stanicí · Místní železnice · Úzkorozchodná železnice

Treno turistico · Terminal auto al seguito
Tren turístico · Terminal autoexpreso

Comboio turístico · Estação com carregamento de viaturas
Historická železnice · Terminál autovlaků

Ferrovia a cremagliera, funicolare · Funivia · Seggiovia
Ferrocarril de cremallera, funicular · Teleférico · Telesilla

Via férrea de cremalheira, funicular · Teleférico · Telecadeira
Ozubnicová dráha, pozemní lanovka · Kabinová visutá lanovka · Sedačková lanovka

Traghetti per auto · Traghetto passeggeri · Linea marittima
Transbordadores para automóviles · Transbordador para pasajeros · Ruta marítima

Balsas para viaturas · Barca de passageiros · Linha de navegação
Trajekty pro auta · Přívoz · Lodní linka

Aeroporto · Aeroporto regionale · Aerodromo · Campo per alianti
Aeropuerto · Aeropuerto regional · Aeródromo · Campo de aviación sin motor

AMS

Aeroporto · Aeródromo regional · Aeródromo · Aeródromo para planadores
Dopravní letiště · Regionální letiště · Přistávací plocha · Terén pro větroně

Distanze autostradali in chilometri
Distancias en la autopista en kilómetros

Distâncias na auto-estrada em quilómetros
Vzdálenosti na dálnicích v kilometrech

Distanze stradali in chilometri
Distancias en carreteras en kilómetros

Distâncias na estrada em quilómetros
Vzdálenosti na silnicích v kilometrech

INTERESSE TURISTICO · PUNTOS DE INTERÉS · PONTOS DE INTERESSE · ZAJÍMAVOSTI

Cultura · Cultura · Cultura · Kultura

Di particolare interesse
De interés especial

DELFT

De interesse especial
Turisticky pozoruhodný

Interessante da vedere
Interesante

Interessante
Pozoruhodný

Paesaggio · Paisaje · Paisagem · Příroda

Di particolare interesse
De interés especial

Grotte de Han

De interesse especial
Turisticky pozoruhodný

Interessante da vedere
Interesante

Grote Koningsbelt
Twentekanaal

Interessante
Pozoruhodný

MARCO POLO Highlight
MARCO POLO Highlight

MARCO POLO Highlight
MARCO POLO Highlight

Parco nazionale · Parco naturale · Riserva naturale
Parque nacional · Parque natural · Reserva natural

Parque nacional · Parque natural · Reserva
Národní park · Přírodní park · Chráněná krajinná oblast

Belvedere · Panorama · Percorso pittoresco
Vista pintoresca · Vista panorámica · Ruta pintoresca

Vista panorâmica · Miradouro · Itinerário pitoresco
Pěkný výhled · Rozhled · Úsek silnice s pěknou scenérií

Chiesa · Cappella · Monastero · Rovine di monastero · Torre
Iglesia · Capilla · Monasterio · Ruina de monasterio · Torre

Igreja · Capela · Mosteiro · Ruína de mosteiro · Torre
Kostel · Kaple · Klášter · Zřícenina kláštera · Věž

Castello, fortezza · Rovine di fortezza · Monumento · Mulino a vento · Mulino ad acqua
Palacio, castillo · Ruina de castillo · Monumento · Molino de viento · Molino de agua

Palácio, castelo · Ruínas castelo · Monumento · Moinho de vento · Moinho
Zámek, hrad · Zřícenina hradu · Pomník · Větrný mlýn · Mlýn

Stadio · Trampolino · Scavo o rovine · Edificio importante · Area interessante
Estadio · Trampolín · Excavación o ruinas históricas · Edificio de interés · Área interesante

Estádio · Trampolim · Sítio de escavações ou ruínas · Edifício importante · Área importante
Stadion · Skokanský můstek · Archeologické naleziště nebo ruiny · Hodnotná budova · Významný areál

Porto turistico · Faro · Campo di tulipani · Serra · Deposito di benzina
Puerto deportivo · Faro · Campo de tulipanes · Invernadero · Depósito de gasolina

Porto de abrigo · Farol · Campo de tulipas · Estufa · Depósito de gasolina
Jachtařský přístav · Maják · Tulipánové pole · Skleník · Sklad pohonných hmot

Cascata · Chiusa · Grotta · Parco eolico · Altro elemento paesaggistico
Cascada · Esclusa · Cueva · Parque eólico · Otro objeto del paisaje

Cascata · Comporta · Gruta · Parque eólico · Outro elemento paisagístico
Vodopád · Splav · Jeskyně · Větrná farma · Jiný přírodní objekt

ALTRI SEGNI · OTROS DATOS · DIVERSOS · JINÉ ZNACKY

Campeggio tutto l'anno · stagionale · Ostello della gioventù · Albergo, osteria, rifugio
Camping todo el año · estacionales · Albergue juvenil · Hotel, hostería, refugio

Parque de campismo durante todo o ano · sazonal · Pousada da juventude · Hotel, restaurante, abrigo
Kempink s celoročním provozemi · sezónní · Ubytovna mládeže · Hotel, hostinec, horská bouda

Campo da golf · Piscina all'aperto · Torre radio o televisiva · Centrale elettrica · Cimitero militare · Miniera
Campo de golf · Piscina · Torre de radio o televisión · Central eléctrica · Cementerio militar · Mina

Área de golfe · Piscina · Torre de telecomunicação · Central eléctrica · Cemitério militar · Mina
Golfové hřiště · Plovárna · Rozhlasová, televizní věž · Elektrárna · Vojenský hřbitov · Důl

Confine di Stato · Capitale di stato
Frontera nacional · Capital

AMSTERDAM

Fronteira nacional · Capital
Státní hranice · Hlavní město

Confine di regione · Sede amministrativa
Límite de región · Centro administrativo

BRUGGE

Fronteira da região · Sede administrativa
Oblastní hranice · Sídlo správního úřadu

Zona vietata · Foresta · Landa
Zona prohibida · Bosque · Landa

Área proibida · Floresta · Charneca
Zakázaný prostor · Les · Vřesoviště

1 : 200 000

Objaśnienia znaków / Jelmagyarázat — Tegnforklaring / Teckenförklaring

KOMUNIKACJA (PL) / KŐZLEKEDÉS (H) — (DK) TRAFIK / (S) TRAFIK

PL / H	DK / S
Autostrada z numerem · Płatna rogatka · Węzeł z numerem Autópálya számmal · Fizetési állás · Csomópont számmal	Motorvej med nummer · Afgift · Tilslutning med nummer Motorväg med nummer · Vägavgift · Trafikplats med nummer
Motel · Restauracja · Bufet · Stacja benzynowa · CNG Vendéglő szállás lehetőséggell · Vendéglő · Büfé · Benzinkút · CNG	Rasteplads med overnatning · Rasteplads · Cafeteria, forfriskninger · Tankanlæg · CNG Vägrestaurang med hotell · Vägrestaurang · Cafeteria · Bensinstation · CNG
Postój ciężarówek i noclegi dla kierowców · CNG · Bezpieczeństwo parkowanie ciężarówka · Parking i WC · Parking bez WC Autópihenő · CNG · Kamionparkoló biztonság · Parkolóhely vécével · Parkolóhely vécé nélkül	Motorvejsstation · CNG · Lastbilparkering sikkerhed · Parkeringplads med WC · Parkeringplads uden WC Truck-stop · CNG · Truck parkering säkerhet · Parkeringplats med WC · Parkeringplats utan WC
Autostrada w budowie z datą oddania do użytku · Autostrada projektowana Autópálya építés alatt a mégnyitás időpontjával · Autópálya tervezés alatt	Motorvej under opførelse med dato for indvielse · Motorvej under planlægning Motorväg under byggnad med öppningsdatum · Motorväg under planerad
Droga szybkiego ruchu · Droga dalekobieżna · Ważna droga główna Gyorsforgalmi út autópályához hasonlóan · Távolsági összekötő út · Fontos főútvonal	Motortrafikvej med to vejbaner · Fjerntrafikvej · Vigtig hovedvej Motortrafikled · Fjärrtrafikväg · Viktig huvudled
Numer drogi europejskiej · Numer drogi Európa-útszámr · Útszám	Europavejnummer · Vejnummer Europavägnummer · Vägnummer
Droga główna · Droga drugorzędna · Droga bita Főútvonal · Mellékút · Földut	Hovedvej · Bivej · Mindre vej Huvudväg · Sidoväg · Körväg
Drogi w budowie · Drogi projektowane Utak építés alatt · Utak tervezés alatt	Veje under opførelse · Veje under planlægning Vägar under byggnad · Vägar under planerad
Trasa wędrowania dalekiego zasięgu · Szlak wędrowny · Droga dla pieszych Túraút · Sétaút · Gyalogút	Fjernvandrevej · Vandrevej · Gangsti Långvandringsled · Vandringsled · Gångväg
Droga zamknięta dla ruchu samochodowego · Droga płatna Gépjárműforgalom elől elzárt út · Díjellenében használható út	Vej spærret for motortrafik · Afgiftsrute Avstängd väg för motortrafik · Avgiftsbelagd väg
Zamknięta zimą · Droga turystyczna Télen elzárt útszakasz · Turistaút	Vinterlukning · Turistrute Avstängd vintertid · Turistled
Strome podjazdy Emelkedők	Stigninger Stigningar
Kolej główna z dworcem · Kolej drugorzędna · Kolejka wąskotorowa Fővasútvonal állomással · Mellékvasútvonal · Kisvasút	Jernbane med station · Sidebane · Smalsporet bane Huvudjärnväg med stationshus · Mindre viktig järnväg · Smalspårig järnväg
Kolej zabytkowa · Stacja przeładunkowa dla samochodu Történeti vasútvonal · Autórakodó-terminál	Veteranjernbane · Autotog-terminal Museijärnväg · Lastningsstation för motorfordon
Kolej zębata, kolej linowa szynowa · Kolej linowa napowietrzna · Wyciąg krzesełkowy Fogaskerekű vasút, drótkötélpálya · Kabinos felvonó · Ülőlift	Tandhjulsbane, tovbane · Svævebane med kabine · Stolelift Kugghjulsbana, linbana · Linbana med kabiner · Stollift
Promy samochodowy · Prom pasażerski · Linia żeglugowa Autószállító komp · Személyszállító komp · Hajózási vonal	Bilfærge · Passagerfærge · Skibsrute Bilfärjor · Passagerarfärja · Fraktlinje
Port lotniczy · Lotnisko regionalne · Lotnisko · Teren dla szybowców Nemzetközi repülőtér · Regionális repülőtér · Egyéb repülőtér · Vitorlázó repülőtér	Lufthavn · Regional lufthavn · Flyveplads · Svæveflyveplads Flygplats · Lokalflygplats · Flygfält · Segelflygfält
Odległości na autostradach w kilometrach Kilométertávolság az autópályán	Afstande i km på motorvej Kilometerangivelse vid motorvägar
Odległości na innych drogach w kilometrach Kilométertávolság utakon	Afstande i km på andre vejen Kilometerangivelse vid övriga vägar

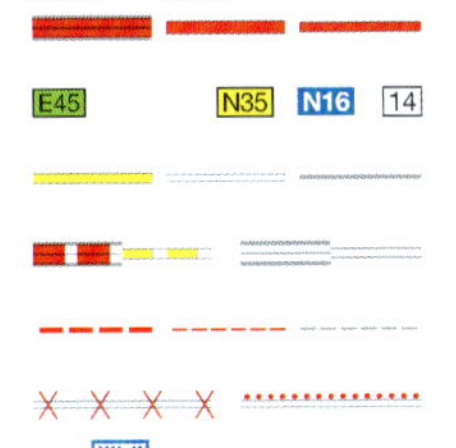

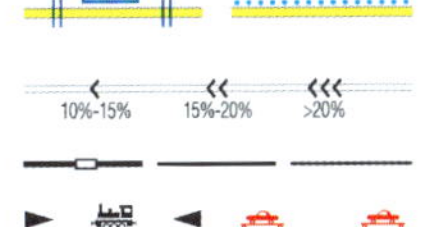

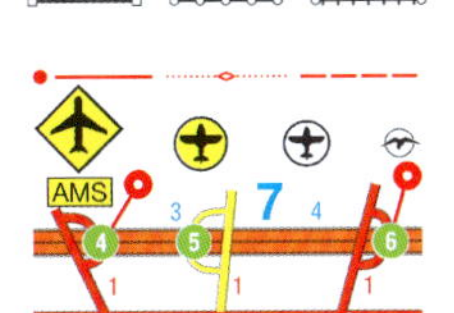

INTERESUJĄCE OBIEKTY / LÁTVÁNYOSSÁGOK — SEVÆRDIGHEDER / SEVÄRDHETER

Kultura · Kultúra — Kultur · Kultur

PL / H	DK / S
Szczególnie interesujący Különleges látványosság	Særlig seværdig Särskilt sevärd
Warto zobaczyć Megtekintésre érdemes hely	Seværdig Sevärd

Krajobraz · Táj — Landskab · Landskap

PL / H	DK / S
Szczególnie interesujący Különleges látványosság	Særlig seværdig Särskilt sevärd
Warto zobaczyć Megtekintésre érdemes hely	Seværdig Sevärd

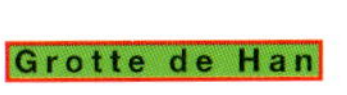

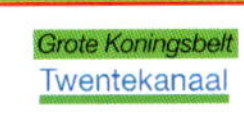

PL / H	DK / S
MARCO POLO Highlight MARCO POLO Highlight	MARCO POLO Highlight MARCO POLO Highlight
Park narodowy · Park krajobrazowy · Rezerwat przyrody Nemzeti park · Természeti park · Természetvédelmi terület	Nationalpark · Naturpark · Naturreservat Nationalpark · Naturpark · Naturreservat
Ładny widok · Widok panoramiczny · Piękna droga widokowa Szép kilátó · Körkilátó · Természetileg szép szakasz	Smuk udsigt · Vidt udsyn · Landskabelig smuk vejstrækning Vacker utsikt · Panorama · Naturskön sträcka
Kościół · Kaplica · Klasztor · Ruiny klasztoru · Wieża Templom · Kápolna · Kolostor · Kolostorrom · Torony	Kirke · Kapel · Kloster · Klosterruin · Tårn Kyrka · Kapell · Kloster · Klosterruin · Torn
Pałac, zamek · Ruiny zamku · Pomnik · Wiatrak · Młyn Kastély, vár · Várrom · Emlékmű · Szélmalom · Vízmalom	Slot, borg · Borgruin · Mindesmærke · Vindmølle · Mølle Slott, borg · Borgruin · Monument · Väderkvarn · Vattenkvarn
Stadion · Skocznia · Wykopalisko albo ruina · Ważna budowla · Ważny obszar Stadion · Ugrósánc · Régészeti asatások és romhely · Jelentős épület · Jelentős térség	Stadion · Skihop · Udgravnings- eller ruinsted · Betydelig bygning · Betydelig areal Stadion · Skidbacke · Utgrävnings- eller ruinplats · Betydlig areal · Betydlig byggnad
Port jachtowy · Latarnia morska · Pole tulipanowe · Cieplarnia · Skład paliwa Jachtkikötő · Világítótorony · Tulipánmező · Melegház · Tartálytelep	Lystbådehavn · Fyr · Tulipanmark · Drivhus · Tanklager Småbåtshamn · Fyr · Tulpanfält · Drivhus · Tanklager
Wodospad · Śluza · Jaskinia · Farma wiatrowa · Inny obiekt krajobrazowy Vízesés · Zsilip · Barlang · Szélerőmű telep · Egyéb tájjellegű dolog	Vandfald · Lås · Hule · Vindmøllefarm · Anden landskabelig objekt Vattenfall · Sluss · Grotta · Vindkraftpark · Övrig naturobjekt

INNE INFORMACJE / EGYÉB — ANDET / ÖVRIGT

PL / H	DK / S
Kemping przez cały rok · sezonowy · Schronisko młodzieżowe · Hotel, restauracja, schronisko górskie Kemping egész évben nyitva · szezonális · Ifjúsági szálló · Szálloda, vendéglő, menedékház	Campingplads hele året · sæsonbestemte · Vandrerhjem · Hotel, kro, hytte Campingplats hela året · säsongsmässiga · Vandrarhem · Hotell, gästvärdshus, fjällstuga
Pole golfowe · Pływalnia · Wieża stacji radiowej,telewizyjnej · Elektrownia · Cmentarz wojskowy · Kopalnia Golfpálya · Uszoda · Rádió-, tévétorony · Erőmű · Katonatemető · Bánya	Golfbane · Svømmebad · Radio-, fjernsynstårn · Kraftværk · Militærisk kirkegård · Bjergværk Golfbana · Simbad · Radiotorn, TV-torn · Kraftverk · Militärkyrkogård · Gruva
Granica państwa · Stolica Államhatár · Főváros	Statsgrænse · Hovedstad Statsgräns · Huvudstad
Granica regionu · Siedziba administracji Megyehatár · A közigazgatás székhelye	Regionsgrænse · Forvaltningssæde Regiongräns · Förvaltningssäte
Obszar zamknięty · Las · Wrzosowisko Járáshatár · A közigazgatás székhelye	Spærret område · Skov · Hede Spärrzon · Skog · Hed

AMSTERDAM

BRUGGE

0 1 2 4 6 km
0 1 2 3 miles

32 Den Burg

27
28
29
30
33
Den Oever
Bolsward

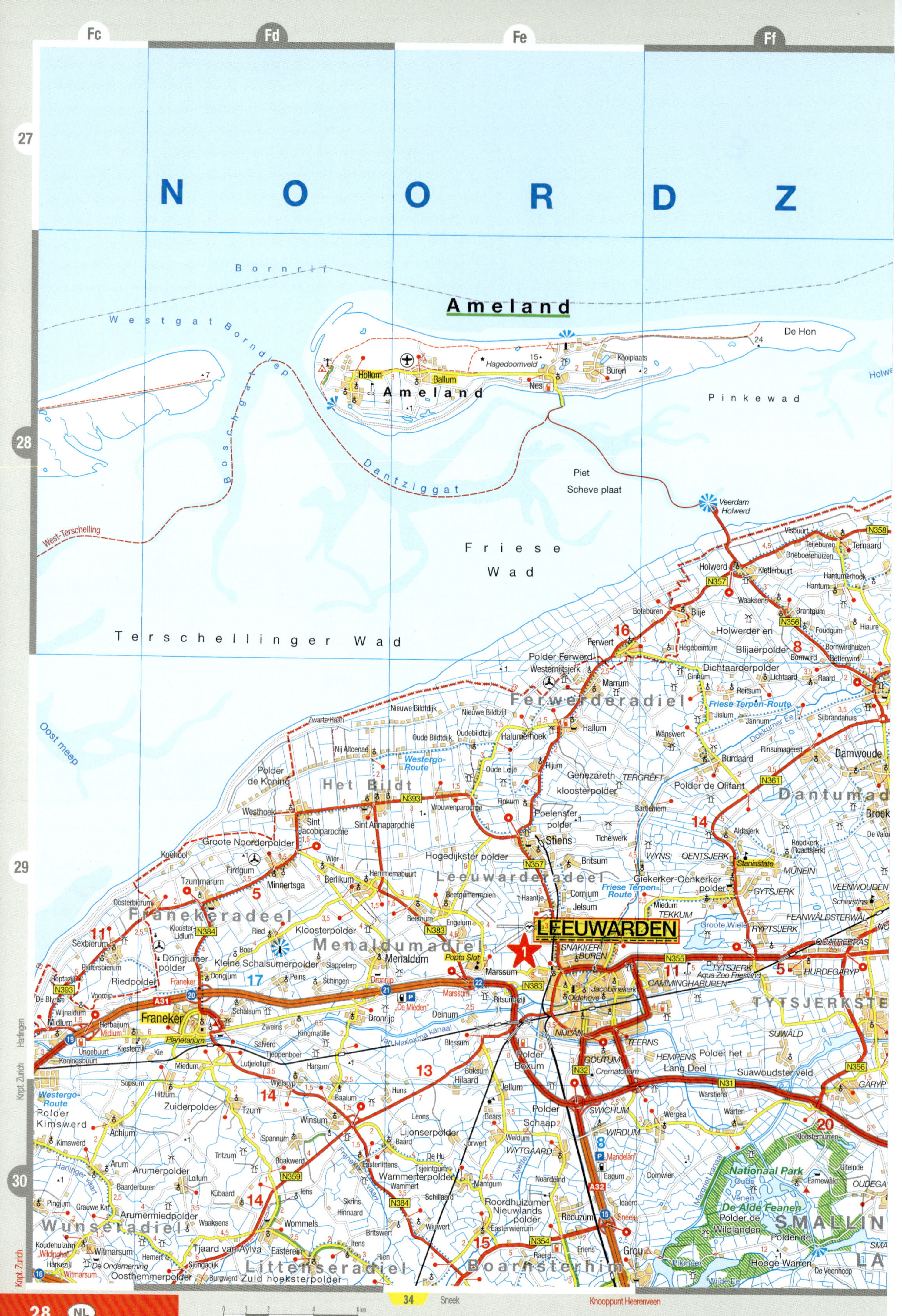
Fc
Fd
Fe
Ff
27
28
29
30
N O O R D Z
Bornrif
Westgat
Borndiep
Boschgat
Ameland
Hollum
Ballum
Hagedoornveld
Nes
Buren
Kooiplaats
De Hon
Pinkewad
Dantziggat
Piet Scheve plaat
Veerdam Holwerd
West-Terschelling
Friese Wad
Terschellinger Wad
Oost meep
Holwerd
Ternaard
Visbuurt
Teijeburen
Driebeorehuizen
Hantumhuizen
Hantum
Kletterburt
Waaksens
Brantgum
Foudgum
Hiaure
Blije
Boteburen
Ferwert
Holwerder en Blijaerpolder
Bornwird
Bornwirdhuizen
Betterwird
Hegebeintum
Dichtaarderpolder
Lichtaard
Raard
Ginnum
Reitsum
Polder Ferwerd
Westernijtsjerk
Marrum
Ferwerderadiel
Friese Terpen-Route
Jislum
Jannum
Dokkumer Ee
Sijbrandahuis
Wânswert
Rinsumageest
Damwoude
Burdaard
Hallum
Halumerhoek
Nieuwe Bildtdijk
Nieuwe Bildtzijl
Oude Bildtdijk
Oudebildtzijl
Zwarte Haan
Nij Altoenae
Westergo-Route
Hijum
Genezareth
Tergrêft
kloosterpolder
Polder de Olifant
Dantumad
Oude Leije
Polder de Koning
Het Bildt
N393
Vrouwenparochie
Finkum
Bartlehiem
Westhoek
Sint Jacobiparochie
Sint Annaparochie
Poelenster polder
Stiens
Tichelwerk
14
Aldtsjerk
Broek
Rodkerk (Roadtsjerk)
Groote Noorderpolder
Koehool
Firdgum
Tzummarum
Wier
Berlikum
Minnertsga
Hemmemabuurt
Hogedijkster polder
N357
Britsum
Wyns
Oentsjerk
Stania State
Münein
Giekerker-Oenkerker polder
Gytsjerk
Veenwouden
Leeuwarderadeel
Beetgumermolen
Haantje
Cornjum
Jelsum
Friese Terpen-Route
Miedum
Tekkum
Schierstins
Feanwâldsterwâl
Oosterbierum
Franekeradeel
Klooster-Lidlum
N384
Ried
Boer
Kloosterpolder
Beetgum
N383
Engelum
LEEUWARDEN
Groote Wiele
Rijptsjerk
Quatrebras
Sexbierum
Dongjumer polder
Kleine Schalsumerpolder
Menaldumadiel
Menaldum
Slappeterp
Poptaslot
Snakkerburen
N355
Tytsjerk
Aqua Zoo Friesland
Hurdegaryp
Pietersbierum
Riedpolder
Dongjum
Peins
Schingen
Dronrijp
Marssum
Camminghaburen
N383
Hoptazijl
N393
De Blynse
Voorrijp
Wijnaldum
Midlum
A31
Franeker
Herbaijum
Schalsum
Planetarium
Zweins
Kingmatille
Dronrijp
De Mieden
Deinum
Ritsumasijl
Oldehove
Jacobijnekerk
Tytsjerkste
Nijlân
Van Harinxma kanaal
Blessum
Suwâld
Salverd
Tjeppenboer
Ungebuurt
Kiesterzijl
Kie
Koningsbuurt
Teerns
Hempens
Polder het Lang Deel
Goutum
Crematorium
Suawoudster veld
N356
Polder Boxum
N32
Lutjelollum
Miedum
Harsum
Sopsum
13
Boksum
Hilaard
Jellum
N31
Warstiens
Garyp
Westergo-Route
Hitzum
Zuiderpolder
Wjelsryp
Baaium
Huns
Swichum
Wergea
Warten
Polder Kimswerd
Tzum
Winsum
Leons
Bears
Polder Schaap
Wirdum
20
Kimswerd
Achlum
Spannum
Lijonserpolder
Baard
Jorwert
Weidum
Wytgaard
Mandelân
Kloosterburen
Arum
Tritzum
Boakwerd
Franekervaart
De Hu
Tsjeintgum
Oosterlittens
Wammerterpolder
Wammert
Mantgum
Noardend
Eagum
Nationaal Park De Alde Feanen
Uitende
Earnewâld
Oudega
Harlinger vaart
Arumerpolder
Lollum
Baarderburen
N359
Iens
Schillaard
Dowmier
Oude Venen
Pingjum
Grauwe Kat
Arumermiedpolder
Kubaard
14
Skrins
Hinnaard
N384
Roordhuizumer Nieuwlands polder
Reduzum
A32
Idaerd
Polder de Wildlanden
Waaksens
Wommels
Britswert
Wiuwert
Easterwierrum
Sneek
SMALLINGERLA
Wunseradiel
Koudehuizum
Witmarsum
Hemert
Tjaard van Aylva
Easterein
Itens
15
N354
Raerd
Friens
Grou
Polder de Hooge Warren
Wildinghe
De Onderneming
Sjungadijk
Rien
Pikmeer
De Veenhoop
Harkezijl
Witmarsum
Oosthemmerpolder
Burgwerd
Zuid hoeksterpolder
Littenseradiel
Boarnsterhim
Wide Ee
Harlingen
Knpt. Zurich
34
Sneek
Knooppunt Heerenveen
0 1 2 4 6 km
0 1 2 3 miles

Ga
Gb
Gc
Gd
Rottumeroog
Rottumerplaat
Gronden van der Lauwers
Lauwers
Simonszand
Zuidoost Lauwers
Osterbuitengroden
Schiermonnikoog
Nationaal Park Schiermonnikoog
Balg
Kobbeduinen
Wierumer gronden
Pinkegat
Het Rif
Westgat
Engelsmanplaat
Zoutkamperlaag
Brakzand
Groningerwad
Lauwersoog
Robbenoort
Marnewaard
De Marne
Nationaal Park Lauwersmeer
Lauwersmeer
Dongeradeel
Dokkum
Kollumerland en Nieuwkruisland
Kollum
Zoutkamp
Ulrum
Leens
Eenrum
Baflo
Winsum
Warffum
Westernieland
Oudedijk
Kaakhorn
Pieterburen
Wierhuizen
Ommelander-Route
Friese Terpen-Route
Wierum
Moddergat
Paesens
Anjum
Metslawier
Grijpskerk
Buitenpost
Achtkarspelen
Surhuisterveen
Grootegast
Zuidhorn
Noordhorn
Aduard
GRONINGEN
CITY MAP
Leek
Marum
Roden
Peize
Paterswolde
Eelde
Noordenveld
De Leijen
Bergumer meer
Drachten
Midwolde
Tolbert
Matsloot-Roderwolde
Lauwerzijl
Niezijl
Visvliet
Gaarkeuken
Oosterzand
Noorderland
Niekerk
Oldekerk
Zuidpolder
Opende
Boelenslaan
Harkema
Drogeham
Augustinusga
Stroobos
Gerkesklooster
Twijzel
Zwaagwesteinde
Veenkloster
Westergeest
Oudwoude
Sandebuur
Nietap
Zevenhuizen
Steenbergen
Langelo
Lieveren
Altena
Foxwolde
De Wilp
Frieschepalen
Siegerswoude
Ureterp
Oosterwolde
Pieterburen
A7
E22
N355
N361
N388
N358
N369
N372
N373
N386
N370
N363
N356
N31
27
28
29
30

Gc
Gd
DEUTSCHLAND
Ge
Gf
27
28
29
30
NOORDZEE
Rottumeroog
Rottumerplaat
Simonszand
Zuiderdmintjes
Lauwers
Zuidoost Lauwers
Schutzzone I
Reede Borkum
Fischerbalje
Randzel
Randzelgat
Nationalpark
Niedersächsisches
Wattenmeer
Oude Westereems
Dukegat
Robbenplaat
Groningerwad
Uithuizerwad
Eemshaven
Hund
Paap-sand
Eemsmond
Uithuizen
Uithuizermeeden
Usquert
Menkemaborg
Ommelander-Route
Eems-Dollard-Route
Baflo
Winsum
Middelstum
Loppersum
Bedum
Ten Boer
DELFZIJL
Appingedam
Zuidhorn
GRONINGEN
CITY MAP
Slochteren
Leek
Haren
Roden
Peize
Paterswolde
Eelde
Noordenveld
Tynaarlo
Zuidlaren
HOOGEZAND-SAPPEMEER
Menterwol
VEENDAM
Muntendam
Zuidbroek
Hortus Botanicus
Schildmeer
Zuidlaarder meer
Vries
Assen
Gieten
Bareveld
Stadskanaal
NEDERLAND
36

Ha
Hb
Hc
Norden
Schutzzone I
Bantsbalje
Hamburger Sand
Schweinsrücken
Leybucht
Ley
Leysand
Greetsieler Nacken
Pilsumer
Greetsiel
Krummhörn
Manslagter zone I Nacken
Schutzzone II
Leuchtturm
Rysumer
Nacken
Hinte
EMDEN
Ems
Dollard
Heringsplaat
Geise
Schutzzone I
Osteel
Brookmer
Marienhafe
Upgant-Schott
Südbrookmerland
AURICH
Moordorf
Ihlow
Großes Meer
Moormerland
Warsingsfehn
LEER
(Ostfriesland)
Jemgum
Rheiderland
Bunde
WEENER
Westoverledingen
overledingen
Oldambt
Scheemda
Winschoten
Bellingwedde
Oude Pekela
Meerhusener Moor
27
28
29
30
Stadskanaal
Vlagtwedde
Rhede
Dörpen
37
Papenburg

Ec
Ed
26
Ee
Ef
29
30
31
32
Texel
Nationaal
Park
Duinen
van Texel
De Cocksdorp
De Slufter
Midden-Eierland
Polder Eierland
Zuid-Eierland
De Koog
Polder Waal en Burg
Oost
Zevenhuizen
Oosterend
Nieuweschild
Den Burg
Den Hoorn
Oudeschild
Prins
polder
't Horntje
N O R D Z E E
Noorderhaaks
DEN HELDER
Marsdiep
Molengat
Malzwin
Amsteldiep
Texelstroom
Lutjeswaard
Hengst
Breehorn
Balgzand
Wieringen
HUISDUINEN
NIEUW DEN HELDER
DE SCHOOTEN
DE KOOY
Polder het Koegras
JULIANADORP
Anna Paulowna
Schagen
Zijpe
Niedorp
Harenkarspel
Callantsoog
Middenmeer
Hondsbosse zeewering
Schoorl
Alkmaar
Hoorn
38

Harlingen
Waddenzee
Zuidoostrak
Waard
Scheurrak
Doove Balg
Afsluitdijk
Lorentzsluizen
Kornwerderzand
Middelgronden
„Breezanddijk"
„Monument"
Breezand
Den Oever
Stevinsluizen
Gemaal Leemans
Hollands Noorden-Route
Haven van Oude Zeug
Wieringerwerf
Kreileroord
Middenmeer
IJsselmeer
De Kreupel
Wagenpad
Medemblik
Radboud
Opperdoes
Het Westeinde
Twisk
Onderdijk
Polder de Brake
Oostwoud
Wervershoof
Noorder-Koggenland
Koggen-Route
Andijk
Polder het Grootslag
Stede Broec
Bovenkarspel
Grootebroek
Enkhuizen
Zuiderzeemuseum
Urk
Midlum
Kimswerd
Arum
Achlum
Zuiderpolder
Wunseradiel
Witmarsum
Tjaard van Aylva
Oosthemmerpolder
Cornwerd
Makkum
De Weeren
Bolsward
Exmorra
Allingawier
Piaam
Gaast
Ferwoude
Wonneburen
Hieslum
De Rijp
Oudega
Workum
Nijefurd
Hindeloopen
Groote Wiskepolder
Koudum
Fluessen
Heegermeer
Rovenbure Polder
Noordwolder polder
Molkwerum
Stavoren
Zuidermeer polder
Bakhuizen
Gaasterlân Sleat
Balk
Zuiderfennenspolder
Huitebuursterpolder
Vogelpark
Friese Meren-Route
Westergo-Route
Winsum
Sneek
Oosterzee

30 31 32

Fc
Fd
Fe
Ff
28
Leeuwarden
Tzummarum
Quatrebras
29
30
31
32
Knooppunt Zurich
Harlingen
Bolsward
SNEEK
SKARSTERLÂN
HEEREN
Lemmer
Wolvega
Oldemarkt
EMMELOORD
Wunseradiel
Littenseradiel
Boarnsterhim
Wymbritseradiel
Nijefurd
Gaasterlân Sleat
Lemsterland
Nationaal Park De Alde Feanen
Sneekermeer
Fluessen
Heegermeer
Slotermeer
Tjeukemeer
IJsselmeer
Noordoostpolder
NOORDOOSTPOLDER
Makkum
Workum
Balk
Sloten
Joure
Grou
Akkrum
Woudsend
Heeg
IJlst
Wommels
Witmarsum
Blokzijl
Kuinre
Bant
Creil
Rutten
Espel
Marknesse
Luttelgeest
A7
A6
A32
N359
N354
N7
N380
N351
N331
N384
N356
N31
N32
Westergo-Route
Friese Meren-Route
Zeebodem-Route
40
Urk
Knooppunt Emmeloord
Zwartsluis

Bergumer meer
IT HEECHSAN
EASTERMAR
SUMAR
SURHUISTERVEEN
OPENDE
Kornhorn
De Snipperij
Noordwijk
Eucaswolde
Boerakker
Midwolde
Leek
Tolbert
Nienoord
Hoollanden
Zwartbad
Leekstermeer
Matsloot-Roderwolde
Sandebuur
Roderwolde
EELDERWOLDE
Paterswolde
De Leijen
BOELENSLAAN
HOUTIGEHAGE
ROTTEVALLE
DE TIKE
NIJEGA
OPEINDE
Drachtstercompagnie
Zethuis
Marum
Niebert
De Holm
Nuis
Coendersborgh
Roden
Foxwolde
Peize
Paterswolde
Eelde
De Pol
De Horst
Noordenveld
DRACHTEN
DE SWETTEN
DE WIKEN
DE VENEN
EGBERTSGAASTEN
BUITENSTVERLAAT
DE DRAIT
DE WILGEN
Veenpolder in
BOORNBERGUM
GALHOEKE
KORTEHEMMEN
Smallingerland
NIJ BEETS
De Wilp
FRIESCHEPALEN
Jonkersvaart
Zevenhuizen
Nieuw-Roden
Roderesch
Lieveren
Altena
Bunne
Lucthenburg
Langelo
Bunnerveen
Donderen
Noordenveld-Route
Ommelander-Route
URETERP
SIEGERSWOUDE
BAKKEVEEN
Pieterburen
Paulinahoeve
Heineburen
Veldstreek
Boerenstreek
De Haspel
Allardsoog
Mandeveld
Steenbergen
Haulerwijk
Een-West
Een
Norg
Peest
Friese Wouden-Route
OLTERTERP
WIJNJEWOUDE
Waskemeer
Janssenstichting
Westervelde
Zuidvelde
Zeyen
Zeyerveld
Ubbena
Ter Aard
Beetsterzwaag
Kolonie Veenhuizen
Veenhuizen
HEMRIK
Moskou
Haule
Koudenburg
OPSTERLAND
Ooststellingwerf
ASSEN
Noordenveld-Route
Zeyerveen
NOORDERPARK
PITTELO
KLOOSTERVEEN
LIPPENHUIZEN
TERWISPEL
GORREDIJK
JUBBEGA
Donkerbroek
Jardinga
Weper
De Knolle
Fochteloërveen
Kolonieveld
BAGGELHUIZEN
WITTEN
HOORNSTERZWAAG
Oosterwolde
Makkinga
Langezwaag
NIEUWE WAART
LANGEZWAAG
Jonkerslân
Laag-Duurswoude
Buttinga
Hoog-Duurswoude
Venekoten
Fochteloo
Friese Wouden-Route
Bovensmilde
DE HAAR
T.T.-Circuit
BONTEBOK
OUDEHORNE
JUBBEGA-SCHURREGA
Twijtel
Veneburen
Boekhorst
Langedijke
Willemstad
Ravenswoud
Appelscha
VEEN
KATLIJK
NIEUWEHORNE
Deddingabuurt
Nijeberkoop
Tronde
Terwisscha
Aekinga
Smilde
Hijkersmilde
Laaghalerveen
MILDAM
Oldeberkoop
Elsloo
Boswachterij Appelscha
Noordenveld-Route
Laaghalen
Hooghalen
Friese Wouden-Route
Nijeholtpade
Zandhuizen
Zorgvlied
Nationaal Park
Oranje
Oranjekanaal
Oldeholtwolde
Ter Idzard
Boijl
Wateren
Hoogersmilde
Hijken
Oldeholtpade
De Hoeve
Oosterstreek
Boschoord
Boswachterij
Smilde
Noordwolde
Drents-Friese Wold
Bernheuvel
Blauwe Meer
Beilervaart
Brunsting
Rheeveld
Westerbork
Klatering
Alting
Wolvega
Vinkega
Doldersum
Vledderveen
Geeuwenbrug
Weststellingwerf
Wilhelminaoord
Kolonie Frederiksoord-Wilhelminaoord
Beek en Brink-Route
Veenhuizen
Wapse
Zoerte
Diever
Leggeloo
Boteveen
Molenstad
Middenveld-Route
Beilen
Steggerda
Peperga
Vledder
Zeemuseum
Museum De Proefkolonie
Frederiksoord
Veldhuizen
Ten Have
Kalteren
Oldendiever
Dieverbrug
Eemster
Holtien
Lheebroek
Smalbroek
Makkum
Hoilte
De Blesse
Eese
Nijensleek
Wittelte
Hoolland
Dwingeloo
Boswachterij
Ter Horst
Wijster
Linthorst-Homan kanaal
Blesdijke
Willemsoord
Paasloo
Marijenkampen
Basserveld
De Pol
Baars
Eesveen
De Bult
Wapserveen
Oldengaerde
Westeinde
Westerveld
Nationaal Park Dwingelderveld
Dwingeloo
Spier
Basse
Steenwijkerwold
Molenhoek
Witte-Paarden
Steenwijkerwold
De Berg
Steenwijkerlanden
Steenwijk
Kallenkote
Holtinge
Uffelte
Kraloose Heide
Kraloo
Eursinge
Drijber
Tuk
Verlaat
Oostermeenthe
Het Schiер
Havelterberg
Rheebruggen
Ansen
Benderse
Wittebeen
Steenwijk
Zuidveen
Onna
Busselte
Darp
Havelte
Engeland
Anholt
Leeuwte
Bultinge
Ruinen
Pesse
De Marke
Weerribben-Wieden
Scheerwolde
Eursinge
Ruinen
Oldenhave
Gasselte
Zwartschaap
Zuidenveld-Route
De Haar
Stuifzand
Sieberie
Poldern Halfweg
Nijeveense Bovenboer
Koldervense-Bovenboer
Giethoorn
Noordeinde
De Kloose
Nijeveen
Veendijk
Oosteinde
Hees
Stadterij
Kalenberg
Fluitenberg
HOOGEVEEN
Bovenwijde
Middenbuurt
Zuideinde
Havelte
Ruinerwold
Dijkhuizen
Koekange
Beek en Brink-Route
Marterhaar
Hoogeveen
KRAKEEL
NOORD-SCHESCHUT
WOLFSBOS
VENESLUIS
Beek en Brink-Route
Koldeveen
Haakswold
Meppel-Noord
Buitenhuizen
Blijdenstein
Weerwille
Koekangerveld
Struikberg
Huis te Echten
Nijstad
Echten
Zuidwolde
De Wolden
HOLLANDSCHEVELD
Wieden
Beulakerwijde
Dinxterveen
De Kolk
't Haagje
Wanneperveen
Dwarsgracht
Jonen
Zwartsluis Zwartsluis Knooppunt Lankhorst 41 Knooppunt Lankhorst Ommen
29 30 31 32
Vries
Kp. Julianaplein
Rolde
Emmen
Borger
Kp. Hoolsloot

Leek
Roden
Noorden-
veld
Haren
HOOGEZAND-
SAPPEMEER
Menterwolde
Tynaarlo
Zuidlaren
VEENDAM
Nationaal Park
Aa en Hunze
Drentsche Aa
ASSEN
Gieten
Rolde
Midden-
Drenthe
Borger-
Odoorn
Beilen
Westerbork
Nationaal Park Dwingelderveld
HOOGEVEEN
EMMEN
Sleen
Dalen
Slagharen
Coevorden
Schoonebeek

Scheemda
Ha
31
Hb
Dreieck Leer
DEUTSCHLAND
Leer
Hc
29
30
31
32
43
Wietmarschen
Meppen
Haselünne
Scheemda
Scheemdermeer
Heiligerlee
Winschoten
Oostereinde
Beerta
Bad Nieuweschans
Bunde
WEENER
Weener
Holthusen
Boen
Wymeer
Bellingwedde
Blijham
Bellingwolde
Oude Pekela
Nieuwe Pekela
Pekela
Westerlee
Vlagtwedde
Ter Apel
STADSKANAAL
Valthermond
EMMER-COMPASCUUM
KLAZIENAVEEN
Rhede (Ems)
Rhederveld
Rheder Moor
Heede
Dörpen
Dersum
Walchum
Kluse
Sustrum
Fresenburg
Lathen
Niederlangen
Oberlangen
HAREN (Ems)
Wesuwe
Versen
Hümmling
Naturpark
Sögel
Werpeloh
Wippingen
Renkenberge
Neubörger
Surwold
Neulehe
Börger
Fuchtelmorte
Lehe
Heiligerlee
PAPENBURG
Overledingen
Ledingen
Aschendorf
Wildes Moor
Stapelmoor
Steenfelde
Bourtange
Sellingen
Ter Wisch
Rütenbrock
Altharen
Emmeln
Groß Berßen
Klein Berßen
Stavern
Hebelermeer
Wester Wolde
Herbrum
Tunxdorf
Nenndorf
Mark
Holt
Sprakel
Apeldorn
Sandberge

Ec
Ed
32
Stolpen
Ee
Ef
Wieringerwerf
32
33
34
35
Niedorp
Harenkarspel
Langedijk
Opmeer
Wognum
Obdam
Bergen
ALKMAAR
HEERHUGO-WAARD
Heiloo
Schermer
Wester-Koggenland
Egmond aan Zee
Egmond-Binnen
NOORD-
ZEE
Limmen
Castricum
Akersloot
Beemster
Uitgeest
HEEMSKERK
PURMEREND
Wormer
102-103
BEVERWIJK
ZAAN-
STAD
IJMUIDEN
VELSEN
Nationaal Park Zuid-Kennemerland
Bloemendaal
HAARLEM
Zandvoort
Oostzaan
Landsmeer
Ilpendam
Monnickendam
Broek in Waterland
HEEMSTEDE
HAARLEMMER-
HOOFDDORP
-MEER
Hillegom
Amstelveen
Diemen
Ouderkerk a/d Amstel
Ouder-Amstel
Abcoude
Bovenkerk
Haarlemmerliede en Spaarnwoude
Noordzijder Polder
Sassenheim
Alphen
Knpt. Burgerveen
45
Aalsmeer
Utrecht-N.

Wieringerwerf
Medemblik
Fa
Fb
33
Fc
Fd
IJsselmeer
32
Enkhuizen
Zuiderzeemuseum
Andijk
Oosterdijk
Koggen-Route
Polder het Grootslag
Stede Broec
Bovenkarspel
Grootebroek
Hoogkarspel
Lutjebroek
Broekerhaven
Wervershoof
Onderdijk
De Hoop
Koggenland
Midwoud
Sluispolder
Drechterland
Westerpolder
Zwaagdijk-Oost
Zwaagdijk-West
Grootslag
Westwoud
Oosterblokker
Binnenwijzend
Venhuizen
Polder de Drieban
De Weed
Oosterleek
Wijdenes
Schellinkhout
Kraaienburg
Wijmers
Westerblokker
Zwaag
Twisk
Abbekerk
Oostwoud
Nibbixwoud
Wognum
Hoorn-Noord
Groote Waal
HOORN
Hooense Hop
Scharwoude
De Groene Kustweg
Schardam
Etersheim
Houtribdijk (Markerwaarddijk)
28
N302
Nationaal
Marker Wadden
Park
Markermeer
Nieuw
Land
Flevoland
Zuidelijk
Lelystad-Noord
Observatorium (Robert Morris)
N307
Houtribtocht
Houtribsluizen
Nieuw Land Erfgoed Centrum
Batavia Werft, Nationaal Scheepshistorisch Centrum
JAGERSVELD
LELYSTAD
LELYSTAD-HAVEN
Natuurpark Lelystad
Lelystad-Zuid
Zeebodem-Route
47
Knooppunt Emmeloord
Dronten
33
Harderwijk
34
A6
21
EDAM-VOLENDAM
N247
Middelie
Munnikeveld
Singelwijk
Katham
Katwoude
Marken
Kerkbuurt
Moeniswerf
Havenbuurt
Rozewerf
Gouwzee
Zuiderwoude
Uitdam
Holysloot
22
Oostvaardersdijk
Oostvaardersplassen
Aalscholver
Lepelaar
Nieuwland-Route
ALMERE-BUITEN
Almere Buiten-Oost
Noorderplassen
Lage vaart
ALMERE-STAD
Almere Buiten
Knooppunt Almere
ALMERE
Weelwater
Almere Buiten-West
Almere Stad
Almere Stad-West
Almere Haven
ALMERE HAVEN
Almere-Hout
Kortegolf Zendstation Wereldomroep
Hoge vaart
Hoge Vaart
N305
12
Wolderwijd
Zeewolde
Pampushaven
IJmeer
AMSTERDAM
Diemen
Knooppunt Diemen
MUIDEN
Muiderslot
Muiderberg
Almere Poort
Hakkelaarsbrug
Gooimeer
NAARDERBOS
N27
11
14
WEESP
Bloemendaler polder
Knooppunt Muiderberg
Naarden
E231
A1
NAARDEN
N236
Aetsveldse Polder
Naardermeer
Vesting-museum
Bussum
29
Huizen
Bijvanck
Bikbergen
Crailo
Huizerhoogt
Blaricum
Eemmeer
Waterlandseweg
36
Nieuwland-Route
N301
A28
E232
Strand Horst
Vanenburg
't Oever
Strand Nulde
Nuldernauw
35
Nederhorst den Berg
Ankeveense plassen
Hilversumse Meent
Ankeveen
Hinderdam
Nigtevecht
Uitermeer
Hilversum
Knpt. Eemnes
46
Nijkerk

IJsselmeer
Noordoostpolder
Urk
Emmeloord
Ketelmeer
Kampen
Lelystad
Dronten
Oostelijk Flevoland
Flevoland
Elburg
Oldebroek
Nunspeet
Harderwijk
Zeewolde
Ermelo
Epe
Vaassen
Elspeet
Veluwemeer
Zwarte Meer
IJsselmuiden
Koninklijkehoutvesterij

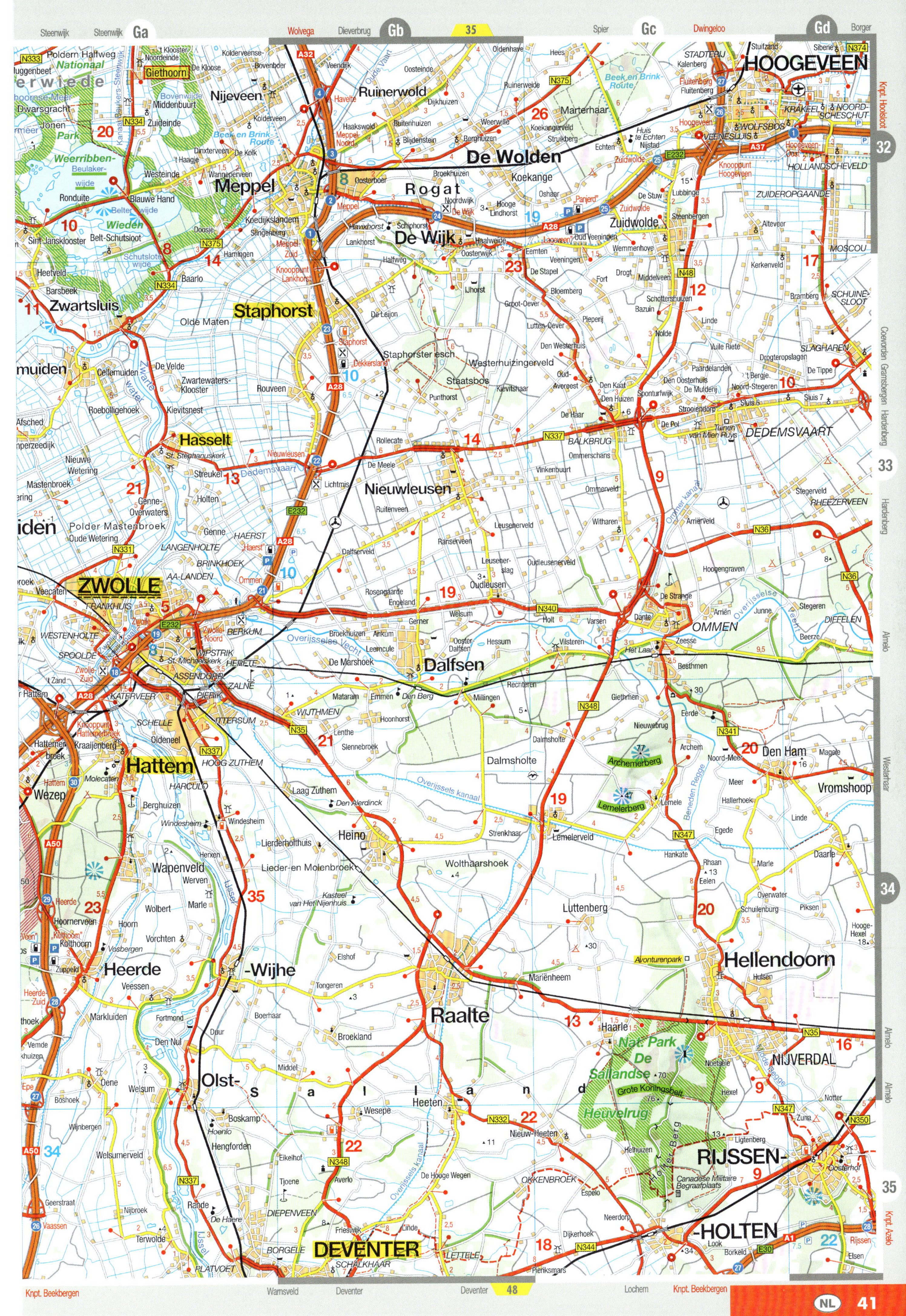

Steenwijk
Ga
Wolvega
Dieverbrug
Gb
35
Spier
Gc
Dwingeloo
Gd
Borger
HOOGEVEEN
Nijeveen
Meppel
Ruinerwold
De Wolden
Rogat
De Wijk
Zuidwolde
Staphorst
Zwartsluis
Hasselt
Nieuwleusen
DEDEMSVAART
ZWOLLE
Dalfsen
OMMEN
Hattem
Heino
Wezep
Den Ham
Vromshoop
Wapenveld
Heerde
Wijhe
Raalte
Hellendoorn
Olst-
Salland
Nat. Park De Sallandse Heuvelrug
NIJVERDAL
RIJSSEN-
-HOLTEN
DEVENTER
Giethoorn
Weerribben-Wieden
Lemelerberg
Archemerberg
Luttenberg
Dalmsholte
Heeten
Balkbrug
Ommerschans
Steenwijk
Wamsveld
Deventer
48
Lochem
Knpt. Beekbergen
Knpt. Hoogeveen
Knpt. Holsloot
Coevorden
Hardenberg
Almelo
Westerhaar
Knpt. Azelo
32
33
34
35

Gc
Gd
Ge
Gf
36
48
32
33
34
35
HOOGEVEEN
Coevorden
Emlichheim
HARDENBERG
Hoogstede
Uelsen
Twenterand
Vriezenveen
Tubbergen
Hellendoorn
Wierden
ALMELO
NIJVERDAL
RIJSSEN
HOLTEN
Borne
OLDENZAAL
HENGELO
Zuidwolde
DEDEMSVAART
OMMEN
Den Ham
Vroomshoop
Dalen
Ootmarsum
Niedergrafschaft
Bentheim
Dinkel
Twente
Laar
Wilsum
Itterbeck
Veenhuizen
Gees
Schoonebeek
Lutten
Slagharen
Gramsbergen
Geesteren
Albergen
Weerselo
Rossum
Enter
Delden
Goor
Enschede
Emmen
Zwolle
Raalte
Deventer
Sallandse Heuvelrug
Kanaal Almelo-Nordhorn
Twentekanaal
Verlengde Hoogeveense vaart

Ter Apel
Ha
Dreieck Bunde
37
Hb
Haren
DEUTSCHLAND
Hc
Sögel
32
Löningen
Fürstenau
33
Langenfeld
Freren
34
Ibbenbüren
35
Rheine-Kanalhafen
Gronau
49
Ochtrup
Gronau/Ochtrup
Neuenkirchen
KLAZIENAVEEN
Zwartemeer
BARGER-OOSTERVEEN
Zuidenveld-Route
Amsterdamsche Veld
Naturpark
Bourtanger Moor
WEITEVEEN
Schoonebeeker Veld
NEUW-SCHOONEBEEK
Twist
Bargerveen
Wesuwe
Versen
MEPPEN
Straße der Megalithkultur
Hasebrink
HASELÜNNE
Groß Hesepe
Geeste
Speicherbecken Geeste
Dalum
Dalumer Moor
Georgsdorf
Wietmarscher Moor
Osterwald
Schwarzes Venn
NEUENHAUS
LINGEN (Ems)
Wietmarschen
Lohne
Bawinkel
Gersten
Langen
Messingen
Beesten
Lünne
Spelle
Salzbergen
RHEINE
NORDHORN
Emsbüren
Engdener Wüste
SCHÜTTORF
BAD BENTHEIM
Gildehaus
Losser
Denekamp
Breklenkamp
Lage
Dortmund-Ems-Kanal
Lingener Höhe
Grafschaft Bentheim

Df
Ea
Eb
Ec
35
36
37
NOORDZEE
Noordwijkerhout
Noordwijk aan Zee
Noordwijk-Binnen
Noordwijk
Sassenheim
Teylingen
Voorhout
KATWIJK
HOORNES RIJNSOEVER
KATWIJK AAN ZEE
KATWIJK AAN DEN RIJN
RIJNSBURG
Oegstgeest
VALKENBURG
DE PAN
Katwijkse Duinen
Rijksdorp
Duinrell
Dierenpark
Wassenaar
Voorschoten
'S-GRAVENHAGE
DEN HAAG
De Pier
SCHEVENINGEN
Sea Life Centre
Madurodam
DUINDORP
STATENKWARTIER
BENOORDENHOUT
LEIDSCHENDAM
VOORBURG
KIJKDUIN
LOOSDUINEN
MORGENSTOND
RIJSWIJK
Nootdorp
Monster
Poeldijk
Westland
's-Gravenzande
Kwintsheul
Honselersdijk
DELFT
Wateringen
Den Hoorn
Naaldwijk
De Lier
Delfgauw
Pijnacker-
Lansingerland
Berkel en Rodenrijs
Schipluiden
Midden-Delfland
Delfland
Maasland
VLAARDINGEN
HOEK VAN HOLLAND
Maasvlakte 2
Maasvlakte 1
Europoort
Nieuwe Waterweg
Calandkanaal
Hartelkanaal
Oostvoornse meer
Brielsemeer
MAASSLUIS
ROZENBURG
Oostvoorne
Brielsegat
Westvoorne
Voorne
BRIELLE
Rockanje
Heenvliet
SCHIEDAM
ROTTERDAM
Kingston upon Hull
Harwich
CITY MAP
51
Hellevoetsluis
Spijkenisse
Kn. Vaanplein

MUIDEN
HAARLEMMER-MEER
HOOFDDORP
Amstelveen
Diemen
WEESP
Hillegom
Lisse
102-103
Aalsmeer
Uithoorn
Ouder-Amstel
Abcoude
Wijdemeren
Kaag en Braassem
De Ronde Venen
Mijdrecht
Vinkeveen
Stichtse Vecht
Breukelen
Maarssen
Leiderdorp
Nieuwkoop
ALPHEN A/D RIJN
Zoeterwoude
Rijnwoude
WOERDEN
Bodegraven
Boskoop
ZOETERMEER
Waddinxveen
Reeuwijk
Zuidplas
GOUDA
OUDEWATER
MONTFOORT
IJSSELSTEIN
Lopiker Waard
Lopik
Vlist
Stolwijk
Haastrecht
SCHOONHOVEN
Ouderkerk
Krimpenerwaard
Bergambacht
CAPELLE A/D IJSSEL
Krimpen a/d IJssel
Nederlek
Liesveld
Zederik
Giessenlanden
Graafstroom
Alblasserdam
Ridderkerk
Nieuw-Lekkerland
35
36
37

MUIDEN
WEESP
NAARDEN
Bussum
Huizen
Blaricum
Laren
EEMNES
Hilversum
Wijdemeren 102-103
Gooimeer
Eemmeer
Zeewolde
HARDE
SPAKENBURG
BUNSCHOTEN
NIJKERK
BAARN
Soest
AMERSFOORT
Stichtse Vecht
Maarssen
UTRECHT
De Bilt
Bilthoven
ZEIST
Leusden
Woudenberg
Scherpenzeel
Renswou
Bunnik
IJSSELSTEIN
Houten
Driebergen-Rijsenburg
Doorn
NIEUWEGEIN
VIANEN
Utrechtse Heuvelrug
CULEMBORG
WIJK bij Duurstede
Amerongen
RHENEN
LEERDAM
BUREN
Geldermalsen
TIEL
Lingewaal
West Maas en Waal
Nationaal Park De Utrechtse Heuvelrug
Knpt. Diemen
Amsterdam
Loenen
Knpt. Holendrecht
Knpt. Gouwe
Bergambacht
Knpt. Gorinchem
Knpt. Empel
Zaltbommel
35
36
37

Ermelo
Putten
Barneveld
Apeldoorn
Koninklijkehoutvesterij
Het Loo
Twello
Vaassen
Emst
Olst-
Elspeet
Uddel
Garderen
Kootwijk
Stroe
Kootwijkerbroek
Harskamp
Otterlo
Lunteren
Nationaal Park de Hoge Veluwe
Nationaal Park de Veluwezoom
Rijksmuseum Kröller-Müller
Hoenderloo
Beekbergen
Loenen
Eerbeek
Dieren
Rheden
Velp
Arnhem
Ede
Bennekom
Wageningen
Renkum
Oosterbeek
Heteren
Westervoort
Duiven
Zevenaar
Huissen
Elst
Bemmel
Gendt
Doornenburg
Pannerden
Millingen a/d Rijn
Rijnwaarden
Beuningen
Druten
Dodewaard
Zetten
Andelst
Herveld
Kesteren
Opheusden
Over-Betuwe
Linge-waard
Didam
Deelen
Schaarsbergen
Wolfheze
Burgers' Zoo
Nederlands Openluchtmuseum
Veenendaal
Gortel
Wenum
Ugchelen
Klarenbeek
Lobith

Zwolle
Ga
Raalte
Gb
Raalte
41
Gc
Hellendoorn
Almelo
Gd
Almelo
Olst- s a l l a n d
Welsum
Wesepe
Heeten
Boskamp
Hoenlo
Hengforden
Welsumerveld
Eikelhof
Averlo
Tjoene
Nieuw-Heeten
De Hooge Wegen
Overijssels kanaal
OKKENBROEK
Espelo
Nat. Park Sallandse Heuvelrug
Grote Koningsbelt
Holter Berg
Helhuizen
Hexel
Lighterberg
RIJSSEN-
Canadese Militaire Begraafplaats
Notter
Zuna
Rectum
Almelo-West
IJpelo
Oosterhof
Enter
Nijbroek
Terwolde
Rande
De Haere
DIEPENVEEN
Frieswijk
Linde
LETTELE
Dijkerhoek
Neerdorp
-HOLTEN
Look
Borkeld
Rijssen
Elsen
Elsenerbroek
BORGELE
SCHALKHAAR
PLATVOET
FIZERSLANDEN
DEVENTER
Oude Molen
Apenhuizen
Pieriksmars
Loo
Looërmark
Beuseberg
Markelo
Schoolbuurt
Herike
Spekhoek
Grote Kerk
Berg-Kerk
BERGWEIDE
COLMSCHATE
BATHMEN
Lochem
Achterhoek
Potshoek
De Whee
Twello
Steenenkamer
KLOOSTER
Bathmen
Zuidloo
Schipbeek
Wippert
Kolkman
Herikerberg
Goor
Duistervoorde
De Vijfhoek
Hietweide
Deventer Oost
OXE
Dortherhoek
Dorth
De Schoolt
Markelo
Beusbergen
Kevelhammer-hoek
Wegdam
Wilp
Achterhoek
EPSE
Kring van Dorth
Blankenbergse
Hof van
Stokkum
Twente
De Lathmer
Posterenk
De Poll
Bussloo
GORSSEL
JOPPE
Oolde
HARFSEN
Kasteel Verwolde
Broek
Kasteel Weldam
Nijenhuis
Zwembad
Gietelo
Quatre Bras
LAREN
Dependeim
Warmelo
Diepenheim
Appen
Exel
Armhoede
Exel-Tol
Groot Dochteren
Westerflier
Westervlier
Platenborg
Ned Mettray
EEFDE
Den Dam
Twentekanaal
ALMEN
Ampsen
Kwinkweerd
Nettelhorst
Gelselaar
Geiselaarsbrug
Klarenbeek
Voorst
Noord-Empe
Empe
Warnsveld
LOCHEM
Berkeloord
Berkel
De Horst
Klein Amsterdam
't Velde
Klein Dochteren
Lochemerberg
Zwiep
Oosterveld
Noordijk
Tonden
St. Walburgiskerk
HOVEN
OOYERHOEK
LEESTEN
Warken
Het Grote Veld
Blankvoort
Kulsdom
Geesteren
Voorstonden
ZUIDWIJKEN
IJssel en Berkel-Route
BARCHEM
Respelhoek
Apeldoorns kanaal
Oeken
ZUTPHEN
Veldwijk
Den Bramel
Vorden
Wildenborch
Haneveld
Wildenborch
Heure
Overbiel
Hoonte
Huis te Eerbeek
Hall
Vierakker
Hagenbeek
Boschheurne
Borculo
Boerderijmuseum de Lebbenbrugge
Haarlo
Rhienderen
Cortenoever
De Heegherhoek
Wientjesvoort
Kranenburg
Medler
Huize De Wiersse
De Wiersse
Lindenschot
Eerbeek
Speelgoed-museum
Engelenburg
Hackfort
Vorden
Dijkhoek
Olden
Waterhoek
Brummen
Wichmond
Ruurlo
Slinge-Route
Berkellan
Leuvenheim
Delden
Veengoot
Onstein
Brinkmanshoek
Laag-Soeren
Bronkhorst
Baak
IJssel en Berkel-Route
De Kieftskamp
Lintvelde
Linde
Noordink
Ruurlo
De Haar
Camping
Beltrum
Dieren
Gelderse Toren
Spankeren
Steenderen
Toldijk
Hengelo
Huize 't Zelle
Huize Zelle
Varssel
Mentink
Avest
Rha
Nagelvoort
Veldhoek
Slinge
Olburgen
Bronckhorst
Bekveld
Dunsborg
Wolfershoeve
Heurne
Boomkamp
Katershorst
Vossenberg
Ellecom
Kasteel Middachten
Gooi
Groote Beek
Keijenborg
Oosterwijk
Wolfersveen
Hamaland-Route
Openluchtmuseum Erve Kots
Achter-Drempt
Graafschap
Hemmelebrug
Eefsele
De Steeg
St. Martinikerk
Voor-Drempt
Ulenpas
Enkhuizen
Hoog-Keppel
Hummelo
Velswijk
Zelhem
De Meene
Ruimzicht
Mariënvelde
Oost Gel
Lievelde
DOESBURG
Wemmersweerd
Beinum
Wittebrink
Halle-Heide
Zieuwent
't Rolder
Oude IJssel
Bevermeer
Laag-Keppel
Winkelshoek
De Woperels
GIESBEEK
ANGERLO
Eldrik
Keppel
Wassinkbrink
Halle
De Schutterij
Bingerden
Langerak
KRUISBERG
Heidenhoek
Halle-Nijman
Harreveld
Lichtenvoorde
DOETINCHEM
IJKENBERG
IJssel en Berkel-Route
IJzevoorde
Slinge-Route
Kleindorp
OVERSTEGEN
Heelweg-West
Heelweg
ZWEEKHORST
NIEUW-WEHL
St. Catharina Kerk
DE HUET
Den Vinkenburg
Slangenburg
Bielheimerbeek
Achterhoek
Oost
Gr Deunk
Greffelkamp
Loil
WEHL
Meerenbroek
Walmolen
Westendorp
Varsseveld
Domme Aanleg
Barlo
Didam
Holthuizen
Heidekant
Dichteren
DE HOOP
VIJVERBERG
St. Willibrordus
De Brie
't Villeken
Dale
Zevenaar
Gaulenkamp
Oost-Friesland
Plantage
Het Broek
WIJNBERGEN
Doetinchem
Varsseveld
Boven Slinge
Hollenberg
Walfort
Wehl
Stille Wald
Kilder
Doetinchem-West
OOSELD
GAANDEREN
Oude IJssel
Oude
Nieuw-Dijk
Oud-Dijk
IJssel en Berkel-Route
Heuven
Warm
Etten
IJsselstreek
Lintelo
Aalte
ZEVENAAR
Didam
Heide
Loerbeek
Braamt
Montferland
Terborg
Silvolde
Sinderen
Slinge-Route
Haart
OUD ZEVENAAR
BABBERICH
De Bijvank
Knooppunt Oud-Dijk
KWARTIER
Kasteel Camphuysen
Berg
Beek
Beek
Niederrhein-Route
Zeddam
Klein-
Ziek
Ulft
Lichtenberg
Bontebrug
Rafelder
Apenhorst
IJzerlo
Heurne
Rey
Kreuzkapelle
Aerdt
Feldhuisen
Rauhelde
Bergher Bos
Stokkum
Montferland
Lengel
Vethuizen
Azewijn
Varsselder
De Vogelzang
Barckens
De Heurne
Buningheide
Overhoek
Hohe
Geitenwaard
Herwen
Ossenwaard
Hauberg
Elten
ELTEN
Huis Bergh
's-Heerenberg
Veldhunten
Milt
Gendringen
Engbergen
Hardenberg
Voorst
Breedenbroek
Dinxperlo
Grenslandmuseum
Hogesprok
Underhoek
Herriden
Limes
Lobith
Hoch Elten
Wieken
Dwarsefeld
Het Beggelder
Bahia
Rijnwaarden
Emmerich
Eikelenboom
Apeldoorn
Knooppunt Beekbergen
Loenen
Loenen
Arnhem
Knpt. Velperbroek
Arnhem
Knpt. Velperbroek
Arnhem
35
36
37
Emmerich
DEUTSCHLAND
Emmerich
Rees
55
Isselburg
Isselburg
Bocholt
0 1 2 3 4 5 6 km
0 1 2 3 miles

Borne
OLDENZAAL
Losser
HENGELO
ENSCHEDE
Delden
Overdinkel
GRONAU
BAD BENTHEIM
OCHTRUP
Haaksbergen
Eibergen
Neede
AHAUS
Heek
Legden
VREDEN
Groenlo
STADTLOHN
Winterswijk
GESCHER
COESFELD
Südlohn
VELEN
Naturpark Hohe Mark
Kreuz Schüttorf
Schüttorf
Burgsteinfurt
Neuenkirchen
Nottuln
Dülmen
35
36
37

N O O R D Z E E
Brouwershavensegat
Westgat
Roggenplaat
Roompot
Hompels
Oosterscheldekering
Neeltje Jans
Deltapark Neeltje Jans
Schouwen-Duiveland
Zierikzee
Noord-Beveland
Walcheren
Veere
MIDDELBURG
VLISSINGEN
GOES
Zuid-Beveland
Borsele
Westerschelde
Nationaal Park Oosterschelde
Grevelingen
Goeree-Overflakkee
Kabbelarsbank
Brouwersdam
Dolfirodam
Renesse
Haamstede
Burgh
Westenschouwen
Brouwershaven
Kamperland
Wissenkerke
Colijnsplaat
Kortgene
Domburg
Westkapelle
Oostkapelle
Vrouwenpolder
Serooskerke
Zoutelande
Koudekerke
Arnemuiden
Nieuwdorp
Heinkenszand
's-Heerenhoek
Kapelle
Kwadendamme
Baarland
Ovezande
Driewegen
Borssele
Dc
Dd
De
Df
37
38
39
40
60

ROTTERDAM
CITY MAP
Westvoorne
Voorne
Rockanje
Zuurland
Vierpolders
Heenvliet
Geervliet
Hoogvliet
Poortugaal
Rhoon
Spijkenisse
Albrandswaard
Nieuwenhoorn
Nieuw-Helvoet
Bernisse
Oud-Beijerland
Binnen-
maas
Hellevoetsluis
Goedereede
Stellendam
Zuidland
Putten
Goudswaard
Piershil
Beijerland
Mijnsheerenland
Westmaas
Korendijk
Hoeksche Waard
Klaaswaal
Zuid-Beijerland
Cromstrijen
Numansdorp
Strijen
Haringvliet
Tiengemeten
Melissant
Sommelsdijk
Middelharnis
Dirksland
Overflakkee
Nieuwe Tonge
Oostflakkee
Oude Tonge
Ooltgensplaat
Den Bommel
Herkingen
Grevelingenmeer
Duiveland
Oosterland
Bruinisse
Willemstad
Volkerak
Dinteloord
Fijnaart
Heijningen
Krammer
Anna Jacobapolder
Sint Philipsland
Sint-Annaland
Stavenisse
Tholen
Sint-Maartensdijk
Oud-Vossemeer
Steenbergen
Oud Gastel
Halderberge
Roosendaal
Halsteren
Bergen op Zoom
Yerseke
Schelde
Verdronken Land van Zuid-Beveland
Kruiningen
Krabbendijke
Reimerswaal
Rilland
Woensdrecht
Hoogerheide
Huijbergen
Essen
Nieuwmoer
Wouw
Putte

ROTTERDAM
Nederlek
Ridderkerk
BARENDRECHT
Hendrik-Ido-Ambacht
PAPENDRECHT
Alblasserdam
Nieuw-Lekkerland
Graafstroom
Giessenlanden
Hardinxveld-Giessendam
Sliedrecht
ZWIJNDRECHT
DORDRECHT
Werkendam
Binnen-maas
Cromstrijen
Hoeksche Waard
Nationaal Park de Biesbosch
GEERTRUIDENBERG
Drimmelen
Moerdijk
Hollands diep
Willemstad
Zevenbergen
OOSTERHOUT
Dongen
BREDA
Etten-Leur
Oudenbosch
Halderberge
Rucphen
ROOSENDAAL
Gilze en Rijen
Rijen
Zundert
Alphen-Chaam
Chaam
Baarle-Nassau
Baarle-Hertog
Essen
Nieuwmoer
Wildert
Oud Gastel
Fijnaart
Klundert
Dubbeldam
Terheijden
Made
Hank
Dussen
Sprundel
Sint Willebrord
Hoeven
Rijsbergen
Ulicoten
Meer
Achtmaal
Wernhout

LEERDAM
Lingewaal
Geldermalsen
TIEL
West Maas en Waal
Neerijnen
ZALTBOMMEL
WOUDRICHEM
Maasdriel
OSS
Aalburg
HEUSDEN
ROSMALEN
Maasdonk
Bernheze
WAALWIJK
'S-HERTOGENBOSCH
Vught
Sint-Michielsgestel
Schijndel
Loon op Zand
Haaren
Boxtel
OISTERWIJK
Sint-Oedenrode
Goirle
Hilvarenbeek
Oirschot
Best
Son en Breugel
EINDHOVEN
Kempen

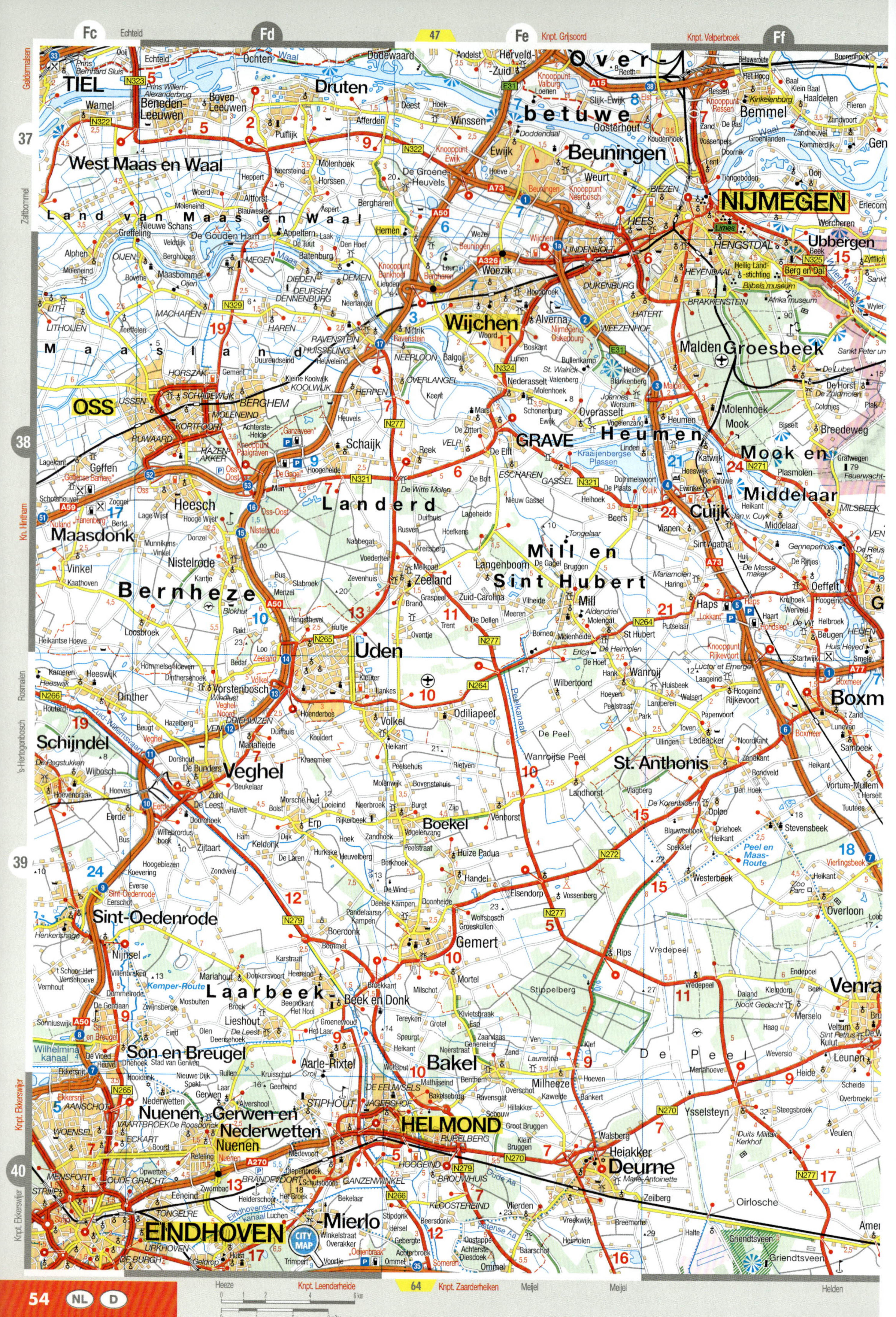

Fc
Echteld
Fd
47
Fe
Knpt. Grijsoord
Knpt. Velperbroek
Ff
Geldermalsen
Zaltbommel
Kn. Hintham
Rosmalen
's-Hertogenbosch
Knpt. Ekkersweijer
Knpt. Ekkersweijer
37
38
39
40
TIEL
Wamel
Prins Willem-Alexanderbrug
Beneden-Leeuwen
Boven-Leeuwen
Ochten
Druten
Dodewaard
Andelst
Herveld-Zuid
Over-betuwe
Afferden
Deest
Winssen
Beuningen
Ewijk
Weurt
NIJMEGEN
Bemmel
Ubbergen
West Maas en Waal
Land van Maas en Waal
Heumen
Wijchen
Groesbeek
Malden
OSS
Berghem
Schaijk
GRAVE
Mook en Middelaar
Cuijk
Geffen
Heesch
Maasdonk
Nistelrode
Bernheze
Landerd
Zeeland
Mill en Sint Hubert
Mill
Haps
Oeffelt
Uden
Volkel
Odiliapeel
Wanroij
Boxmeer
Schijndel
Veghel
Boekel
St. Anthonis
Erp
Gemert
Sint-Oedenrode
Laarbeek
Beek en Donk
Bakel
Venray
Son en Breugel
Aarle-Rixtel
Nuenen, Gerwen en Nederwetten
Nuenen
HELMOND
Deurne
Ysselsteyn
EINDHOVEN
Mierlo
De Peel
Heeze
Knpt. Leenderheide
64
Knpt. Zaarderheiken
Meijel
Meijel
Helden

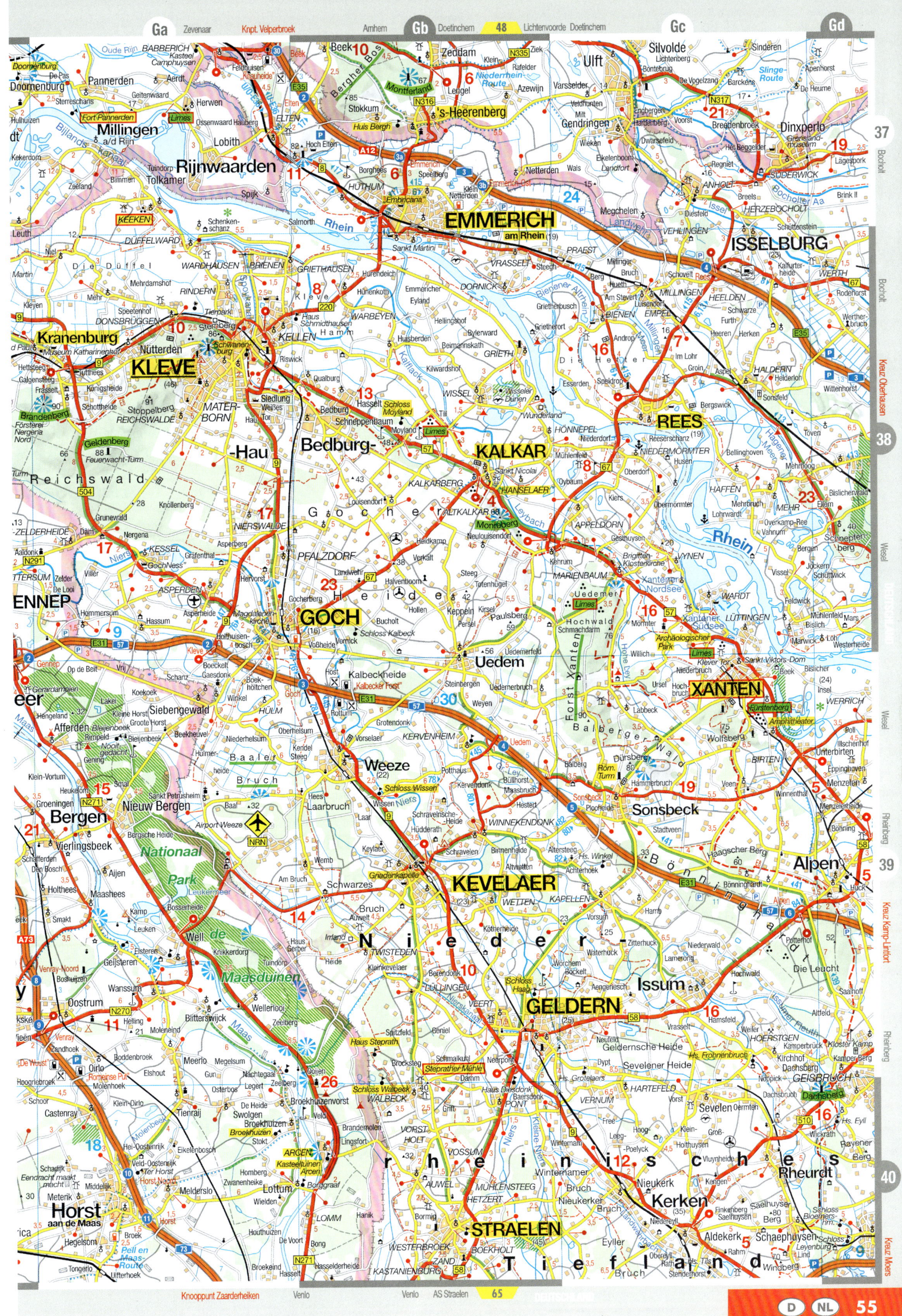
Doornenburg
Pannerden
Millingen a/d Rijn
Rijnwaarden
Tolkamer
Lobith
Spijk
Beek
Zeddam
's-Heerenberg
Stokkum
Montferland
Ulft
Silvolde
Gendringen
Dinxperlo
Sinderen
Netterden
EMMERICH am Rhein
Anholt
Suderwick
ISSELBURG
Kranenburg
KLEVE
Nütterden
Materborn
Bedburg-Hau
Hasselt
Moyland
KALKAR
Grieth
Wissel
Hönnepel
REES
Haffen
Mehr
Reichswald
Goch
GOCH
Pfalzdorf
Uedem
Hochwald
Marienbaum
Vynen
XANTEN
Wardt
Lüttingen
Siebengewald
Afferden
Weeze
Nieuw Bergen
Bergen
Airport Weeze
Nationaal Park De Maasduinen
Sonsbeck
Alpen
Kevelaer
KEVELAER
Winnekendonk
Kapellen
Twisteden
Wetten
Nieder-
Issum
GELDERN
Walbeck
Vernum
Sevelen
Rheurdt
Kerken
Nieukerk
Aldekerk
Schaephuysen
STRAELEN
Wachtendonk
Horst aan de Maas
Venray
Meerlo
Oostrum
Wanssum
Broekhuizen
Tienray
Arcen
Lottum
Rhein
Maas
Niers
Rheinische Tiefland
37
38
39
40
Bocholt
Kreuz Oberhausen
Wesel
Rheinberg
Kreuz Kamp-Lintfort
Kreuz Moers
Knooppunt Zaarderheiken
Venlo
AS Straelen
65

37
38
39
40
Gendringen
Dinxperlo
BOCHOLT
RHEDE
BORKEN
ISSELBURG
Naturpark
Hohe Mark
REES
HAMMINKELN
Schermbeck
Rhein
XANTEN
WESEL
Hünxe
Sonsbeck
VOERDE
Alpen
DINSLAKEN
RHEINBERG
Issum
GELDERN
KAMP-LINTFORT
NEUKIRCHEN-VLUYN
MOERS
DUISBURG
Kerken
Wachtendonk
Emmerich
Kleve
Kevelaer
Straelen

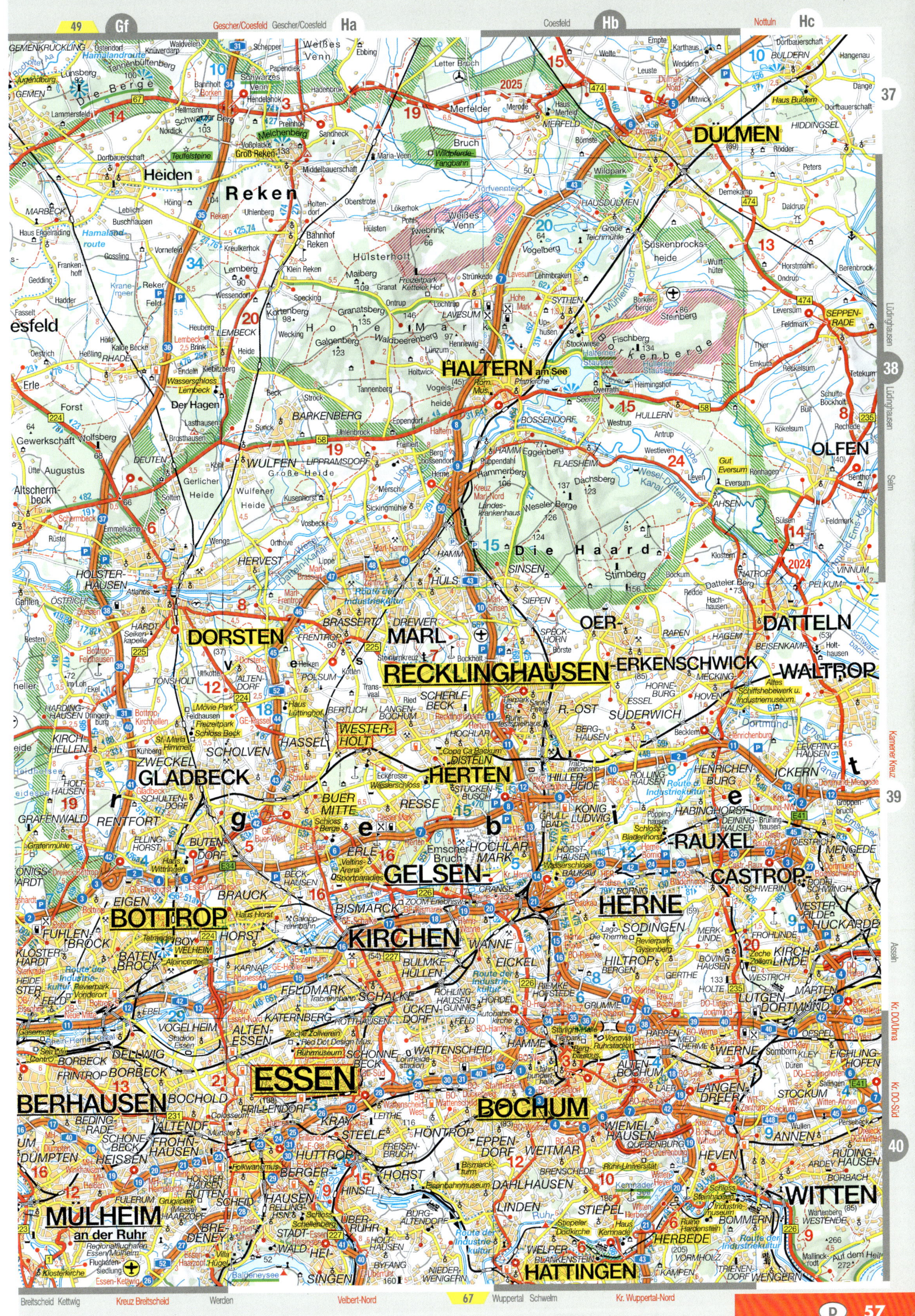
37
38
39
40
DÜLMEN
Heiden
Reken
HALTERN am See
OLFEN
DORSTEN
MARL
RECKLINGHAUSEN
OER-ERKENSCHWICK
DATTELN
WALTROP
GLADBECK
HERTEN
WESTERHOLT
BOTTROP
GELSENKIRCHEN
HERNE
CASTROP-RAUXEL
ESSEN
BOCHUM
OBERHAUSEN
MÜLHEIM an der Ruhr
WITTEN
HATTINGEN
Die Haard
Die Berge
Hohe Mark
Borkenberge
BUER
WANNE-EICKEL
LÜNEN
DORTMUND

NOORDZEE
Cd
Ce
Cf
40
41
42
BLAN
De Haan
OOSTENDE
(OSTENDE)
Bredene
Bredene-aan-Zee
Klemskerke
Vlissegem
MARIAKERKE-BAD
RAVERSIJDE-BAD
RAVERSIJDE
MARIAKERKE
STENE
ZANDVOORDE
OUDENBURG
Middelkerke-Bad
Middelkerke
Westende-Bad
Westende
Leffinge
SNAASKERKE
ROKSEM
WESTKERKE
GISTEL
ZEVEKOTE
MOERE
Eernegem
Ichtegem
Koekelare
TORH
Kortemark
Handzame
DIKSMUIDE
(DIXMUDE)
VLADSLO
BEERST
ESEN
Zarren
Werken
NIEUWPOORT-AAN-ZEE
Oostduinkerke-Bad
Koksijde-Bad
Sint-Idesbald
De Panne
(La Panne)
NIEUWPOORT
(NIEUPORT)
Oostduinkerke
Koksijde
Adinkerke
VEURNE
(FURNES)
RAMSKAPELLE
Schoorbakke
PERVIJZE
STUIVEKENSKERKE
KEIEM
AVEKAPELLE
STEENKERKE
BULSKAMP
OOSTKERKE
LAMPERNISSE
KAASKERKE
Alveringem
OUDEKAPELLE
SINT-JACOBS-KAPELLE
HOUTEM
VINKEM
WULVERINGEM
les Moëres
Ghyvelde
DE MOEREN
LEKE
Leke
Slijpe
Schore
Mannekensvere
Sint-Pieters-Kapelle
Lombardsijde
SINT-JORIS
Luchthaven Oostende-Brugge
Aéroport Ostende-Bruges
FRANCE
Dunkerque Ghyvelde Ghyvelde
Ieper
Roeselare
0 1 2 4 6 km
0 1 2 3 miles

Da
Db
Dc
50
Domburg
Dd
Middelburg
Kingston upon Hull
Biggekerke
Groot-Valkenisse
Klein-Valkenisse
Ter Hooge
Koudekerke
De Lelie
Dishoek
NIEUW-ABEELE
WEST-SOUBURG
LAMMERENBURG
PAAUWENBURG
OOST-SOUBURG
VLISSINGEN
Reptielenzoo
Mauritsfort
Middelburg
40
Hooge Platen
Nieuwesluis
Schoneveld
Het Heen
Nieuwvliet-Bad
Breskens
Boerenhol
Groede
Nummer-Eén
Kruisdijk
Sasput
Slijkplaat
Cadzand-Bad
Cadzand
Nieuwvliet
NEDERLAND
Wielingen
Het Zwin
Mardilleput
Tragel
Schoondijke
Akkerput
Scherpbier
Zuidzande
Maaidijk
Veldzicht
KNOKKE-
-HEIST
HET ZOUTE
Vlindertuin
Oosthoek
ZEEBRUGGE
DUINBERGEN
Siskamolen
In 't Bos Molen
Kallmolen
Retranchement
Terhofstede
Slikkenburg
Oostburgsche Brug
Oostburg
Oudeland
IJzendijke
Monument Vissersknis
De Vrede
Het Kalf
Oostwinkel
KENBERGE
Marina Park
RAMSKAPELLE
WESTKAPELLE
Molen van Kallant
Schapenbrug
Sint Anna ter Muiden
Uitwaterings kanaal
De Munte
Steenhoven
Klein-Brabant
Turkeije
Waterlandkerkje
Hoek
ZWANKENDAMME
Knokke-Heist
Dorpsmolen
Sluis
Draaibrug
Bakkersdam
Plakkebord
Wenduine
UITKERKE
Nieuwdorp
LISSEWEGE
Brugge-Zeehaven
De Meiboom
Vierwege
Hoeke
Molen van Thooft
Vlendemaag
Lapscheure
Aardenburg
St-Margriete
Waterland-Oudeman
Hondseinde
St.-Jan-in-Eremo
Sint Kruis
DUDZELE
Romaanse Toren Ruine
Oostkerke
Damse vaart
Nieuwmunster
Zuienkerke
Pereboom
Brugge-Noord
Langenhoek
Platheule
Heille
Smedekensbrugge
Middelburg
IJzendijke
Blauwe
Witte Molen
Kristoffelhoeve
Damme
De Hoorn
Moerkerke
Leopoldkanaal
Afleidingskanaal
Eede
Strobrugge
Biezen
Moershoofde
Zonne
Bentille
41
Kaprijke
St-Laureins
Houtave
Meetkerke
Kruisabele
KOOLKERKE
ST-JOZEF
Schewege
Altena
Vijve Kapelle
Vake
Moerhuize
Middeldorp
Celie
Kruisken
ST-PIETERS OP-DE-DIJK
Papegaai Molen
Sint-Janshuismolen
Lettenburg
Donk
Botterhoek
KLEEMHOEK
Zelzate
Nieuwege
Kapel O.L.V. van het Boompje
Kasteel Ter Lucht
Bonne Chiersmolen
MALE
Abdij St-Trudo
Sijsele
Maldegem
De Kroon
Adegem
Spanjaardshoek
BALGERHOEKE
Oude Westermolen
Messem
Kasteel De Blauwe Toren
Beginhof
SINT-KRUIS
ASSE-BROEK
Kasteel Rijkevelde
Goetmoetmolen
Geite
VARSENARE
Kasteel Steenie
BRUGGE
(BRUGES)
CITY MAP
Maandagse
Kleit
WARMELANDEN
Grafkapel
EEKLO
SINT-ANDRIES
Kasteel Forrest
Kapel der Zusters van Liefde
BROEKEN
O.L.V. Ten Dom
JABBEKE
Tillegem Kasteel
Zusters van Afrika
Oedelem
Heulendonk
Appelboom
DE KROON
SINT-MICHIELS
Steenbrugge
Moerbrugge
SNELLEGEM
Abdij van Zevenkerke
Kasteel Emmaus
Kasteel Schoonhove
Oostkamp
Doorn
Oostveld
Drongengoedbos
Kasteel Prinsenveld
Vierwegje
Kruipuit
Weststraat
Waarschoot
Loppem
Kasteel Gruuthuse
Kasteel Gelle
Beernem
Zuiddamme
De Hoorn
Knesselare
Wetsvoorde
Ostwinkel
Stoktevijver
Zedelgem
Noordstraat
Bloemendale
Nieuwenhove
De Stuivers
Sint-Joris
Zeldonk
Ursel
Ronsele
Beke
Zuidwege
Kasteel Baesveld
Kasteel Rooiveld
Galgebrem
Kasteel Drie Koningen
Beernem
Donk
Buntelare
O.L.V. Voorspraak
Vinken
Driesmolen
Vrekken
Zomergem
Kortebroeken
De Groene Jager
Waardamme
Kasteel Bulskampveld
Kasteel Reigerlo
Aalterbrug
Berken
Nekke
Kruisstraat
Lovendegem
Veldegem
Kastel van Hertsberge
Hertsberge
Kasteel Nobelstede
Heutem
Aalter
Peperhoek
Kasteel van Lovendegem
Rozeboom
Ruddervoorde
Kortekeer
Blauwhuis
Maria-Aalter
Bellem
Kasteel van Bellem
Spildoorn
Kasteel van Velde
Merendree
Molenhoek
Ter Motte Molen
Oud Kasteel
Kasteel les Fougères
Wildenburg
Maria-Assumpta
Baliebrugge
Wulfhoek
Biesem
Karmelhoek
Hansbeke
Ter Wallen
Kasteel van Merendree
KEIBERG
Kasteel Munken
Raakske
Doornkerke
Kruiskerke
Herenthoek
KROMMENHAAK
KODAARD
Lakebos
Ondank
St-Jan
Wingene
Hekke
Klaphulle
Veldhoek
Veldeke
Landegem
Wilde
Rik
Hille
Kasteel Poelvoorde
Pijpe
Knokmolen
Zwijntje
Lotenhulle
Poeke
Kasteel van Poeke
Nevele
Ketulse
Sckaakske
Scheeweg
Schelde
Zeswege
Zwevezele
Leestje
Ratte
Hostensmolen
Ruiselede
Poesele
Kasteel van St-Martens-Leerne
Vosselare
Sint-Henricus
Lichtervelde
Zonnebekehoek
Meibook
SCHUIFERSKAPELLE
Koten
Vrouwenmolen
Artemeersmolen
Nevele
Kruiswege
MEIGEM
ST-MARTENS-LEERNE
Grijspeerdmolen
Lichtervelde
Egem
Bergmolen
KANEGEM
VINKT
BACHTE-MARIA-LEERNE
Kasteel Meire
Kasteel van Deurle
Zwijnaarde
Gent
42
Roeselare
Ardooie
Izegem
Tielt
69
Deinze

MIDDELBURG
GOES
VLISSINGEN
Zuid-Beveland
Borsele
Westerschelde
Hooge Platen
Breskens
Heinkenszand
Nieuwvliet
Groede
Schoondijke
Oostburg
IJzendijke
TERNEUZEN
Zeeuws Vlaanderen
Aardenburg
Sluiskil
Axel
St-Laureins
Assenede
Kaprijke
Maldegem
EEKLO
Zelzate
Wachtebeke
Knesselare
Waarschoot
Zomergem
Evergem
Lovendegem
Lochristi
Aalter
Destelbergen
GENT
(GAND)
Nevele
St-Martens-Latem
Laarne
Heusden
Zaamslag
Philippine
Westkapelle
Brugge
Tielt
40
41
42

Nationaal Park
Oosterschelde
BERGEN OP ZOOM
Oosterschelde
Verdronken Land van Zuid-Beveland
Yerseke
Kapelle
Kruiningen
Krabbendijke
Rilland
Reimerswaal
Woensdrecht
Hoogerheide
Huijbergen
Essen
Wildert
Platen van Ossenisse
Platen van Valkenisse
Westerschelde
Ossendrecht
Nationaal Park De Zoom-Kalmthoutse Heide
Kalmthout
Kloosterzande
Verdronken land van Seaftinge
Zandvliet
Berendrecht
Putte
Stabroek
Kapellen
Brasschaat
Hulst
Kieldrecht
Haven
Ekeren
Merksem
CITY MAP
ANTWERPEN
(ANVERS)
Zwijndrecht
Melsele
Beveren
Vrasene
St-Gillis-Waas
Stekene
Deurne
Borgerhout
Borsbeek
Berchem
Mortsel
Hoboken
Wilrijk
Edegem
Kontich
Hove
ST-NIKLAAS
(ST-NICOLAS)
Kruibeke
Hemiksem
Aartselaar
Schelle
Niel
Temse
Waasmunster
LOKEREN
Hamme
Bornem
Boom
Puurs
Rumst
Willebroek
Zele
St-Amands
DENDERMONDE
(TERMONDE)
Berlare
Buggenhout
Kapelle-op-den-Bos
(MALINES)
MECHELEN
Scheldevallei

Essen
Nispen
Nieuwmoer
Wildert
Kalmthout
Achterbroek
Wuustwezel
Zundert
Wernhout
Klein-Zundert
Meer
Minderhout
Hoogstraten
Meerle
Baarle-Nassau
Baarle-Hertog
Alphen
Merksplas
Rijkevorsel
Brecht
St-Lenaarts
Turnhout
Vosselaar
Beerse
Malle
Oostmalle
Westmalle
Kapellen
Brasschaat
Schoten
Zoersel
St-Antonius
Antwerpen
(Anvers)
Merksem
Deurne
Wijnegem
Schilde
Lille
Tielen
Zandhoven
Grobbendonk
Vorselaar
Lichtaart
Wommelgem
Borsbeek
Ranst
Herentals
Mortsel
Boechout
Edegem
Hove
Kontich
Nijlen
Lier
(Lierre)
Kessel
Herenthout
Noorderwijk
Olen
Lint
Berlaar
Duffel
Itegem
Wiekevorst
Westerlo
Tongerlo
Rumst
St-Katelijne-Waver
Onze-Lieve-Vrouw-Waver
Heist-op-den-Berg
Hulshout
Herselt
Booischot
Putte
Bonheiden
Mechelen
(Malines)
Pijpelheide
Beginendijk
Grootlo
Schriek
City Map
Kempisch Kanaal
Albertkanaal
Nationaal Park
De Zoom
Kalmthoutse Heide
Leuven
Aarschot
72
België / Belgique
0 1 2 4 6 km
0 1 2 3 miles

Tilburg
Fa
Tilburg
Fb
53
Kn. De Baars
NEDERLAND
Best
Fc
Kn. Paalgraven
Nijnsel
Hilvarenbeek
Diessen
Haghorst
Middelbeers
Oostelbeers
Oirschot
Oirschotse Heide
EINDHOVEN
CITY MAP
Kempenland
Poppel
Esbeek
Hoogeloon
Vessem
Veldhoven
Waalre
Aalst
Reusel-De Mierden
Reusel
Bladel
Hapert
Eersel
Ravels
Arendonk
Oud-Turnhout
Valkenswaard
Dommelen
Riethoven
Bergeyk
Luyksgestel
Retie
Dessel
Kasterlee
LOMMEL
Nationaal Park
Neerpelt
ACHEL
Sint-Huibrechts-Lille
Overpelt
Mol
GEEL
Balen
Leopoldsburg
(Bourg-Léopold)
Hechtel-Eksel
Meerhout
Ham
Laakdal
Tessenderlo
Beverlo
BERINGEN
Heusden-Zolder
Helchteren
Houthalen-Helchteren
PEER
Bree
Diest
Diest
BELGIË / BELGIQUE
Hasselt-Zuid
73
Hasselt
Hasselt-Zuid
Hasselt
40
41
42

Fc
Fd
Fe
Ff
54
NEDERLAND
40
41
42
Nuenen, Gerwen en Nederwetten
HELMOND
Deurne
Ysselsteyn
EINDHOVEN
Mierlo
Geldrop-
Waalre
Heeze-
Someren
Asten
Liessel
Valkenswaard
-Leende
Nationaal Park De Groote Peel
Peel en M
Meijel
Cranendonck
Maarheeze
Nederweert
-ACHEL
HAMONT-
Budel
WEERT
Heythuysen
Haelen
Baexem
Leudal
Horn
Bocholt
Kinrooi
BREE
Maasgouw
Thorn
Wessem
Maasbracht
Linne
PEER
MAASEIK
Echt-
Roe
Meeuwen-
-Gruitrode
Nationaal
Opglabbeek
-Susteren
DILSEN-
-STOKKEM
As
Selfkant
Maastricht
74
BELGIË / BELGIQUE
NEDERLAND
Brunssum

Venray
Ga
Well
55
Gb
Geldern
DEUTSCHLAND
Gc
Rheinberg
Gd
Horst aan de Maas
America
Sevenum
Castenray
Lottum
Grubbenvorst
Velden
Blerick
Venlo
Tegelen
Maasbree
Baarlo
Kessel
Reuver
Beesel
Swalmen
Roermond
Melick
Herkenbosch
Vlodrop
Posterholt
Helden
Niederkrüchten
Schwalm-Nette Naturpark
Maas-
Brüggen
Elmpt
Nationaal Park de Meinweg
Wassenberg
Heinsberg
Waldfeucht
Niederrheinisches Tiefland
Straelen
Wachtendonk
Kerken
Rheurdt
Aldekerk
Schaephuysen
Kempen
Grefrath
Nettetal
Lobberich
Breyell
Bracht
Viersen
Dülken
Süchteln
Tönisvorst
Anrath
Schwalmtal
Waldniel
Mönchengladbach
Korschenbroich
Rheydt
Wegberg
Erkelenz
Hückelhoven
Dahlen
Wickrath
Odenkirchen
Jüchen
Jülicher Börde
Kölner Bucht
Selfkant
40
41
42
Krefeld
Neuss
Jülich-Ost
Geilenkirchen
75
Puffendorf

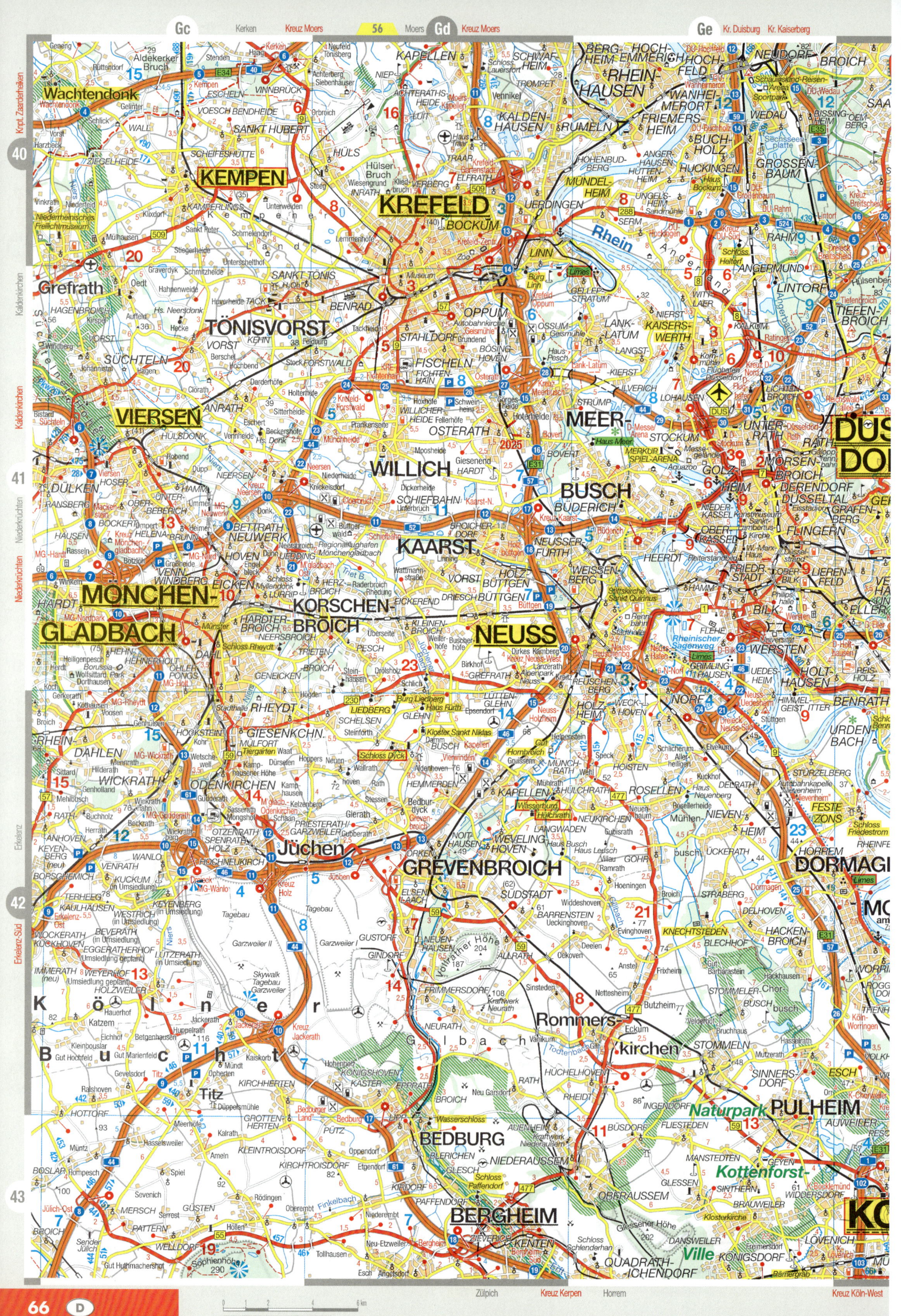
Wachtendonk
Aldekerker Bruch
Kempen
Krefeld
Bockum
Hüls
Uerdingen
Linn
Rhein
Grefrath
Tönisvorst
Süchteln
Viersen
Dülken
Willich
Schiefbahn
Osterath
Meer
Büderich
Busch
Kaarst
Neuss
Korschenbroich
Mönchengladbach
Rheydt
Giesenkirchen
Wickrath
Odenkirchen
Jüchen
Grevenbroich
Rommerskirchen
Dormagen
Pulheim
Bedburg
Bergheim
Kenten
Quadrath-Ichendorf
Titz
Köln-Bonner Bucht
Gilbach
Naturpark Kottenforst-Ville
Düsseldorf
Krefeld-Oppum
Fischeln
Lank-Latum
Kaiserswerth
Hückingen
Großenbaum
Stockum
Oberkassel
Benrath
Zons
Hackenbroich
Stommeln
Sinnersdorf
Auweiler
Niederaußem
Oberaußem
Elsen
Allrath
Hemmerden
Kapellen
Liedberg
Glehn
Holzheim
Heerdt
Wersten
Holthausen
Urdenbach
Garzweiler II
Gustorf
Gindorf
Frimmersdorf
Neurath
Kirchherten
Hottorf
Jülich
Mersch
Sophienhöhe
Gut Huthmacherhof
Welldorf
Pattern

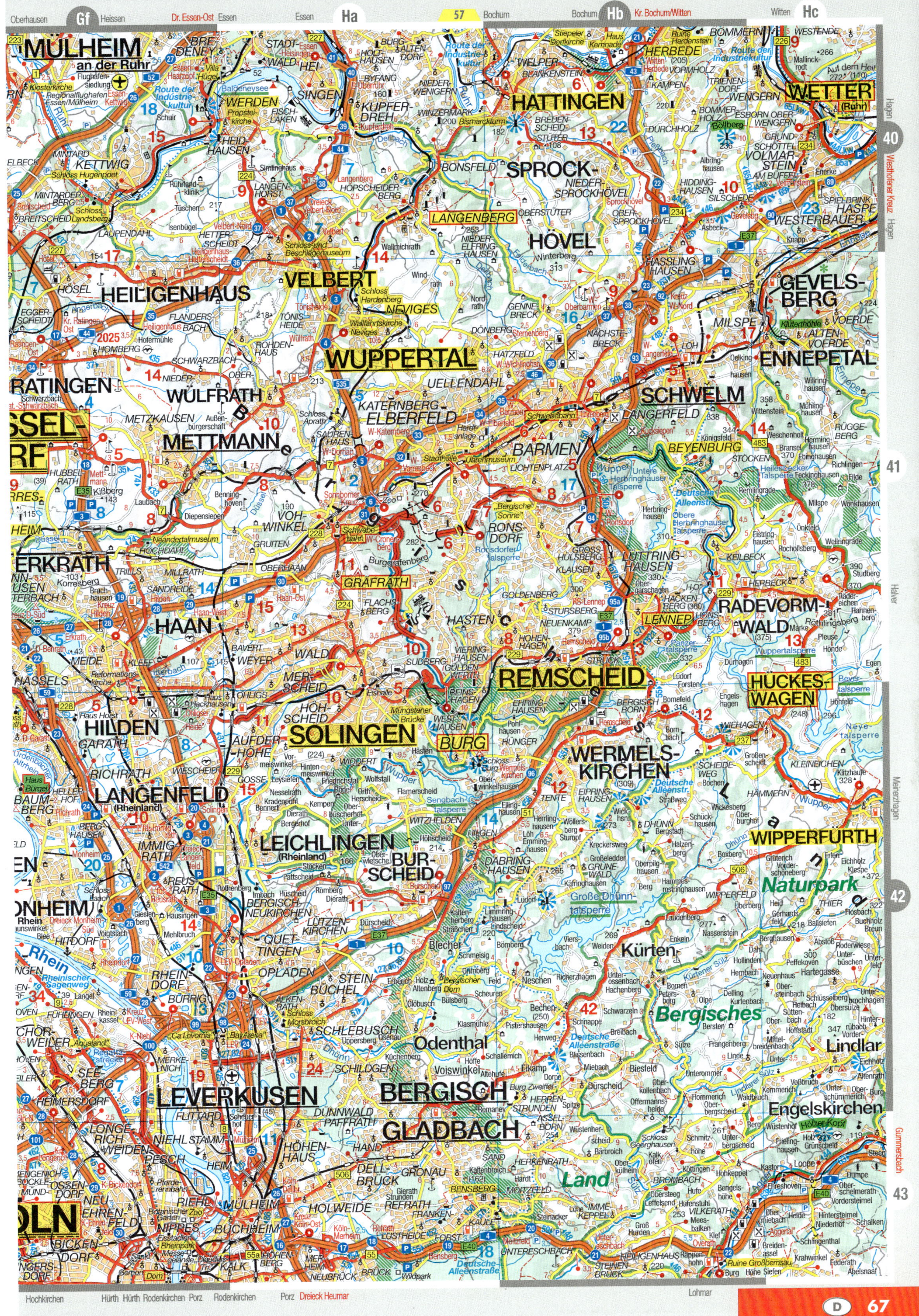
MÜLHEIM an der Ruhr
ESSEN
WERDEN
KETTWIG
HEIDHAUSEN
KUPFERDREH
HATTINGEN
SPROCKHÖVEL
WETTER (Ruhr)
HERBEDE
LANGENBERG
VELBERT
NEVIGES
HEILIGENHAUS
RATINGEN
WÜLFRATH
WUPPERTAL
ELBERFELD
BARMEN
SCHWELM
GEVELSBERG
ENNEPETAL
METTMANN
ERKRATH
HAAN
GRÄFRATH
RONSDORF
CRONENBERG
LÜTTRINGHAUSEN
LENNEP
RADEVORMWALD
REMSCHEID
HÜCKESWAGEN
HILDEN
SOLINGEN
BURG
WERMELSKIRCHEN
LANGENFELD (Rheinland)
LEICHLINGEN (Rheinland)
BURSCHEID
WIPPERFÜRTH
Naturpark
Bergisches Land
Kürten
Odenthal
Lindlar
Engelskirchen
LEVERKUSEN
OPLADEN
SCHLEBUSCH
BERGISCH GLADBACH
BENSBERG
MÜLHEIM
KÖLN
Deutsche Alleenstraße
Route der Industriekultur

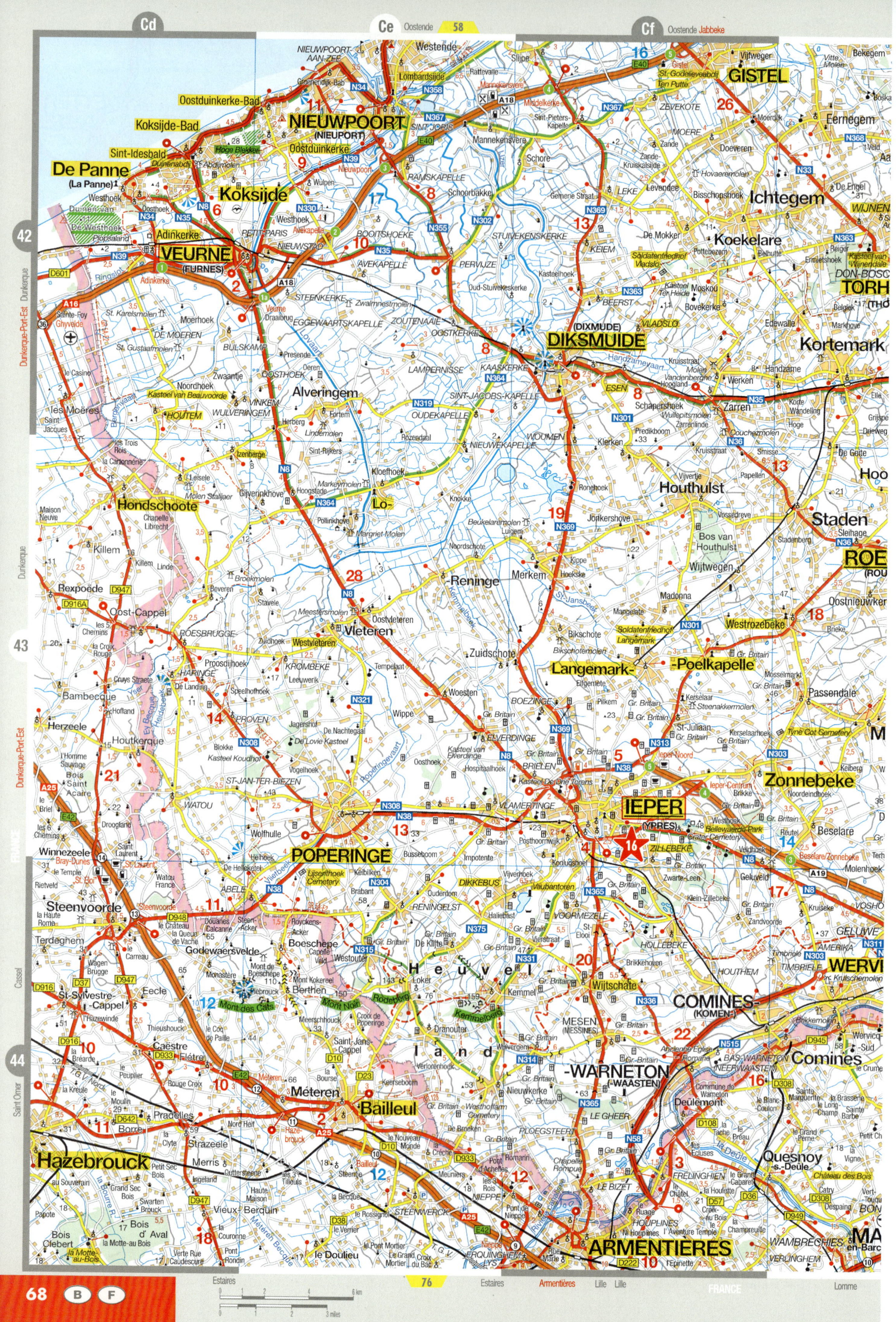
De Panne
(La Panne)
Sint-Idesbald
Koksijde-Bad
Oostduinkerke-Bad
NIEUWPOORT
(NIEUPORT)
Oostduinkerke
Koksijde
Adinkerke
VEURNE
(FURNES)
Westende
Lombardsijde
Middelkerke
GISTEL
Eernegem
Ichtegem
Koekelare
TORH
Kortemark
DIKSMUIDE
(DIXMUDE)
Alveringem
Hondschoote
Lo-
Houthulst
Staden
ROE
Reninge
Merkem
Oost-Cappel
Vleteren
Westvleteren
Langemark-
-Poelkapelle
Westrozebeke
Passendale
Zonnebeke
IEPER
(YPRES)
Zillebeke
Beselare
POPERINGE
Watou
Winnezeele
Steenvoorde
Boeschepe
Godewaersvelde
Heuvelland
Kemmel
Wijtschate
COMINES-
(KOMEN)
-WARNETON
(WAASTEN)
Comines
WERVI
Mont des Cats
Mont Noir
Rodeberg
Kemmelberg
Méteren
Bailleul
Hazebrouck
Strazeele
Merris
Vieux-Berquin
Nieppe
ARMENTIÈRES
Deûlémont
Quesnoy s.-Deûle
Frelinghien
Houplines
Steenwerck
Caëstre
Flêtre
Eecke
St-Sylvestre-Cappel
Terdeghem
Herzeele
Bambecque
Houtkerque
Rexpoëde
Killem
Les Moëres
Dunkerque-Port-Est
Dunkerque
FRANCE
Cassel
Saint Omer

42
43
44

Oostkamp
Beernem
Knesselare
Waarschoot
Zedelgem
Zomergem
Lovendegem
Aalter
Maria-Aalter
Lichtervelde
Wingene
Ruiselede
Nevele
TIELT
Pittem
Ardooie
DEINZE
Dentergem
Meulebeke
Nazareth
Ingelmunster
Oostrozebeke
IZEGEM
Wielsbeke
Zulte
Kruishoutem
Waregem
Lendelede
Kuurne
HARELBEKE
Deerlijk
OUDENAARDE
(AUDENAARDE)
Wortegem-Petegem
Anzegem
Ledegem
KORTRIJK
(COURTRAI)
Wevelgem
MENEN
(MENIN)
Zwevegem
Avelgem
RONSE
(RENAIX)
Kluisbergen
MOUSCRON
(MOESKROEN)
Mont-de-l'Enclus
TOURCOING
Estaimpuis
Celles
ROUBAIX
Pecq

Knesselare
Ursel
Waarschoot
Sleidinge
Evergem
Zomergem
Lovendegem
Lochristi
Aalter
Destelbergen
GENT
(GAND)
CITY MAP
Ruiselede
Nevele
St-Martens-Latem
Laarne
Melle
Wetteren
DEINZE
De Pinte
Merelbeke
Dentergem
Nazareth
Oosterzele
Gavere
St-Lievens-Houtem
Zulte
Kruishoutem
Zingem
Waregem
Herzele
Zwalm
OUDENAARDE
(AUDENAARDE)
Zottegem
Wortegem-Petegem
Anzegem
Horebeke
Lierde
Maarkedal
Brakel
Avelgem
GERAARDSBERGEN
(GRAMMONT)
Kluisbergen
RONSE
(RENAIX)
Mont-de-l'Enclus
Flobecq
(Vloesberg)
Ellezelles
(Elzele)
Celles
LESSINES
(LESSEN)
Parc naturel du Pays des collines
Frasnes-lez-Anvaing
Brugge
Tielt
Izegem
Kortrijk
Aalbeke
Landelede

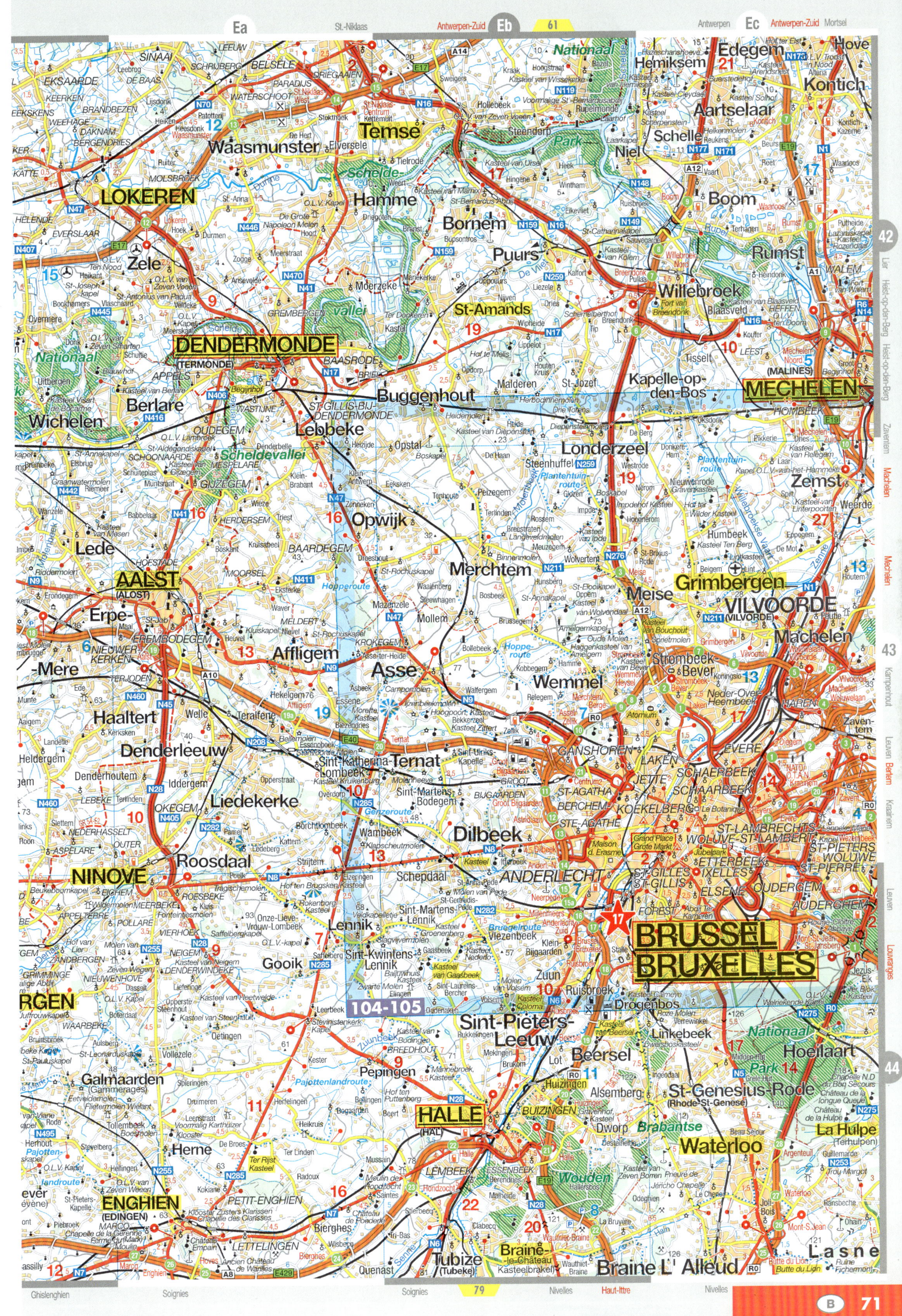

Edegem
Hemiksem
Kontich
Aartselaar
Temse
Waasmunster
Schelle
Niel
Hove
LOKEREN
Hamme
Boom
Bornem
Rumst
Zele
Puurs
St-Amands
Willebroek
DENDERMONDE
(TERMONDE)
Berlare
Wichelen
Buggenhout
Kapelle-op-den-Bos
MECHELEN
(MALINES)
Lebbeke
Londerzeel
Zemst
Opwijk
Lede
AALST
(ALOST)
Erpe-Mere
Merchtem
Meise
Grimbergen
VILVOORDE
Machelen
Affligem
Asse
Wemmel
Haaltert
Denderleeuw
Ternat
Liedekerke
Dilbeek
NINOVE
Roosdaal
Lennik
Gooik
BRUSSEL
BRUXELLES
Sint-Pieters-Leeuw
Beersel
Linkebeek
Drogenbos
Hoeilaart
Galmaarden
Herne
HALLE
St-Genesius-Rode
Waterloo
La Hulpe
ENGHIEN
(EDINGEN)
Tubize
Braine-le-Château
Braine L'Alleud
Lasne
104-105

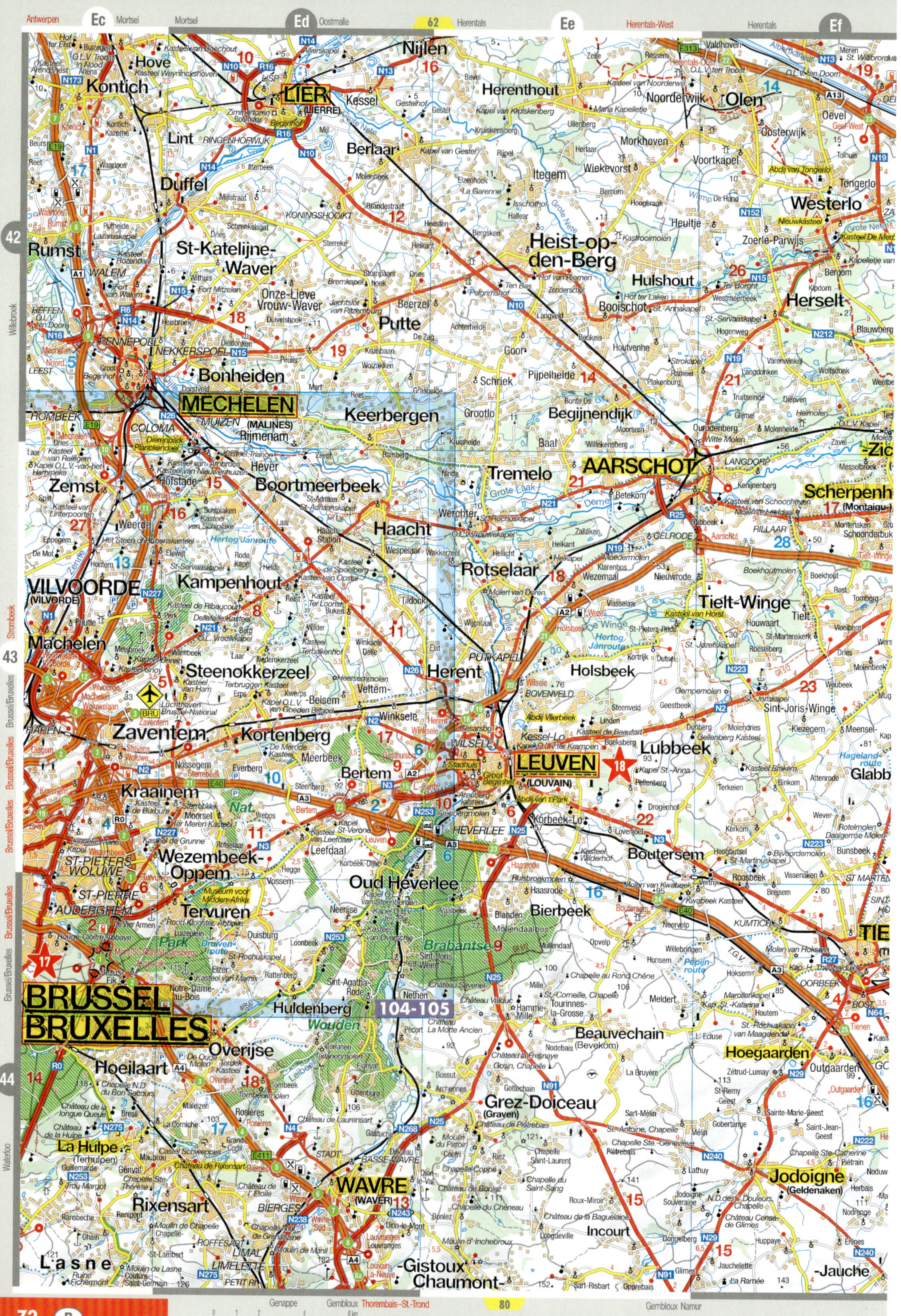

Kontich
Hove
Lint
Lier (Lierre)
Nijlen
Kessel
Herenthout
Noorderwijk
Olen
Berlaar
Duffel
Itegem
Morkhoven
Wiekevorst
Voortkapel
Westerlo
Tongerlo
Oevel
Oosterwijk
Rumst
St-Katelijne-Waver
Heist-op-den-Berg
Hulshout
Heultje
Zoerle-Parwijs
Herselt
Onze-Lieve Vrouw-Waver
Putte
Booischot
Bonheiden
Mechelen
(Malines)
Muizen
Rijmenam
Keerbergen
Begijnendijk
Pijpelheide
Schriek
Grootlo
Tremelo
Baal
Aarschot
Scherpenheuvel
(Montaigu)
Zemst
Hever
Hofstade
Boortmeerbeek
Haacht
Werchter
Wespelaar
Rotselaar
Gelrode
Rillaar
Vilvoorde
(Vilvorde)
Kampenhout
Tielt-Winge
Machelen
Steenokkerzeel
Herent
Veltem-Beisem
Holsbeek
Sint-Joris-Winge
Zaventem
Kortenberg
Winksele
Wilsele
Kessel-Lo
Leuven
(Louvain)
Lubbeek
Bertem
Meerbeek
Everberg
Kraainem
Heverlee
Korbeek-Lo
Boutersem
Wezembeek-Oppem
Leefdaal
Oud Heverlee
Bierbeek
Tervuren
Tienen
Brussel
Bruxelles
Huldenberg
Overijse
Hoeilaart
Beauvechain
(Bevekom)
Hoegaarden
Outgaarden
Grez-Doiceau
(Graven)
La Hulpe
(Terhulpen)
Rixensart
Wavre
(Waver)
Jodoigne
(Geldenaken)
Incourt
Lasne
Gistoux
Chaumont-
Jauche
104-105

Geel
Mol
Fa
Fb
63
Overpelt
Fc
Achel
Meerhout
Leopoldsburg
(Bourg-Léopold)
Ham
Hechtel-
-Eksel
PEER
Laakdal
Tessenderlo
BERINGEN
Heusden-
-Zolder
Helchteren
Houthalen-
Zonhoven
DIEST
Lummen
HALEN
Bekkevoort
HERK-DE-STAD
(HERCK-LA-VILLE)
HASSELT
Diepenbeek
Korten
Geetbets
Nieuwerkerken
Alken
Kortessem
Hoeselt
Linter
ZOUTLEEUW
Wellen
BORGLOON
(LOOZ)
SINT-TRUIDEN
(ST-TROND)
TONGEREN
(TONGRES)
LANDEN
Gingelom
Heers
Hélécine
Oreye
Crisnée
Lincent
Orp-
Berloz
WAREMME
(BORGWORM)
Remicourt
42
43
44
Hannut
Braives
81
Huy

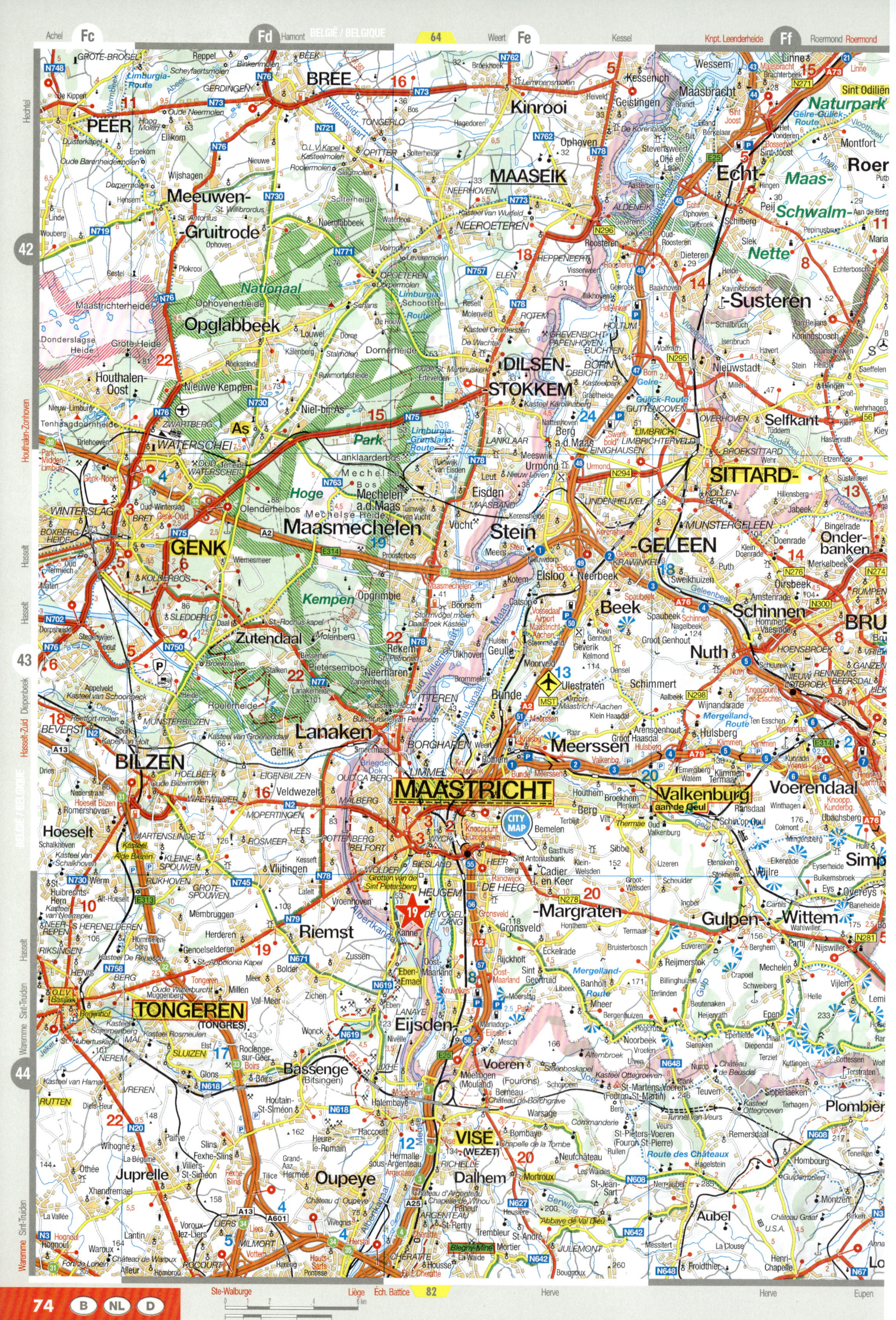

Fc
Fd
BELGIË / BELGIQUE
64
Fe
Ff
Achel
Hamont
Weert
Kessel
Kpnt. Leenderheide
Roermond
Hechtel
42
43
44
Houthalen-Zonhoven
Hasselt
Hasselt-Zuid
Diepenbeek
BELGIË / BELGIQUE
Waremme
Sint-Truiden
GROTE-BROGEL
Reppel
BREE
PEER
Kinrooi
Kessenich
Maasbracht
Echt-
Roer
Sint Odiliënberg
Naturpark
Maas-
Schwalm-
Nette
MAASEIK
Meeuwen-
Gruitrode
Opglabbeek
Nationaal
Park
Hoge
Kempen
Houthalen-
Oost
Susteren
DILSEN-
STOKKEM
Selfkant
SITTARD-
-GELEEN
As
Maasmechelen
GENK
WINTERSLAG
WATERSCHEI
Stein
Beek
Schinnen
Nuth
Onderbanken
Zutendaal
Lanaken
BILZEN
MAASTRICHT
Meerssen
Valkenburg
aan de Geul
Voerendaal
Hoeselt
Riemst
-Margraten
Gulpen-
-Wittem
TONGEREN
(TONGRES)
Bassenge
(Bitsingen)
Eijsden
Voeren
VISÉ
(WEZET)
Oupeye
Dalhem
Juprelle
Aubel
Plombières
Ste-Walburge
Liège
Éch. Battice
82
Herve
Eupen

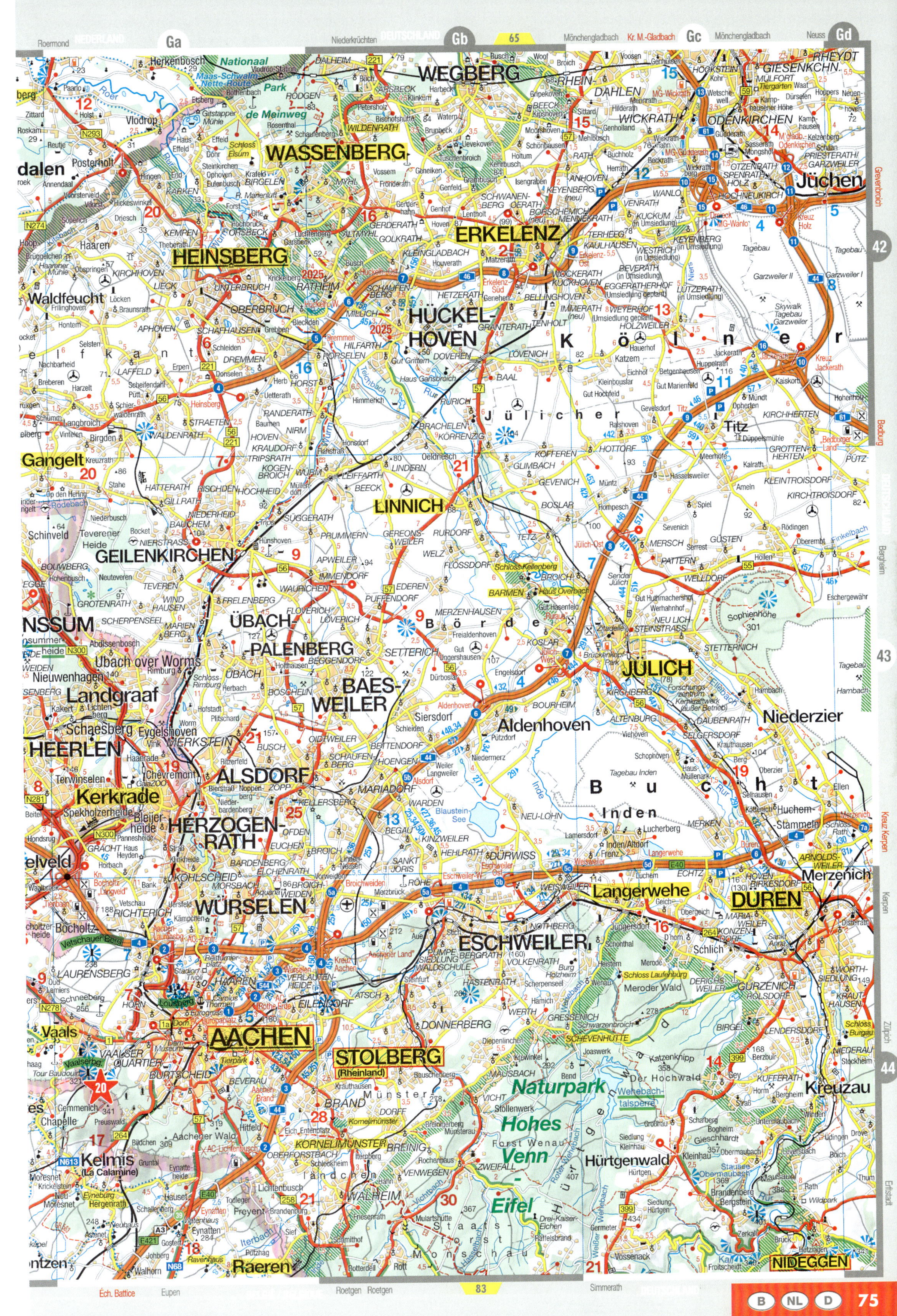
WEGBERG
WASSENBERG
HEINSBERG
ERKELENZ
HÜCKEL-
HOVEN
Jüchen
Waldfeucht
Gangelt
LINNICH
GEILENKIRCHEN
ÜBACH-
PALENBERG
BAES-
WEILER
JÜLICH
Titz
Aldenhoven
Niederzier
ALSDORF
HERZOGEN-
RATH
WÜRSELEN
ESCHWEILER
Langerwehe
DÜREN
Merzenich
AACHEN
STOLBERG
(Rheinland)
Kreuzau
Hürtgenwald
NIDEGGEN
Raeren
Kelmis
(La Calamine)
Vaals
Kerkrade
HEERLEN
Landgraaf
Nationaal Park
Maas-Schwalm-Nette-Route
de Meinweg
Naturpark
Hohes
Venn
-
Eifel
Kölner
Jülicher
Börde
Selfkant
Buchholz
Inden
Blausteinsee
Der Hochwald
Herkenbosch
Vlodrop
Haaren
Schinveld
Übach over Worms
Mönchengladbach
Wickrath
Odenkirchen
Heerlen

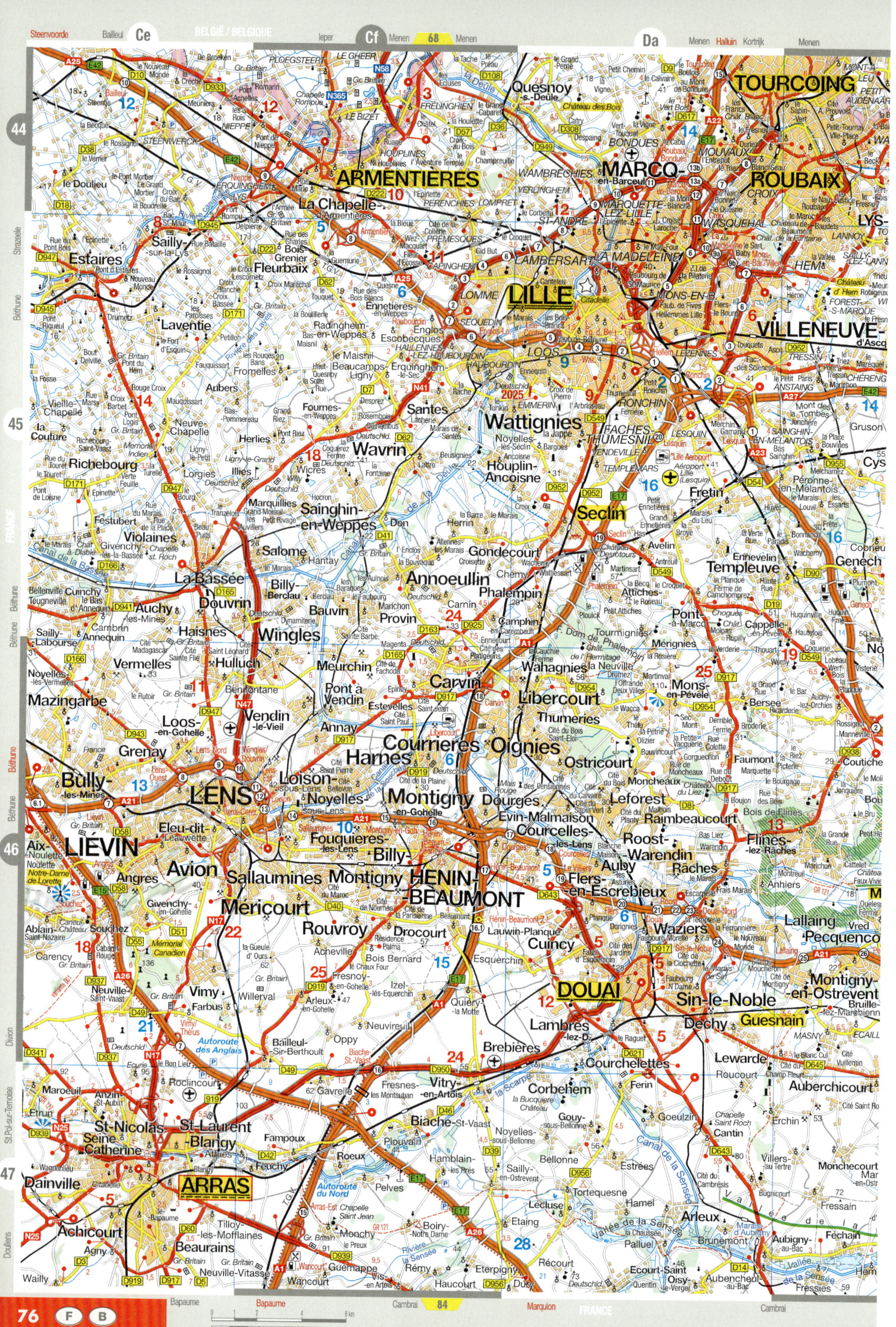
Steenvoorde
Bailleul
Ce
BELGIË / BELGIQUE
Ieper
Cf
Menen
68
Da
Halluin
Kortrijk
44
45
46
47
TOURCOING
ROUBAIX
MARCQ-en-Barœul
ARMENTIÈRES
La Chapelle-d'Armentières
Quesnoy-s.-Deûle
WAMBRECHIES
BONDUES
MOUVAUX
CROIX
WASQUEHAL
LAMBERSART
LA MADELEINE
LILLE
VILLENEUVE-d'Ascq
MONS-EN-B.
HEM
LYS-
Estaires
Sailly-sur-la-Lys
Fleurbaix
Laventie
Erquinghem
Radinghem-en-Weppes
Escobecques
Ennetières-en-Weppes
Englos
HALLENNES-LEZ-HAUBOURDIN
HAUBOURDIN
LOOS
Beaucamps-Ligny
Fromelles
Aubers
Herlies
Fournes-en-Weppes
Santes
Wattignies
Wavrin
FACHES-THUMESNIL
Houplin-Ancoisne
LESQUIN
Templemars
Fretin
Seclin
Richebourg
Illies
Marquillies
Sainghin-en-Weppes
Violaines
Salomé
La Bassée
Don
Annœullin
Gondecourt
Phalempin
Templeuve
Genech
Douvrin
Billy-Berclau
Bauvin
Provin
Auchy-les-Mines
Haisnes
Wingles
Hulluch
Vermelles
Meurchin
Carvin
Libercourt
Mazingarbe
Pont à Vendin
Vendin-le-Vieil
Annay
Courrières
Oignies
Ostricourt
Harnes
Loos-en-Gohelle
Grenay
Bully-les-Mines
LENS
Loison-sous-Lens
Noyelles-sous-Lens
Montigny-en-Gohelle
Dourges
Evin-Malmaison
Courcelles-les-Lens
Leforest
Raimbeaucourt
Roost-Warendin
Flines-lez-Raches
Râches
Auby
Flers-en-Escrebieux
LIÉVIN
Eleu-dit-Leauwette
Fouquières-les-Lens
Billy-Montigny
Avion
Sallaumines
Montigny
HENIN-BEAUMONT
Angres
Souchez
Mericourt
Rouvroy
Drocourt
Cuincy
Waziers
Lallaing
Pecquencourt
Ablain-Saint-Nazaire
Carency
Neuville-Saint-Vaast
Vimy
Farbus
Willerval
Arleux-en-Gohelle
Fresnoy-en-Gohelle
Izel-lès-Equerchin
Quiéry-la-Motte
DOUAI
Sin-le-Noble
Lambres-lez-D.
Dechy
Guesnain
Montigny-en-Ostrevent
Lewarde
Auberchicourt
Bailleul-Sir-Berthoult
Oppy
Neuvireuil
Brebières
Courchelettes
Maroeuil
Anzin-St-Aubin
St-Laurent-Blangy
St-Nicolas
Sainte-Catherine
Roclincourt
Gavrelle
Fresnes-lès-Montauban
Vitry-en-Artois
Corbehem
Biache-St-Vaast
Gouy-sous-Bellonne
Cantin
Fampoux
Feuchy
Roeux
Plouvain
Dainville
ARRAS
Achicourt
Agny
Beaurains
Tilloy-les-Mofflaines
Neuville-Vitasse
Wancourt
Guémappe
Boiry-Notre-Dame
Monchy-le-Preux
Pelves
Hamblain-les-Prés
Sailly-en-Ostrevent
Bellonne
Tortequesne
Estrées
Lécluse
Arleux
Hamel
Etaing
Récourt
Rémy
Haucourt
Dury
Eterpigny
Écourt-Saint-Quentin
Oisy-le-Verger
Palluel
Brunémont
Aubigny-au-Bac
Aubencheul-au-Bac
Fressain
Féchain
Wailly
Bapaume
84
Marquion
FRANCE
Cambrai
Béthune
Doullens
St-Pol-sur-Ternoise
Divion
Estaires
Strazeele

Estaimpuis
Dottignies (Dottenijs)
Celles
Pecq
Frasnes-lez-Anvaing
Parc naturel
du Pays des collines
Ath
Kain
Tournai (Doornik)
Antoing
Leuze-en-Hainaut
Rumes
Beloeil
Brunehaut
des Plaines de l'Escaut
Péruwelz
Orchies
Bernissart
St-Amand-les-Eaux
Vieux-Condé
Condé-sur-l'Escaut
Hensies
Fresnes-sur-Escaut
Crespin
Quiévrain
Parc Naturel Régional
Forêt Domaniale de Raismes-St-Amand-Wallers
Plaine de la Scarpe et de l'Escaut
Raismes
Bruay-s-l'Escaut
Quiévrechain
Anzin
Onnaing
Quarouble
Wallers
Fenain
Valenciennes
Parc naturel des Hauts-Pays
Honnelles
Somain
Denain
Marly
Aniche
Escaudain
Trith-St-Léger
Aulnoy-lez-Valenciennes
Lourches
Prouvy
Haulchin
Douchy-les-Mines
Famars
Roeulx
Bouchain
Parc Naturel Régional de l'Avesnois
Haspres
le Quesnoy

Dd
De
Df
Ea
70
44
45
46
47
Ronse
Geraardsbergen
Leerbeek
LESSINES
(LESSEN)
ENGHIEN
(EDINGEN)
Herne
Bever
(Bièvene)
Frasnes-lez-Anvaing
BOIS-DE-LESSINES
PETIT-ENGHIEN
LETTELINGEN
ATH
(AAT)
Silly
(Opzullik)
LEUZE-EN-HAINAUT
Brugelette
CHIEVRES
BRAINE-LE-COMTE
('S-GRAVENBRAKEL)
SOIGNIES
Beloeil
Lens
Jurbise
(Jurbeke)
PERUWELZ
Bernissart
Condé-sur-l'Escaut
ST-GHISLAIN
MONS
(BERGEN)
Quaregnon
Boussu
Hensies
Crespin
Frameries
COLFONTAINE
Dour
Quiévrain
Quiévrechain
Onnaing
Quarouble
Quévy
Honnelles
Bavay
la Longueville
Feignies
MAUBEUGE
Louvroil
Ferrière-la-Grande
Boussois
Marpent
Jeumont
Erquelinnes
Recquignies
Rousies
le Quesnoy
Parc naturel du Pays des collines
Parc naturel des Hauts-Pays
Parc Naturel Régional de l'Avesnois
de l'Escaut
FRANCE
Tournai
Valenciennes
Avesnes
86
Poix

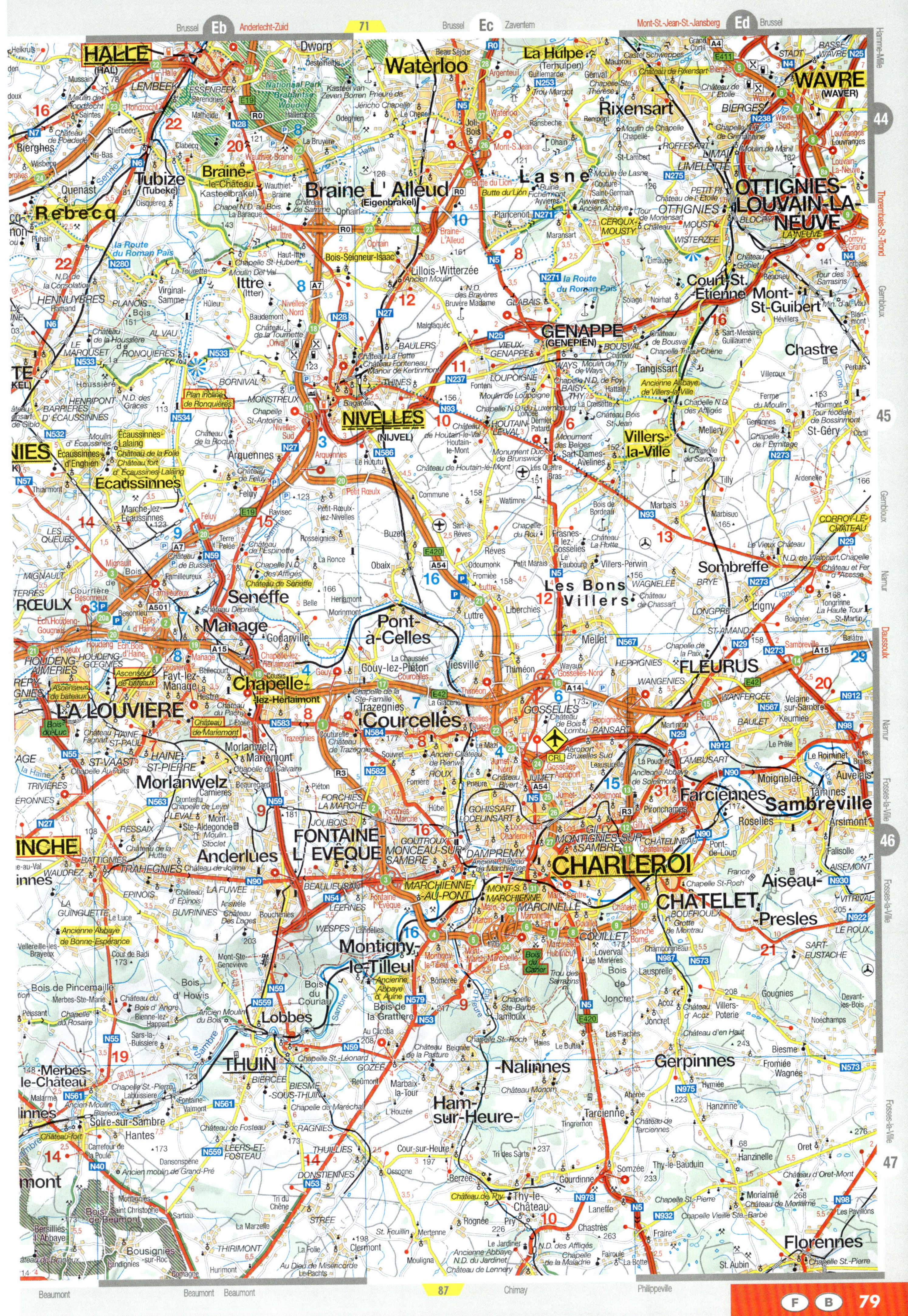
HALLE (HAL)
Waterloo
La Hulpe (Terhulpen)
WAVRE (WAVER)
Rixensart
Tubize (Tubeke)
Braine-le-Château
Braine L' Alleud (Eigenbrakel)
Lasne
OTTIGNIES-LOUVAIN-LA-NEUVE
Rebecq
Ittre (Itter)
Court-St-Etienne
Mont-St-Guibert
GENAPPE (GENEPIËN)
Chastre
NIVELLES (NIJVEL)
Villers-la-Ville
Ecaussinnes
Seneffe
Manage
Pont-à-Celles
Les Bons Villers
Sombreffe
FLEURUS
LA LOUVIÈRE
Chapelle-lez-Herlaimont
Courcelles
Morlanwelz
Farciennes
Sambreville
BINCHE
Anderlues
FONTAINE L' EVÊQUE
CHARLEROI
CHÂTELET
Aiseau-Presles
Montigny-le-Tilleul
Lobbes
THUIN
Nalinnes
Gerpinnes
Ham-sur-Heure
Merbes-le-Château
Florennes

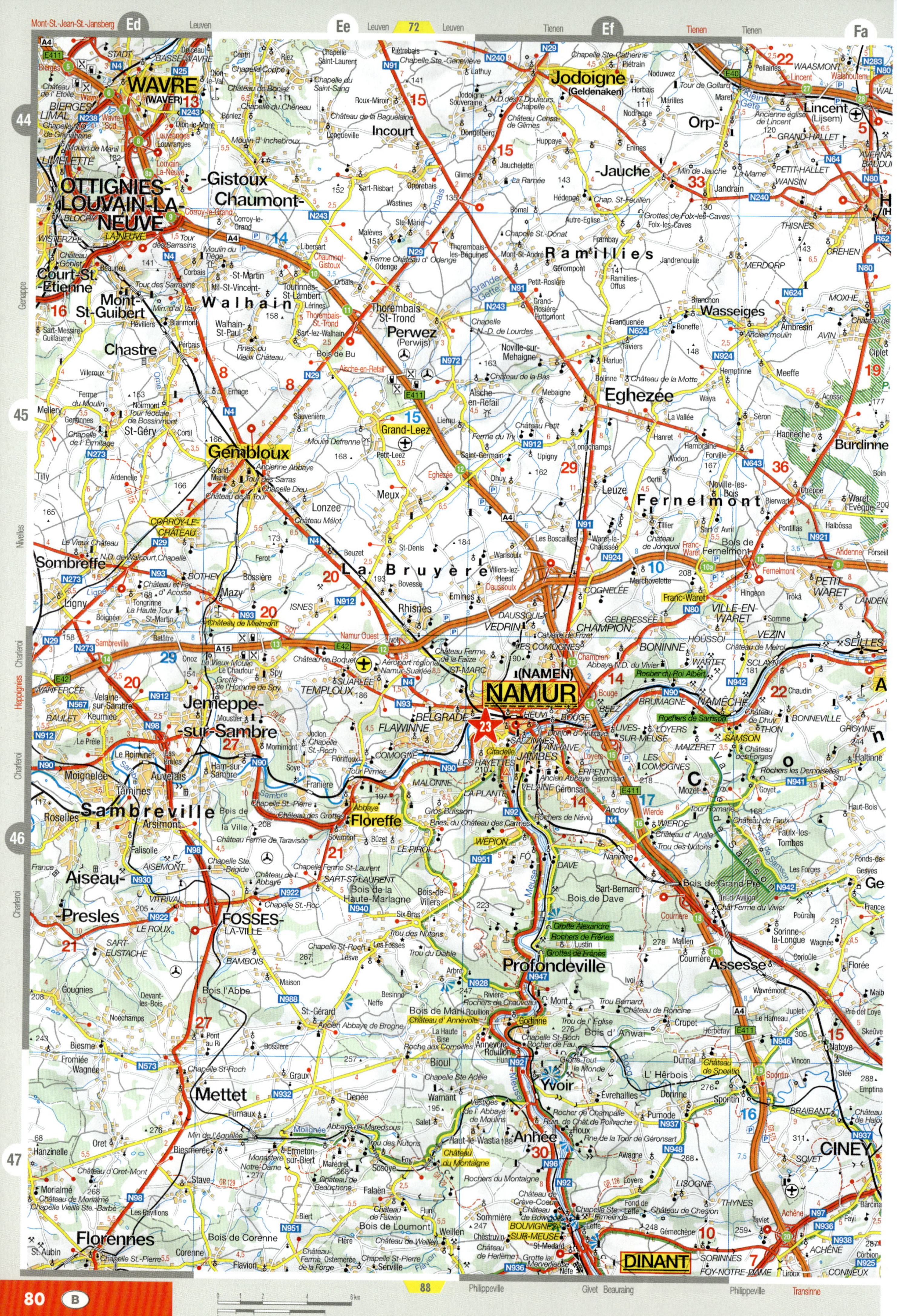
Wavre
(Waver)
Ottignies-Louvain-la-Neuve
Gistoux
Chaumont-
Incourt
Jodoigne
(Geldenaken)
Orp-
-Jauche
Lincent
(Lijsem)
Court-St.-Etienne
Mont-St-Guibert
Walhain
Perwez
(Perwijs)
Ramillies
Wasseiges
Chastre
Eghezée
Grand-Leez
Gembloux
Burdinne
Fernelmont
Meux
Leuze
La Bruyère
Sombreffe
Rhisnes
Namur
(Namen)
Jemeppe-sur-Sambre
Floreffe
Sambreville
Aiseau-Presles
Fosses-la-Ville
Profondeville
Assesse
Mettet
Yvoir
Anhée
Ciney
Florennes
Dinant
Gesves
Bois de Dave
Bois de Lounont

WAREMME
(BORGWORM)
Oreye
(Oerle)
Crisnée
Oupeye
Juprelle
Remicourt
Fexhe-Le-Haut-Clocher
Awans
Ans
HERSTAL
LIÈGE
Grâce-Hollogne
St-Nicolas
Flémalle
SERAING
Chaudfontaine
Berloz
Geer
Faimes
Braives
Donceel
Verlaine
St-Georges-sur-Meuse
Engis
Villers-le-Bouillet
Amay
Neupré
Esneux
Wanze
HUY
(HOEI)
ANDENNE
Nandrin
Tinlot
Anthisnes
Comblain-au-Pont
Marchin
Modave
Ouffet
Hamoir
Ohey
Clavier
Ferrières
Havelange
DURBUY
Hamois
Somme-Leuze
Erezée
Hotton
Héron
Burdinale
Mehaigne
Ourthe
Meuse
A3
A15
A13
A601
A26
E25
E40
E42
E46
N63
N4
N97
N66
N638
N86
N929
44
45
46
47
CITY MAP

44
45
46
47
Juprelle
Oupeye
VISÉ (WEZET)
Dalhem
Aubel
Kelmis (La Calamine)
Lontzen
Ans
HERSTAL
Blegny
Thimister-Clermont
Welkenraedt
LIÈGE (LUIK)
CITY MAP
Fléron
HERVE
Baelen
St-Nicolas
Beyne-Heusay
Soumagne
Dison
LIMBOURG
Chaudfontaine
Olne
VERVIERS
SERAING
Trooz
Pepinster
Jalhay
Esneux
Theux
Sprimont
Anthisnes
Comblain-au-Pont
Aywaille
SPA
Hamoir
Stoumont
Ferrières
STAVELOT
Trois-Ponts
Parc naturel
Sources
Erezée
Manhay
Lierneux
Vielsalm
Bois du Pays

EUPEN
Raeren
Roetgen
Monschau
Simmerath
MONSCHAU
Hürtgenwald
NIDEGGEN
HEIMBACH
Rurberg
SCHLEIDEN
Kall
Hellenthal
Bütgenbach
Büllingen
Waimes
MÉDY
Amel
SANKT VITH
Stadtkyll
Dahlem
Naturpark
Hohes Venn
Eifel
National-park
Hertogenwald
Hautes Fagnes
Forêt Domaniale d'Elsenborn
Elsenborn
Hautes-Fagnes-
Deutsch-
Belgischer
Naturpark
Hohes Venn - Eifel
Monschauer Heckenland
Kermeter
Schneifel
Prüm Nord
Bleialf
Schwarzer Mann
Weißer Stein
Kronenburg
Kronenburger See
Ormont
Roth
Auw bei Prüm
Schönberg
Mützenich
Elsenborn
Rocherath
Hellenthal
Blankenheim
Gemünd
Nideggen
44
45
46
47
Erftstadt
Zülpich
Euskirchen
Hillesheim
Blankenheim

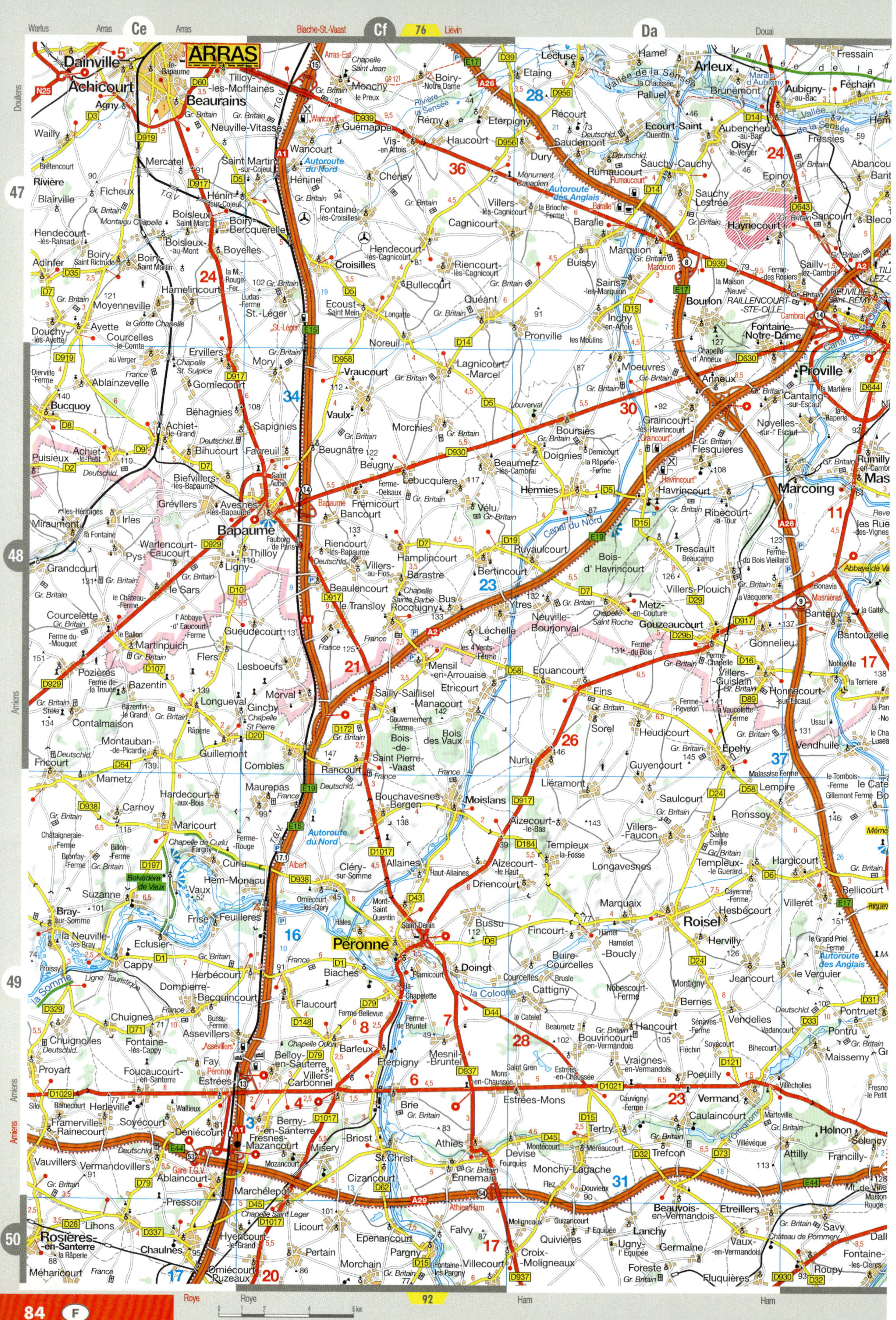

Warlus
Arras
Ce
Arras
Biache-St.-Vaast
Cf
76
Liévin
Da
Douai
Doullens
47
48
Amiens
49
Amiens
Amiens
50
ARRAS
Dainville
Achicourt
Agny
Beaurains
Tilloy-les-Mofflaines
Neuville-Vitasse
Wailly
Mercatel
Rivière
Ficheux
Blairville
Hénin-sur-Cojeul
Boisleux-au-Mont
Boyelles
Hendecourt-lès-Ransart
Adinfer
Boiry-Becquerelle
Hamelincourt
Moyenneville
Ayette
Courcelles-le-Comte
Douchy-lès-Ayette
Ervillers
Mory
Ablainzevelle
Gomiecourt
Bucquoy
Béhagnies
Sapignies
Achiet-le-Grand
Achiet-le-Petit
Bihucourt
Favreuil
Puisieux
Biefvillers-lès-Bapaume
Grévillers
Avesnes-lès-Bapaume
Bapaume
Irles
Miraumont
Warlencourt-Eaucourt
Pys
Thilloy
Ligny-Thilloy
Grandcourt
Le Sars
Courcelette
Martinpuich
Gueudecourt
Flers
Lesboeufs
Pozières
Bazentin
Longueval
Ginchy
Morval
Contalmaison
Montauban-de-Picardie
Guillemont
Combles
Fricourt
Mametz
Maurepas
Hardecourt-aux-Bois
Carnoy
Maricourt
Curlu
Hem-Monacu
Suzanne
Vaux
Frise
Feuillères
Bray-sur-Somme
Cappy
Eclusier-Vaux
Herbécourt
Dompierre-Becquincourt
Chuignes
Chuignolles
Fontaine-lès-Cappy
Proyart
Foucaucourt-en-Santerre
Assevillers
Fay
Estrées
Belloy-en-Santerre
Villers-Carbonnel
Barleux
Flaucourt
Biaches
Herleville
Framerville-Rainecourt
Soyécourt
Deniécourt
Berny-en-Santerre
Fresnes-Mazancourt
Misery
Vauvillers
Vermandovillers
Ablaincourt-Pressoir
Marchélepot
Lihons
Rosières-en-Santerre
Chaulnes
Méharicourt
Hyencourt-le-Grand
Omiécourt
Licourt
Pertain
Morchain
Epenancourt
Pargny
Falvy
Cizancourt
St. Christ-Briost
Athies
Brie
Ennemain
Croix-Moligneaux
Quivières
Villecourt
Monchy-Lagache
Devise
Tertry
Trefcon
Estrées-Mons
Mons-en-Chaussée
Eterpigny
Mesnil-Bruntel
Péronne
Doingt
Cléry-sur-Somme
Allaines
Mont-Saint-Quentin
Bussu
Buire-Courcelles
Cartigny
Hamelet
Boucly
Driencourt
Aizecourt-le-Haut
Aizecourt-le-Bas
Moislans
Bouchavesnes-Bergen
Rancourt
Bois-de-Saint Pierre-Vaast
Sailly-Saillisel
Mensil-en-Arrouaise
Etricourt-Manancourt
Equancourt
Fins
Sorel
Nurlu
Liéramont
Heudicourt
Guyencourt
Saulcourt
Villers-Faucon
Templeux-la-Fosse
Longavesnes
Marquaix
Roisel
Hervilly
Templeux-le Guerard
Hesbécourt
Jeancourt
Le Verguier
Bernes
Vendelles
Hancourt
Bouvincourt-en-Vermandois
Vraignes-en-Vermandois
Poeuilly
Vermand
Caulaincourt
Holnon
Attilly
Beauvois-en-Vermandois
Etreillers
Lanchy
Germaine
Vaux-en-Vermandois
Fluquières
Roupy
Savy
Fontaine-les-Clercs
Epehy
Ronssoy
Lempire
Hargicourt
Villeret
Bellicourt
Vendhuile
Honnecourt-sur-Escaut
Villers-Guislain
Gonnelieu
Gouzeaucourt
Metz-en-Couture
Neuville-Bourjonval
Ytres
Bus
Rocquigny
Barastre
Bertincourt
Ruyaulcourt
Bois-d'Havrincourt
Trescault
Villers-Plouich
Havrincourt
Ribécourt-la-Tour
Marcoing
Hermies
Doignies
Boursies
Beaumetz-lès-Cambrai
Lebucquière
Vélu
Frémicourt
Beugny
Beugnâtre
Vaulx-Vraucourt
Morchies
Lagnicourt-Marcel
Noreuil
Ecoust-Saint Mein
Bullecourt
Riencourt-lès-Cagnicourt
Hendecourt-lès-Cagnicourt
Croisilles
St.-Léger
Fontaine-lès-Croisilles
Chérisy
Hénin
Wancourt
Guémappe
Monchy-le Preux
Boiry-Notre Dame
Vis-en-Artois
Haucourt
Rémy
Eterpigny
Dury
Cagnicourt
Villers-lès-Cagnicourt
Quéant
Pronville
Inchy-en-Artois
Moeuvres
Buissy
Baralle
Marquion
Sains-lès-Marquion
Récourt
Saudemont
Rumaucourt
Ecourt-Saint Quentin
Sauchy-Cauchy
Sauchy Lestrée
Oisy-le-Verger
Epinoy
Haynecourt
Sancourt
Aubencheul-au-Bac
Palluel
Arleux
Brunémont
Aubigny-au-Bac
Fressain
Féchain
Fressies
Hamel
Lécluse
Etaing
Bourlon
Fontaine-Notre-Dame
Raillencourt-Ste-Olle
Anneux
Graincourt-lès-Havrincourt
Flesquières
Proville
Noyelles-sur-l'Escaut
Cantaing-sur-Escaut
Rumilly-en-Cambrésis
Banteux
Bantouzelle
Autoroute du Nord
Autoroute des Anglais
Canal du Nord
la Sensée
la Somme
la Cologne
Omignon
84
F
Roye
Roye
92
Ham
Ham

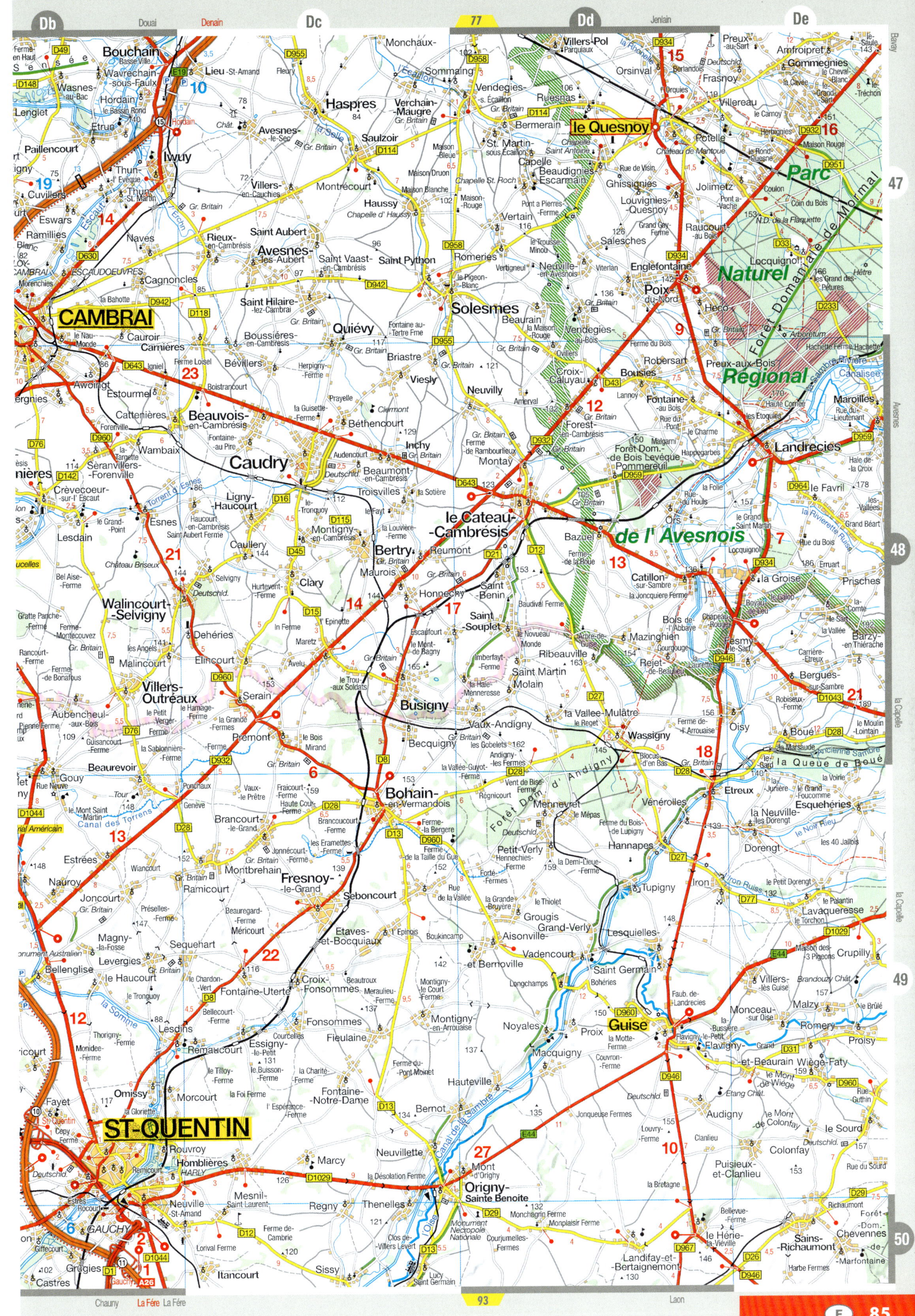

Db
Dc
Dd
De
Douai
Denain
Jenlain
Bavay
77
Bouchain
Lieu-St-Amand
Haspres
Monchaux-
Sommaing
Vendegies-s.-Écaillon
Verchain-Maugre
Villers-Pol
le Quesnoy
Amfroipret
Gommegnies
Potelle
Wasnes-au-Bac
Hordain
Iwuy
Avesnes-le-Sec
Saulzoir
Bermerain
Ruesnes
Orsinval
Villereau
Paillencourt
Thun-l'Évêque
Thun-St.Martin
Villers-en-Cauchies
Montrecourt
Haussy
St. Martin-sous-Écaillon
Capelle
Beaudignies
Escarmain
Ghissignies
Jolimetz
Parc
Naturel
Régional
Forêt Domaniale de Mormal
Cuvillers
Eswars
Ramillies
Naves
Rieux-en-Cambrésis
Saint Aubert
Avesnes-les-Aubert
Saint Vaast-en-Cambrésis
Saint Python
Romeries
Vertain
Louvignies-Quesnoy
Salesches
Raucourt-au-Bois
Locquignol
Cagnoncles
Saint Hilaire-lez-Cambrai
Quiévy
Solesmes
Beaurain
Vendegies-au-Bois
Neuville-en-Avesnois
Englefontaine
Poix-du-Nord
Hecq
CAMBRAI
Cauroir
Boussières-en-Cambrésis
Carnières
Bévillers
Briastre
Viesly
Neuvilly
Croix-Caluyau
Bousies
Robersart
Preux-aux-Bois
Awoingt
Estourmel
Cattenières
Beauvois-en-Cambrésis
Béthencourt
Inchy
Forest-en-Cambrésis
Fontaine-au-Bois
Landrecies
Maroilles
Wambaix
Séranvillers-Forenville
Caudry
Beaumont-en-Cambrésis
Montay
Pommereuil
Crèvecoeur-sur-l'Escaut
Troisvilles
le Cateau-Cambrésis
Ligny-Haucourt
Montigny-en-Cambrésis
Bazuel
de l'Avesnois
le Favril
Lesdain
Esnes
Caullery
Bertry
Reumont
Maurois
Catillon-sur-Sambre
la Groise
Prisches
Walincourt-Selvigny
Clary
Honnechy
Saint-Benin
Saint-Souplet
Mazinghien
Rejet-de-Beaulieu
Fesmy-le-Sart
Barzy-en-Thiérache
Dehéries
Elincourt
Malincourt
Maretz
Ribeauville
Saint Martin Rivière
Molain
Bergues-sur-Sambre
Villers-Outréaux
Aubencheul-aux-Bois
Serain
Busigny
Vaux-Andigny
la Vallée-Mulâtre
Wassigny
Oisy
Boué
Premont
Becquigny
Beaurevoir
Gouy
Bohain-en-Vermandois
Forêt Dom. d'Andigny
Mennevret
Vénérolles
Etreux
la Neuville-lès-Dorengt
Esquehéries
la Queue de Boué
Brancourt-le-Grand
Hannapes
Dorengt
Estrées
Montbrehain
Fresnoy-le-Grand
Petit-Verly
Tupigny
Iron
Lavaqueresse
Nauroy
Joncourt
Ramicourt
Sebomcourt
Grougis
Grand-Verly
Lesquielles
Magny-la-Fosse
Sequehart
Etaves-et-Bocquiaux
Aisonville-et-Bernoville
Vadencourt
Saint Germain
Crupilly
Bellenglise
Levergies
le Haucourt
Fontaine-Uterte
Croix-Fonsommes
Villers-lès-Guise
Malzy
Monceau-sur Oise
Fonsommes
Fieulaine
Montigny-en-Arrouaise
Noyales
Proix
Guise
Flavigny-le-Grand-et-Beaurain
Wiège-Faty
Proisy
Lesdins
Remaucourt
Essigny-le-Petit
Macquigny
Omissy
Morcourt
Fontaine-Notre-Dame
Hauteville
Audigny
Fayet
ST-QUENTIN
Rouvroy
Bernot
Homblières
Marcy
Neuvillette
Mont d'Origny
Colonfay
Le Sourd
Puisieux-et-Clanlieu
Mesnil-Saint-Laurent
Regny
Thenelles
Origny-Sainte Benoite
Neuville-St-Amand
GAUCHY
Sains-Richaumont
Chevennes
le Hérie-la-Viéville
Landifay-et-Bertaignemont
Itancourt
Sissy
Grugies
Castres
Chauny
La Fère
Laon
93
Avesnes
la Capelle

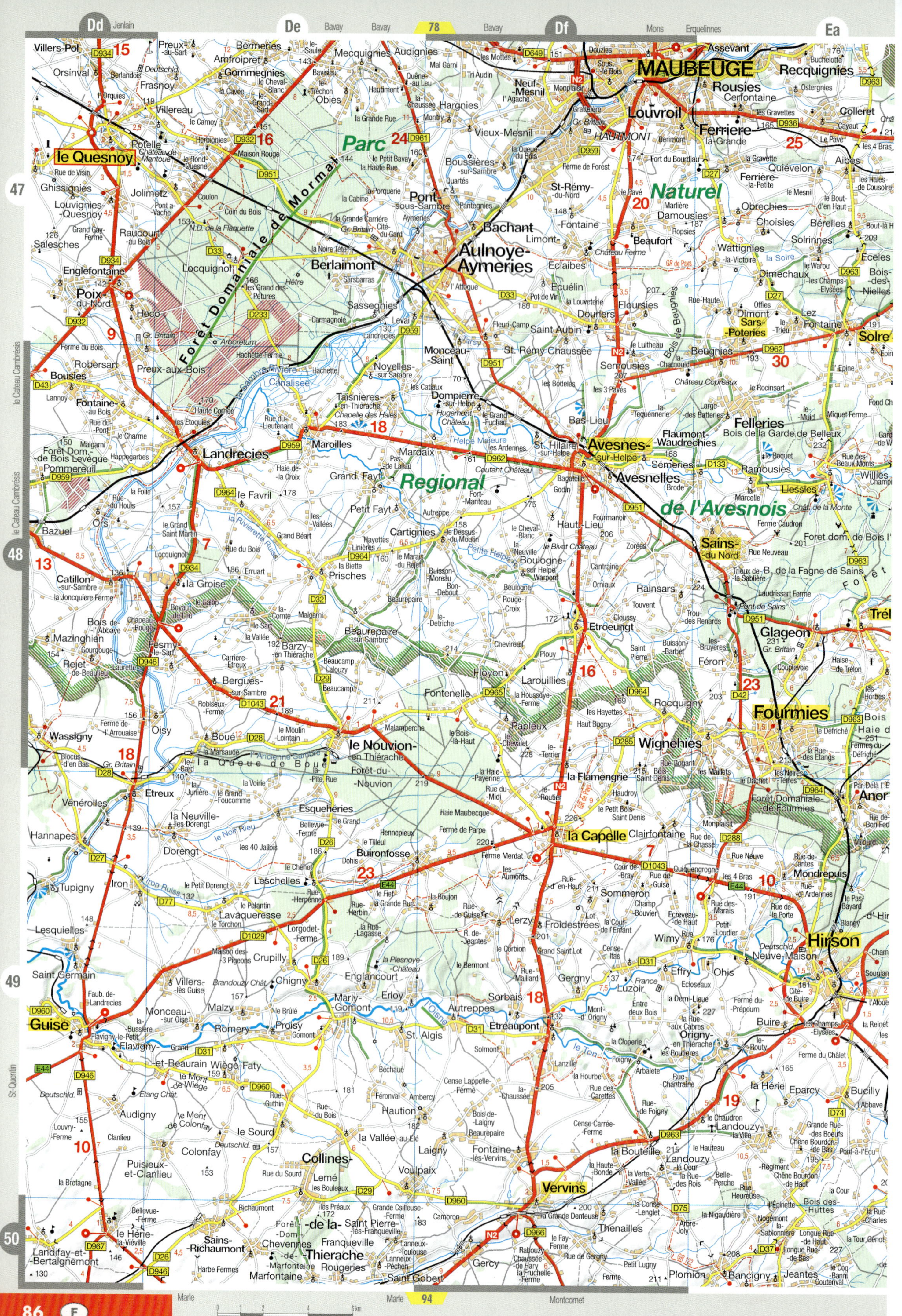
47
48
49
50
le Cateau Cambrésis
St-Quentin
Villers-Pol
Orsinval
le Quesnoy
Ghissignies
Louvignies-Quesnoy
Jolimetz
Salesches
Englefontaine
Poix-du-Nord
Robersart
Bousies
Fontaine-au-Bois
Preux-aux-Bois
Landrecies
Pommereuil
Forêt Dom. de Bois Lévêque
Ors
Bazuel
Catillon-sur-Sambre
Mazinghien
Rejet-de-Beaulieu
Wassigny
Vénérolles
Hannapes
Tupigny
Lesquielles-St-Germain
Guise
Flavigny-le-Grand-et-Beaurain
Audigny
Puisieux-et-Clanlieu
Landifay-et-Bertaignemont
Le Hérie-la-Viéville
Sains-Richaumont
Marfontaine
Chevennes
Franqueville
Rougeries
Thiérache
Saint Pierre-lès-Franqueville
Gercy
Vervins
Thenailles
Plomion
Bancigny
Jeantes
Landouzy-la-Ville
Bucilly
Eparcy
La Hérie
Hirson
Neuve-Maison
Ohis
Wimy
Mondrepuis
Anor
Fourmies
Wignehies
Glageon
Trélon
Sains-du-Nord
Avesnelles
Avesnes-sur-Helpe
Liessies
Ramousies
Felleries
Solre-le-Château
Sars-Poteries
Beugnies
Dimechaux
Solrinnes
Choisies
Obrechies
Damousies
Wattignies-la-Victoire
Beaufort
Ferrière-la-Petite
Ferrière-la-Grande
Louvroil
Maubeuge
Recquignies
Rousies
Cerfontaine
Colleret
Hautmont
Neuf-Mesnil
Vieux-Mesnil
Boussières-sur-Sambre
Pont-sur-Sambre
Bachant
Aulnoye-Aymeries
Berlaimont
Sassegnies
Limont-Fontaine
Eclaibes
Ecuélin
St-Rémy-du-Nord
St. Rémy Chaussée
Saint Aubin
Dourlers
Floursies
Semousies
Monceau-Saint-Waast
Noyelles-sur-Sambre
Dompierre-sur-Helpe
Taisnières-en-Thiérache
Maroilles
Marbaix
Grand Fayt
Petit Fayt
Cartignies
Boulogne-sur-Helpe
Haut-Lieu
Prisches
Le Favril
La Groise
Fesmy-le-Sart
Barzy-en-Thiérache
Beaurepaire-sur-Sambre
Bergues-sur-Sambre
Oisy
Boué
Le Nouvion-en-Thiérache
Forêt-du-Nouvion
Fontenelle
Floyon
Larouillies
Étrœungt
Rainsars
Féron
Rocquigny
La Flamengrie
La Capelle
Clairfontaine
Etreux
Esquéhéries
Buironfosse
Leschelles
Lavaqueresse
Crupilly
Chigny
Englancourt
Erloy
Marly-Gomont
Autreppes
Sorbais
Étréaupont
Froidestrées
Sommeron
Gergny
Luzoir
Effry
Origny-en-Thiérache
Buire
Iron
Villers-lès-Guise
Monceau-sur-Oise
Malzy
Romery
Proisy
Wiège-Faty
St. Algis
Haution
La Vallée-au-Blé
Laigny
Fontaine-lès-Vervins
Voulpaix
Collines
Colonfay
le Sourd
Lemé
Dorengt
La Neuville-lès-Dorengt
Marly
Parc Naturel Régional de l'Avesnois
Forêt Domaniale de Mormal
Forêt Domaniale de Fourmies
N2
D934
D932
D951
D959
D962
D963
D964
D946
D1043
D1029
D960
D966
D967
D31
D26
D29
D28
D27
D77
E44

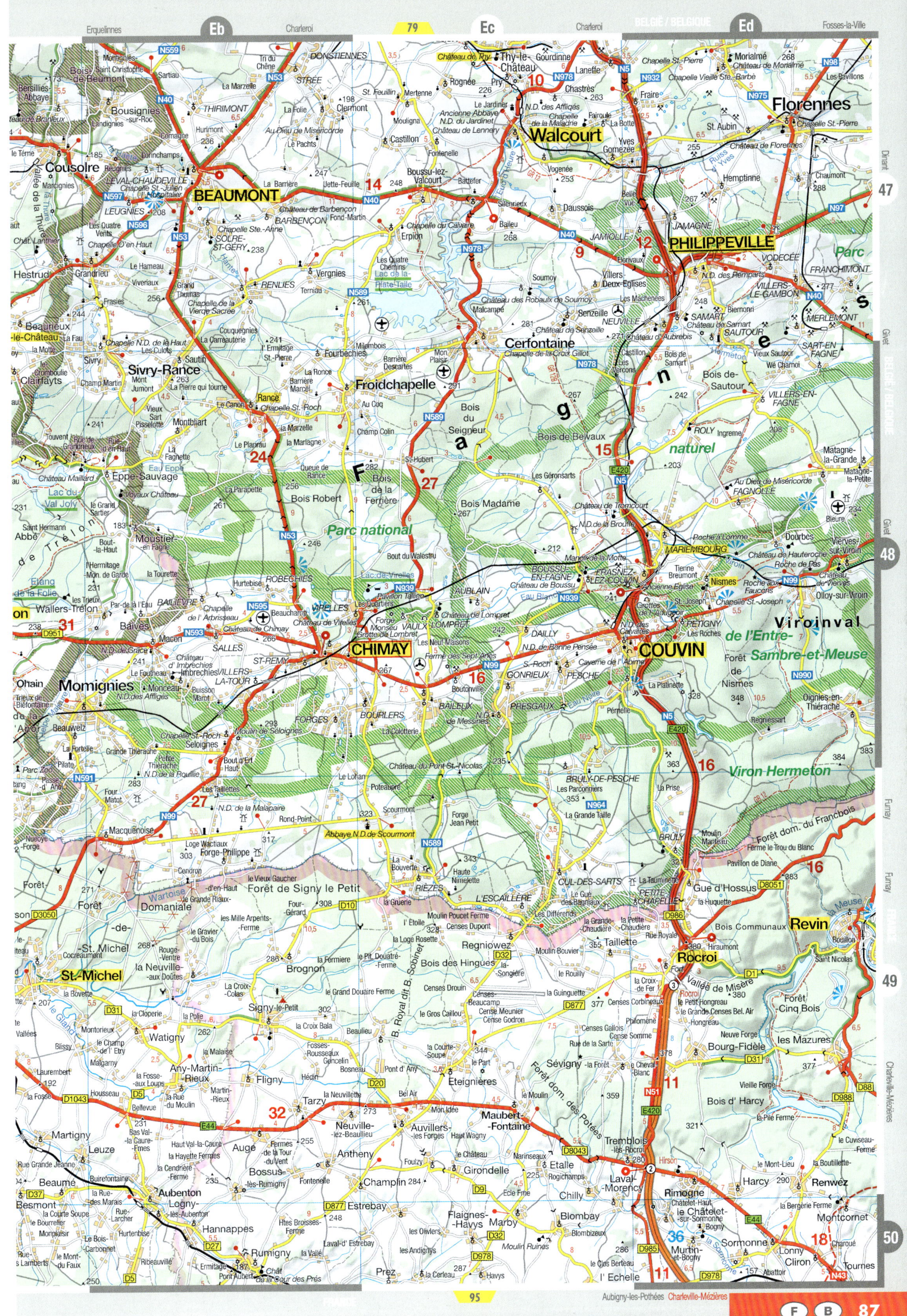
Walcourt
Florennes
BEAUMONT
PHILIPPEVILLE
Cousolre
Sivry-Rance
Froidchapelle
Cerfontaine
CHIMAY
COUVIN
Momignies
Viroinval
Parc national de l'Entre-Sambre-et-Meuse
Fagne
Lac de Virelles
Lac de la Plate Taille
Revin
Rocroi
St-Michel
Signy-le-Petit
Forêt de Signy le Petit
Forêt dom. du Francbois
Forêt dom. des Potées
Viron Hermeton
Mariembourg
Nismes
Eppe-Sauvage
Aubenton
Hannappes
Rumigny
Maubert-Fontaine
Girondelle
Renwez
Harcy
Rimogne
Murtin-et-Bogny
Sormonne
Lonny
Cliron
Montcornet
Tournes
Auvillers-les-Forges
Étalle
Éteignières
Regniowez
Brognon
Watigny
Fligny
Tarzy
Leuze
Martigny
Any-Martin-Rieux
Neuville-lez-Beaulieu
Champlin
Estrebay
Blombay
Laval-Morency
Bois d'Harcy
Bourg-Fidèle
Les Mazures
Taillette
Gué d'Hossus
Bois de Belvaux
Bois du Seigneur
Bois Madame
Bois Robert
Hastière
Dinant
Givet
Fumay
Charleville-Mézières
47
48
49
50
95
Aubigny-les-Pothées
FRANCE

Florennes
Morialmé
St.Aubin
Hemptinne
Philippeville
Vodecée
Villers-le-Gambon
Sautour
Franchimont
Merlemont
Romedenne
Omezée
Surice
Rosée
Morville
Anthée
Onhaye
Weillen
Falaën
Sommière
Hastière
Hermeton-sur-Meuse
Agimont
Heer
Dinant
Bouvignes-sur-Meuse
Anseremme
Dréhance
Furfooz
Falmagne
Houyet
Celles
Achêne
Conneux
Sorinnes
Foy-Notre-Dame
Thynes
Lisogne
Gémechenne
Mesnil-Église
Wiesme
Finnevaux
Feschaux
Beauraing
Focant
Martouzin
Pondrôme
Wancennes
Honnay
Vonêche
Froidfontaine
Doische
Vaucelles
Gimnée
Romerée
Matagne-la-Grande
Matagne-la-Petite
Niverlée
Mazée
Treignes
Olloy-sur-Viroin
Viroinval
Dourbes
Vierves-sur-Viroin
Oignies-en-Thiérache
Nismes
Couvin
Sambre-et-Meuse
Givet
Fromelennes
Rancennes
Charnois
Chooz
Aubrives
Ham-sur-Meuse
Hierges
Foisches
Vireux-Molhain
Vireux-Wallerand
Landrichamps
Montigny-sur-Meuse
Hargnies
Haybes
Fumay
Fépin
Revin
Anchamps
Laifour
Deville
Monthermé
Tournavaux
Haulmé
Thilay
Les Hautes-Rivières
Bogny-sur-Meuse
Joigny-sur-Meuse
Nouzonville
Neufmanil
Gespunsart
Renwez
Montcornet
Arreux
Houldizy
Harcy
Rocroi
Les Mazures
Sormonne
Gedinne
Willerzie
Rienne
Louette-St-Pierre
Louette-St-Denis
Bièvre
Vresse-sur-Semois
Alle
Membre
Bohan
Sugny
Rochehaut
Mouzaive
Corbion
Sensenruth
Parc naturel de la Vallée de la Semois
Forêt des Ardennes
Parc naturel Viroin-Hermeton
Parc naturel de l'Ardenne
Famenne
Ardenne
BELGIË / BELGIQUE
FRANCE
Sedan
Charleville-Mézières

MARCHE-
en-Famenne
Hotton
Rendeux
LA ROCHE-
en-Ardenne
ROCHEFORT
Nassogne
Tellin
ST-HUBERT
Tenneville
Ste-Ode
Libin
Libramont-
Chevigny
Paliseul
Bertrix
NEUFCHÂTEAU
Vaux-sur-
Sûre
Parc
naturel
des
Deux
Ourthes
Haute-Sûre
Forêt d'Anlier
Ardenne
méridionale
Haute Ardenne
Bois du Pays
Forêt du Roi Albert
Forêt de Freyr
Forêt domaniale de Huqueny
Fays-les-Veneurs
Bastogne
Vielsalm
Arlon
Florenville
47
48
49
50

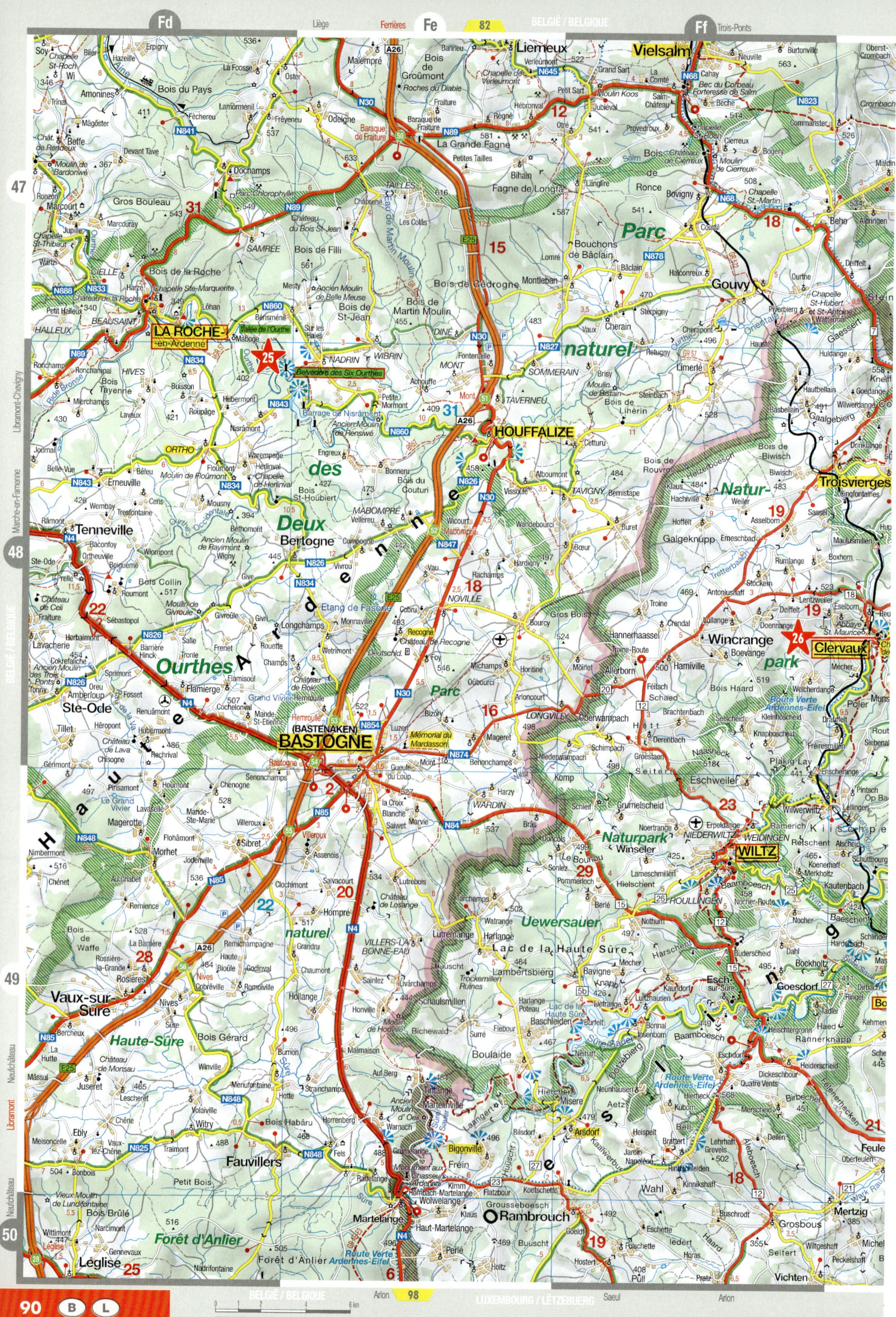
47
48
49
50
Libramont-Chevigny
Marche-en-Famenne
BELGIË / BELGIQUE
Neufchâteau
Libramont
Neufchâteau
Lierneux
Vielsalm
Bois du Pays
Malempré
Baraque de Fraiture
La Grande Fagne
Fagne de Longfa
Dochamps
Gros Bouleau
Marcourt
Parc
Bois de Gedrogne
Montleban
Gouvy
Bois de la Roche
LA ROCHE-en-Ardenne
Belvédère des Six Ourthes
Bois de St-Jean
Bois de Martin Moulin
naturel
HOUFFALIZE
Tenneville
Bertogne
Deux
des
Ardenne
Ourthes
Troisvierges
Natur-
Wincrange
Clervaux
park
Ste-Ode
Flamierge
(BASTENAKEN)
BASTOGNE
Mémorial du Mardasson
Eschweiler
WILTZ
Naturpark
Uewersauer
Lac de la Haute Sûre
Haute-Sûre
Vaux-sur-Sûre
Hompré
VILLERS-LA-BONNE-EAU
Bois Gérard
Fauvillers
Martelange
Rambrouch
Forêt d'Anlier
Léglise
Goesdorf
Eschweiler
Mertzig
Vichten
Grosbous

SANKT VITH
PRUM
Naturpark
Hohes Venn-
Eifel
Burg-Reuland
Naturpark
Südeifel
NEUERBURG
BITBURG
Bitburger Land
VIANDEN
DIEKIRCH
ETTELBRUCK
ECHTERNACH
Bettendorf
(Deutsch-Luxemburgischer Naturpark)
Vallée de l'Ernz
Parc Hosingen
Schönecken
Waxweiler
Erpeldange

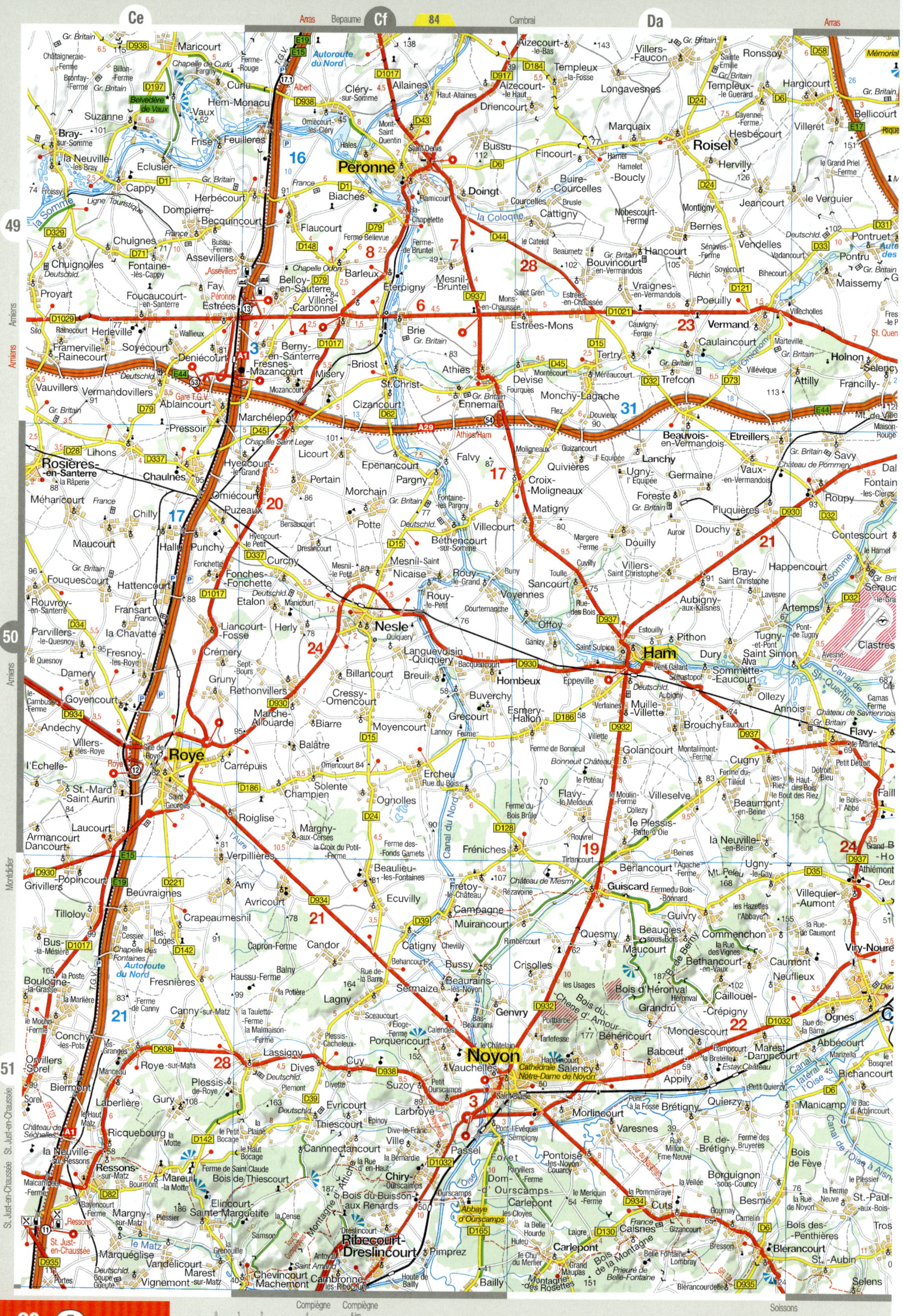
Ce
Cf
84
Da
Arras
Bapaume
Cambrai
Arras
49
50
51
Amiens
Montdidier
St. Just-en-Chaussée
Péronne
Autoroute du Nord
Cléry-sur-Somme
Allaines
Aizecourt-le-Bas
Aizecourt-le-Haut
Templeux-la-Fosse
Longavesnes
Villers-Faucon
Ronssoy
Hargicourt
Templeux-le-Guérard
Roisel
Marquaix
Driencourt
Bussu
Doingt
Fincourt
Buire-Courcelles
Hervilly
Jeancourt
le Verguier
Maricourt
Curlu
Hem-Monacu
Suzanne
Bray-sur-Somme
Vaux
Frise
Feuillères
Eclusier
Cappy
Herbécourt
Dompierre-Becquincourt
Biaches
Flaucourt
Barleux
Chuignes
Chuignolles
Fontaine-lès-Cappy
Assevillers
Proyart
Foucaucourt-en-Santerre
Fay
Estrées
Belloy-en-Santerre
Villers-Carbonnel
Eterpigny
Mesnil-Bruntel
Cartigny
Bernes
Vendelles
Hancourt
Bouvincourt-en-Vermandois
Vraignes-en-Vermandois
Poeuilly
Vermand
Maissemy
Pontru
Pontruet
Estrées-Mons
Brie
Athies
Tertry
Caulaincourt
Holnon
Sélency
Attilly
Francilly
Trefcon
Devise
Monchy-Lagache
Ennemain
St. Christ
Cizancourt
Briost
Misery
Berny-en-Santerre
Fresnes-Mazancourt
Deniécourt
Soyécourt
Herleville
Framerville-Rainecourt
Vauvillers
Vermandovillers
Ablaincourt-Pressoir
Marchélepot
Rosières-en-Santerre
Lihons
Chaulnes
Hyencourt-le-Grand
Omiécourt
Puzeaux
Licourt
Pertain
Epenancourt
Pargny
Falvy
Morchain
Potte
Méharicourt
Chilly
Maucourt
Hallu
Punchy
Curchy
Fonches-Fonchette
Etalon
Béthencourt-sur-Somme
Villecourt
Matigny
Croix-Moligneaux
Quivières
Beauvois-en-Vermandois
Etreillers
Lanchy
Germaine
Vaux-en-Vermandois
Savy
Roupy
Fluquières
Douchy
Foreste
Douilly
Contescourt
Happencourt
Artemps
Seraucourt
Mesnil-St.-Nicaise
Rouy-le-Grand
Rouy-le-Petit
Nesle
Sancourt
Voyennes
Offoy
Ham
Pithon
Dury
Tugny-et-Pont
Saint Simon
Clastres
Sommette-Eaucourt
Ollezy
Annois
Flavy-le-Martel
Fouquescourt
Hattencourt
Rouvroy-en-Santerre
Parvillers-le-Quesnoy
Fransart
la Chavatte
Fresnoy-lès-Roye
Liancourt-Fosse
Herly
Crémery
Damery
Goyencourt
Gruny
Rethonvillers
Languevoisin-Quiquery
Billancourt
Breuil
Hombleux
Eppeville
Muille-Villette
Brouchy
Cressy-Omencourt
Buverchy
Esmery-Hallon
Grécourt
Marché-Allouarde
Biarre
Moyencourt
Andechy
Villers-lès-Roye
Roye
Carrépuis
Balâtre
Golancourt
Cugny
l'Echelle
St.-Mard
Saint Aurin
Solente
Champien
Ercheu
Roiglise
Ognolles
Flavy-le-Meldeux
Villeselve
Beaumont-en-Beine
Laucourt
Armancourt
Dancourt
Margny-aux-Cerises
Le Plessis-Patte-d'Oie
Verpillières
Fréniches
Beaulieu-les-Fontaines
Berlancourt
Ugny-le-Gay
Villequier-Aumont
Grivillers
Popincourt
Beuvraignes
Amy
Avricourt
Ecuvilly
Fretoy-le-Château
Campagne
Muirancourt
Guiscard
Guivry
Tilloloy
Crapeaumesnil
Candor
Catigny
Quesmy
Beaugies-sous-Bois
Maucourt
Commenchon
Bethancourt-en-Vaux
Caumont
Neuflieux
Viry-Noureuil
Bus-la-Mésière
Fresnières
Bussy
Crisolles
Boulogne-la-Grasse
Lagny
Sermaize
Beaurains-lès-Noyon
Genvry
Bois d'Héronval
Grandrû
Caillouël-Crépigny
Ognes
Canny-sur-Matz
Porquéricourt
Béhéricourt
Mondescourt
Abbécourt
Conchy-les-Pots
Lassigny
Cuy
Noyon
Salency
Baboeuf
Marest-Dampcourt
Orvillers-Sorel
Roye-sur-Matz
Dives
Vauchelles
Appilly
Bichancourt
Biermont
Plessis-de-Roye
Suzoy
Laberlière
Gury
Evricourt
Larbroye
Morlincourt
Brétigny
Quierzy
Manicamp
Ricquebourg
Thiescourt
Varesnes
Ville
Passel
Cannectancourt
Pontoise-lès-Noyon
Bois de Fève
La Neuville-sur-Ressons
Ressons-sur-Matz
Mareuil-la-Motte
Bois de Thiescourt
Chiry-Ourscamp
Dom-Ourscamps
Carlepont
Cuts
Besmé
Bois-des-Penthières
Margny-sur-Matz
Elincourt-Sainte Marguerite
Bois du Buisson aux Renards
Abbaye d'Ourscamps
Caisnes
St.-Paul-aux-Bois
Marquéglise
Vandélicourt
Marest-sur-Matz
Ribécourt-Dreslincourt
Pimprez
Carlepont
Blérancourt
St.-Aubin
Vignemont
Chevincourt
Machemont
Cambronne-lès-Ribécourt
Bailly
Selens
Compiègne
Compiègne
Soissons

ST-QUENTIN
Bohain-en-Vermandois
Fresnoy-le-Grand
Seboncourt
Guise
Origny-Sainte Benoite
Ribemont
Châtillon-sur-Oise
Mézières-sur-Oise
Moy-de-l'Aisne
la Fère
Tergnier
Beautor
Chauny
Sinceny
Quessy
Crécy-sur-Serre
Marle
Sains-Richaumont
LAON
Athies-sous-Laon
Coucy-le-Château-Auffrique
Anizy-le-Château
Prémontré
Saint Gobain
Forêt de Saint Gobain
Forêt Domaniale de Coucy-Basse
Saint Nicolas-aux-Bois
Crépy
Couvron-et-Aumencourt
Versigny
Gauchy
Harly
Rouvroy
Homblières
Fonsommes
Montigny-en-Arrouaise
Hauteville
Macquigny
Flavigny-le-Grand
Wiège-Faty
Proisy
Audigny
Colonfay
le Sourd
Puisieux-et-Clanlieu
le Hérie-la-Viéville
Landifay-et-Bertaignemont
Parpeville
Pleine-Selve
Chevresis-Monceau
Surfontaine
Renansart
la Ferté-Chevresis
Pargny-les-Bois
Mesbrecourt-Richecourt
Nouvion-et-Catillon
Pouilly-sur-Serre
Chalandry
Barenton-Bugny
Aulnois-sous-Laon
Chambry
Eppes
Bruyères-et-Montbérault
Vorges
Presles-et-Thierny
Chéret
Festieux
Montchâlons
Orgeval
Etouvelles
Chivy
Clacy-et-Thierret
Mons-en-Laonnois
Molinchart
Cessières
Suzy
Faucoucourt
Merlieux
Bassoles-Aulers
Brancourt-en-Laonnois
Wissignicourt
Quincy-Basse
Landricourt
Folembray
Verneuil-sous-Coucy
Septvaux
Barisis
Deuillet
Servais
Amigny-Rouy
Fressancourt
Bertaucourt-Epourdon
Danizy
Rogécourt
Charmes
Travecy
Achery
Mayot
Brissy-Hamégicourt
Vendeuil
Ly-Fontaine
Remigny
Gibercourt
Hinacourt
Benay
Essigny-le-Grand
Urvillers
Itancourt
Neuville-St-Amand
Mesnil-Saint-Laurent
Regny
Thenelles
Sissy
Marcy
Morcourt
Omissy
Fayet
Lesdins
Remaucourt
Essigny-le-Petit
Fontaine-Uterte
Croix-Fonsommes
Levergies
Sequehart
Joncourt
Magny-la-Fosse
Bellenglise
Nauroy
Estrées
Ramicourt
Montbrehain
Brancourt-le-Grand
Etaves-et-Bocquiaux
Aisonville-et-Bernoville
Vadencourt
Grougis
Lesquielles-Saint Germain
Tupigny
Hannapes
Mennevret
Iron
Dorengt
Lavaquerese
Crupilly
Villers-lès-Guise
Malzy
Romery
Monceau-sur-Oise
Noyales
Proix
Bernot
Neuvillette
Mont-d'Origny
Autoroute des Anglais
Canal de la Sambre à l'Oise
Oise
la Serre
E44
E17
A26
N2
D1029
D967
D946
D960

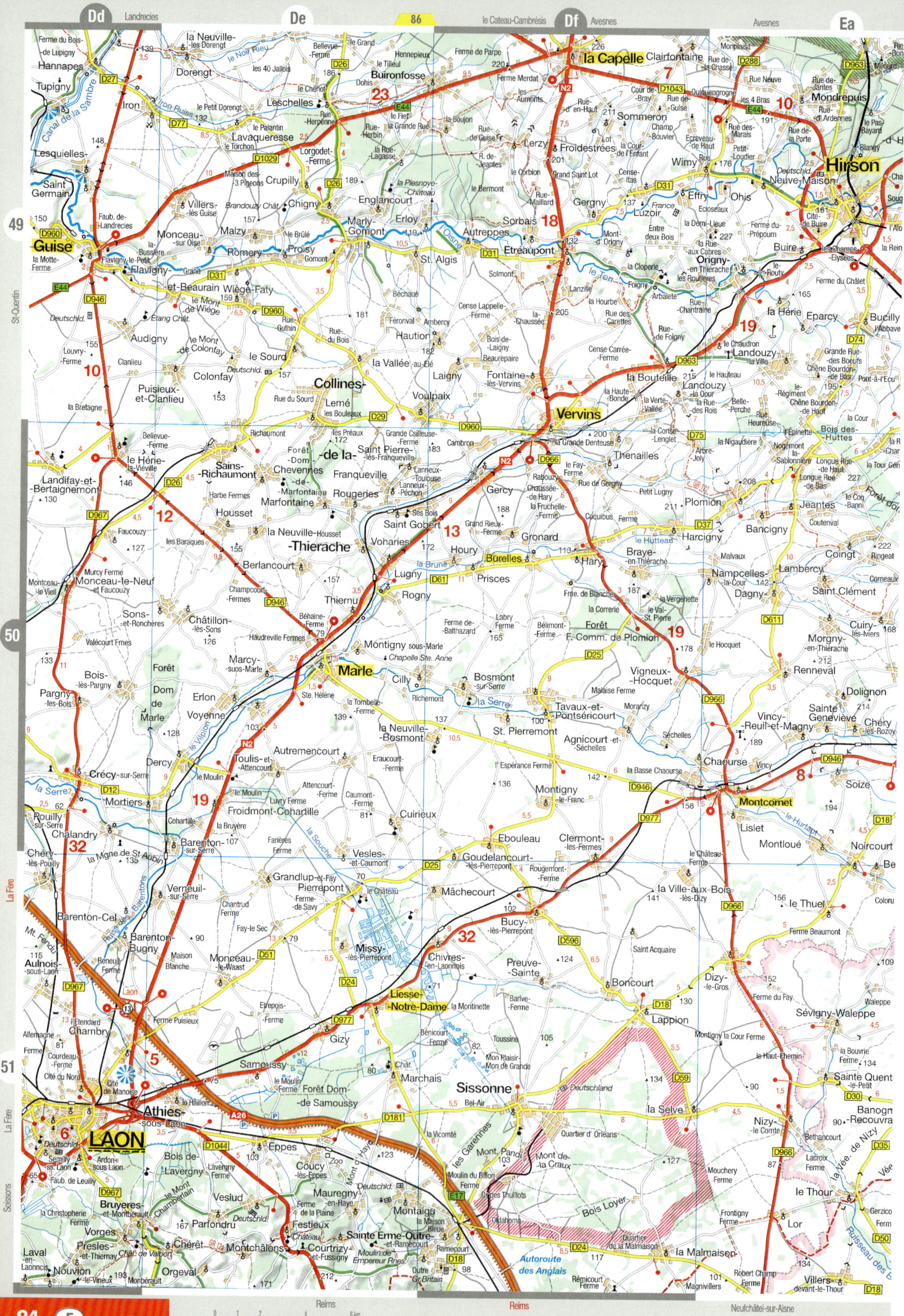
49
50
51
St-Quentin
La Fère
Soissons
Guise
Hannapes
Tupigny
Dorengt
la Neuville-lès-Dorengt
Buironfosse
Leschelles
Lavaquerese
Iron
Lesquielles-St-Germain
Villers-lès-Guise
Monceau-sur-Oise
Malzy
Chigny
Crupilly
Englancourt
Erloy
Marly-Gomont
Proisy
Romery
Flavigny-le-Grand-et-Beaurain
Wiège-Faty
Audigny
Colonfay
le Sourd
Puisieux-et-Clanlieu
Lemé
Collines
Voulpaix
Laigny
Fontaine-lès-Vervins
Vervins
la Capelle
Clairfontaine
Sommeron
Froidestrées
Lerzy
Gergny
Sorbais
Etréaupont
Autreppes
St. Algis
Luzoir
Effry
Ohis
Wimy
Hirson
Mondrepuis
Neuve-Maison
Buire
Origny-en-Thiérache
la Hérie
Eparcy
Bucilly
Landouzy-la-Ville
Landouzy-la-Cour
la Bouteille
Thenailles
Plomion
Jeantes
Harcigny
Bancigny
Coingt
Nampcelles-la-Cour
Lambercy
Dagny
Saint Clément
Morgny-en-Thiérache
Renneval
Dolignon
Vigneux-Hocquet
Sainte Geneviève
Vincy-Reuil-et-Magny
Chéry-lès-Rozoy
Soize
Chaourse
Montcornet
Lislet
Montloué
Noircourt
la Ville-aux-Bois-lès-Dizy
le Thuel
Dizy-le-Gros
Sévigny-Waleppe
Lappion
Boncourt
Nizy-le-Comte
la Selve
le Thour
Lor
la Malmaison
Villers-devant-le-Thour
Sissonne
Marchais
Liesse-Notre-Dame
Gizy
Samoussy
Athies-sous-Laon
LAON
Eppes
Coucy-lès-Eppes
Mauregny-en-Haye
Montaigu
Sainte Erme-Outre-et-Ramecourt
Festieux
Bruyères-et-Montbérault
Chérêt
Vorges
Presles-et-Thierny
Nouvion-le-Vineux
Orgeval
Parfondru
Veslud
Chambry
Aulnois-sous-Laon
Barenton-Bugny
Barenton-Cel
Monceau-le-Waast
Missy-lès-Pierrepont
Chivres-en-Laonnois
Pierrepont
Grandlup-et-Fay
Verneuil-sur-Serre
Barenton-sur-Serre
Chalandry
Mortiers
Crécy-sur-Serre
Dercy
Toulis-et-Attencourt
Froidmont-Cohartille
Vesles-et-Caumont
Cuirieux
Mâchecourt
Bucy-lès-Pierrepont
Goudelancourt-lès-Pierrepont
Ebouleau
Clermont-les-Fermes
Montigny-le-Franc
Agnicourt-et-Séchelles
Tavaux-et-Pontséricourt
Bosmont-sur-Serre
Marle
Montigny sous-Marle
Cilly
Autremencourt
la Neuville-Bosmont
Voyenne
Erlon
Marcy-sous-Marle
Bois-lès-Pargny
Pargny-les-Bois
Châtillon-lès-Sons
Sons-et-Ronchères
Monceau-le-Neuf-et-Faucouzy
Berlancourt
Housset
Marfontaine
Chevennes
Sains-Richaumont
le Hérie-la-Viéville
Landifay-et-Bertaignemont
la Neuville-Housset
Thiérache
Franqueville
Rougeries
Saint Pierre-lès-Franqueville
Voharies
Saint Gobert
Gercy
Gronard
Houry
Burelles
Prisces
Lugny
Rogny
Thiernu
Braye-en-Thiérache
Hary
Autoroute des Anglais
Reims
Neufchâtel-sur-Aisne

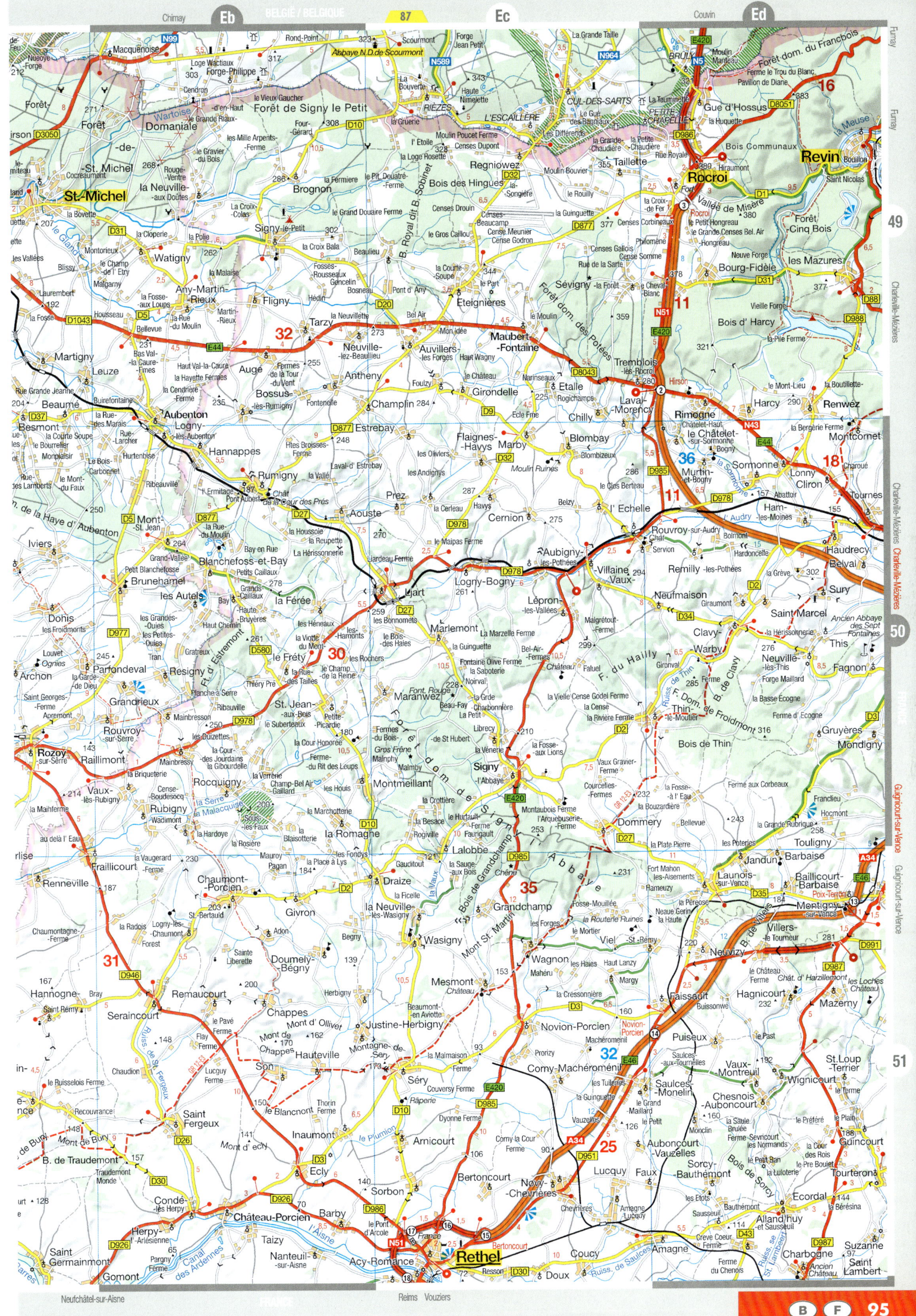

49
50
51
Revin
Anchamps
Laifour
Les Mazures
Deville
MONTHERME
Bogny-sur-Meuse
Renwez
Montcornet
Arreux
Nouzonville
Neufmanil
Gespunsart
Les Hautes-Rivières
Vresse-sur-Semois
Bièvre
Rochehaut
Corbion
BOUILLON
Sormonne
Houldizy
Damouzy
Tournes
Haudrecy
Warcq
Aiglemont
St-Laurent
Gernelle
CHARLEVILLE-MEZIERES
Prix-lès-Mézières
This
Warnécourt
la Francheville
Lumes
Vrigne-aux-Bois
St-Menges
Floing
Sedan
Givonne
Daigny
Villers-Cernay
Fagnon
Evigny
Les Ayvelles
Flize
Nouvion-sur-Meuse
Donchery
Glaire
Balan
Bazeilles
Douzy
Mondigny
Champigneul-sur-Vence
Boulzicourt
Etrépigny
Balaives-et-Butz
Boutancourt
Hannogne-St-Martin
Villers-sur-Bar
Cheveuges
Noyers-Pont-Maugis
Wadelincourt
Thélonne
Remilly-Aillicourt
Mairy
Amblimont
Poix-Terron
Singly
Elan
Sapogne-et-Feuchères
St-Aignan
Chéhéry
Bulson
Haraucourt
Angecourt
Villers-devt.-Mouzon
la Horgne
Omicourt
Vendresse
Chémery-sur-Bar
Raucourt-et-Flaba
Autrecourt-et-Pourron
Mazerny
Omont
Baâlons
Bouvellemont
Chagny
Maisoncelle-et-Villers
Artaise-le-Vivier
Yoncq
Jonval
la Neuville-à-Maire
Bois de Raucourt
Marquigny
Louvergny
Sauville
Stonne
la Besace
Létanne
la Sabotterie
Tourteron
Lametz
Tannay
les Gr. des Armoises
la Berlière
Suzanne
le Chesne
Montgon
Les Petites Armoises
Oches
Sommauthe
Neuville
Verrières
Route Verte Ardennes-Eifel
Forêt domaniale d'Elan
Forêt des Ardennes
Parc national
Canal des Ardennes
la Meuse

Libramont-Chevigny
NEUFCHÂTEAU
Bertrix
Paliseul
CHINY
FLORENVILLE
VIRTON
Montmédy
Stenay
Carignan
Mouzon
Vaux-sur-Sûre
Léglise
Tintigny
Étalle
Meix-devant-Virton
Rouvroy
Parc naturel de l'Ardenne méridionale
Parc naturel Haute-Sûre
Forêt d'Anlier
Lorraine
de la Semois
de la Vallée
de Gaume

Vaux-sur-Sûre
Parc naturel Haute-Sûre
Fauvillers
Forêt d'Anlier
Léglise
Habay
Habay-la-Neuve
Tintigny
Etalle
Parc naturel de Gaume
St-Léger
VIRTON
Musson
Longwy
Aubange
Mont-Saint-Martin
Rehon
Herserange
Mexy
Lexy
Haucourt-Moulaine
Hussigny-Godbrange
Villerupt
Pétange
Käerjeng
Bascharage
DIFFERDANGE
Sanem
Mondercange
ESCH SUR-ALZETTE
Messancy
ARLON
Attert
Beckerich
Redange
Useldange
Hobscheid
Koerich
Steinfort
Mamer
Bertrange
Dippach
Rambrouch
Martelange
Bigonville
Arsdorf
Lac de la Haute Sûre
Naturpark Uewersauer
Boulaide
Wahl
Grosbous
Vichten
Préizerdaul
Saeul
Tuntange
Kehlen
Rullesel
Goesdorf
106-107

Bitburger Land
Naturpark Südeifel
VIANDEN
Bettendorf
DIEKIRCH
Erpeldange
ETTELBRUCK
Vallée de l'Ernz
Beaufort
Berdorf
ECHTERNACH
Rosport
Larochette
Consdorf
Mëllerdall
Mersch
Lintgen
Lorentzweiler
Junglinster
Betzdorf
GREVENMACHER
Mertert
Wasserliesch
Steinsel
Kopstal
Walferdange
Niederanven
Strassen
Sandweiler
Schuttrange
LUXEMBOURG
Contern
Hesperange
Wormeldange
Stadtbredimus
REMICH
Roeser
Weiler-la-Tour
Dalheim
Bettembourg
Frisange
Mondorf-les-Bains
Schengen
Perl
Kayl
DUDELANGE
RUMELANGE
SAARBURG
Trier
Nittel
Tawern
Konz
Hunsrück
Saar
Naturpark
49
50
51
52

1 : 100 000

OVERZICHTSKAART · CARTE D'ASSEMBLAGE · BLATTÜBERSICHT · KEY MAP
QUADRO D'UNIONE · MAPA ÍNDICE · ÍNDICE DE MAPA · KLAD MAPOVÝCH LISTŮ
SKOROWIDZ ARKUSZY · ÁTTEKINTŐTÉRKÉP · OVERSIGTSKORT · ÖVERSIKTSKART

1 : 100 000

Legenda | Légende | Zeichenerklärung | Legend | Segni convenzionali | Signos convencionales

Sinais convencionais | Vysvětlivky | Objaśnienia znaków | Jelmagyarázat | Tegnforklaring | Teckenförklaring

NL	F	D		UK	I	E
Autosnelweg met aansluiting en aansluitingnummer	Autoroute avec point de jonction et numéro de point de jonct Autorouteion	Autobahn mit Anschlussstelle und Anschlussnummer	70 Meschede	Motorway with junction and junction number	Autostrada con svincolo e svincolo numerato	Autopista con acceso y número de acceso
Autosnelweg in aanleg, Autosnelweg in ontwerp	Autoroute en construction, Autoroute en projet	Autobahn in Bau, Autobahn in Planung	Datum	Motorway under construction, Motorway projected	Autostrada in costruzione, Autostrada in progetto	Autopista en construcción, Autopista en proyecto
Autoweg met gescheiden rijbanen, Autoweg in anleeg	Chaussée double, Chaussée double en construction	Schnellstraße, Schnellstraße in Bau	Date	Dual carriageway, Dual carriageway under construction	Superstrada, Superstrada in costruzione	Autovía, Autovía en construcción
Rijksweg	Route nationale	Bundesstraße	43	Federal road	Strada statale	Carretera federal
Hoofdweg met straatnamen, Weg voor doorgaand verkeer met straatnamen	Route principale avec des noms des rues Route de transit avec des noms des rues	Hauptverbindungsstr. mit Str.-Namen Durchgangsstr. mit Str.-Namen	Name Name	Main road with street names Thoroughfare with street names	Strada principale con i nomi d. strade Strada di attraversamento con i nomi delle strade	Carretera principal con nombres de calles Carretera de tránsito con nombres de calles
Risico van congestie	Risque de congestion	Staugefahr		Potential traffic jam	Rischio di congestione	Riesgo de congestión
Motorvejnummer, Europees wegnummer	Numéro d'autoroute, Organismes européens	Autobahn Nummern, Europastraßen Nummern	4 E40	Motorway numbers, European road numbers	Numero di autostrada, Numero di strada europea	Número de autopista, Número de carretera europea
Autoveer, Personenveer	Bac pour automobiles, Bac pour piétons	Autofähre, Personenfähre	AF PF	Car ferry, Passenger ferry	Traghetto per auto, Traghetto passeggeri	Transbordador para automóviles, Transbordador para pasajeros
Spoorweg, Langeafstandsverkeer met station	Chemin de fer, Le trafic grandes lignes avec gare ferroviaire	Eisenbahn, Fernverkehr mit Bahnhof	DB	Railway, Long-distance traffic with station	Ferrovia, Traffico a lunga percorrenza con stazione	Ferrocarril, Tráfico de larga distancia con estación
Snelle lokaaltrein met station	Train de banlieue rapid avec station	S-Bahn mit Bahnhof	S	Rapid transit railway with station	Treno rápido con stazione	Tren rápido con estación
Verzorgingsplaats	Station service	Autobahn Raststätte	Schauinsland	Service area	Area di servizio	Área de servicio
Autosnelwegbenzinestation	Station d'essence d'autoroute	Autobahntankstelle	Grunewald	Service station	Stazione di servizio	Estación de servicio
Parkeerplaats	Autoroute Parking	Autobahnparkplatz	P	Motorway Parking place	Autostrada Parcheggio	Auto-estrada Aparcamiento
Luchthaven	Aéroport	Verkehrsflughafen	FRA	Airport	Aeroporto	Aeropuerto
Truckstop	Relais routier	Autohof		Truckstop	Parco automobilistico	Área de servicio y descanso
Parkeer+reis-plaats	Parcotrain	Park & Ride-Platz	P+R	Park & Ride car park	Parcheggio per viaggiatori	Estacionamiento park+ride
Bezienswaardigheden	Curiosités	Sehenswürdigkeiten	Schloss	Tourist Attractions	Interesse turistico	Puntos de interés
Bebouwing, Commercieel gebied	Zone bâtie, Zone commerciale	Bebauung, Gewerbegebiet		Built-up area, Commercial area	Caseggiato, Zona commerciale	Zona edificada, Zona comercial
Wateren	Eaux	Gewässer		Waters	Acque	Aguas
Rijksgrens	Frontière d'État	Staatsgrenze		National boundary	Confine di Stato	Frontera nacional
MARCO POLO Highlight	MARCO POLO Highlight	MARCO POLO Highlight	1	MARCO POLO Highlight	MARCO POLO Highlight	MARCO POLO Highlight

P	CZ	PL		H	DK	S
Auto-estrada com ramal e número de acesso	Dálnice přípojkou a přípojka s číslem	Autostrada z węzłem i numerem węzła	70 Meschede	Autópálya a csomópont és csomópont szám	Motorvej med tilkørsel og tilkørsel med nummer	Motorväg med trafikplats och trafikplats nummer
Auto-estrada em construção, Auto-estrada em projecto	Dálnice ve stavbe Dálnice plánovaná	Autostrada w budowie, Autostrada projektowana	Date	Autópálya építés alatt, Autópálya tervezés alatt	Motorvej under opførelse under planlægning	Motorväg under byggnad Motorväg under planerad
Via rápida de faixas separadas, Via rápida em construção	Rychlostní komunikace, Rychlostní komunikace ve stavbe	Droga, Droga ekspresowa w budowie	Date	Épülő, Épülő gyorsforgalmi	Motortrafikvej, Motortrafikvej under anlæg	Motortraficled, Motortraficled under byggnad
Estrada federal	Strada statale	Droga państwowa	43	Elsőrendű főútvonal	Primærvej	Riksväg
Estrada principal com os nomes das ruas Estrada de trânsito com os nomes das ruas	Hlavní silnice s názvy ulic, Průjezdní silnice s názvy ulic	Droga główna z nazwami ulic, Droga przelotowa z nazwami ulic	Name Name	Főútvonal utcanevekkel Átmenő út utcanevekkel	Hovedvej med gadenavne Gennemfartsvej med gadenavne	Huvudväg med gatunamn Genomfartsled med gatunamn
Risco de congestionamento	Riziko dopravní zácpy	Ryzyko korek uliczny		Kockázat forgalmi dugóban	Risiko for overbelastning	Risken för trafikstockningar
Número de auto-estrada Número de estrada europeia	Číslo dálnice, Číslo evropské silnice	Numer autostrady, Numer drogi europejskiejs	4 E40	Autópálya-szám, Európa-útszám	Motorvejnummer, Europavejnummer	Numéro d'autoroute, Organismes européens
Balsa para viaturas, Barca de passageiros	Trajekt pro auta, Osobní přívoz	Prom samochodowy, Prom pasażerski	AF PF	Autószállító komp, Személyszállító komp	Bilfærge, Passagerfærge	Bilfärja, Passagerarfärja
Linha ferroviária, Tráfego de longa distância com estação	Železnice, dálková dopravní se stanicí	Kolej, ruchu dalekobieżnego z stacją	DB	Vasútvonal, Távolsági forgalom a pályaudvar	Jernbanelinie, Fjerntrafik med banegård	Järnväg, Fjärrtrafik met station
Linha férrea rápida com estação	Příměstská dráha se stanicí	Szybka kolej miejska z stacją	S	Hévhez a pályaudvar	S-tog med station	Förortståg met station
Area de serviço	Odpočívka	Miejsce obsługi podróżnych	Schauinsland	Autópálaya pihenőhely	Motorvejsrasteplads	Motorväg rastplats
Estação de serviço da estrada	Čerpací stanice na dálnici	Stacja benzynowa przy autostradzie	Grunewald	Autópálya-benzinkút	Motorvej tankstation	Motorväg bensinstation
Auto-estrada Parque de estacionamento	Významné zajímavosti	Motorway Parking place	P	Autópálya Pihenőhely	Motorvej Parkeringsplads	Motorväg Parkeringsplats
Aeroporto	Dopravní letiště	Port lotniczy	FRA	Nemzetközi repülőtér	Lufthavn	Flygplats
Área de serviço para camiãos	Parkoviště pro TIR	Postój ciężarówek i noclegi dla kierowców		Autópihenő	Motorvejsstation	VEDA-/Annan-Truck-stop
Estação com estacionamento de carro	Park+Ride-místo	Parking i połączenia z komunikacją publiczną	P+R	P+R parkolóhely	Park+ride-plads	Park-ride-plats
Locais de interesse	Významné zajímavosti	Interesujące obiekty	Schloss	Látványosságok	Seværdigheder	Sevärdheter
Área urbana, Área comercial	Zastavěna plochna, Komerční prostory	Obszar zabudowany, Obszar komercyjna		Beépítés, Erdő	Bebyggelse, Kommerciel område	Bebyggt område, Skog
Águas	Vodstvo	Wody		Vizek	Vande	Eaux
Fronteira nacional	Státní hranice	Granica państwa		Államhatár	Statsgrænse	Statsgräns
MARCO POLO Highlight	MARCO POLO Highlight	MARCO POLO Highlight	1	MARCO POLO Highlight	MARCO POLO Highlight	MARCO POLO Highlight

Heemskerk
Alkmaar
Alkmaar
Alkmaar
Wijk aan Zee
BEVERWIJK
Krommenie
Wormerveer
Velsen-Noord
Assendelft
Zaandijk
IJMUIDEN
Vrouwenverdriet
Westzaan
Koog aan de Zaan
Velsen-Zuid
IJmuiden aan Zee
ZAANDAM
Driehuis
Buitenhuizen
Nauerna
Hofgeest
Koepelberg
Santpoort-Noord
Velserbroek
Santpoort-Zuid
Spaarndam
Kopje van Bloemendaal
Ruigoord
Spaarnwoude
Bloemendaal
Penningsveer
Haarlemmerliede
Overveen
Halfweg
Zwanenburg
Bentveld
HAARLEM
Nieuwebrug
Aerdenhout
Boesingheliede
Lijnden
Schalkwijk
NIEUW-WEST
HEEMSTEDE
Vijfhuizen
Zuid-Schalkwijk
Cruquius
Badhoevedorp
De Glip
Bennebroek
Oosteinde
Zwaanshoek
Luchthaven Schiphol
Weerestein
HILLEGOM
HOOFDDORP
Oude Meer
Beinsdorp
Westwijk
Rozenburg
SCHIPHOL-RIJK
NIEUW-VENNEP
Aalsmeerderbrug
AALSMEER
Den Ruygen Hoek
't Kabel
Rijsenhout
Kleine Poel
Noordwijk
Leiden
Hillegom
Knpt. Burgerveen
Knpt. Burgerveen
Nieuwkoop
Uithoorn

VOLENDAM
Zedde
Purmer
Purmerland
Ilpendam
Katwoude
Marken
Moeniswerf
Rozewerf
Grotewerf
De Heul
Den Ilp
Overleek
MONNICKENDAM
Oostzaan
Watergang
Zuiderwoude
LANDSMEER
Broek in Waterland
Uitdam
Holysloot
't Nopeind
Zunderdorp
NOORD
Ransdorp
Schellingwoude
AMSTERDAM
Durgerdam
IJmeer
WEST
OOST
ZUID
DIEMEN
Muiden
Muiderberg
Hakkelaarsbrug
Driemond
WEESP
ZUIDOOST
De Horn
Ouderkerk aan de Amstel
AMSTELVEEN
Nigtevecht
Abcoude
Stokkelaarsbrug
Nes aan de Amstel
Ankeveen
Nederhorst den Berg
Spiegel en Blijkpolderplas
Ankeveensche Plassen
Groote Meer
Gaasperplas
Kinselmeer
Uitdammer Die
Stootersplas
Noorder IJplas
Het IJ
Vecht
Amstel
Gein
Angstel
Winkel
Twiske
Burgt
A1
A2
A6
A7
A8
A9
A10
N235
N236
N247
N701
S100
S109
S110
S111
S112
S116
110
Hoorn
Purmerend
Lelystad
Hilversum
Knpt. Eemnes
Knpt. Oudenrijn

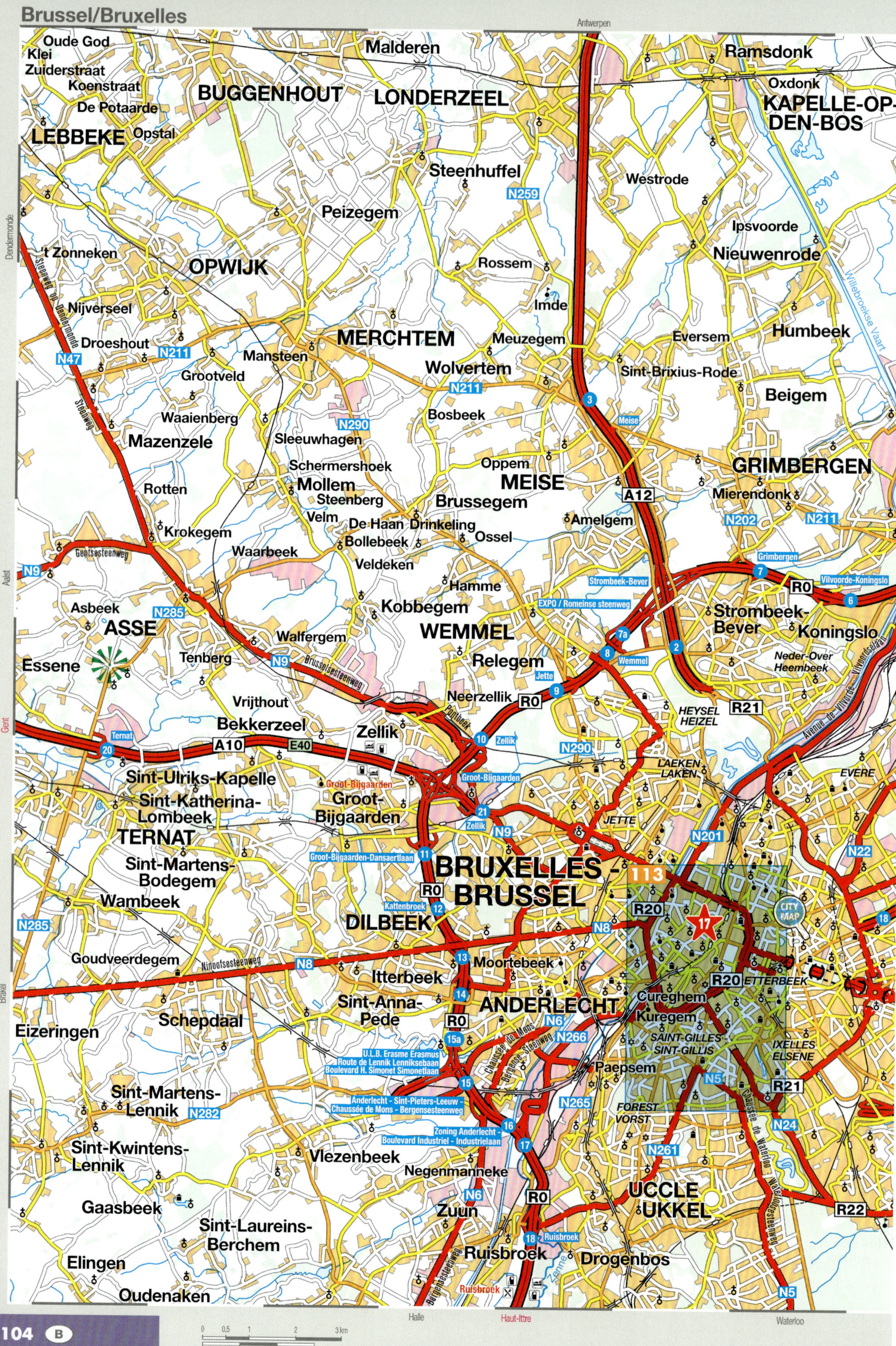
Antwerpen
Oude God
Klei
Zuiderstraat
Koenstraat
De Potaarde
LEBBEKE
Opstal
BUGGENHOUT
Malderen
LONDERZEEL
Ramsdonk
Oxdonk
KAPELLE-OP-DEN-BOS
Steenhuffel
N259
Westrode
Peizegem
Ipsvoorde
Nieuwenrode
Dendermonde
't Zonneken
OPWIJK
Rossem
Imde
Nijverseel
Droeshout
N47
N211
Mansteen
MERCHTEM
Meuzegem
Eversem
Humbeek
Grootveld
Wolvertem
N211
Sint-Brixius-Rode
Beigem
Waaienberg
N290
Bosbeek
Meise
Mazenzele
Sleeuwhagen
Schermershoek
Oppem
MEISE
GRIMBERGEN
Rotten
Mollem
Steenberg
Brussegem
A12
Mierendonk
Velm
De Haan
Drinkeling
Amelgem
N202
N211
Krokegem
Bollebeek
Ossel
Gentsesteenweg
Waarbeek
Veldeken
Grimbergen
Aalst
N9
Hamme
Strombeek-Bever
R0
Vilvoorde-Koningslo
Asbeek
N285
Kobbegem
EXPO / Romeinse steenweg
Strombeek-Bever
ASSE
WEMMEL
Koningslo
Walfergem
Essene
Tenberg
N9
Relegem
Wemmel
Neder-Over-Heembeek
Jette
Vrijthout
Neerzellik
R0
HEYSEL
HEIZEL
R21
Gent
Bekkerzeel
Zellik
Ternat
A10
E40
Zellik
N290
LAEKEN
LAKEN
EVERE
Sint-Ulriks-Kapelle
Groot-Bijgaarden
Groot-Bijgaarden
Sint-Katherina-Lombeek
Groot-Bijgaarden
JETTE
TERNAT
Zellik
N9
N201
N22
Sint-Martens-Bodegem
Groot-Bijgaarden-Dansaertlaan
BRUXELLES - BRUSSEL
113
R0
R20
Wambeek
Kattenbroek
CITY MAP
N285
DILBEEK
N8
Goudveerdegem
Ninoofsesteenweg
N8
Itterbeek
Moortebeek
R20
ETTERBEEK
Brakel
Sint-Anna-Pede
ANDERLECHT
Cureghem
Kuregem
Eizeringen
Schepdaal
R0
N6
N266
SAINT-GILLES
SINT-GILLIS
IXELLES
ELSENE
U.L.B. Erasme Erasmus
Route de Lennik Lenniksebaan
Boulevard H. Simonet Simonetlaan
Paepsem
N5
R21
Sint-Martens-Lennik
N282
Anderlecht - Sint-Pieters-Leeuw -
Chaussée de Mons - Bergensesteenweg
N265
FOREST
VORST
N24
Zoning Anderlecht -
Boulevard Industriel - Industrielaan
Sint-Kwintens-Lennik
Vlezenbeek
N261
Negenmanneke
N6
R0
UCCLE
UKKEL
Gaasbeek
Zuun
R22
Sint-Laureins-Berchem
Ruisbroek
Ruisbroek
Drogenbos
Elingen
Oudenaken
Ruisbroek
N5
Halle
Haut-Ittre
Waterloo
0 0,5 1 2 3 km
0 0,5 1 1,5 miles

Antwerpen
Mechelen
Mechelen
HOMBEEK
Muizen
Rijmenam
Keerbergen
Prinsenhoek
Hever
Ninde
Laar
Hofstade
BOORTMEERBEEK
ZEMST
HAACHT
Schiplaken
Weerde
Elewijt
Wespelaar
Eppegem
Bergheid
Kampenhout-Sas
Wakkerzeel
Houtem
Boekt
Kampelaar
Bulsom
Hambos
KAMPENHOUT
Relst
Tildonk
Ruisbeek
Beneden-Veltem
VILVOORDE
Perk
Sussenhoek
Peutie
Lelle
Berg
Wilder
Buken
Huinhoven
Delle
Melsbroek
Wambeek
Lemmeken
Nederokkerzeel
STEENOKKERZEEL
Kwerps
MACHELEN
HERENT
Beisem
Humelgem
Veltem
Winksele
Luchthaven Brussel-National
Erps
Diegem
HAREN
ZAVENTEM
KORTENBERG
Everberg
Meerbeek
Nossegem
Zwanenberg
Bertem
Terbank
Sint-Stevens-Woluwe
Flembucca
Sterrebeek
Egenhoven
Vrebos
KRAAINEM
Moorsel
Kooige
WEZEMBEEK-OPPEM
Leefdaal
Korbeek-Dijle
Vossem
OUD-HEVERLEE
AUDERGHEM
Duisburg
Neerijse
Sint-Joris-Weert
TERVUREN
OUDERGEM
Loonbeek
Eizer
WATERMAEL-BOITSFORT - WATERMAAL-BOSVOORDE
Huldenberg
Nethen
Eik
Sint-Agatha-Rode
Waterloo
Wavre
Wavre
Aarschot
KN. Lummen
Leuven
Leuven
Liège

Préizerdaul
Mersch
Diekirch
Arlon
Neufchâteau
Longwy
Thionville
LUXEMBOURG
BELGIQUE
FRANCE
Elvange
Calmus
Saeul
Hovelange
Schweich
Tuntange
Gosseldange
Schoenfels
Greisch
Hollenfels
Prettingen
Gaichel
Steekau
Septfontaines
Hobscheid
Eisch
Eischen
Keispelt
Dondelange
Meispelz
Villa Romaine
Nospelt
Koerich
Steinsel
Goeblange
Kehlen
Steinfort
Kopstal
Goetzingen
Bereldange
Olm
Sterpenich
Hagen
Autelbas
Capellen
Bridel
Kleinbettingen
Wandhaff
Beggen
Sterpenich (Arlon)
Steinfort
Mamer
Grass
Kahler
Eich
Strassen
Rollingergrund
Garnich
Holzem
Hivange
Merl
Fingig
Bertrange
Helfenterbruck
Clemency
Dahlem
Dipach
Musée de Tramways
Gasperich
Schouweiler
Cessange
Zone Ind.
Croix de Cessange
Haut-charage
Sprinkange
Roedgen
Bascharage
Bettange sur-Mess
2026
Leudelange
Croix de Gasperich
Petange
Limpach
Reckange-sur Mess
Leudelange-Nord
Kockelscheuer
Petange
Sanem
Ehlange
Leudelange-Süd
Niedercorn
Aessen
Mondercange
Pontpierre
Berchem
Differdange
Soleuvre
Bergem
Livange
Ehlerange
Foetz
Bettembourg
Fennange
Esch
Lallange
Huncherange
Obercom
Belvaux
Lallange
Belval
Esch sur-Alzete
Noertzange
Kayl
Hussigny-Godbrange
Schifflange
Kayl
Dudelange
Burange
Croix de Bettembourg
A3 A4 A6 A13 E25 E44 N4 N4c N5 N6 N8 N12 N13 N31 N33 N34 N35
118

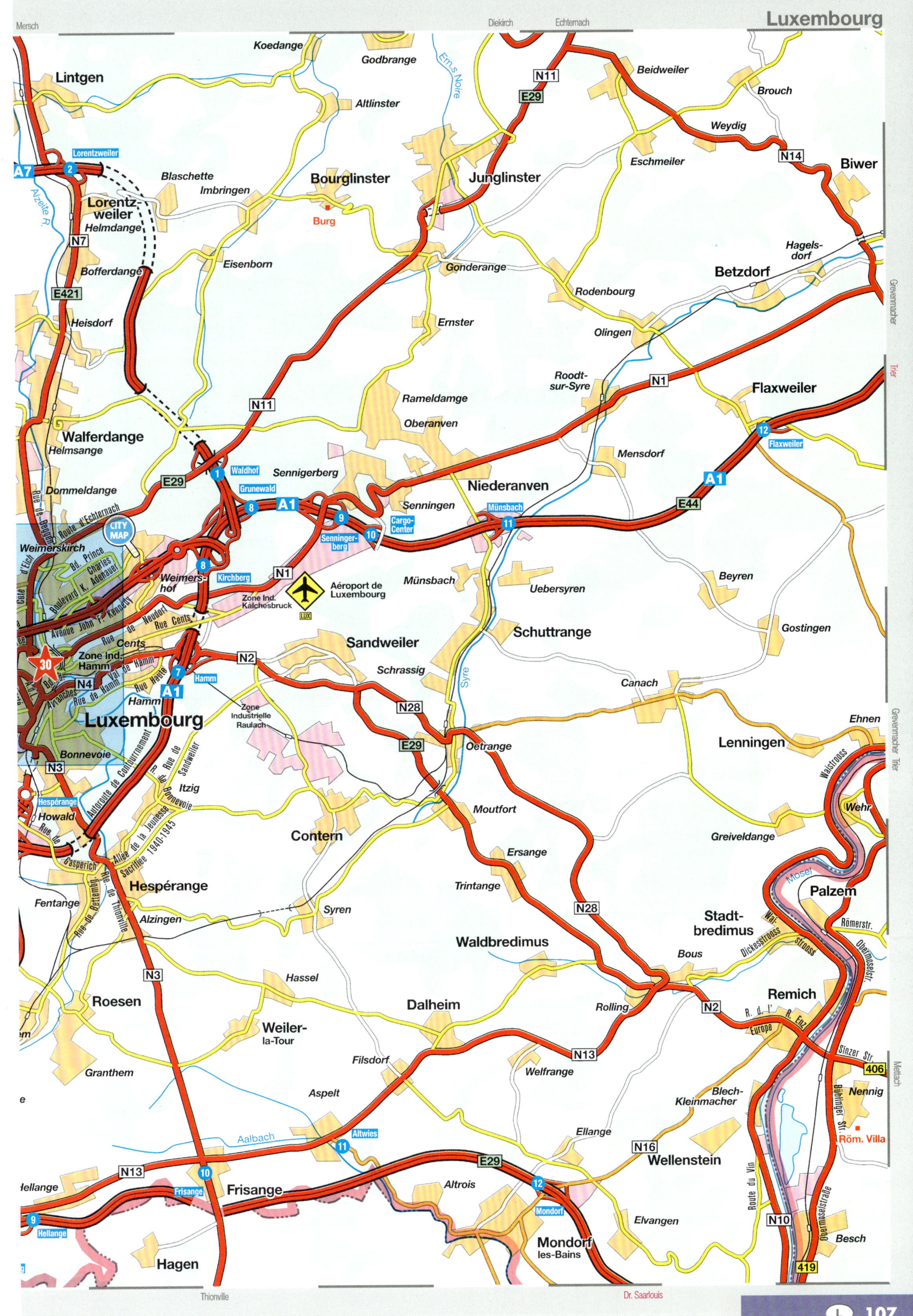
Koedange
Godbrange
Lintgen
Altlinster
Beidweiler
Brouch
Weydig
Eschmeiler
Biwer
Lorentzweiler
Blaschette
Imbringen
Bourglinster
Burg
Junglinster
Lorentz-weiler
Helmdange
Bofferdange
Eisenborn
Gonderange
Rodenbourg
Hagels-dorf
Betzdorf
Heisdorf
Ernster
Olingen
Roodt-sur-Syre
Flaxweiler
Rameldange
Oberanven
Walferdange
Helmsange
Mensdorf
Sennigerberg
Dommeldange
Niederanven
Senningen
Weimerskirch
Münsbach
Uebersyren
Beyren
Aéroport de Luxembourg
Zone Ind. Kalchesbruck
Schuttrange
Gostingen
Sandweiler
Schrassig
Canach
Zone Ind. Hamm
Hamm
Luxembourg
Zone Industrielle Raulach
Oetrange
Lenningen
Ehnen
Bonnevoie
Itzig
Howald
Moutfort
Wehr
Greiveldange
Contern
Ersange
Hespérange
Trintange
Palzem
Fentange
Alzingen
Syren
Stadt-bredimus
Waldbredimus
Bous
Hassel
Roesen
Dalheim
Rolling
Remich
Weiler-la-Tour
Filsdorf
Welfrange
Granthem
Aspelt
Blech-Kleinmacher
Nennig
Röm. Villa
Ellange
Aalbach
Wellenstein
Altrois
Frisange
Elvangen
Mondorf les-Bains
Besch
Hagen
Hellange

1 : 20 000

OVERZICHTSKAART
QUADRO D'UNIONE
SKOROWIDZ ARKUSZY

CARTE D'ASSEMBLAGE
MAPA ÍNDICE
ÁTTEKINTŐTÉRKÉP

BLATTÜBERSICHT
ÍNDICE DE MAPA
OVERSIGTSKORT

KEY MAP
KLAD MAPOVÝCH LISTŮ
ÖVERSIKTSKART

1 : 20 000

Legenda · **Légende** · **Zeichenerklärung** · **Legend** · **Segni convenzionali** · **Signos convencionales**

Sinais convencionais · **Vysvětlivky** · **Objaśnienia znaków** · **Jelmagyarázat** · **Tegnforklaring** · **Teckenförklaring**

NL	F	D	UK	I	E
Autosnelweg	Autoroute	Autobahn	Motorway	Autostrada	Autopista
Weg met vier rijstroken	Route à quatre voies	Vierspurige Straße	Road with four lanes	Strada a quattro corsie	Carretera de cuatro carriles
Weg voor doorgaand verkeer	Route de transit	Durchgangsstraße	Thoroughfare	Strada di attraversamento	Carretera de tránsito
Hoofdweg	Route principale	Hauptstraße	Main road	Strada principale	Carretera principal
Overige wegen	Autres routes	Sonstige Straßen	Other roads	Altre strade	Otras carreteras
Straat met eenrichtingsverkeer - Voetgangerszone	Rue à sens unique - Zone piétonne	Einbahnstraße - Fußgängerzone	One-way street - Pedestrian zone	Via a senso unico - Zona pedonale	Calle de dirección única - Zona peatonal
Informatie - Parkeerplaats	Information - Parking	Information - Parkplatz	Information - Parking place	Informazioni - Parcheggio	Información - Aparcamiento
Belangrijke spoorweg met station	Chemin de fer principal avec gare	Hauptbahn mit Bahnhof	Main railway with station	Ferrovia principale con stazione	Ferrocarril principal con estación
Overige spoorweg	Autre ligne	Sonstige Bahn	Other railway	Altra ferrovia	Otro ferrocarril
Ondergrondse spoorweg	Métro	U-Bahn	Underground	Metropolitana	Metro
Tram	Tramway	Straßenbahn	Tramway	Tram	Tranvía
Vliegveldbus	Bus d'aéroport	Flughafenbus	Airport bus	Autobus per l'aeroporto	Autobús al aeropuerto
Politiebureau - Postkantoor	Poste de police - Bureau de poste	Polizeistation - Postamt	Police station - Post office	Posto di polizia - Ufficio postale	Comisaria de policia - Correos
Ziekenhuis - Jeugdherberg	Hôpital - Auberge de jeunesse	Krankenhaus - Jugendherberge	Hospital - Youth hostel	Ospedale - Ostello della gioventù	Hospital - Albergue juvenil
Kerk - Bezienswaardige kerk	Église - Église remarquable	Kirche - Sehenswerte Kirche	Church - Church of interest	Chiesa - Chiesa interessante	Iglesia - Iglesia de interés
Synagoge - Moskee	Synagogue - Mosquée	Synagoge - Moschee	Synagogue - Mosque	Sinagoga - Moschea	Sinagoga - Mezquita
Monument - Toren	Monument - Tour	Denkmal - Turm	Monument - Tower	Monumento - Torre	Monumento - Torre
Bebouwing, openbaar gebouw	Zone bâtie, bâtiment public	Bebaute Fläche, öffentliches Gebäude	Built-up area, public building	Caseggiato, edificio pubblico	Zona edificada, edificio público
Industrieterrein	Zone industrielle	Industriegelände	Industrial area	Zona industriale	Zona industrial
Park, bos	Parc, bois	Park, Wald	Park, forest	Parco, bosco	Parque, bosque

P	CZ	PL	H	DK	S
Auto-estrada	Dálnice	Autostrada	Autópálya	Motorvej	Motorväg
Estrada com quatro faixas	Čtyřstopá silnice	Droga o czterech pasach ruchu	Négysávos út	Firesporet vej	Väg med fyra körfält
Estrada de trânsito	Průjezdní silnice	Droga przelotowa	Átmenő út	Genemmfartsvej	Genomfartsled
Estrada principal	Hlavní silnice	Droga główna	Főút	Hovedvej	Huvudled
Outras estradas	Ostatní silnice	Drogi inne	Egyéb utak	Andre mindre vejen	Övriga vägar
Rua de sentido único - Zona de peões	Jednosměrná ulice - Pěší zóna	Ulica jednokierunkowa - Strefa ruchu pieszego	Egyirányú utca - Sétáló utca	Gade med ensrettet kørsel - Gågade	Enkelriktad gata - Gågata
Informação - Parque de estacionamento	Informace - Parkoviště	Informacja - Parking	Információ - Parkolóhely	Information - Parkeringplads	Information - Parkering
Linha principal ferroviária com estação	Hlavní železnice s stanice	Kolej główna z dworcami	Fővasútvonal állomással	Hovedjernbanelinie med station	Huvudjärnväg med station
Linha ramal ferroviária	Ostatní železnice	Kolej drugorzędna	Egyéb vasútvonal	Anden jernbanelinie	Övrig järnväg
Metro	Metro	Metro	Földalatti vasút	Underjordisk bane	Tunnelbana
Eléctrico	Tramvaj	Linia tramwajowa	Villamos	Sporvej	Spårväg
Autocarro c. serviço aeroporto	Letištní autobus	Autobus dojazdowy na lotnisko	Park+Ride	Park+Ride	Park+Ride
Esquadra da polícia - Correios	Policie - Poštovní úřad	Komisariat - Poczta	Rendőrség - Postahivatal	Politistation - Posthus	Poliskontor - Postkontor
Hospital - Pousada da juventude	Nemocnice - Ubytovna mládeže	Szpital - Schronisko młodzieżowe	Kórház - Ifjúsági szálló	Sygehus - Vandrerhjem	Sjukhus - Vandrarhem
Igreja - Igreja interessante	Kostel - Zajímavý kostel	Kościół - Kościół zabytkowy	Templom	Kirke	Kyrka
Sinagoga - Mesquita	Synagoga - Mešita	Synagoga - Meczet	Vagy tévétorony - Világítótorony	Telemast - Fyrtårn	TV-torn - Fyrtorn
Monumento - Torre	Pomník - Věž	Pomnik - Wieża	Emlékmű - Torony	Mindesmærke - Tårn	Monument - Torn
Área urbana, edifício público	Zastavěná plocha, veřejná budova	Obszar zabudowany, budynek użyteczności publicznej	Beépítés, középület	Bebyggelse, offentlig bygning	Bebyggt område, offentlig byggnad
Zona industrial	Průmyslová plocha	Obszar przemysłowy	Iparvidék	Industriområde	Industriområde
Parque, floresta	Park, les	Park, las	Park, erdő	Park, skov	Park, skog

Amsterdam

Zaanstad
Zaanstad
Edam-Volendam
Haarlem
Haarlem
Haarlem
Luchthaven Schiphol
Luchthaven Schiphol, Leiden
A10, S114 Zeebrug
Schellingwoude
Schellingwoude
Diemen
Schellingwoude
Amstelveen
Utrecht
Bijlmermeer
HET IJ
IJ
JORDAAN
CENTRUM
OOST
OUD-
ZUID
DE PIJP
ZUID
NIEUW-
Centraal Station
Amsterdam Centraal
Nieuwmarkt
Rokin
Waterlooplein
Weesperplein
Vijzelgracht
De Pijp
Wibautstr.
Amstel
Europaplein
Haarlemmerweg
Nassaukade
Raadhuisstraat
Clercqstraat
Stadhouderskade
De Ruijterkade
Piet Heinkade
Kattenburgerstraat
Mauritskade
Wibautstr.
Amsteldijk
Ceintuurbaan
Churchill-laan
Vrijheids-laan
Wielingenstr.
Stadionweg
President Kennedylaan
Rooseveltlaan
Hobbemakade
Apollolaan
Vondelpark
Oosterpark
Sarphatipark
Beatrixpark
Dam
Amsterdam RAI
NEMO Science Museum
Oosterdok
Rijksmuseum
Stedelijk Museum
Van Gogh Museum
Anne Frank Huis
"IJboulevard" in aanbouw
"De Entree" in aanbouw
"Maritim Hotel" in aanbouw
EYE Filmmuseum
IJTUNNEL
Scheepvaartmuseum
Muziekgebouw aan 't IJ
Passenger Terminal Amsterdam
S100
S103
S106
S108
S109
S110
S111
S112
S116
0
400 m
0
0.2 miles

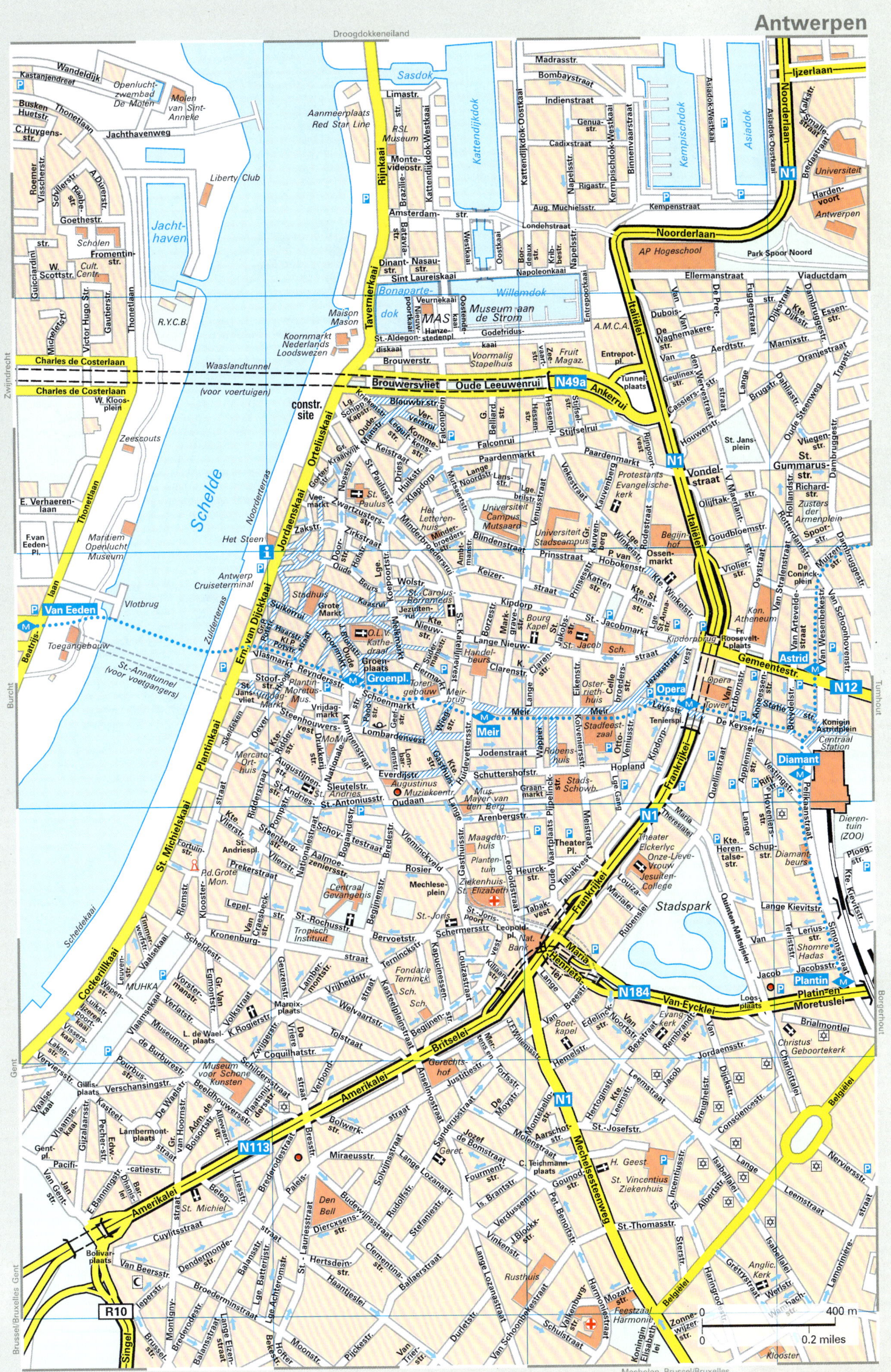

Droogdokkeneiland
Sasdok
Kattendijkdok
Kempischdok
Asiadok
Noorderlaan
Ijzerlaan
Universiteit Antwerpen
AP Hogeschool
Park Spoor Noord
Jacht-haven
Liberty Club
Aanmeerplaats Red Star Line
RSL Museum
Willemdok
Bonaparte-dok
MAS
Museum aan de Strom
Schelde
Waaslandtunnel (voor voertuigen)
Charles de Costerlaan
Brouwersvliet
Oude Leeuwenrui
Ankerrui
N49a
N1
Italiëlei
Rijnkaai
Tavernierkaai
Orteliuskaai
Jordaenskaai
Ernest Van Dijckkaai
Plantinkaai
St. Michielskaai
Cockerillkaai
Het Steen
Antwerp Cruiseterminal
Van Eeden
Vlotbrug
St.-Annatunnel (voor voetgangers)
Thonetlaan
Grote Markt
Stadhuis
O.L.V. Kathedraal
Groenplaats
Groenpl.
Meir
Opera
Astrid
N12
Diamant
Centraal Station
Dierentuin (ZOO)
Stadspark
Frankrijklei
Plantin
Platin-en Moretuslei
Van-Eycklei
N184
Britselei
Amerikalei
N113
Mechelsesteenweg
Belgiëlei
R10
Singel
Koningin Astridplein
Rubenshuis
Stadsschouwb.
Universiteit Stadscampus
St. Paulus
Vleeshuis
St. Jacob
Bourla
Theater Pl.
Maagdenhuis
Plantin-Moretus Mus.
MoMu
St.-Andries
Centraal Gevangenis
Tropisch Instituut
MUHKA
Museum voor Schone Kunsten
Den Bell
Rusthuis
Feestzaal Harmonie
St. Vincentius Ziekenhuis
H. Geest
Christus' Geboortekerk
Kloster
0 400 m
0 0.2 miles
Mechelen, Brussel/Bruxelles
Burcht
Zwijndrecht
Gent
Turnhout
Borgerhout

Brugge

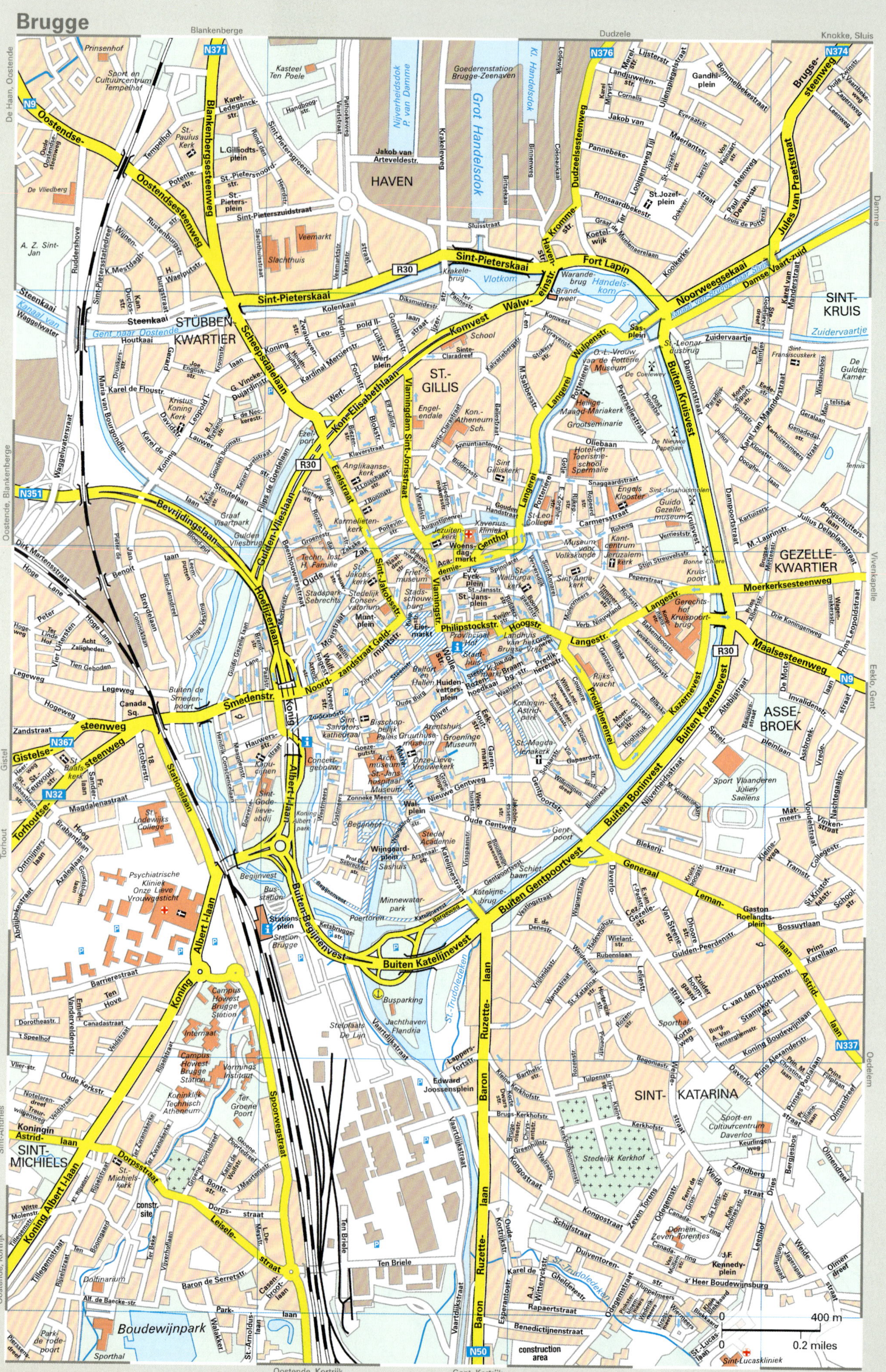

Blankenberge
Dudzele
Knokke, Sluis
De Haan, Oostende
Oostende, Blankenberge
Gistel
Torhout
Sint-Andries
Oostende, Kortrijk
Damme
Vivenkapelle
Eeklo, Gent
Oedelem
Oostende, Kortrijk
Gent, Kortrijk
N371
N376
N374
N9
N351
N367
N32
N50
N337
R30
Prinsenhof
Sport en Cultuurcentrum Tempelhof
Kasteel Ten Poele
Goederenstation Brugge-Zeevaart
Nijverheidsdok
Grot. Handelsdok
Kl. Handelsdok
HAVEN
Oostendse-steenweg
Blankenbergsesteenweg
Dudzeelsesteenweg
Jules van Praetstraat
Brugse-steenweg
Sint-Pieterskaai
Fort Lapin
Noorweegsekaai
Damse Vaart-zuid
Veemarkt
Slachthuis
STUBBEN-KWARTIER
Scheepsdalelaan
Kanaal van Gent naar Oostende
Steenkaai
Houtkaai
SINT-KRUIS
Zuidervaartje
ST.-GILLIS
Vlamingdam
Sint-Jorisstraat
Kon.-Elisabethlaan
Komvest
Langerei
Buiten Kruisvest
Bevrijdingslaan
Gulden-Vlieslaan
Hoefijzerlaan
Ezelstraat
Sint-Jakobsstr.
Vlamingstr.
Philipstockstr.
Hoogstr.
Langestr.
Predikherenrei
Kazernevest
Buiten Kazernevest
Moerkerkesteenweg
GEZELLE-KWARTIER
Maalsesteenweg
ASSE-BROEK
Smedenstr.
Noordzandstraat
Zuidzandstraat
Dijver
Groeninge Museum
Gruuthuse-museum
Onze-Lieve-Vrouwekerk
Sint-Salvatorskathedraal
Concertgebouw
Begijnhof
Minnewaterpark
Buiten Begijnenvest
Buiten Katelijnevest
Buiten Gentpoortvest
Buiten Boninvest
Stationsplein
Station Brugge
Albert I-laan
Koning Albert I-laan
Stationslaan
Spoorwegstraat
Magdalenastraat
Psychiatrische Kliniek Onze Lieve Vrouwgesticht
Sint-Lodewijks College
Sport Vlaanderen Julien Saelens
Generaal Lemanlaan
Gaston Roelandtsplein
Koning Astridlaan
Busparking
Jachthaven Flandria
Edward Joossensplein
Baron Ruzettelaan
SINT-KATARINA
Sport-en Cultuurcentrum Daverloo
Stedelijk Kerkhof
Kongostraat
SINT-MICHIELS
Dorpsstraat
Leiselestraat
Boudewijnpark
Dolfinarium
Ten Briele
Benedictijnenstraat
construction area
Sint-Lucaskliniek
400 m
0.2 miles

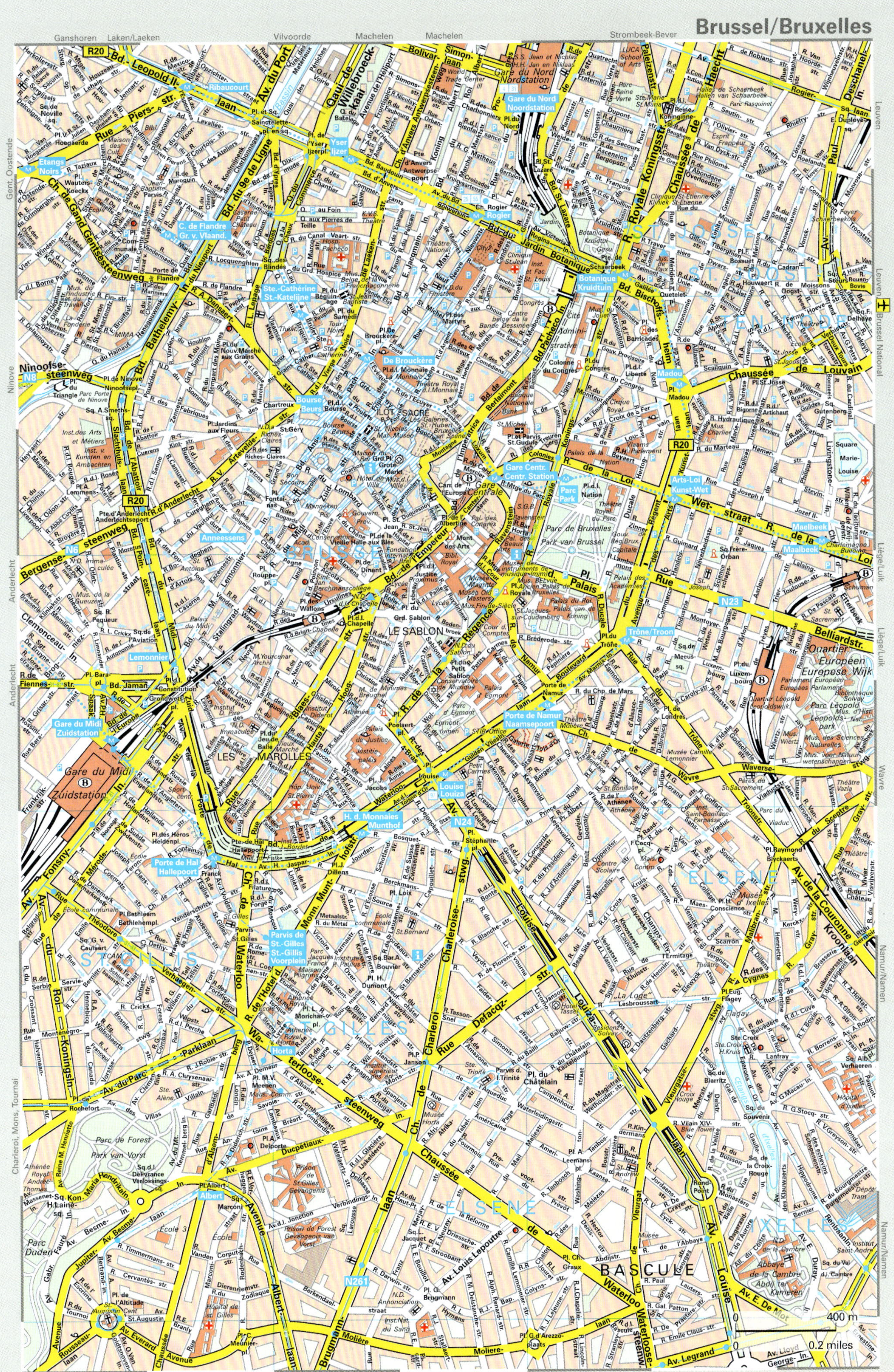
Ganshoren
Laken/Laeken
Vilvoorde
Machelen
Strombeek-Bever
Leuven
Brussel National
Liège/Luik
Wavre
Namur/Namen
Waterloo
Uccle/Ukkel, Waterloo, Charleroi
Charleroi, Mons, Tournai
Anderlecht
Ninove
Gent, Oostende
Gare du Nord
Noordstation
Gare du Midi
Zuidstation
Gare Centr.
Centr. Station
Parc de Bruxelles
Park van Brussel
LE SABLON
LES MAROLLES
BASCULE
Parc de Forest
Park van Vorst
Parc Duden
400 m
0.2 miles

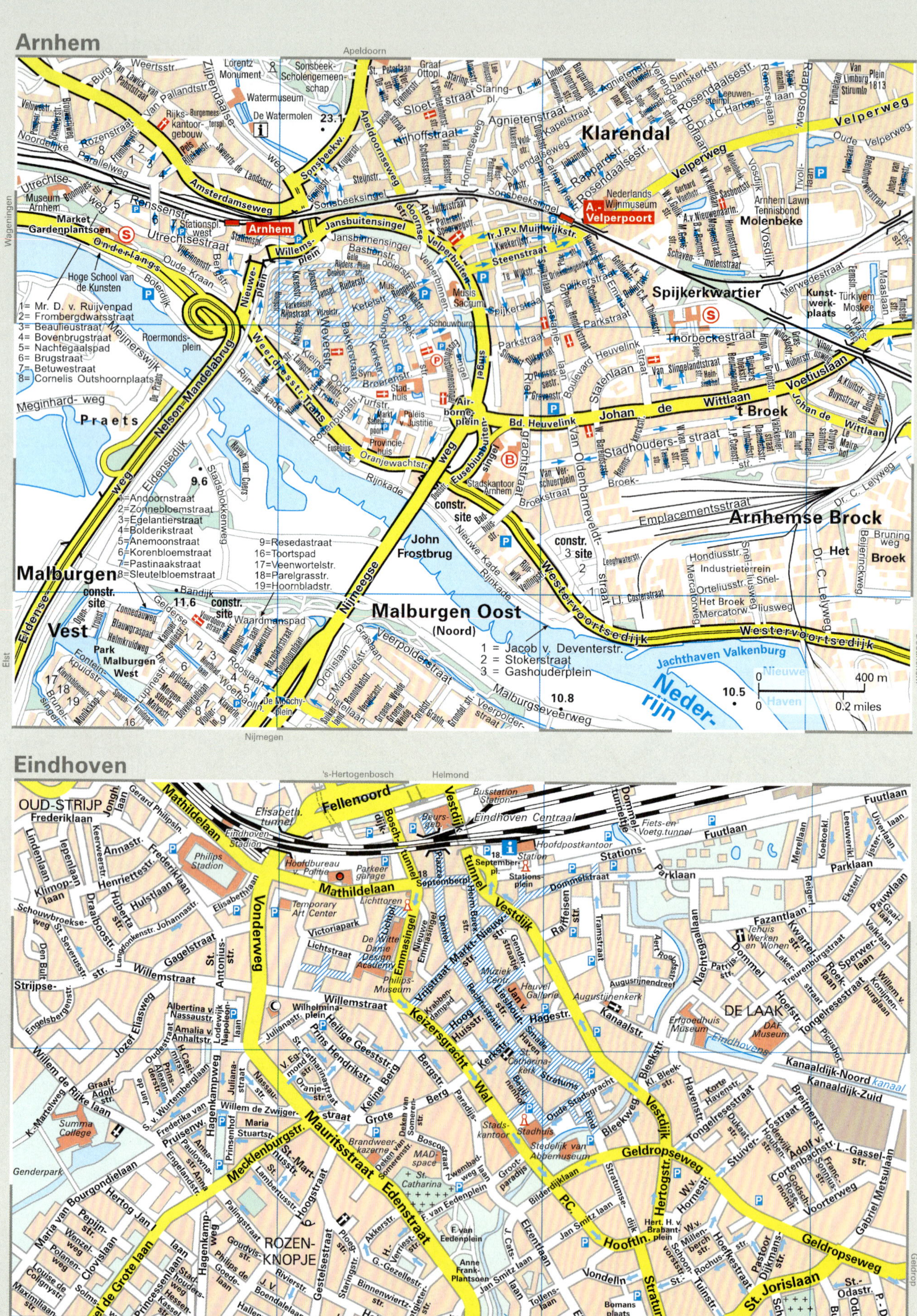
Arnhem
Apeldoorn
Klarendal
Spijkerkwartier
Arnhemse Broek
Malburgen Oost
(Noord)
Malburgen
Vest
Praets
Molenbeke
't Broek
Nederrijn
Nijmegen
Wageningen
Zutphen
Zevenaar
Doetinchem
Elst
1= Mr. D. v. Ruijvenpad
2= Frombergdwarsstraat
3= Beaulieustraat
4= Bovenbrugstraat
5= Nachtegaalspad
6= Brugstraat
7= Betuwestraat
8= Cornelis Outshoornplaats
1=Andoornstraat
2=Zonnebloemstraat
3=Egelantierstraat
4=Bolderikstraat
5=Anemoonstraat
6=Korenbloemstraat
7=Pastinaakstraat
8=Sleutelbloemstraat
9=Resedastraat
16=Toortspad
17=Veenwortelstr.
18=Parelgrasstr.
19=Hoornbladstr.
1 = Jacob v. Deventerstr.
2 = Stokerstraat
3 = Gashouderplein
400 m
0.2 miles
Eindhoven
's-Hertogenbosch
Helmond
OUD-STRIJP
DE LAAK
ROZEN-KNOPJE
OUD-STRATUM
Eindhoven Centraal
Venlo
Hasselt
Weert
Geldrop
Veldhoven
Airport Eindhoven
400 m
0.2 miles

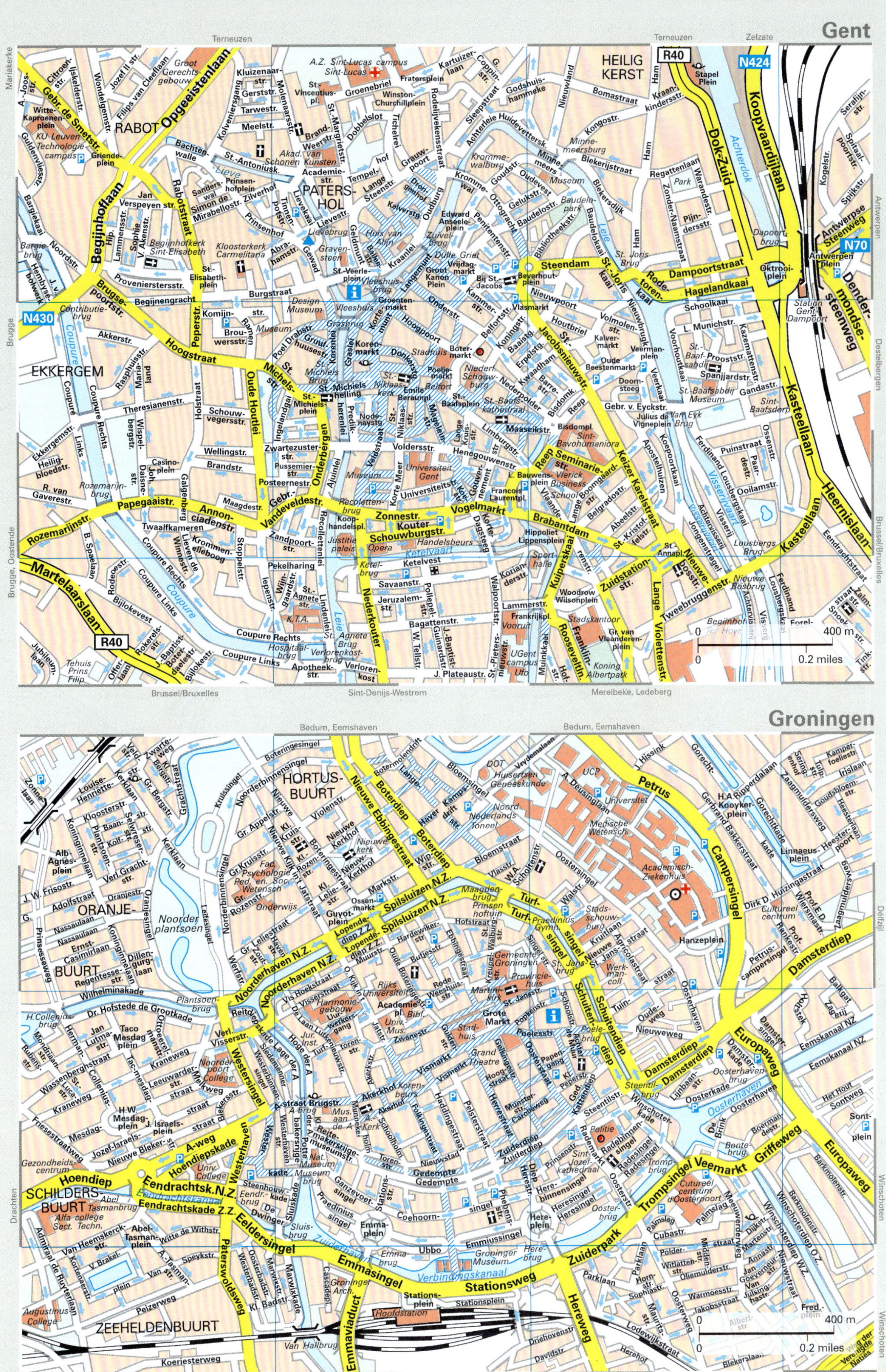

Gent
Terneuzen
Zelzate
Mariakerke
Antwerpen
Brugge
Destelbergen
Brugge, Oostende
Brussel/Bruxelles
Sint-Denijs-Westrem
Merelbeke, Ledeberg
400 m
0.2 miles
Groningen
Bedum, Eemshaven
Delfzijl
Drachten
Winschoten
Eelderwolde
Assen
400 m
0.2 miles

Den Haag ('s-Gravenhage)

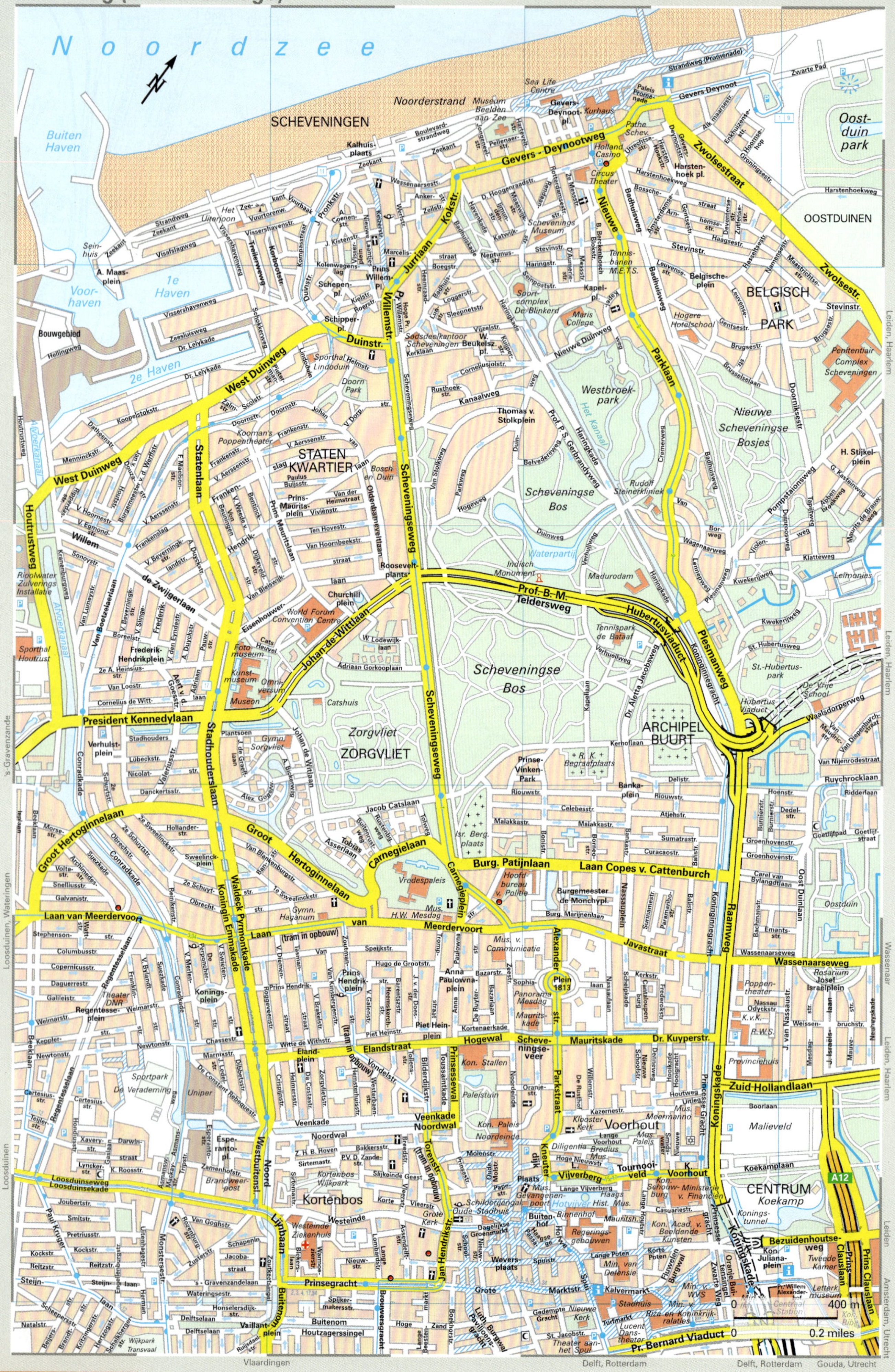

Noordzee
Buiten Haven
SCHEVENINGEN
Noorderstrand
Museum Beelden aan Zee
Sea Life Centre
Gevers-Deynoot-pl.
Kurhaus
Strandweg (Promenade)
Gevers Deynoot
Zwarte Pad
Oostduin park
Gevers - Deynootweg
Holland Casino
Circus Theater
Zwolsestraat
OOSTDUINEN
Harstenhoekweg
Harstenhoek pl.
Scheveningse Museum
Nieuwe
Tennisbanen M.E.T.S.
Sportcomplex De Blinkerd
Maris College
Zwolsestr.
Belgische plein
BELGISCH PARK
Hogere Hotelschool
Penitentiair Complex Scheveningen
Voorhaven
1e Haven
2e Haven
A. Maas-plein
Seinhuis
Bouwgebied
Vissershavenweg
Dr. Lelykade
Duinstr.
Sporthal Lindoduin
Doorn Park
Jurriaan Kokstr.
Willemstr.
Prins Willem-pl.
Kanaalweg
Nieuwe Duinweg
Westbroekpark
Parklaan
Nieuwe Scheveningse Bosjes
H. Stijkel-plein
Pompstationsweg
West Duinweg
Statenlaan
STATEN KWARTIER
Scheveningseweg
Thomas v. Stolkplein
Scheveningse Bos
Waterpartij
Indisch Monument
Madurodam
Prof. B. M. Teldersweg
Hubertusviaduct
Plesmanweg
Kwekerijweg
St. Hubertusweg
St.-Hubertus-park
Houtrustweg
Rioolwater Zuiverings Installatie
Willem
Sonoystr.
de Zwijgerlaan
Frederik Hendrikplein
Sporthal Houtrust
Churchillplein
Rooseveltplantsoen
World Forum Convention Centre
Johan-de-Wittlaan
Fotomuseum
Kunstmuseum
Omniversum
Museon
Catshuis
Scheveningse Bos
Tennispark de Bataaf
ARCHIPEL BUURT
Hubertus Viaduct
Waalsdorperweg
President Kennedylaan
Verhulstplein
Zorgvliet
ZORGVLIET
Prinse-Vinken-Park
Stadhouderslaan
Groot Hertoginnelaan
Carnegielaan
Vredespaleis
Burg. Patijnlaan
Laan Copes v. Cattenburch
Hoofdbureau v. Politie
Burgemeester de Monchyplein
Raamweg
Oostduin
Laan van Meerdervoort
Meerdervoort
Javastraat
Wassenaarseweg
Waldeck Pyrmontkade
Koningin Emmakade
Alexanderstr.
Plein 1813
Sophia-laan
Panorama Mesdag
Mauritskade
Rosarium
Josef Israëlplein
Koningsplein
Regentesseplein
Theater DNR
Elandstraat
Hogewal
Scheveningse veer
Dr. Kuyperstr.
Provinciehuis
Zuid-Hollandlaan
Sportpark De Verademing
Uniper
Veenkade
Noordwal
Paleistuin
Kon. Stallen
Kon. Paleis Noordeinde
Malieveld
Voorhout
Korte Voorhout
Koekamplaan
Loosduinseweg
Loosduinsekade
Kortenbos
Vijverberg
Tournooiveld
CENTRUM
Koekamp
A12
Westeinde
Westeinde Ziekenhuis
Grote Kerk
Binnenhof
Hofvijver
Mauritshuis
Bezuidenhoutseweg
Prinsengracht
Grote Markt
Kalvermarkt
Stadhuis
Koningskade
Prins Clauslaan
Monstersestr.
Lijnbaan
Buitenom
Wateringsestr.
Brouwersgracht
Jan Hendrikstr.
Pr. Bernard Viaduct
Centraal Station
0 — 400 m
0 — 0.2 miles
Leiden, Haarlem
Wassenaar
Amsterdam, Utrecht
's-Gravenzande
Loosduinen, Wateringen
Vlaardingen
Delft, Rotterdam
Gouda, Utrecht

's-Hertogenbosch

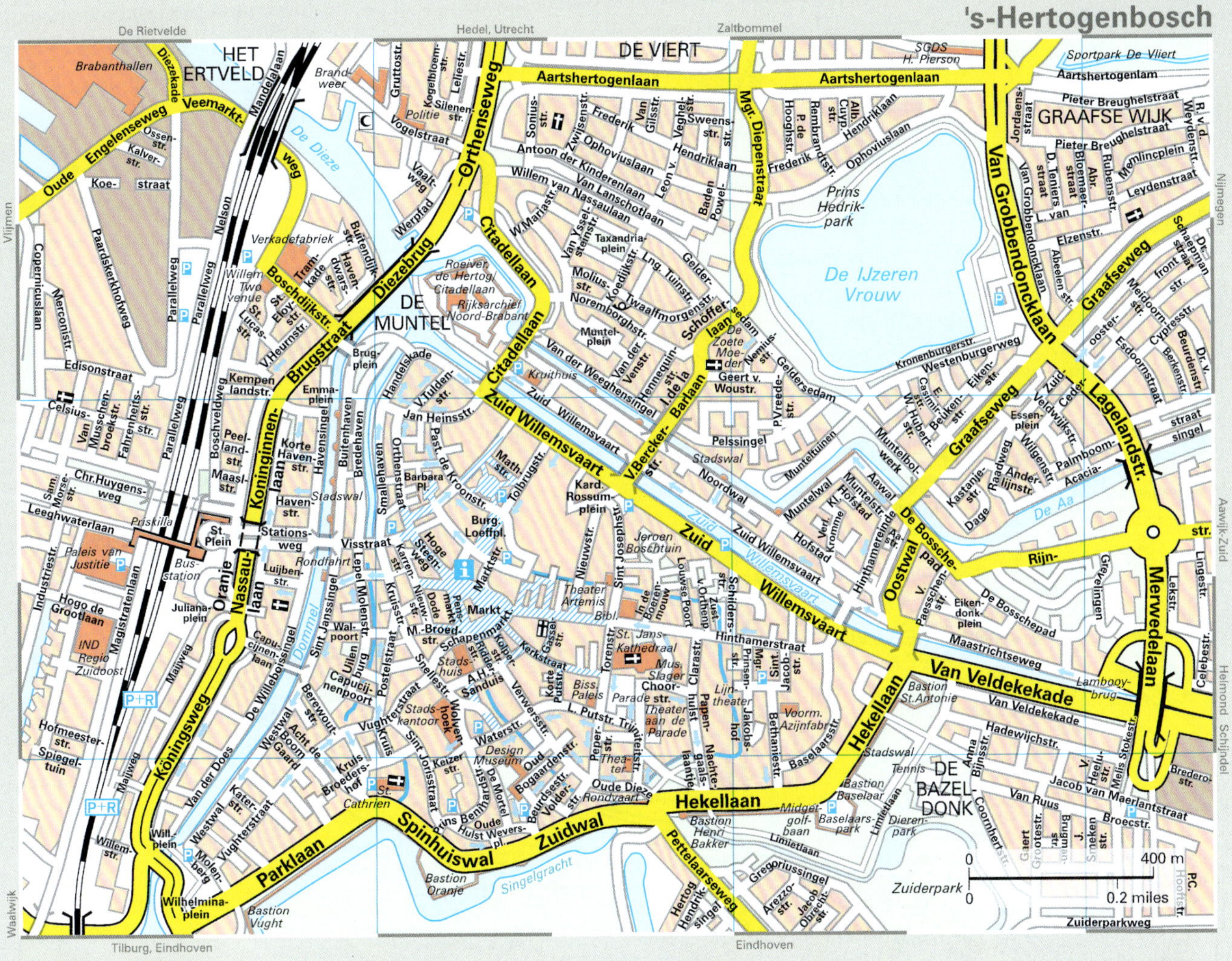

De Rietvelde · Hedel, Utrecht · Zaltbommel · Nijmegen · Aawijk-Zuid · Helmond, Schijndel · Eindhoven · Tilburg, Eindhoven · Waalwijk · Vlijmen

0 — 400 m
0 — 0.2 miles

Liège

St.-Truiden · Hassel, Antwerpen · Maastricht, Aachen · Jupille-sur-Meuse · Maastricht · Aachen · Bastogne · Marche · Namur, Marche · Bastogne · Saint-Nicolas · Namur, Brussel · Namur, Brussel · St.-Truiden

0 — 400 m
0 — 0.2 miles

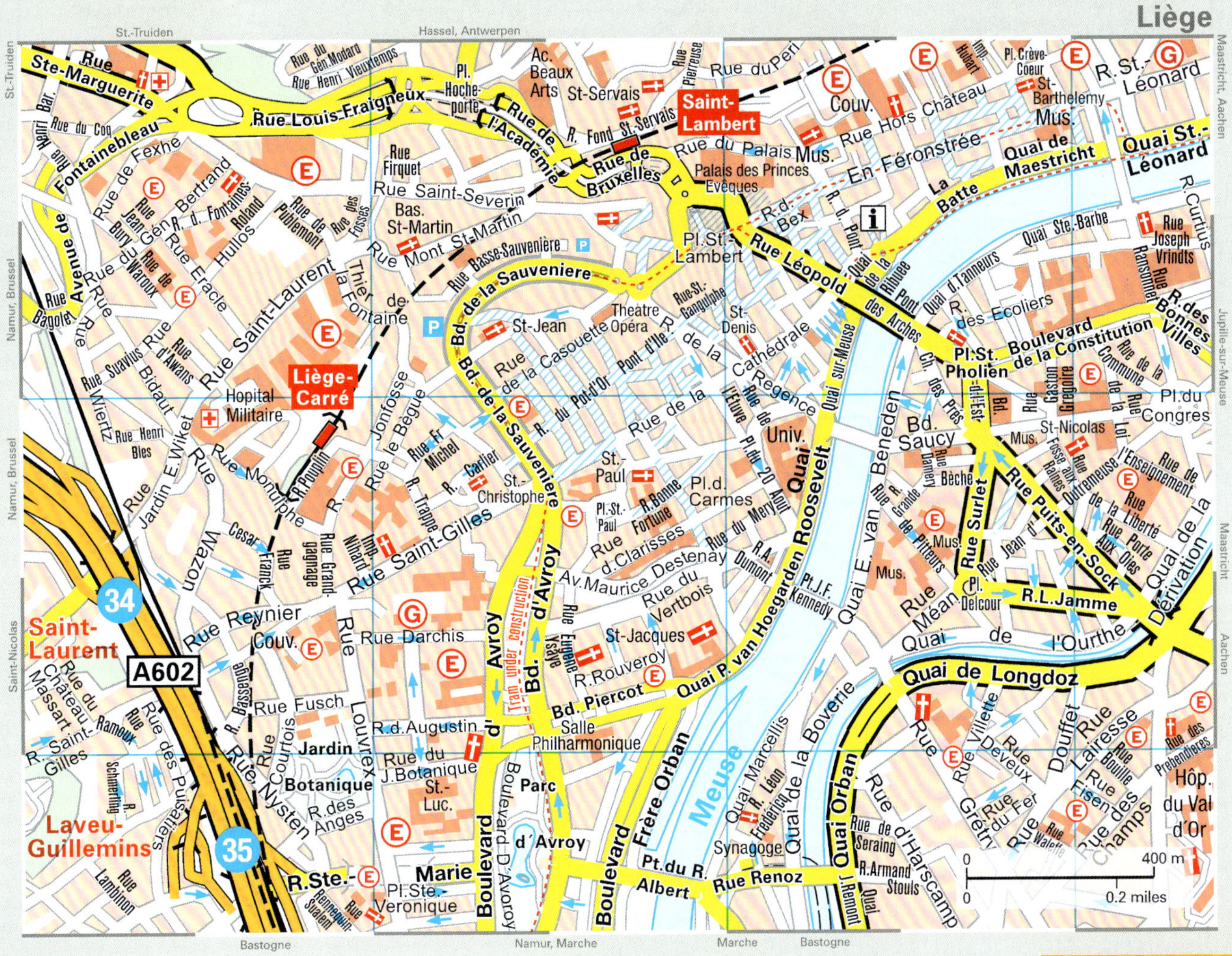

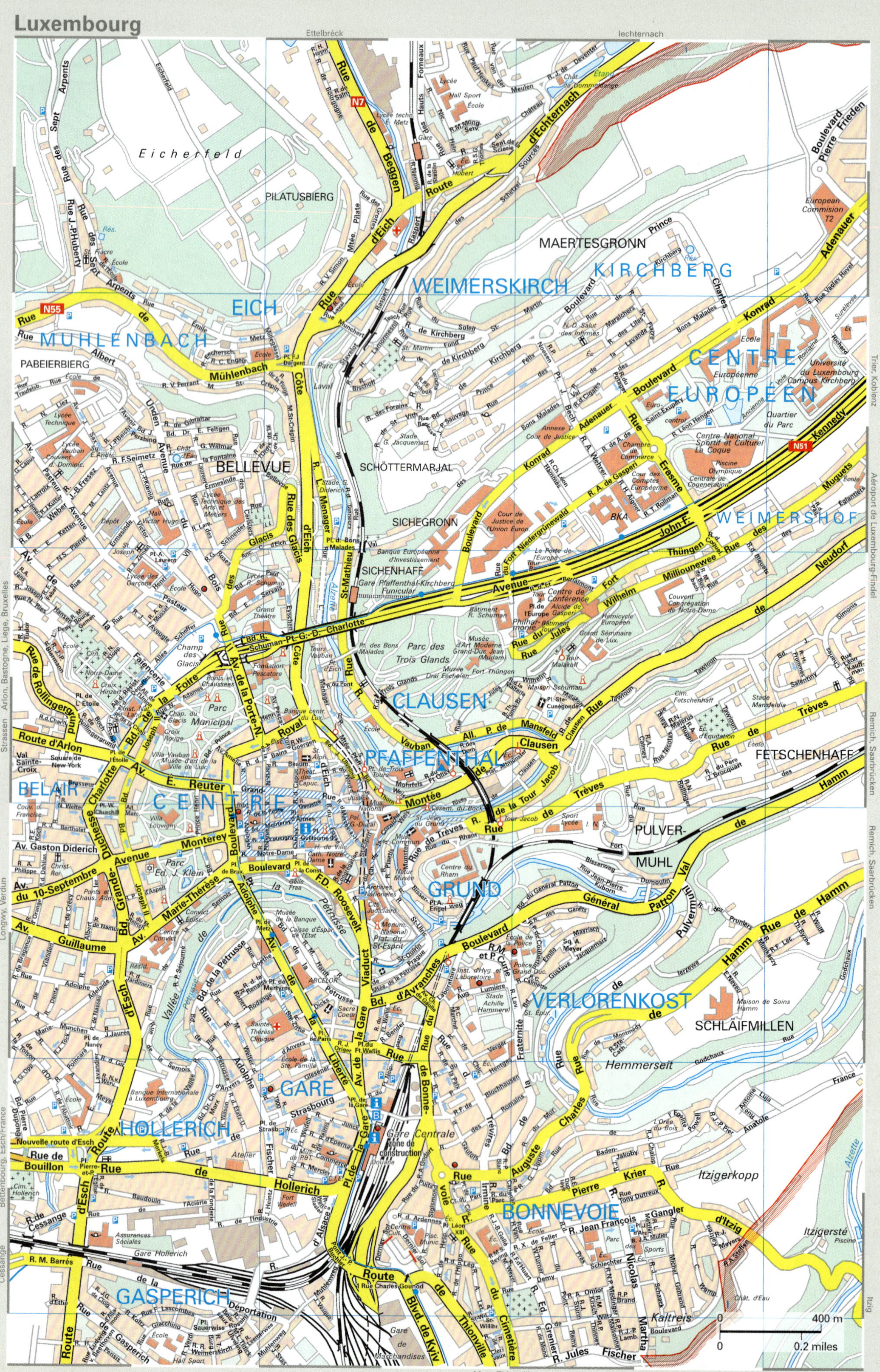
Ettelbréck
Iechternach
Eicherfeld
PILATUSBIERG
MAERTESGRONN
WEIMERSKIRCH
KIRCHBERG
EICH
MUHLENBACH
PABEIERBIERG
CENTRE EUROPEEN
BELLEVUE
SCHÖTTERMARJAL
SICHEGRONN
SICHENHAFF
WEIMERSHOF
CLAUSEN
PFAFFENTHAL
FETSCHENHAFF
BELAIR
CENTRE
PULVERMUHL
GRUND
VERLORENKOST
SCHLÄIFMILLEN
Hemmerseit
GARE
HOLLERICH
Itzigerkopp
BONNEVOIE
Itzigerstê
GASPERICH
Kaltreis
European Commision T2
Université du Luxembourg Campus Kirchberg
Centre National Sportif et Culturel d'Coque
Parc des Trois Glands
Gare Centrale
Gare Hollerich
Gare de Marchandises
Trier, Koblenz
Aéroport de Luxembourg-Findel
Remich, Saarbrücken
Strassen, Arlon, Bastogne, Liège, Bruxelles
Longwy, Verdun
Bettembourg, Esch/France
Cessange
Metz, Thionville
Itzig
0 400 m
0 0.2 miles

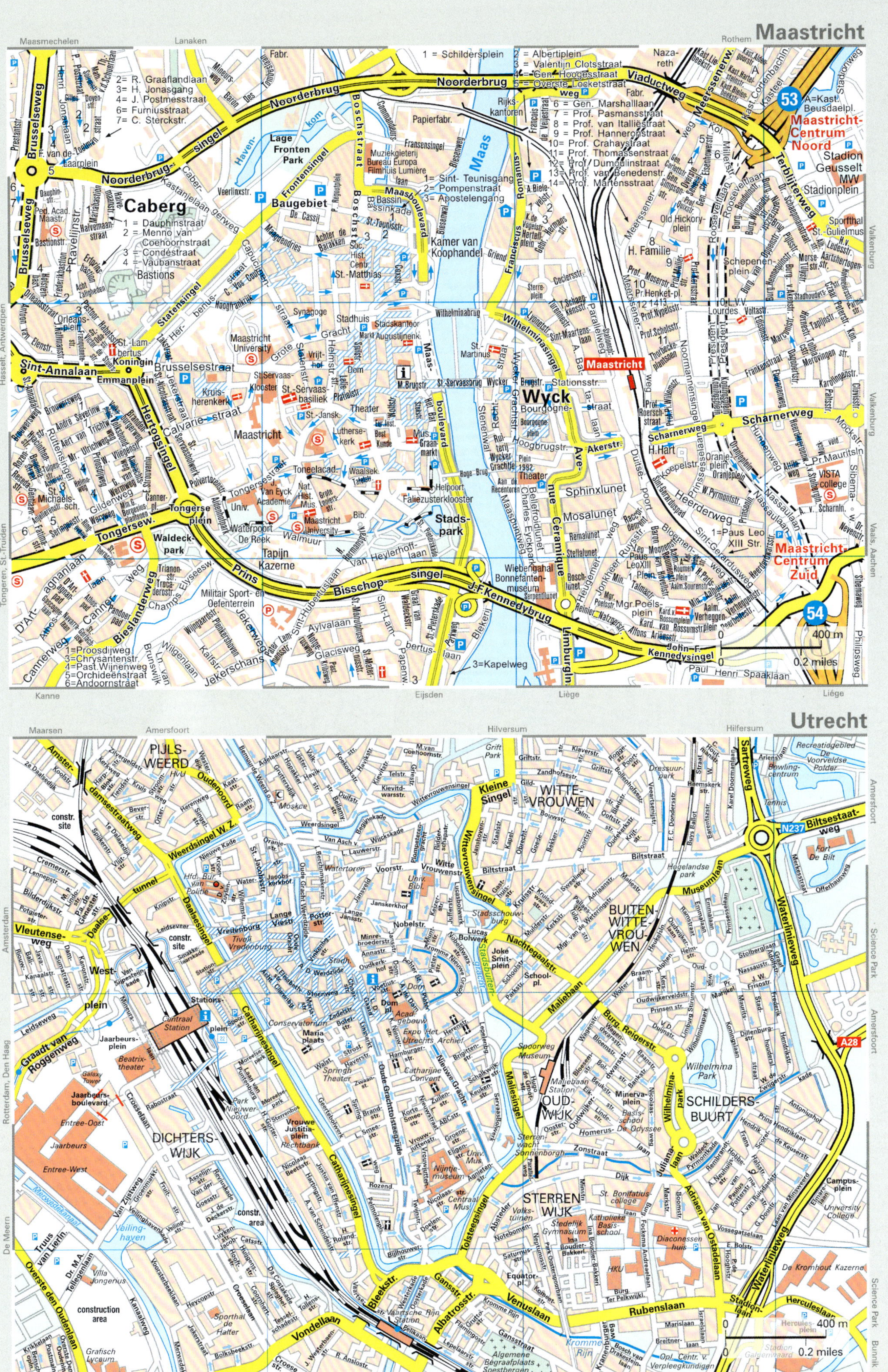
Maastricht
Maasmechelen
Lanaken
Rothem
Noorderbrug
Viaductweg
Caberg
Baugebiet
Lage Fronten Park
Boschstraat
Maas
Maastricht
Wyck
Maastricht-Centrum Noord
Stadion Geusselt
Maastricht-Centrum Zuid
Sint-Annalaan
Emmanplein
Brusselsestraat
Calvariestraat
Tongerse plein
Waldeck park
Prins Bisschopsingel
J.F.Kennedybrug
Stadspark
Scharnerweg
Akerstr.
Sphinxlunet
Mosalunet
Kanne
Eijsden
Liège
Valkenburg
Vaals, Aachen
Tongeren, St.-Truiden
Hasselt, Antwerpen
400 m
0.2 miles
Utrecht
Maarsen
Amersfoort
Hilversum
Hilfersum
PIJLSWEERD
WITTE-VROUWEN
BUITEN-WITTE-VROUWEN
Kleine Singel
Weerdsingel W.Z.
Biltsestraatweg
Museumlaan
Waterlinieweg
Nachtegaalstr.
Maliebaan
Burg. Reigerstr.
Wilhelmina Park
SCHILDERSBUURT
OUDWIJK
STERRENWIJK
DICHTERSWIJK
Catharijnesingel
Centraal Station
Jaarbeursplein
Graadt van Roggenweg
Vleutenseweg
Croeselaan
Vondellaan
Venuslaan
Rubenslaan
Albatrosstr.
Bleekstr.
Overste den Oudenlaan
Amsterdam
Rotterdam, Den Haag
De Meern
Nieuwegein
A2, A12
Breda
Science Park
Bunnik
A28
N237
400 m
0.2 miles

Rotterdam

Gouda, Utrecht
Gouda, Utrecht
Zoetermeer
Gouda, Utrecht
Den Haag, Hoey van Holland, Rotterdam The Hague Airport
Hoek van Holland
Delft
Hoek van Holland
Dordrecht, Gouda, Utrecht
Dordrecht
Dordrecht, Gorinchem
Dordrecht
Charlois, Rotterdam-Zuidplein
Charlois, Rotterdam-Zuidplein
R'DAM OVERSCHIE Centrum
E19
E25
A20
Schieplein
Gordelweg
Noorder kanaal
LISKWARTIER
OUDE NOORDEN
Alg. Begraafplaats Crooswijk
CROOSWIJK
Boezemlaan
Boezemsingel
BERGPOLDER
AGNIESE BUURT
CENTRUM NOORD
Stadhoudersweg
Statenweg
BLIJDORP
PROVENIERSWIJK
RUBROEK
Goudserijweg
Adm. de Ruyterweg
Warande Ammanplein
Goudsesingel
Pompenburg
Rotterdam Centraal
Hofplein
Weena
Stadhuis
Coolsingel
Beukelsdijk
Henegouwerlaan
Mariniersweg
Burg. v. Walsumweg
Oostmolenwerf
Maasboulevard
Boompjes
OUDE WESTEN
CENTRUM
WATERSTAD
Beurs
Blaak
Eendr. Pl.
Willemsbrug
NOORDER EILAND
DIJKZIGT
Museumpark
Schiedamsedijk
Leuvehaven
Boompjes-Maasboulevard
Vasteland
Westzeedijk
Erasmusbrug
Rochussenstr.
G.J. de Jongweg
's-Gravendijkwal
Dijkzigt
Coolhaven
Droogleever Fortuynplein
NIEUWE WERK
Het Park
DELFSHAVEN
Koninginnebrug
Oranjeboomstr.
Rosestraat
KOP VAN ZUID
Wilhelminapl.
Laan op Zuid
Posthumalaan
Rijnhaven
Nieuwe Maas
LLOYD-KWARTIER
Maastunnel
KATENDRECHT
SS Rotterdam
Maas Haven
Rijn Haven
Maashaven
Putselaan
Brielselaan
Doklaan
Maashaven-O.z.-Hillelaan
Dordtselaan
AFRIKAANDER BUURT
BLOEMHOF
400 m
0.2 miles

BELGIË • BELGIQUE • BELGIEN

B

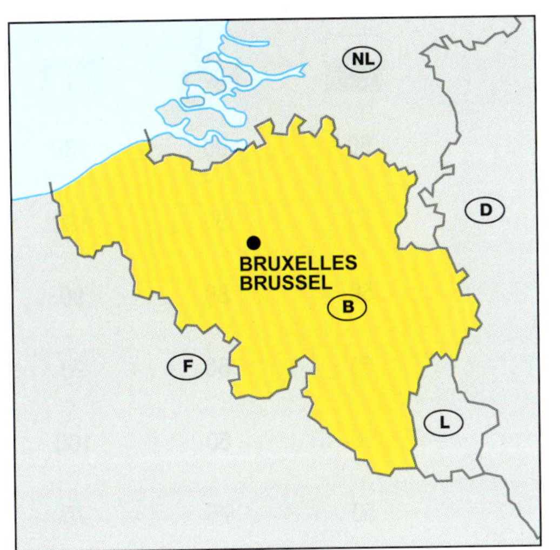

km/h				
	50	70	120	130
	50	70	120	130
	50	70	120	90
	50	70	90	90
	50	70	100	100
	50	60	80	80

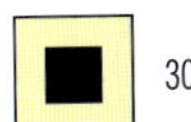 30 688 km²

 11 700 000

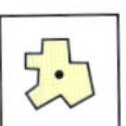 Brussel · Bruxelles · Brüssel 190 000

 ✓

 112

 112

 100

DUT
FRE
GER

 +32

 +1h Coordinated Universal Time (UTC +1)

 ×

 ✓

 ×

 0,5‰

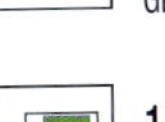 1 EURO (€) = 100 Cents

Toerisme Vlaanderen
+32 2 5 04 03 00
www.visitflanders.com
Toerisme de Wallonie
+32 2 899 04 78
walloniabelgiumtourism.co.uk

 ✓

 24h 078 178 178
Touring Club Belgium

NEDERLAND

km/h				
	50	80	100	100/120/ 130
	50	80	100	100/120/ 130
	50	80	90	90
	50	80	80	80
	50	80	80	100
	50	80	80	80

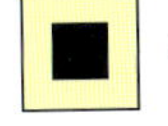 41 526 km²

 18 000 000

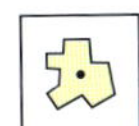 Amsterdam 920 000

 ✓

 112

 112

 112

DUT

 +31

 +1h Coordinated Universal Time (UTC +1)

 ✓

 ×

×

0,5‰

1 EURO (€) = 100 Cents

Netherlands Board of Tourism & Convention
+31 (0)70 3705 705
www.holland.com/global/tourism.htm

✓

 24h +31 (0)20 851 22 94
ANWB

LUXEMBOURG • LUXEMBURG

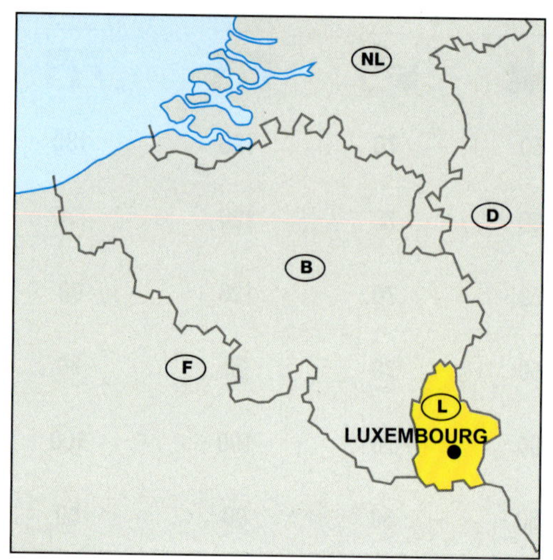

km/h			
	50	90	130
	50	90	130
	50	80	90
	50	80	90
	50	80	100
	50	75	70

 2 586 km²

 660 000

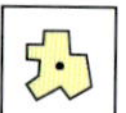 Ville de Luxembourg 129 000

 ✓

 112/113

 112

112

 GER FRE LTZ

 +352

 +1h Coordinated Universal Time (UTC +1)

 ×

 ✓

 ×

 0,5‰

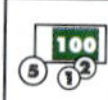 1 EURO (€) = 100 Cents

 **Office National du Tourisme** +352 42 82 82 10 www.visitluxembourg.com

 ✓

 **24h** +352 260 00 ACL

	Code		
B Aéroport Bruxelles-National	BRU	www.brusselsairport.be	72 Ec 43
B Aéroport Charleroi Bruxelles-Sud	CRL	www.brussels-charleroi-airport.com	79 Ec 46
B Aéroport de Liège	LGG	www.liegeairport.com	81 Fc 45
B Luchthaven Antwerpen	ANR	www.luchthaven-antwerpen.com	61 Ec 41
B Luchthaven Oostende-Brugge	OST	www.luchthaven-oostendebrugge.com	58 Cf 41
L Aéroport de Luxembourg	LUX	www.lux-airport.lu	99 Gb 51
NL Luchthaven Schiphol	AMS	www.schiphol.nl	38 Ee 35
NL Vliegveld Maastricht-Aachen	MST	www.maa.nl	74 Fe 43

	Code		
B Aéroport Namur-Suarlée	QNM	www.aerodromedenamur.be	80 Ee 46
B Luchthaven Courtrai-Wevelgem	KJK	www.kortrijkairport.be	69 Db 44
B Luchthaven Hasselt	QHA	www.aero-kiewit.be	73 Fc 43
B Luchthaven Zoersel-Oostmalle	OBL	www.ebzr.be	62 Ee 41
NL Vliegveld Eindhoven	EIN	www.eindhovenairport.nl	63 Fc 40
NL Vliegveld Twente	ENS	www.twente-airport.nl	49 Gf 35
NL Vliegveld Zestienhoven	RTM	www.rotterdamthehagueairport.nl	44 Ec 37

UNESCO World Heritage

B Ancient beech forests and primeval beech forests	2017	71 Ec 44
B Belfries of Belgium and France (Ieper/Ypres etc.)	1999	68 Cf 43
B Canal du Centre	1998	62 Ee 40
B Colonies of Benevolence	2021	
B Flemish Béguinages	1998	71 Ec 42
B Grand Place (Bruxelles/Brussel)	1998	71 Ec 43
B Graves and memorials of the First World War (Western Front)	2023	
B Historic Centre of Brugge	2000	59 Db 41
B Horta Museum (Bruxelles/Brussel)	2000	71 Ec 44
B Important mining sites in Wallonia	2012	78 Df 46
B Important spa towns in Europe	2021	82 Ff 46
B Neolithic Flint Mines (Spiennes)	2000	78 Df 46
B Notre-Dame Cathedral in Tournai	2000	77 Dc 45
B Plantin-Moretus-Museum (Antwerpen/Anvers)	2005	61 Ec 41
B Stoclet House (Bruxelles/Brussel)	2009	71 Ec 43
B The architectural work of Le Corbusier	2016	61 Ec 41
L Luxembourg	1994	99 Ga 51
NL Canal ring area inside the Singelgracht (Amsterdam)	2010	38 Ef 34
NL Colonies of Benevolence	2021	
NL Defence Line of Amsterdam	1996	38 Ef 34
NL Droogmakerij de Beemster (Beemster Polder)	1999	38 Ef 33
NL Eisinga Planetarium in Franeker	2023	28 Fd 29
NL Frontiers of the Roman Empire - Lower Germanic Limes	2021	
NL Ir.D.F. Woudagemaal (D.F. Wouda Steam Pumping Station)	1998	34 Fe 31
NL Mill Network at Kinderdijk-Elshout	1997	45 Ee 37
NL Rietveld Schröderhuis (Utrecht)	2000	46 Fa 36
NL Schokland	1995	40 Fe 33
NL Van Nellefabriek (Rotterdam)	2014	44 Ec 37
NL Wadden Sea = Waddenzee	2009	33 Fa 30

	km²		
(B) Hoge Kempen	57,5	www.bhtourism.ba/ger/sutjeskanp.wbsp	71 Td 89
(NL) De Alde Feanen	40	www.npkozara.com	45 Rf 78
(NL) De Biesbosch	71	www.nationalpark-una.ba/bs	52 Qf 80
(NL) De Groote Peel	13,4	www.np-plitvicka-jezera.hr	43 Qd 79
(NL) De Hoge Veluwe	54	www.np-paklenica.hr	51 Qc 82
(NL) De Maasduinen	42	www.np-risnjak.hr	41 Pd 76
(NL) De Meinweg	17	www.np-mljet.hr	69 Sc 92
(NL) De Weerribben-Wieden	105	www.np-kornati.hr	58 Qc 86
(NL) De Zoom – Kalmthoutse Heide	37,5	www.np-krka.hr	59 Qf 85
(NL) Drents-Friese Wold	61	www.np-sjeverni-velebit.hr	51 Pf 80
(NL) Duinen van Texel	43	www.np-brijuni.hr	40 Oe 79
(NL) Dwingelderveld	37	www.nparkovi.me	71 Tf 89
(NL) Esdorpenlandschap Drentsche Aa	106	www.nparkovi.me	73 Tf 94
(NL) Lauwersmeer	60	www.nparkovi.me	73 Ua 95
(NL) Loonse en Drunense Duinen	34	www.tnp.si/nationalpark	27 Oe 70
(NL) Nieuw Land	28,9	www.nationaalpark.nl	39 Fc 34
(NL) Oosterschelde	370	www.npkozara.com	45 Rf 78
(NL) Sallandse Heuvelrug	27,4	www.nationalpark-una.ba/bs	52 Qf 80
(NL) Schiermonnikoog	54	www.np-plitvicka-jezera.hr	43 Qd 79
(NL) Utrechtse Heuvelrug	100	www.np-paklenica.hr	51 Qc 82
(NL) Veluwezoom	50	www.np-risnjak.hr	41 Pd 76
(NL) Zuid-Kennemerland (Kennemer-duinen)	38	www.np-mljet.hr	69 Sc 92

(B) Bellewaerde	8902	Ieper	www.bellewaerde.be	68 Cf 43
(B) Bobbejaanland	2460	Lichtaart	www.bobbejaanland.be	62 Ef 41
(B) Boudewijn Seapark	8200	Brugge	www.boudewijnseapark.be	59 Db 41
(B) Circus Bruul	2440	Geel	www.circusbruul.be	63 Fa 41
(B) De Nekker	2800	Mechelen	www.denekker.be	62 Ed 42
(B) Domaine provincial de Cheve-togne	5590	Cheve-togne	www.domainede chevetogne.be	89 Fa 47
(B) Le Labyrinthe	6940	Barvaux-sur-Orthe	www.lelabyrinthe.be	81 Fc 46
(B) Le Point d'Eau	7100	La Louvière	www.pointdeau.be	79 Eb 46
(B) Mega Speelstad	2275	Wechel-derzande	www.speelstad.be	62 Ee 41
(B) Mini Europe Brussels	1020	Brussel	www.minieurope.eu	71 Ec 43
(B) Mont Mosan	4500	Huy	www.montmosan.be	81 Fb 45
(B) Pairi Daiza	7940	Brugelette	www.pairidaiza.eu	78 Df 45
(B) Parc attractif Reine Fabiola	5000	Namur	www.parf.be	82 Ff 46
(B) Parc Chlorophylle	6960	Manhay	www.parcchlorophylle.com	89 Fd 47
(B) SPARKOH	7080	Frameries	www.sparkoh.be	78 Df 46
(B) Parc familial Harry Malter	9070	Distel-bergen	www.harrymalter.be	70 De 42

(B) Plopsa Coo	4970	Stavelot	www.plopsa.be	400d 77
(B) Plopsa Indoor Hasselt	3500	Hasselt	www.plopsa.be	40 Qf 78
(B) Plopsaland De Panne	8660	De Panne	www.plopsa.be	73 Tf 94
(B) Sea Life Centre	8370	Blanken-berge	www.sealifeeurope.com	29 Qd 69
(B) SPARKOH			www.sparkoh.be	78 Df 46
(B) Walibi Belgium	1300	Wavre	www.walibi.com	29 Qc 70
(B) ZoetWaterPark	3054	Oud-Heverlee	www.zoetwater.be	40 Qf 78
(L) Parc Merveilleux	3260	Bettembourg	www.parc-merveilleux.lu	73 Tf 94
(NL) Amusementspark Tivoli	6571 B	Berg en Dal	www.parktivoli.nl	29 Qd 69
(NL) Attractiepark Drouwenerzand	9533 PC	Drouwen	www.drouwenerzand.nl	29 Qc 70
(NL) Attractiepark Duinen Zathe	8426 BM	Appelscha	www.duinenzathe.nl	40 Qf 78
(NL) Attractiepark Slagharen	7776 PB	Slagharen	www.slagharen.com	73 Tf 94
(NL) Attractiepark Toverland	5975 MR	Sevenum	www.toverland.nl	29 Qd 69
(NL) Avonturenpark Hellendoorn	7447 PB	Hellendoorn	www.avonturenpark.nl	29 Qc 70
(NL) DippieDoe	5681 RZ	Best	www.dippiedoe.nl	73 Tf 94
(NL) Dolfi narium Harderwijk	3841 AB	Harderwijk	www.dolfi narium.nl	29 Qd 69
(NL) Efteling	5171 KW	Kaatsheuvel	www.efteling.com	29 Qc 70
(NL) Familiepark Drievliet	2495 BA	Den Haag	www.drievliet.nl	40 Qf 78
(NL) Familiepark Nienoord	9351 AC	Leek	www.landgoednienoord.nl	73 Tf 94
(NL) Familiepark Plaswijckpark	3053 KS	Rotterdam	www.plaswijckpark.nl	29 Qd 69
(NL) Familiepretpark de Waarbeek	7554 SC	Hengelo	www.waarbeek.nl	29 Qc 70
(NL) Familiepretpark Mini Mundi	4337 WV	Middelburg	www.minimundi.nl	40 Qf 78
(NL) Het Arsenaal	4381 BL	Vlissingen	www.arsenaal.com	73 Tf 94
(NL) Het Land van Jan Klaassen	7047 AR	ABraamt	www.janklaassen.nl	29 Qd 69
(NL) Kameleondorp Terherne	8493 LA	Terherne	www.kameleonterherne.nl	29 Qc 70
(NL) Koningin Juliana Toren	7313 AC	Apeldoorn	www.julianatoren.nl	40 Qf 78
(NL) Madurodam	2584 RZ	Den Haag	www.madurodam.nl	73 Tf 94
(NL) Mini Efteling	5253 AB	Nieuwkuijk	www.mini-efteling.nl	29 Qd 69
(NL) Preston Palace	7607 PT	Almelo	www.prestonpalace.nl	29 Qc 70
(NL) Rijk der Kabouters en Laven	9463 PX	Eext	www.rijkderkabouters.nl	40 Qf 78
(NL) Speelcircus Bambini	4383 NE	Vlissingen	www.speelcircusbambini.nl	29 Qd 69
(NL) Speelpark Klein Zwitserland	5932 ND	Tegelen	www.klein-zwitserland.de	29 Qc 70
(NL) Speelpark Oud Valkeveen	1411 GZ	Naarden	www.oudvalkeveen.nl	40 Qf 78
(NL) Sprookjesbos Valkenburg	6301 AA	Valkenburg	www.sprookjesbos.nl	29 Qd 69
(NL) Sprookjeshof	9471 AR	Zuidlaren	www.sprookjeshof.nl	29 Qc 70
(NL) Sprookjeswonderland	1601 LK	Enkhuizen	www.sprookjeswonder-land.nl	40 Qf 78
(NL) Strand- en Speelland Beekse Bergen	5081 NJ	Hilvarenbeek	www.beeksebergen.nl/spelen	73 Tf 94
(NL) The Amsterdam Dungeon	1012 KW	Amsterdam	www.thedungeons.com	29 Qd 69
(NL) Tikibad	2242 JP	Wassenaar	www.duinrell.nl	29 Qc 70
(NL) Walibi Holland	8256 RJ	Biddinghui-zen	www.walibi.nl	29 Qd 69
(NL) Waterspeelpark Splesj	4741 SH	Hoeven	www.molecaten.nl/splesj	29 Qc 70
(NL) Wereldtuinen Mondo Verde	6372 PW	Landgraaf	www.wereldtuinenmondo-verde.nl	40 Qf 78
(NL) Wonderwereld	9561 LH	Ter Apel	www.wonderwereld.nl	73 Tf 94

Printed in China
EVERBEST PRINTING INVESTMENT LTD.
10/F, Block C, Seaview Estate, 2-8 Watson Road, North Point, Hong Kong

→ 2028

Kartographie: © KOMPASS-Karten GmbH, Karl-Kapferer-Straße 5, A-6020 Innsbruck
unter Verwendung von Kartendaten: © MairDumont, D-73751 Ostfildern

Photo Credit:

Cover Photo: A drone view of windmills in Holland (biletskiyevgeniy.com – stock.adobe.com)

MARCO POLO Highlights:

- ★ Harbour, Leeuwarden (mauritius images/Ingo Boelter)
- ★ Humpback whale sculpture at Ecomare, Texel (mauritius images/Arterra PictureLibrary/Alamy)
- ★ Houses between Keizersgracht and Leidsegracht, Amsterdam (huber-images/Luigi Vaccarella)
- ★ Koog aan de Zaan, Scheveningen (mauritius images/Prisma/Rene van der Meer)
- ★ The Markt Bruges market square, Brugge (huber-images/Francesco Carovillano)
- ★ Old Town, Ghent (mauritius images/Westend61/Werner Dieterich)
- ★ Oak carvings of the Twelve Apostles, Cathedral of Our Lady, Antwerp (mauritius images/Ian G Dagnall/Alamy)
- ★ Grand Place with Cloth Hall, Ypres (mauritius images/Arterra Picture Library/Alamy)
- ★ Atomium, Brussels (mauritius images/Hiroshi Higuchi)
- ★ La-Roche-en-Ardenne, L'Ourthe (huber-images/Hans-Georg Eiben)

Printed on certified paper · gedruckt auf zertifiziertem Papier 01-30-130300-013

①	②	③	④	⑤
1000*	Bruxelles = Brussel	BRU	72	Ec 44
1000*	Amsterdam	NH	38	Fa 34
1009*	Luxembourg	LU	99	Ga 51

	①	
NL	Postcode	Laagste postcode bij gemeenten met meerdere postcodes
F	Code postal	Code postal le plus bas pour les localités à plusieurs codes posteaux
D	Postleitzahl	Niedrigste Postleitzahl bei Orten mit mehreren Postleitzahlen
UK	Postal code	Lowest postcode number for places having several postcodes
I	Codice postale	Codice di avviamento postale riferito a città comprendenti più codici di avviamento postale
E	Código postal	Código postal más bajo en lugares con varios códigos postales
P	Código postal	Código postal menor em caso de cidades com vários códigos postais
CZ	Poštovní směrovací číslo	Nejnižší poštovní směrovací číslo v městech s vicenásobnými poštovními směrovacími čísly
PL	Kod pocztowy	Najniższy kod pocztowy w przypadku miejscowości z wieloma kodami pocztowymi
H	Irányítószám	Több irányítószámmal rendelkező helységeknél a legalacsonyabb irányítószám
DK	Postnummer	Laveste postnummer ved byer med fl ere postnumre
S	Postnummer	Lägsta postnumret vid uppgifter med fl era postnummer

	②	③	④	⑤
NL	Naam	Provincie/Kanton	Paginanummer	Zoekveld-gegevens
F	Nom	Province/Canton	Numéro de page	Coordonnées
D	Name	Provinz/Kanton	Seitenzahl	Suchfeldangabe
UK	Name	Province/Canton	Page number	Grid reference
I	Nome	Province/Cantone	Numero di pagina	Riquadro nel quale si trova il nome
E	Nombre	Provincia/Cantón	Número de página	Coordenadas de localización
P	Nome	Provincia/Cantão	Número da página	Coordenadas de localização
CZ	Název	Provincie/Kanton	Číslo strany	Údaje hledacího čtverce
PL	Nazwa	Prowincja/Kanton	Numer strony	Współrzędne skorowidzowe
H	Név	Tartomány/Kanton	Oldalszám	Keresőadat
DK	Navn	Provins/Kanton	Sidetal	Kvadratangivelse
S	Namn	Provins/Kanton	Sidnummer	Kartrutangivelse

Provincie · Province · Provinz · Province
Province · Provincia · Provincia · Provincie
Prowincja · Tartomány · Provins · Provins

BRU Bruxelles/Brussel
VAN Antwerpen
VBR Vlaams Brabant
VLI Limburg
VOV Oost-Flaanderen
VWV West Flaanderen
WBR Brabant Wallon
WHT Hainaut
WLG Liège
WLX Luxembourg
WNA Namur

A

9420 Aaigem VOV 71 Df 43
8511 Aalbeke VWV 69 Db 44
3800 Aalst VLI 73 Fb 44
9300 Aalst VOV 71 Df 43
9881 Aaltebei VOV 60 Dc 42
9880 Aalter VOV 59 Dc 42
9880 Aalterbrug VOV 60 Dc 42
2440 Aard VAN 63 Ef 41
2382 Aarle VAN 53 Fa 40
6700 Aarlen = Arlon WLX 98 Fe 50
3200 Aarschot VBR 72 Ee 43
8700 Aarsele VWV 69 Dc 43
8211 Aartrijke VWV 58 Da 42
2630 Aartselaar VAN 61 Ec 42
3680 Aasterberg VLI 64 Fe 42
7800 Aat = Ath WHT 77 De 45
4557 Abée WLG 81 Fc 46
8978 Abele VWV 68 Cd 44
4280 Abolens WLG 81 Fa 44
3930 Achel, Hamont- VLI 63 Fc 41
5590 Achêne WNA 80 Fa 47
5362 Achet WNA 81 Fb 47
6666 Achouffé WLX 90 Fe 48
2560 Achterbiest VAN 62 Ed 42
2400 Achterbos VAN 63 Fa 41
2920 Achterbroek VAN 62 Ed 40
2580 Achterhelde VAN 72 Ee 42
9185 Achterhoek VOV 60 Df 41
4219 Acosse WLG 80 Fa 45
6280 Acoz WHT 79 Ed 46
6880 Acremont WLX 97 Fb 49
9991 Adegem VOV 60 Dc 41
4770 Adesberg WLG 83 Ga 46
8660 Adinkerke VWV 68 Cd 42
4141 Adzeux WLG 82 Fe 45
1790 Affligem VBR 71 Ea 43
9051 Afsnee VOV 70 De 42
4760 Afst WLG 83 Gc 47
5544 Agimont WNA 88 Ee 48
5651 Ahérée WNA 79 Ec 47
4500 Ahin WLG 81 Fb 45
6941 Aine WLX 81 Fd 46
4317 Aineffe WLG 81 Fb 45
7910 Ainières WHT 77 Dd 44
5310 Aische-en-Refail WNA 80 Ee 45
6250 Aiseau Presles WHT 79 Ed 46
5070 Aisemont WNA 80 Ed 46
4980 Aisomont WLG 82 Ff 46
6792 Aix-sur-Cloix WLX 98 Fe 51
1547 Akrenbos WHT 70 Df 44
6116 Aldeneik VLI 64 Fe 42
4791 Aldringen WLG 90 Ga 47
4783 Alfersteg WLG 91 Gb 47
6662 Alhoûmont WLX 90 Fe 48
3570 Alken VLI 73 Fb 43
5550 Alles WNA 96 Ef 49
4432 Alleur WLG 81 Fc 44
6833 Al Mache WLX 97 Fa 49
7800 Á Lorette WHT 78 De 45
9300 Alost = Aalst VOV 71 Df 43
1652 Alsemberg VBR 71 Eb 44
4791 Alster WLG 91 Ga 47
2550 Altena VAN 62 Ec 42
3730 Alt Hoeselt VLI 74 Fc 44
5363 Al Vau WNA 81 Fa 46
7090 Al Vau WHT 79 Eb 45
8690 Alveringem VWV 68 Ce 42
4560 Âma WLG 81 Fc 46
6840 A Marnô WLX 97 Fc 49
4540 Amay WLG 81 Fb 45
6680 Amberloup WLX 89 Fd 48
4770 Amblève = Amel WLG 83 Ga 46
6953 Ambly WLX 89 Fb 48
4219 Ambresin WLG 80 Fa 45
4770 Amel = Amblève WLG 83 Ga 46
4782 Amelscheid WLG 83 Gb 47
8940 Amerika VWV 68 Da 44
4970 Amermont WLG 82 Ff 46
6997 Amonines WLX 81 Fd 47
4530 Amon Sotia WLG 81 Fb 45
7750 Amougies WHT 70 Dc 44
4540 Ampsin WLG 81 Fb 45
5300 Andenelle WNA 81 Fa 46
5300 Andenne WNA 80 Fa 46
1070 Anderlecht VLI 71 Eb 44
6150 Anderlues WHT 79 Eb 46
4760 Andler WLG 83 Gb 47
4140 Andoumont WLG 82 Fe 45
5100 Andoy WNA 80 Ef 46
4950 Andrifosse WLG 83 Ga 46
4821 Andrimont WLG 82 Ff 45
4053 Angleur WLG 82 Fd 45
7387 Angre WHT 77 De 46
5100 Anhaive WNA 80 Ef 46
5537 Anhée WNA 80 Ef 47
9860 Anker VOV 70 De 43
6721 Anlier WLX 98 Fd 50
6890 Anloy WLX 89 Fb 49
5537 Annevoie-Rouillon WNA 80 Ef 46
7387 Anqreau WHT 77 De 46
4430 Ans WLG 81 Fd 45
6730 Ansart WLX 97 Fd 50
5500 Anseremme WNA 88 Ef 47
7750 Anserœul WHT 69 Dd 44
9240 Ansevelde VOV 71 Ea 42
6150 Answéle WHT 79 Eb 46
5520 Anthée WNA 88 Ee 47
4520 Antheit WLG 81 Fb 45
4160 Anthisnes WLG 81 Fc 46
7640 Antoing WHT 77 Dc 45
2000 Antwerpen VOV 62 Ec 41
2000* Antwerpen-Linkeroever VAN 61 Ec 41
7910 Anvaing WHT 77 Dd 44
2000 Anvers = Antwerpen VOV 62 Ec 41
8570 Anzegem VWV 69 Dc 43
9991 Appelboom VOV 59 Dd 41
9200 Appels VOV 71 Ea 42
9400 Appelterre-Eichem VOV 71 Df 44
3740 Appelveld VLI 74 Fc 43
9940 Appensvoorde VOV 60 Dd 42
5170 Arbre WNA 80 Ee 46
7811 Arbre WHT 78 De 45
4990 Arbrefontaine WLG 82 Ff 47
1390 Archennes WBR 72 Ee 44
7910 Arc-Wattripont WHT 77 Dd 44
5140 Ardenelle WNA 80 Ed 45
3400 Ardevoor WBR 73 Fa 44
8850 Ardooie VWV 69 Db 43
2370 Arendonk VAN 63 Fa 41
4601 Argenteau WLG 82 Fe 44
4960 Arîmont WLG 83 Ga 46
9950 Arisdonk VOV 60 Dd 42
6700 Arlon WLX 98 Fe 50
6600 Arloncourt WLX 90 Fe 48
4130 Arnostrene WLG 81 Fd 45
7181 Arquennes WHT 79 Eb 45
5060 Arsimont WNA 80 Ed 46
6870 Arville WLX 89 Fb 48
3665 As VLI 74 Fd 42
1730 Asbeek VBR 71 Ea 43
9404 Aspelare VOV 71 Df 43
9890 Asper VOV 70 Dd 43
7040 Asquillies WHT 78 Df 46
1730 Asse VBR 71 Ea 43
8310 Assebroek VWV 59 Db 41
9960 Assenede VOV 60 De 41
6640 Assenois WLX 90 Fe 49
6860 Assenois WLX 89 Fc 50
3460 Assent VBR 73 Fa 43
5330 Assesse WNA 80 Ef 46
1730 Asse ter Heide VBR 71 Ea 43
9800 Astene VOV 69 Dd 43
4711 Astenet WLG 82 Ga 44
9500 Atembeke VOV 70 Df 44
7800 Ath WHT 77 De 45
7387 Athis WHT 78 De 46
6791 Athus WLX 98 Fe 51
4560 Atrin WLG 81 Fc 46
3404 Attenhoven VBR 73 Fa 44
3384 Attenrode VBR 72 Ef 43
6717 Attert WLX 98 Fe 50
7941 Attre WHT 78 De 45
6790 Aubange WLX 98 Fe 51
7972 Aubechies WHT 77 De 45
4880 Aubel WLG 82 Ff 44
5660 Aublian WHT 87 Ec 48
6880 Auby-sur-Semois WLX 89 Fb 50
6640 Au Chabet WLX 89 Fd 49
6534 Au Clicotia WHT 79 Eb 46
6440 Au Coq WHT 87 Ec 48
9700 Audenarde = Oudenaarde VOV 70 Dd 43
1160 Auderghem = Oudergem BRU 71 Ec 44
7382 Audregnies WHT 77 De 46
4790 Auel WLG 91 Gb 47
6637 Auf Berg WLX 98 Fe 49
4790 Auf der Nöll WLG 91 Ga 48
5580 Auffe WNA 89 Fb 48
9800 Augustijn VOV 69 Dd 43
7040 Aulnois WHT 78 Df 46
1570 Aulsberg VBR 71 Df 44
4920 Au Sètrou WLG 82 Fd 46
6706 Autelbas WLX 98 Ff 51
6706 Autelhaut WLX 98 Fe 51
1367 Autre-Église WBR 80 Ef 45
7387 Autreppe WHT 77 De 46
7802 Autreppe WHT 77 De 45
5060 Auvelais WNA 80 Ed 46
4480 Aux Fontaines WLG 81 Fc 45
4480 Aux Houx WLG 81 Fc 45
5580 Ave-et-Auffe WNA 89 Fa 48
8630 Avekapelle VWV 68 Ce 42
8580 Avelgem VWV 69 Dc 44
4260 Avennes WLG 81 Fa 45
3271 Averbode VBR 73 Ef 42
3401 Avernas WLG 81 Fa 44
4280 Avernas-le-Bauduin WLG 80 Fa 44
4280 Avin WLG 80 Fa 45
4560 Avins, Les WLG 81 Fb 46
5501 Awagne WNA 80 Ef 47
4340 Awans WLG 81 Fc 45
4920 Awans WLG 82 Fd 46
6870 Awenne WLX 89 Fb 48
4400 Awirs WLG 81 Fc 45
6900 Aye WLX 89 Fb 47
4630 Ayeneux WLG 82 Fe 45
1380 Ayvieres VLI 79 Ec 44
4920 Aywaille WLG 82 Fd 46
6824 Azi WLX 97 Fb 50

B

9890 Baaigem VOV 70 De 43
3128 Baal VBR 72 Ee 42
9310 Baardegem VOV 71 Ea 43
9830 Baarle VOV 69 Dd 42
2387 Baarle-Hertog VAN 62 Ef 40
9200 Baasrode VOV 71 Ea 42
9308 Babbelaar VOV 71 Ea 43
9800 Bachte-Maria-Leerne WHT 69 Dd 42
6674 Baclain WLX 90 Ff 47
6970 Baconfoy WLX 89 Fd 48
4837 Baelen WLG 82 Ff 45
2387 Baerle-Duc = Baarle-Hertog VAN 62 Ef 40
5950 Bagimont WNA 88 Ef 50
5630 Baileu WNA 87 Ec 47
6464 Baileux WHT 87 Ec 48
6460 Bailièvre WHT 87 Eb 48
5555 Baillamont WNA 96 Fa 49
7870 Bailles à Bauffe WHT 78 Df 45
7730 Bailleul WHT 77 Db 44
5377 Baillonville WNA 81 Fb 47
1470 Baisy-Thy WBR 79 Ec 45
6840 Balaclava WLX 97 Fc 49
9860 Balegem VOV 70 De 43
2490 Balen VAN 63 Fb 41
5190 Balêtre WNA 80 Ed 46
9990 Balgerhoeke VOV 59 Dd 41
8020 Baliebrugge VWV 69 Db 42
3140 Bamberg VBR 72 Ed 43
5070 Bambois WNA 80 Ee 46
9420 Bambrugge VOV 70 Df 43
6951 Bande WLX 89 Fc 47
6890 Banlon WLX 89 Fb 49
4990 Banneu WLG 82 Fe 47
4141 Banneux VLI 82 Fe 45
8540 Barakke WHT 69 Db 43
8560 Barakken VWV 69 Da 43
8930 Barakken VWV 69 Da 44
6750 Baranzi WLX 98 Fe 51
6690 Baraque de Fraiture WLX 90 Fe 47
4845 Baraque Michel WLG 83 Ga 45
6500 Barbencon WHT 87 Eb 47
4671 Barchon WLG 82 Fe 44
5590 Bârcinalle WNA 80 Fa 47
6706 Bardenburg = Clairefontaine WLX 98 Ff 50
5570 Baronville WNA 88 Ef 48
6971 Barrière de Champlon WLX 89 Fc 48
6940 Barrière de Petit-Han WLX 81 Fc 46
6440 Barrière Descartes WHT 87 Ec 48
6680 Barrière Hinck WLX 90 Fd 48
6440 Barrière Marcel WHT 87 Eb 48
7090 Barrières d'Écaussinnes WHT 79 Ea 45
7534 Barry WHT 77 Dd 45
5370 Barsy WNA 81 Fa 46
5370 Barvaux-Condroz WNA 81 Fb 47
6940 Barvaux-sur-Ourthe WLX 81 Fc 46
6920 Bârzin WLX 88 Fa 48
7971 Basècles WHT 78 Dd 45
4520 Bas-Oha WLG 81 Fb 45
7611 Bas Preau WHT 77 Db 45
9031 Bassebeek WHT 70 Dd 42
4983 Basse-Bodeux WLG 82 Fe 46
8940 Basse Flandre VWV 68 Da 44
4870 Basse Fraipont VLI 82 Fe 45
4690 Bassenge WLG 74 Fd 44
9968 Basseveide VOV 60 Dd 41
1300 Basse-Wavre WBR 80 Ed 44
7830 Bassilly WHT 78 Df 44
6600 Bastenaken = Bastogne WLX 90 Fd 48
6600 Bastogne WLX 90 Fd 48
7784 Bas-Warneton WHT 68 Cf 44
3870 Batshears VLI 73 Fb 44
5630 Battefer WHT 87 Ec 47
4651 Battice WLG 82 Fe 45
7130 Battignies WHT 79 Ea 46
6792 Battincourt WLX 98 Fe 51
1400 Baudemont WBR 79 Eb 45
7331 Baudour WHT 78 Df 46
7870 Bauffe WHT 78 De 45
4950 Baugné WLG 83 Ga 46
4550 Baugnée WLG 81 Fc 45
7604 Baugnies WHT 77 Dd 45
1401 Baulers WBR 79 Ec 45
9520 Bavegem VOV 70 Df 43
8531 Bavikhove VWV 69 Db 43
9150 Bazel VOV 61 Eb 42
5555 Beauchamp WNA 88 Fa 49
6460 Beauchamp WHT 87 Eb 48
4052 Beaufays WLG 82 Fd 45
6140 Beaulieusan WHT 79 Eb 46
6500 Beaumont WHT 87 Eb 47
5570 Beauraing WNA 88 Ef 48
7141 Beauregard WHT 79 Eb 46
1435 Beaurieu WBR 79 Ed 45
6980 Beausaint WLX 89 Fd 47
1410 Beau Séjour WBR 71 Ec 44
1320 Beauvechain WBR 72 Ee 44
6594 Beauwelz WHT 87 Ea 48
6782 Bêbange WLX 98 Fe 51
6690 Bêche WLX 82 Ff 47
7532 Beclers WHT 77 Dc 45
4910 Bècô VLI 82 Fe 45
3960 Beek VLI 64 Fd 42
3590 Beekrooie VLI 73 Fc 43
9840 Beer VOV 70 De 43
9630 Beerlegem VOV 70 De 43
8730 Beernem VWV 59 Db 42
2340 Beerse VAN 62 Ee 41
1650 Beersel VBR 71 Eb 44
8600 Beerst VWV 68 Cf 42
1673 Beert VBR 71 Eb 44
9080 Beervelde VOV 70 Df 42
2580 Beerzel VAN 72 Ed 42
5000 Beez WNA 80 Ef 46
6987 Beffe WLX 89 Fd 47
3130 Begijnendijk VBR 72 Ee 42
7760 Beguereau WHT 70 Dc 44
6860 Behême WLX 98 Fd 50
6672 Beho WLX 90 Ff 47
1852 Beigem VBR 71 Ec 43

6970 Beiguème WLX 89 Fd 48
3020 Beisem, Veltem- VBR 72 Ed 43
7380 Beisieux WHT 77 De 46
8800 Beitem VWV 69 Da 43
9940 Beizele VOV 60 Dd 42
9930 Beke VOV 60 Dd 42
8480 Bekegem VWV 58 Da 42
8930 Bekenhoek VWV 69 Da 44
1730 Bekkerzeel VBR 71 Eb 43
3460 Bekkevoort VBR 73 Ef 43
2440 Bel VAN 63 Fa 42
4950 Bélair WLG 83 Ga 46
6972 Bêleu WLX 89 Fd 48
8540 Belgiek VWV 69 Dc 43
8610 Belgiek VWV 68 Da 42
5001 Belgrade WNA 80 Ee 46
8680 Belhutte VWV 68 Cf 42
4610 Bellaire WLG 82 Fd 45
7180 Belle WHT 79 Eb 45
7170 Bellecourt WHT 79 Eb 46
5555 Bellefontaine WNA 88 Ef 49
6730 Bellefontaine WLX 97 Fc 51
8510 Bellegem VWV 69 Db 44
4845 Belle-Hé WLG 82 Ff 45
9881 Bellem VOV 60 Dc 42
4577 Belle-Maison WNA 81 Fb 46
4910 Bellevau VLI 82 Fe 46
4960 Bellevaux WLG 82 Ff 46
6834 Bellevaux WLX 97 Fa 49
4960 Bellevaux-Ligneuville WLG 83 Ga 46
5650 Belle Vue WNA 87 Ec 47
6972 Belle-Vue WLX 89 Fd 48
1674 Bellingen VBR 71 Ea 44
7970 Beloeil WHT 77 De 45
9111 Belsele VOV 61 Ea 42
5580 Belvaux WNA 89 Fb 48
4730 Belven WLG 83 Ga 45
4500 Ben-Ahin WLG 81 Fb 45
6941 Bende WLX 81 Fc 46
6600 Benonchamps WLX 90 Fe 48
9970 Bentille VOV 60 Dd 41
3540 Berbroek VLI 73 Fb 43
7911 Berceau WHT 78 Dd 45
2600 Berchem VAN 61 Ec 41
9690 Berchem VOV 70 Dc 44
1080 Berchem-Sainte-Agathe = Sint-Agatha-Berchem VBR 71 Eb 43
6642 Bercheux WLX 97 Fd 49
3500 Berenbroek VLI 73 Fc 43
2370 Berendonk VAN 63 Fa 41
2040 Berendrecht VAN 61 Eb 40
1500 Berendries VBR 79 Eb 44
9070 Berendries VOV 70 De 42
4760 Berferath WLG 83 Gc 46
1910 Berg VBR 72 Ed 43
3700 Berg VLI 74 Fc 44
3792 Berg VLI 74 Fe 44
4750 Berg WLG 83 Gb 46
8510 Berg VWV 69 Db 44
9190 Berg VOV 61 Ea 41
9420 Berg VOV 70 Df 43
9860 Berg VOV 70 De 43
2322 Bergen VAN 52 Ee 40
7000 Bergen = Mons WHT 78 Df 46
9160 Bergendries VOV 61 Df 42
7870 Bergeries WHT 78 Df 45
4360 Bergilers WLG 81 Fc 44
4980 Bergival VLI 82 Ff 46
8700 Bergmolem WHT 69 Db 42
2230 Bergom VAN 72 Ef 42
2220 Bergsken VAN 72 Ee 42
9680 Berg ten Houte VOV 70 Dd 44
3580 Beringen VLI 73 Fb 42
3582 Beringen-Mijn VLI 73 Fb 42
6660 Bérisménil WLX 90 Fd 47
9881 Berken VOV 59 Dd 42
3550 Berkenbos VLI 73 Fb 42
3520 Berkenen VLI 73 Fc 42
2590 Berlaar VAN 62 Ed 42
9290 Berlare VOV 71 Ea 42
4460 Berleur WLG 81 Fd 45
3830 Berlingen VLI 73 Fb 44
4257 Berloz WLG 81 Fb 44
4607 Berneau WLG 74 Fe 44
6800 Bernimont WLX 89 Fc 49
6860 Bernimont WLX 89 Fc 50
7320 Bernissart WHT 78 Dd 46
6662 Bernistape WLX 90 Ff 48
4960 Bernîster WLG 82 Ga 46
2222 Bernum VAN 62 Ee 42
6560 Bersillies-l'Abbaye WHT 79 Ea 47
3060 Bertem VBR 72 Ed 43
7538 Bertincroix WHT 77 Dd 45
6686* Bertogne WLX 90 Fd 48
4280 Bertrée WLG 81 Fa 44
6880 Bertrix WLX 97 Fb 49
5651 Berzée WNA 79 Ec 47
8980 Beselare VWV 68 Da 43
5170 Besinne WNA 80 Ee 46
7181 Besonrieux WHT 79 Eb 45
3620 Bessemer VLI 74 Fd 43
3130 Betekom VBR 72 Ee 43
4140 Betgné WLG 82 Fd 45
2930 Bethanie VAN 62 Ec 41
6687 Béthomont WLX 90 Fd 48
4300 Bettincourt WLG 81 Fb 44
2221 Beukels VAN 72 Ee 42
2491 Beukenberg VAN 63 Fa 42
2840 Beurs VAN 61 Ec 42
3800 Beurs VLI 73 Fb 43
5030 Beuzet WNA 80 Ee 45
1320 Bevekom = Beauvechain WBR 72 Ee 44
2560 Bevel VAN 62 Ee 42
1547 Bever VBR 78 Df 44
4960 Bévercé WLG 82 Ga 46
9700 Bevere VOV 69 Dd 43
8691 Beveren VWV 68 Cd 43
8791 Beveren VWV 69 Db 43
8800 Beveren VWV 69 Da 43
9120 Beveren VOV 61 Eb 41
3581 Beverlo VLI 73 Fb 42
3740 Beverst VLI 74 Fc 43
3800 Bevingen VLI 73 Fa 44
4610 Beyne-Heusay WLG 82 Fd 45
6543 Bienne-lez-Happart WHT 79 Eb 46
3360 Bierbeek VBR 72 Ee 44
6533 Biercée WHT 79 Eb 47
1301 Bierges WBR 79 Ed 44
1430 Bierghes WBR 79 Ea 44
5600 Biernonri WNA 87 Ed 47
4460 Bierset WLG 81 Fc 45
5620 Biert WNA 80 Ee 47
5380 Bierwart WNA 80 Fa 45
9880 Biesem WHT 69 Dc 42
5640 Biesme WNA 79 Ed 46
5640 Biesmerée WNA 80 Ed 47
6531 Biesme-sous-Thuin WHT 79 Eb 47
9600 Biest VOV 70 Dd 44
9820 Biest VOV 70 De 43
5680 Bieure WNA 88 Ed 48
1547 Biévène = Bever VBR 78 Df 44
5555 Bièvre WNA 88 Ef 49
3454 Biezemstraat VLI 73 Fa 43
1790 Biezendries VBR 71 Ea 43
6690 Bihain WLX 90 Fe 47
8920 Bikschote VWV 68 Cf 43
4831 Bilstain WLG 82 Ff 45
3740 Bilzen VLI 74 Fc 43
7130 Binche WHT 78 Ea 46
3850 Binderveld VLI 73 Fa 43
3211 Binkom VBR 72 Ef 43
6880 Biourge WLX 97 Fb 49
5537 Biout WNA 80 Ee 47
4710 Birken WLG 82 Ff 44
5590 Bîron WNA 81 Fa 47
6997 Biron WLX 81 Fc 47
5537 Bise WNA 80 Ee 46
8680 Bisschopshoek VWV 58 Cf 42
8560 Bissegem VWV 69 Db 44
4690 Bitsingen = Bassenge WLG 74 Fd 44
7543 Bizencourt WHT 77 Dc 45
6600 Bizôry WLX 90 Fe 48
3294 Blaasberg VBR 73 Fa 43
2830 Blaasveld VAN 71 Ec 42
5542 Blaimont WNA 88 Ee 47
7522 Blandain WHT 77 Db 45
3052 Blanden VBR 72 Ee 44
8370 Blankenberge VWV 58 Da 41
1450 Blanmont WBR 80 Ed 45
7040 Blaregnies WHT 78 Df 46
7321 Blaton WHT 78 Dd 46
7370 Blaugies WHT 78 De 46
2230 Blauwberg VAN 72 Ef 42
8377 Blauwe VWV 59 Da 41
8755 Blauwhuis VWV 59 Db 42
2990 Bleekven VAN 62 Ed 40
4670 Blégny WLG 82 Fe 45
7620 Bléharies WHT 77 Dc 45
4280 Blehen WLG 81 Fa 45
6760 Bleid WLX 98 Fd 51
3545 Blekkom VBR 73 Fa 43
4300 Bleret WLG 81 Fb 44
7903 Blicquy WHT 77 De 45
6997 Blier WLX 81 Fd 47
4141 Blindhef VLI 82 Fe 45
1348 Blocry WBR 79 Ed 45
8730 Bloemendale VWV 59 Db 42
8972 Blokke VWV 68 Cd 43
3950 Bocholt VLI 64 Fd 41
1700 Bodegem, Sint-Martens- VBR 71 Eb 43
4537 Bodegnée WLG 81 Fb 45
2530 Boechout VAN 62 Ec 42
3390 Boekhout VBR 72 Ef 43
3890 Boekhout VLI 73 Fb 44
9961 Boekhoute VOV 60 De 41
3212 Boeksberg VBR 72 Ee 43
3550 Boekt VLI 73 Fb 42
4250 Boëlhe WLG 81 Fa 44
9080 Boer VOV 60 Df 42
2382 Boerenbond VAN 63 Fa 40
3380 Boeslinter VBR 73 Ef 43
6662 Boeur WLX 90 Ff 48
8904 Boezinge VWV 68 Ce 43
1670 Bogaarden VBR 71 Ea 44
6671 Bogery WLX 90 Ff 47
5550 Bohan WNA 96 Ef 49
5300 Bohissau WNA 81 Fa 46
6940 Bohon WLX 81 Fc 46
5140 Boignea WNA 80 Ed 45
4217 Boin WLG 80 Fa 45
4690 Boirs WLG 74 Fd 44
4560 Bois WLG 81 Fb 46
1495 Bois de Bordeau WBR 79 Ec 45
7866 Bois-de-Lessines WHT 78 Df 44
5600 Bois de Samart WNA 87 Ed 48
5170 Bois-de-Villers WNA 80 Ee 46
1428 Bois-Seigneur-Isaac WBR 79 Eb 45
3600 Boksbergheide VLI 73 Fc 43
9870 Boksen VOV 70 Dc 43
3770 Bolder VLI 74 Fd 44
3550 Bolderberg VLI 73 Fb 43
5310 Bolinne WNA 80 Ef 45
2310 Bolk VAN 62 Ee 40
4653 Bolland WLG 82 Fe 45
1785 Bollebeek VBR 71 Eb 43
1367 Bomal WBR 80 Ef 44
6941 Bomal WBR 81 Fc 46
4607 Bombaye WLG 74 Fe 44
6110 Bômerée WHT 79 Ec 46
3540 Bommei VLI 73 Fa 43
3840 Bommerschoven VLI 73 Fb 44
7050 Bon Air WHT 78 Df 45
6800 Bonance WLX 89 Fc 49
6860 Bonbois WLX 98 Fd 49
5310 Boneffe WNA 80 Ef 45
2820 Bonheiden VAN 72 Ed 42
1325 Bonlez WBR 80 Ee 44
4577 Bonne WLG 81 Fb 46
6700 Bonnert WLX 98 Fe 50
6800 Bonneruе WLX 90 Fe 48
5300 Bonneville WNA 80 Fa 46
5021 Bonnine WNA 80 Ef 46
7603 Bon Secours WHT 78 Dd 46
4120 Bonsgnée WLG 81 Fd 45
5377 Bonsin WNA 81 Fc 46
3130 Bonte Os VBR 72 Ee 42
3440 Booienhoven VLI 73 Fa 44
2221 Booischot VAN 72 Ee 42
8630 Booitshoeke VWV 68 Ce 42
9290 Bookhamers VOV 71 Df 42
2850 Boom VAN 61 Ec 42
2500 Boomlaar VAN 62 Ed 42
3631 Boorsem VLI 74 Fe 43
3190 Boortmeerbeek VBR 72 Ed 43
1761 Borchtlombeek VBR 71 Ea 43
2140 Borgerhout VAN 61 Ec 41
3600 Borgloon VLI 73 Fc 44
4987 Borgoûmont VLI 82 Fe 46
4300 Borgworm = Waremme WLG 81 Fb 44
4317 Borlez WLG 81 Fb 45
3891 Borlo VLI 73 Fb 44
6941 Borlon WLX 81 Fc 46
4770 Born WLG 83 Ga 47
2880 Bornem VAN 61 Eb 42
1404 Bornival WBR 79 Eb 45
2150 Borsbeek VAN 61 Ec 41
9552 Borsbeke VOV 70 Df 43
4560 Borsu WLG 81 Fb 46
3830 Bos VLI 73 Fb 43
3960 Bos VLI 64 Fe 42
1785 Bosbeek VBR 71 Eb 43
9112 Boseinde VOV 61 Ea 41
4950 Bosfagne WLG 83 Ga 46
9688 Bosgat VOV 70 De 44
3581 Boskant VLI 63 Fb 42
9300 Boskant VOV 71 Ea 43
7830 Boskante WHT 78 Df 45
8480 Boskapel VWV 58 Da 42
5032 Bossière WNA 80 Ee 45
5640 Bossière WNA 80 Ee 46
4190 Bosson WLG 82 Fe 46
8583 Bossuit VWV 69 Dc 44
1390 Bossut WBR 72 Ee 44
3300 Bost VBR 72 Ef 44
6833 Botassart WLX 88 Fa 50
9400 Boterdaal VOV 71 Df 44
9980 Boterhoek VOV 59 Dd 41
5032 Bothey WNA 80 Ed 45
9820 Bottelare VOV 70 De 43
6150 Bouchenies WHT 79 Eb 46
6200 Bouffioulx WHT 79 Ed 46
5004 Bouge WNA 80 Ef 46
7040 Bougnies WHT 78 Df 46
6800 Bougnimont WLX 89 Fc 49
4654 Bougnoux VLI 82 Fe 44
6830 Bouillon WLX 96 Fa 50
6600 Bourcy WLX 90 Fe 48
7530 Bourgembray WHT 77 Dc 45
7538 Bourgeon WHT 77 Dc 45
3970 Bourg-Léopold = Leopoldsburg VAN 63 Fa 42
6464 Bourlers WHT 87 Ec 48
7830 Bourlon WHT 78 Df 44
7830 Bourlotte WHT 78 Ea 45
5575 Bourseigne-Neuve WNA 88 Ee 48
5575 Bourseigne-Vieille WNA 88 Ef 48
7060 Boussemont WHT 78 Ea 45
4960 Boussire WLG 83 Ga 46
7110 Boussoit WHT 78 Ea 46
7300 Boussu WHT 78 De 46
7300 Boussu-Bois WHT 78 De 46
5660 Boussu-en-Fagne WNA 87 Ec 48
6440 Boussu-lez-Valcourt WHT 87 Ec 47
1470 Bousval WBR 79 Ec 45
6596 Bout d'En Haut WHT 87 Eb 48
6440 Bout du Walestru WHT 87 Ec 48
3370 Boutersem VBR 72 Ee 43
3800 Boutershoven VLI 73 Fb 44
6464 Boutonville WHT 87 Ec 48
5500 Bouvignes-sur-Meuse WNA 80 Ef 47
7803 Bouvignies WHT 78 De 45
2288 Bouwel VAN 62 Ee 42
8680 Bovekerke VWV 68 Cf 42
4300 Bovenistier WLG 81 Fb 44
9660 Bovenkwartier WHT 70 De 44
3010 Bovenveld VBR 72 Ee 43
5081 Bovesse WNA 80 Ee 45
6671 Bovigny WLX 90 Ff 47
4990 Bra WLG 82 Fe 47
8970 Brabant VWV 68 Ce 44
4790 Bracht WLG 91 Ga 47
7604 Braffe WHT 77 Dd 45
5590 Braibant WNA 80 Fa 47
1420 Braine L'Alleud WBR 79 Eb 44
1440 Braine-le-Château WBR 79 Eb 44
7090 Braine-le-Comte WHT 78 Ea 45
1440 Braine-Wauthier WBR 79 Eb 44
4260 Braives WLG 81 Fa 45
9660 Brakel VOV 70 De 44
2990 Braken VAN 62 Ed 40
5310 Branchon WNA 80 Ef 45
9160 Brandbezen VOV 61 Df 42
2500 Brandestraat VAN 62 Ed 42
8540 Brandmolen WHT 69 Dc 44
8540 Brandsmis WHT 69 Dc 43
3640 Brandven VLI 64 Fe 41
2880 Branst VOV 71 Eb 42
6600 Brâs WLX 90 Fe 49
6800 Bras WLX 89 Fc 49
6971 Bras WLX 89 Fc 48
7604 Brasmenil WHT 77 Dd 45
2930 Brasschaat VAN 61 Ec 41
4791 Braunlauf WLG 91 Ga 47
7130 Bray WHT 78 Ea 46
2480 Brazel VAN 63 Fa 41
2340 Brebos VAN 62 Ee 40
2960 Brecht VAN 62 Ed 40
8450 Bredene VWV 58 Cf 41
8450 Bredene aan Zee VWV 58 Cf 41
3960 Bree VLI 64 Fd 42
1500 Breedhout VBR 71 Ea 44
2870 Breendonk VAN 71 Eb 42
3850 Breestraat VLI 73 Fb 43
1785 Breestraten VBR 71 Eb 43
4780 Breitfeld WLG 83 Ga 47
3300 Brejsem VBR 72 Ef 44
3090 Bresil WBR 72 Ec 44
3600 Bret VLI 74 Fd 43
9600 Breucg VOV 70 Dd 44
6730 Breuvane WLX 97 Fc 50
8840 Brieke VWV 68 Da 43
9120 Briel VOV 61 Eb 41
9160 Briel VOV 60 Df 42
9200 Briel VOV 71 Ea 42
8900 Brielen VWV 68 Cf 43
7534 Brigaude WHT 77 Dd 45
8980 Brikke VWV 68 Cf 43
8953 Brikkehoven VWV 68 Cf 44
5580 Briquemont WNA 89 Fa 47
6673 Brisy WLX 90 Ff 48
2520 Broechem VAN 62 Ed 41
9860 Broek VOV 70 De 43
9030 Broeken VOV 70 De 42
9900 Broeken VOV 59 Dd 41
3640 Broekhoek VLI 64 Fe 42
9990 Broekhuize VOV 60 Dc 41
2360 Broekkant VAN 63 Fa 41
3840 Broekom VLI 73 Fb 44
7502 Bruenne WHT 77 Db 45
7940 Brugelette WHT 78 Df 45
8000 Bruges = Brugge VWV 59 Db 41
8000 Brugge VWV 59 Db 41
9690 Brugge VOV 69 Dd 44
9260 Bruinbeke VOV 71 Df 43
1570 Bruinsbroek VBR 71 Df 44
1600 Brukom VBR 71 Eb 44
5660 Brûly WNA 87 Ed 49
5660 Brûly-de-Pesche WNA 87 Ec 49
5101 Brumagne WNA 80 Ef 46
4980 Brume WLG 82 Fe 46
7804 Brun Culot WHT 77 De 44
7620 Brunehaut WHT 77 Dc 45
1785 Brussegem VBR 71 Eb 43
1000* Brussel = Bruxelles BRU 72 Ec 44
3800 Brustem VLI 73 Fb 44
1472 Bruvère Madame VLI 79 Ec 45
1000* Bruxelles = Brussel BRU 72 Ec 44
7641 Bruyelle WHT 77 Dc 45
7540 Bruyére WHT 77 Dc 45
7890 Bruyére WHT 70 De 44
7050 Bruyère-Dincq WHT 78 Df 45
4650 Bruyères VLI 82 Fe 45
4950 Bruyères WLG 83 Ga 46

6222 Brye WHT 79 Ed 45
3440 Budingen VBR 73 Fa 43
9255 Buggenhout VOV 71 Ea 42
7911 Buissenal WHT 78 Dd 45
6592 Buisson WHT 87 Eb 48
6983 Buisson WLX 90 Fd 48
5580 Buissonville WNA 89 Fb 47
2650 Buizegen VAN 62 Ec 42
1501 Buizingen VBR 71 Eb 44
3020 Buken VBR 72 Ed 43
4760 Bullange = Büllingen WLG 83 Gb 46
4760 Büllingen = Bullange WLG 83 Gb 46
8630 Bulskamp VWV 68 Cd 42
3720 Bulst VLI 73 Fc 43
3380 Bunsbeek VBR 72 Ef 43
9910 Buntelare VOV 59 Dc 42
2880 Bupsontros VAN 71 Eb 42
2070 Burcht VAN 61 Ec 41
4210 Burdinne WLG 80 Fa 45
6927 Bure WLX 89 Fb 48
5360 Burèsse WNA 81 Fa 46
6662 Buret WLX 90 Ff 48
4790 Burg-Reuland WLG 91 Ga 47
3800 Burgsken VLI 73 Fb 44
4970 Burnenville WLG 82 Ff 46
6637 Burnon WLX 98 Fd 49
9420 Burst VOV 70 Df 43
6690 Burtonville WLX 82 Ff 47
7602 Bury WHT 77 Dd 45
8970 Busseboom VWV 68 Ce 43
4750 Bütgenbach = Butgenbach WLG 83 Ga 46
4750 Butgenbach = Bütgenbach WLG 83 Ga 46
6990 Buurdon WLX 89 Fc 47
6782 Buvange WLX 98 Fe 51
3891 Buvingeln VLI 73 Fa 44
7133 Buvrinnes WHT 79 Eb 46
6743 Buzenol WLX 97 Fd 51
5150 Bûzet WNA 80 Ee 46
6230 Buzet WHT 79 Ec 45
5376 Buzin WNA 81 Fb 46

C

6690 Cahay WLX 82 Ff 47
7604 Callenelle WHT 77 Dd 45
7642 Calonne WHT 77 Dc 45
7870 Cambron-Saint-Vincent WHT 78 Df 45
5575 Camp des Fauvettes WNA 88 Ef 49
7950 Canteleu WHT 77 De 45
7760 Capon WHT 70 Dc 44
6850 Carlsbourg WLX 97 Fa 49
7141 Carnières WHT 79 Eb 46
5560 Carrefour WNA 88 Ef 48
6560 Carrefour de la Poule WHT 79 Ea 47
6880 Carrefour des Càrettes WLX 97 Fb 49
7061 Casteau WHT 78 Ea 45
5600 Castillon WNA 87 Ec 48
5650 Castillon WNA 87 Ec 47
7742 Cavrinnes WHT 77 Dc 44
9990 Celie VOV 60 Dc 41
4317 Celles WLG 81 Fb 45
5561 Celles WNA 88 Fa 47
7760 Celles WHT 77 Dc 44
6593 Cendron WHT 87 Eb 49
6688 Cens WLX 90 Fd 48
4560 Centfontaine WNA 81 Fb 46
1390 Centri WBR 72 Ee 44
5630 Cerfontaine WNA 87 Ec 48
1341 Céroux-Mousty VLI 79 Ec 45
6662 Cètturu WLX 90 Ff 48
6661 Châbrehé WLG 90 Fe 47
4650 Chaineux VLI 82 Fe 45
5550 Chairiére WNA 96 Ef 49
6200 Chamborgneau WHT 79 Ed 46
4950 Champagne WLG 83 Ga 46
6440 Champ ColinWHT 87 Ec 48
5020 Champion WNA 80 Ef 45
5363 Champion WNA 81 Fa 46
6971 Champlon WLX 89 Fd 48
6900 Champlon-Famenne WLX 89 Fc 47
6470 Champ Martin WHT 87 Ea 48
6688 Champs WLX 90 Fd 48
4987 Chàneu VLI 82 Fe 46
4140 Chanhe WLG 82 Fd 46
6921 Chanly WLX 89 Fa 48
6742 Chantemelle WLX 98 Fd 51
7903 Chapella-a-Wattines WHT 78 Dd 45
4850 Chapelle WLG 75 Ff 44
7903 Chapelle-á-Oie WHT 78 Dd 45
7160 Chapelle-lez-Herlaimont WHT 79 Eb 46
1315 Chapelle Saint-Laurent WBR 72 Ee 44
1380 Chapelle-Sint-Lambert WBR 79 Ed 44
5590 Chapois WNA 89 Fa 47
4537 Chapon-Seraing WLG 81 Fb 45
5377 Chardeneu WNA 81 Fc 46
6200 Charleroi WHT 79 Ec 46
4650 Charneux WLG 82 Fe 44
4845 Charneux WLG 82 Ff 45
6950 Charneux WLG 89 Fc 47
6824 Chassepierre WLX 97 Fb 50
5650 Chasties WNA 79 Ec 47
1450 Chastre WBR 79 Ed 45
6200 Châtelet WHT 79 Ed 46
6200 Châtelineau WHT 79 Ed 46
6747 Châtillon WLX 98 Fe 51
4050 Chaudfontaine WLG 81 Fd 45
5300 Chaudin WNA 80 Fa 46
5620 Chaumont WNA 88 Ed 47
6640 Chaumont WLX 90 Fe 49
1325 Chaumont-Gistoux WBR 80 Ee 44
7063 Chaussée-Notre-Dame WHT 78 Df 45
4987 Chauveheid WLG 82 Fe 46
6950 Chavanne WLX 89 Fc 47
7750 Chemin d' Hollaye WHT 70 Dc 44
5542 Chemins WNA 88 Ef 47
6860 Chêne WLX 98 Fd 49
6940 Chêne à Han WNA 81 Fc 47
6960 Chêne-al-Pierre WLX 82 Fe 47
4032 Chênée WLG 82 Fd 45
6860 Chénet WLX 89 Fd 49
4970 Chèneu WLG 82 Ff 46
6761 Chenni WLX 97 Fd 51
6640 Chenogne WLX 90 Fd 49
6987 Cheoux WLX 89 Fc 47
6673 Cherain WLX 90 Ff 47
6670 Cherapont WHT 90 Ff 47
4602 Cheratte WLG 82 Fe 44
7521 Cherco WHT 77 Dc 45
4987 Chèssion VLI 82 Fe 46
5520 Chèstruvin WNA 80 Ef 47
6860 Chevaudos WLX 97 Fc 50
5590 Chevetogne WNA 89 Fa 47
4987 Chevron WLG 82 Fe 46
7950 Chièvres WHT 78 De 45
6460 Chimay WHT 87 Eb 48
7520 Chin, Ramegines- WHT 77 Db 45
6810 Chiny WLX 97 Fc 50
6680 Chìsogne WLX 89 Fd 48
4960 Chôdes WLG 82 Ga 46
6980 Cielle WLX 89 Fd 47
5560 Ciergnon WNA 88 Fa 47
6671 Cierreux WLX 90 Ff 47
7890 Cincamp WHT 70 Dd 44
5590 Ciney WNA 80 Fa 47
4260 Ciplet WLG 80 Fa 45
7024 Ciply WHT 78 Df 46
7130 Cite des Charbonnages WHT 78 Ea 46
1480 Clabecq WBR 79 Eb 44
6706 Clairefontaine WLX 98 Ff 50
9180 Claudenborm VOV 61 Df 41
4560 Clavier WLG 81 Fc 46
9100 Clementwijk VOV 61 Ea 41
6997 Clerheid WLX 82 Fd 47
5650 Clermont WNA 79 Eb 47
4890 Clermont, Thimister- WLG 82 Ff 45
4430 Clermont-sous-Huy WLG 81 Fc 45
7063 Clipot WHT 78 Ea 45
6640 Clochimont WLX 90 Fd 49
6640 Cobrêville WLX 90 Fd 49
6600 Cobru WLX 90 Fe 48
6688 Cochelonval WLX 90 Fd 48
5575 Cocole WNA 88 Ef 49
7911 Cocriaumont WHT 78 Dd 45
7063 Cognebau WHT 78 Ea 45
5022 Cognelée WNA 80 Ef 45
4845 Cokaifagne WLG 82 Ff 46
6680 Cokrefalîche WLX 89 Fd 48
7340 Colfontaine WHT 78 De 46
2800 Coloma VAN 72 Ec 42
6500 Comagne WHT 87 Eb 47
4170 Comblain-au-Pont WLG 81 Fd 46
4180 Comblain-la-Tour WLG 81 Fd 46
4180 Comblinai WLG 82 Fd 46
7780 Comines-Warneton VWV 68 Cf 44
6690 Commanster WLX 90 Ff 47
6230 Commune VLI 79 Ec 45
5020 Comogne WNA 80 Ee 46
6687 Compogne WLX 90 Fe 48
5590 Conjoux WNA 88 Fa 47
5590 Conneux WNA 88 Fa 47
5550 Conrade WNA 96 Ef 49
1435 Corbais WBR 80 Ed 45
5590 Côrbion WNA 88 Fa 47
6838 Corbion WLX 96 Ef 50
7910 Cordes WHT 77 Dd 44
5620 Corenne WNA 88 Ed 47
4632 Corexhe VLI 82 Fe 45
5334 Corioûle WNA 80 Fa 46
4140 Cornemont VLI 82 Fe 45
4860 Cornesse VLI 82 Fe 45
7520 Cornet WHT 77 Db 45
5555 Cornimont WNA 96 Ef 49
7050 Côroi WHT 78 Df 45
7370 Coron WHT 78 De 46
7904 Coron WHT 78 Dd 45
5032 Corroy-le-Château WNA 80 Ed 45
1325 Corroy-le-Grand WBR 80 Ee 45
4257 Corswarem WLG 81 Fb 44
1450 Cortil-Noirmont WBR 80 Ed 45
5380 Cortil-Wodon WNA 80 Ef 45
6010 Couillet WHT 79 Ec 46
6470 Couquegnies WHT 87 Eb 47
4987 Cour VLI 82 Ff 46
6180 Courcelles WHT 79 Eb 46
7120 Cour de Badi WHT 79 Eb 46
5336 Courrière WNA 80 Ef 46
6120 Cour-sur-Heure WHT 79 Ec 47
6671 Courtil WLX 90 Ff 47
8500 Courtrai = Kortrijk VWV 69 Db 44
1490 Court-Saint-Étienne WBR 79 Ed 45
5560 Court-Vite WNA 88 Ef 47
7160 Cousis WHT 79 Eb 46
6840 Cousteumont WLX 89 Fc 50
4218 Couthuin WLG 81 Fa 45
5300 Coutisse WNA 81 Fa 46
6183 Couturelle WHT 79 Eb 46
1380 Couture-Saint-Germain WBR 79 Ec 44
5660 Couvin WNA 87 Ed 48
6767 Couvreux WLX 97 Fc 51
4280 Cras-Avernas WLG 81 Fa 44
4280 Crehen WLG 80 Fa 45
4257 Crenwick VLI 81 Fa 44
4900 Creppe WLG 82 Ff 46
4367 Crisnée WLG 81 Fc 44
6812 Croix Jacob WLX 97 Fc 50
7120 Croix-lez-Rouveroy WHT 78 Ea 46
4784 Crombach WLG 91 Ga 47
7141 Crontestu WHT 79 Eb 46
4140 Crox Michel WLG 82 Fd 45
5332 Crupet WNA 80 Ef 46
7033 Cuesmes WHT 78 Df 46
6880 Cugnon WLX 89 Fb 50
5660 Cul-des-Sarts WNA 87 Ec 49
7050 Culot WHT 78 Df 45
6832 Curfoz WLX 88 Fa 50
5562 Custinne WNA 88 Fa 47

D

3690 Daal VLI 74 Fd 43
3520 Daalheide VLI 73 Fc 43
9940 Daasdonk VOV 60 Dd 42
8890 Dadizele VWV 68 Da 43
8890 Dadizelehoek VWV 69 Da 43
6698 Daîrômont WLG 82 Ff 46
9160 Daknam VOV 61 Df 42
4607 Dalhem WLG 82 Fe 44
7911 Dameries WHT 78 Dd 45
8340 Damme VWV 59 Db 41
6767 Dampicourt WLX 97 Fc 51
6020 Dampremy WHT 79 Ec 46
3910 Damsheide VLI 64 Fc 41
6567 Dansonspène WHT 79 Eb 47
4253 Darion WLG 81 Fb 45
9400 Dasselt VOV 71 Ea 44
5660 Daully WNA 87 Ec 48
5630 Daussois WNA 87 Ec 47
5520 Daussoulx WNA 80 Ef 45
5100 Dave WNA 80 Ef 46
6929 Daverdisse WLX 88 Fa 48
9060 De Akker VOV 60 Df 41
9112 De Baas VOV 61 Ea 42
2520 De Beor VAN 62 Ed 41
1840 De Berg VBR 71 Eb 42
9770 De Biest VOV 70 Dc 43
2200 De Bleek VAN 62 Ef 41
3850 De Bleuken VLI 73 Fb 43
2390 De Bossen VAN 62 Ee 41
2321 De Brakken VAN 52 Ee 40
2470 De Brand VAN 63 Fa 41
8950 De Broeken VWV 76 Ce 44
1540 De Broes VBR 78 Ea 44
8480 De Engel VWV 58 Da 42
8540 Deerlijk VWV 69 Dc 43
9570 Deftinge VOV 70 Df 44
8020 De Groene Jager VWV 59 Db 42
1840 De Haan VBR 71 Eb 43
8420* De Haan VWV 58 Cf 41
2260 De Hand VAN 62 Ef 42
3950 De Hees VLI 64 Fd 41
8978 De Helleketel VWV 68 Cd 44
9250 De Hert VOV 61 Ea 42
9112 De Hondsnest VOV 61 Ea 41
8340 De Hoorn VWV 59 Dc 41
8730 De Hoorn VWV 59 Dc 42
2330 De Horst VAN 62 Ef 40
3680 De Houw VLI 74 Fd 42
4770 Deidenberg WLG 83 Ga 46
6672 Deiffelt WLX 90 Ga 47
4141 Deigne WLG 82 Fe 45
9800 Deinze VOV 69 Dd 43
9160 De Katte VOV 60 Df 42
9960 De Katte VOV 60 De 41
3990 De Kippen VLI 64 Fc 42
9700 De Kleie VOV 70 De 43
9900 De Kroon VOV 59 Dd 41
9990 De Kroon VOV 59 Dc 41
8972 De Landing VWV 68 Cd 43
2960 De Leeuwerik VAN 62 Ee 40
3020 Delle VBR 72 Ed 43
9080 De Lozen VOV 60 Df 42
8370 De Meiboom VWV 59 Da 41
2960 De Merel VAN 62 Ed 41
8630 De Moeren VWV 68 Cd 42
1980 De Mot VBR 71 Ec 43
8970 De Nachtegaal VWV 68 Ce 43
9120 Den Buiten VOV 61 Eb 41
9280 Denderbelle VOV 71 Ea 43
9450 Denderhoutem VOV 71 Df 43
9470 Denderleeuw VOV 71 Df 43
9200 Dendermonde VOV 71 Ea 42
9400 Denderwindeke VOV 71 Ea 44
5537 Denée WNA 80 Ee 47
2340 Den Hout VAN 62 Ee 41
2920 Dennedaal VAN 62 Ec 40
8720 Dentergem VWV 69 Dc 43
8660 De Panne VWV 58 Cd 42
9840 De Pinte VOV 70 Dd 43
2980 De Ploeg VAN 62 Ed 41
9100 De Raap VOV 61 Ea 41
7912 Dergneau WHT 77 Dd 44
1470 Dernier-Patard WBR 79 Ec 45
2480 Dessel VAN 63 Fa 41
8792 Desselgem VWV 69 Dc 43
9070 Destelbergen VOV 70 De 42
9042 Desteldonk VOV 60 De 42
1653 Destelheide VBR 79 Eb 44
8020 De Stuivers VWV 59 Db 42
6990 Deûlin WNA 81 Fc 47
2100 Deurne VAN 62 Ec 41
3290 Deurne VBR 73 Fa 42
7864 Deux-Acren WHT 70 Df 44
5640 Devant-les-Bois WNA 80 Ed 46
6987 Devant Tàve WLX 89 Fd 47
3080 De Vier Armen VLI 72 Ec 44
2223 De Zag VAN 72 Ed 42
5310 Dhuy WNA 80 Ef 45
2820 Diedonken VAN 72 Ed 42
3700 Diels-Heur VLI 74 Fc 44
3590 Diepenbeek VLI 73 Fc 43
3201 Diepven VBR 72 Ef 42
3290 Diest VBR 73 Fa 43
6780 Differt WLX 98 Fe 51
8900 Dikkebus VWV 68 Ce 44
9630 Dikkele VOV 70 De 43
9890 Dikkelvenne VOV 70 De 43
9940 Diksmere VOV 60 De 42
8600 Diksmuide VWV 68 Cf 42
1700 Dilbeek VBR 71 Eb 43
3650 Dilsen VLI 74 Fe 42
5500 Dinant WNA 88 Ef 47
6661 Diné WLX 90 Fe 47
5570 Dion WNA 88 Ef 48
1325 Dion-le-Mont WBR 80 Ed 44
1325 Dion-le-Val WBR 80 Ed 44
4820 Dison WLG 82 Fe 45
8600 Dixmuide = Diksmuide VWV 68 Cf 42
6960 Dochamps WLX 89 Fd 47
9130 Doel VOV 61 Eb 41
8680 Doeveren WHT 58 Cf 42
6836 Dohan WLX 97 Fa 50
1390 Doiceau WBR 80 Ed 44
5680 Doische WNA 88 Ee 48
4140 Dolembreux WLG 82 Fd 45
4470 Dommartin WLG 81 Fc 45
8820 Don Bosco WHT 68 Da 42
4357 Donceel WLG 81 Fb 45
1370 Dongelberg WBR 80 Ee 44
2400 Donk VAN 63 Fa 41
3520 Donk VLI 73 Fa 43
9290 Donk VOV 71 Df 42
9910 Donk VOV 59 Dc 42
9990 Donk VOV 59 Dc 41
1880 Donkere Ham VBR 71 Ec 43
6536 Donstiennes WHT 79 Eb 47
8755 Doomkerke WHT 69 Db 42
8730 Doorn VWV 59 Db 42
9150 Doorn VOV 61 Eb 41
9700 Doorn VOV 70 Dd 43
9971 Doorn VOV 60 Dd 41
9991 Doorn VOV 60 Dc 42
2440 Doornboom VAN 63 Ef 42
8470 Doornhoek VWV 58 Cf 42
7500 Doornik = Tournai WHT 77 Db 45
9940 Doornzele VOV 60 De 42
9160 Doorselaar VOV 60 Df 42
5530 Dorinne WNA 80 Ef 47
3440 Dormaal VBR 73 Fa 44
3680 Dorne VLI 74 Fd 42
3590 Dorpsheide VLI 73 Fc 43
2812 Dorstveld VAN 72 Ed 42
7711 Dottenijs = Dottignies WHT 77 Db 44
7711 Dottignies WHT 77 Db 44
7370 Dour WHT 78 De 46
5670 Dourbes WNA 88 Ed 48
9831 Dourle VOV 69 Dd 42
7331 Douvrain WHT 78 Df 46
5370 Doyon WNA 81 Fa 46
8630 Draaibrug VWV 68 Ce 42
8951 Dranouter VWV 68 Ce 44
2321 Dreef VAN 52 Ee 39
5500 Dréhance WNA 88 Ef 47
4530 Dreye WLG 81 Fb 45

9100 Driegaaien VOV 61 Ea 42
9220 Driegoten VOV 61 Ea 42
2460 Driehoek VAN 63 Fa 41
2930 Driehoek VAN 62 Ec 41
2940 Driehoek VAN 61 Ec 40
2990 Driehoek VAN 62 Ed 40
3600 Driehoeven VLI 74 Fc 42
1980 Dries VBR 72 Ec 43
2811 Dries VAN 72 Ed 42
2860 Dries VAN 72 Ed 42
2870 Dries VAN 71 Eb 42
3390 Dries VBR 72 Ef 43
3471 Dries VBR 73 Ef 43
3730 Dries VLI 73 Fc 43
8792 Dries VWV 69 Dc 43
9190 Drie Schouwen VOV 61 Ea 41
9850 Drieselke VOV 70 Dd 42
3350 Drieslinter VBR 73 Fa 43
8830 Drieweg VWV 68 Da 42
8433 Driewegen VWV 58 Ce 41
1745 Droesbout VOV 71 Ea 43
8790 Drogenboom VWV 70 Dc 43
1620 Drogenbos VBR 71 Eb 44
3210 Drogenhof VBR 72 Fa 43
9031 Drongen WHT 70 Dd 42
7880 Drubant WHT 70 De 44
1540 Druimeren VBR 71 Ea 44
3200 Dubbeek VBR 72 Ee 43
8380 Dudzele VWV 59 Db 41
2570 Duffel VAN 62 Ec 42
8300 Duinbergen VWV 59 Db 40
3080 Duisburg VBR 72 Ed 44
2861 Duivelshoek VAN 72 Ed 42
2460 Duivendonken VAN 62 Ef 41
9840 Duiver VOV 70 Dd 42
3210 Dunberg VBR 72 Ee 43
3803 Duras VLI 73 Fa 44
6940 Durbuy WLX 81 Fc 46
4790 Dürler WLG 91 Ga 47
9240 Durmen VOV 71 Ea 42
5530 Durnal WNA 80 Ef 47
3220 Dutsel VBR 72 Ee 43
1653 Dworp VBR 71 Eb 44

E

4690 Eben WLG 74 Fd 44
4690 Eben-Emael WLG 74 Fe 44
6860 Ebly WLX 97 Fd 49
7190* Écaussinnes WHT 79 Eb 45
7190 Écaussinnes- d'Enghien WHT 79 Ea 45
7190 Écaussinnes-Lalaing WHT 79 Eb 45
5574 Eclaye WNA 88 Fa 48
1320 Ecluse, L' WBR 72 Ef 44
9450 Ede VOV 71 Df 43
2650 Edegem VAN 62 Ec 42
9700 Edelare VOV 70 Dd 44
8610 Edewalle VWV 68 Cf 42
7850 Edingen = Enghien WHT 78 Df 44
9900 Eeklo VOV 60 Dd 41
1745 Eeksken VBR 71 Eb 43
2380 Eel VAN 63 Fa 40
8480 Eernegem VWV 58 Da 42
4987 Egbômont WLG 82 Ff 46
3512 Egelsplas VLI 73 Fb 43
8740 Egem VWV 69 Db 42
2530 Eggerzeel VAN 62 Ed 42
8630 Eggewaartskapelle VWV 68 Ce 42
5310 Eghezée WNA 80 Ef 45
4770 Eibertingen WLG 83 Ga 46
9400 Eichem VOV 71 Df 44
2360 Eigen VAN 63 Ef 41
3740 Eigenbilzen VLI 74 Fd 43
1420 Eigenbrakel = Braine L'Alleud WBR 79 Eb 44
3090 Eik VBR 72 Ec 44
2930 Eikelenberg VAN 62 Ec 41
2880 Eikevliet VAN 61 Eb 42
4760 Eimerscheid WLG 83 Gb 47
3581 Eindeken VLI 63 Fb 42
2430 Eindhout VAN 63 Fa 42
9700 Eine VOV 70 Dd 43
2980 Einhoven VAN 62 Ee 41
3630 Eisden VLI 74 Fe 43
2280 Eisterlee VAN 62 Ee 41
3090 Eizer VBR 72 Ed 44
1750 Eizeringen VBR 71 Ea 44
9810 Eke VOV 70 Dd 43
3294 Ekelenberg VBR 73 Fa 42
2180 Ekeren VAN 61 Ec 41
9160 Eksaarde VOV 61 Df 42
3941 Eksel, Hechtel- VLI 63 Fc 42
9310 Eksterke VOV 71 Ea 43
3650 Elen VLI 74 Fe 42
9620 Elene VOV 70 De 43
1982 Elewijt VBR 72 Ed 43
8920 Elfgemete VWV 68 Cf 43
3400 Eliksen VBR 73 Ef 44
1671 Elingen VBR 71 Eb 44
8610 Elle VWV 68 Da 42
4590 Ellemelle WLG 81 Fc 46
7890 Ellezelles WHT 70 Dd 44
7972 Ellignies-Saint-Anne WHT 77 De 45
3670 Ellikom VLI 64 Fd 42
7370 Elouges WHT 77 De 46
4841 Elsaute WLG 82 Ff 45
9260 Elsbrug VOV 71 Df 43
9790 Elsegem VOV 69 Dd 44
4750 Elsenborn WLG 83 Gb 46
1050 Elsene = Ixelles BRU 71 Ec 44
3020 Elst VBR 72 Ee 43
9660 Elst VOV 70 De 44
8906 Elverdinge VWV 68 Ce 43
9140 Elversele VOV 61 Ea 42
7890 Elzele = Ellezelles WHT 70 Dd 44
2222 Elzenhoek VAN 62 Ee 42
2520 Emblem VAN 62 Ed 42
4053 Embourg WLG 82 Fd 45
8870 Emelgem VWV 69 Db 43
5080 Emines WNA 80 Ee 45
5590 Emptinale WNA 80 Fa 47
5363 Emptinne WNA 81 Fa 47
9700 Ename VOV 70 Dd 43
4990 En Floret WLG 82 Fe 47
3800 Engelbamp VLI 73 Fb 43
3800 Engelmanshoven VLI 73 Fb 44
7850 Enghien WHT 78 Df 44
4480 Engis WLG 81 Fc 45
6663 Engreux WLX 90 Fe 48
3980 Engsbergen VLI 73 Fa 42
5590 Enhet WNA 88 Fa 47
1350 Enines WBR 80 Ef 44
4760 Enkelberg WLG 83 Gb 46
6698 Ennal WLX 82 Ff 47
4987 En Rôzi WLG 82 Ff 46
4170 En Sart WLG 81 Fd 46
4800 Ensival WLG 82 Fe 45
4218 Envoz WLG 81 Fa 45
7134 Epinois WHT 79 Eb 46
1980 Eppegem VBR 71 Ec 43
5580 Eprave WNA 89 Fa 48
7050 Erbaut WHT 78 Df 45
7050 Erbisoeul WHT 78 Df 45
7500 Ere WHT 77 Dc 45
9320 Erembodegem VOV 71 Df 43
6997 Erezée WLX 81 Fd 47
5644 Ermeton-sur-Biert WNA 80 Ee 47
8480 Ermietshoek VWV 68 Da 42
6500 Ermitage-Sint-Pierre, l' WHT 87 Eb 48
5030 Ernage WNA 80 Ee 45
6972 Erneuville WLX 89 Fd 48
4920 Ernonheid WLG 82 Fd 46
9420 Erondegem VOV 71 Df 43
3990 Erpekom VLI 64 Fc 42
9420 Erpe-Mere VOV 71 Df 43
5101 Erpent WNA 80 Ef 46
6997 Erpigny WLX 81 Fd 47
6441 Erpion WHT 87 Ec 47
3071 Erps-Kwerps VBR 72 Ed 43
6560 Erquelinnes WHT 78 Ea 47
7387 Erquennes WHT 78 De 46
3650 Ertevelden VLI 74 Fe 42
9940 Ertvelde VOV 60 De 41
9620 Erwetegem VOV 70 De 43
6464 Escaillère, l' WHT 87 Ec 49
7760 Escanaffles WHT 70 Dc 44
8600 Esen VWV 68 Cf 42
4130 Esneux WLG 81 Fd 45
4791 Espeler WLG 91 Ga 47
4791 Espelerberg WLG 91 Ga 47
8587 Espierres-Helchin = Spiere-Helkijn VWV 69 Dc 44
7502 Esplechin WHT 77 Db 45
7743 Esquelmes WHT 77 Dc 44
7041 Esquerbion WHT 78 Ea 46
2910 Essen VAN 52 Ec 40
1500 Essenbeek VBR 79 Eb 44
1790 Essene VBR 71 Ea 43
2910 Essenhoek VAN 51 Ec 40
1742 Essenoboek VBR 71 Ea 43
7730 Estaimpuis WHT 77 Db 44
7730 Estajmbourg WHT 77 Db 44
6997 Estiné WLX 81 Fd 47
7120 Estinne-au-Val WHT 78 Ea 46
7120 Estinnes WHT 78 Ea 46
7120 Estinnes-au-Mont WHT 78 Ea 46
6740 Etalle WLX 97 Fd 50
6760 Ethe WLX 97 Fd 51
9680 Etikhove VOV 70 Dd 44
8460 Ettelgem VWV 58 Da 41
1040 Etterbeek BRU 71 Ec 43
7080 Eugies WHT 78 Df 46
4700 Eupen WLG 83 Ga 45
8790 Evangelieboom VWV 69 Dc 43
5350 Eve WNA 81 Fa 46
4631 Evegnée VLI 82 Fe 45
5350 Evelette WNA 81 Fb 46
9660 Everbeek VOV 70 De 44
3078 Everberg VBR 72 Ed 43
1140 Evere VBR 71 Ec 43
9940 Evergem VOV 60 Dd 42
3550 Eversel VLI 73 Fb 42
9160 Everslaar VOV 71 Df 42
6940 Eveux WLX 81 Fd 47
7730 Evregnies WHT 77 Db 44
5530 Evrehailles WNA 80 Ef 47
4730 Eynatteheide WLG 83 Ga 44
4731 Eynatten WLG 83 Ga 44
3400 Ezemaal VBR 73 Ef 44
2400 Ezzart VAN 63 Fa 41

F

5600 Fagnolle WNA 87 Ed 48
5370 Failon WNA 81 Fb 46
4317 Faimes WLG 81 Fb 44
4180 Fairon WLG 81 Fd 46
5650 Fairoule WNA 87 Ec 47
5522 Falaën WNA 80 Ee 47
5060 Falisolle WNA 80 Ed 46
4260 Fallais WLG 81 Fa 45
5500 Falmagne WNA 88 Ef 47
5500 Falmignoul WNA 88 Ef 47
7181 Familleureux WHT 79 Eb 45
6997 Fanzel WLX 82 Fd 47
6240 Farciennes WHT 79 Ed 46
6690 Fârmière WLG 82 Ff 47
8870 Fasse VWV 69 Da 43
5340 Faulx-les-Tombes WNA 80 Fa 46
7120 Fauroeulx WHT 78 Ea 46
6637 Fauvillers WLX 98 Fd 49
6990 Favai WLX 89 Fc 47
5590 Fayi WNA 80 Fa 47
4950 Faymonville WLG 83 Ga 46
6920 Fays-Famenne WLX 88 Fa 48
6856 Fays-les-Veneurs WLX 97 Fa 49
7387 Fayt-le-Franc WHT 78 De 46
7170 Fayt-lez-Manage WHT 79 Eb 46
4630 Fêcher VLI 82 Fe 45
6960 Fèchereu WLX 90 Fd 47
4780 Feckelsborn WLG 83 Ga 47
5570 Felenne WNA 88 Ef 48
6637 Fels WLX 98 Fe 49
7181 Feluy WHT 79 Eb 45
4870 Fenderie VLI 82 Fe 45
5560 Férage WNA 88 Ef 47
1450 Ferme WBR 79 Ed 45
6890 Ferme de Maubeuge WLX 89 Fb 49
6820 Fermes de Perensart WLX 97 Fb 50
5380 Fernelmont WNA 80 Ef 45
4190 Férot WLG 82 Fd 46
5030 Ferot WNA 80 Ee 45
4190 Ferrières WLG 81 Fd 46
5570 Feschaux WNA 88 Ef 48
4347 Fexhe-le-Haut-Clocher WLG 81 Fc 44
4458 Fexhe-Slins WLG 81 Fd 44
4181 Filot WLG 81 Fd 46
5560 Finfe WNA 88 Fa 47
5560 Finnevaux WNA 88 Ef 48
6997 Fisenne WLX 81 Fd 47
4530 Fize-Fontaine WLG 81 Fb 45
4367 Fize-le-Marsal WLG 81 Fc 44
4130 Flagotier WLG 82 Fd 45
7090 Flamand WHT 79 Ea 45
6686 Flamierge WLX 89 Fd 48
6686 Flamisoul WLX 90 Fd 48
5620 Flavion WNA 88 Ee 47
5020 Flawinne WNA 80 Ee 46
4400 Flèmalle WLG 81 Fc 45
4400 Flèmalle-Grande WLG 81 Fc 45
4400 Flèmalle-Haute WLG 81 Fc 45
7012 Flénu WHT 78 Df 46
4620 Fléron WLG 82 Fe 45
6220 Fleurus WHT 79 Ed 46
7880 Flobecq WHT 70 De 44
6640 Flohâmont WLX 90 Fd 49
6800 Flohimont WLX 97 Fc 49
4540 Flône WLG 81 Fb 45
6983 Floômont WLX 90 Fd 48
5334 Florée WNA 80 Fa 46
5150 Floreffe WNA 80 Ee 46
5620 Florennes WNA 87 Ed 47
6820 Florenville WLX 97 Fb 50
5150 Floriffoux WNA 80 Ee 46
3040 Florival VBR 72 Ed 44
5600 Florivaux WNA 87 Ec 47
4140 Florzé WLG 82 Fe 46
5370 Flostoy WNA 81 Fa 46
5523 Flun WNA 80 Ee 47
6983 Fn Agimont WLX 90 Fd 48
5100 Fô WNA 80 Ef 46
5572 Focant WNA 88 Fa 48
6927 Focroûle WLX 89 Fb 48
1350 Folx-les-Caves WBR 80 Ef 45
5500 Fond de Leffe WNA 80 Ef 47
6900 Fond des Vaux WLX 89 Fc 47
4263 Fond-de-Tourinne WLG 81 Fa 45
6500 Fond-Martin WHT 87 Eb 47
5340 Fonds-de-Gesves WNA 80 Fa 46
4460 Fontaine WLG 81 Fc 45
6140 Fontaine-l'Evêque WHT 79 Eb 46
6567 Fontaine-Valmont WHT 79 Eb 47
9960 Fonteine VOV 60 De 41
3582 Fonteintje VLI 73 Fb 42
6661 Fontenaille WLX 90 Fe 48
7538 Fontency WHT 77 Dc 45
5650 Fontenelle WNA 87 Ec 47
1471 Fonteni VLI 79 Ec 45
6820 Fontenoille WLX 97 Fb 50
4031 Fontin-la-Hâze WLG 81 Fd 45
4340 Fooz WLG 81 Fc 44
6141 Forchies-la-Marche WHT 79 Eb 46
7910 Forest WHT 77 Dd 44
1190 Forest = Vorst BRU 71 Eb 44
4870 Forêt WLG 82 Fe 45
6464 Forge Jean Petit WHT 87 Ec 49
6596 Forge-Philippe WHT 87 Eb 49
6464 Forges WHT 87 Eb 48
6180 Forrière WHT 79 Ec 46
6953 Forrières WLX 89 Fb 48
6953 Forrières-Saint-Martin WLX 89 Fb 48
4217 Forseilles WLG 80 Fa 45
8690 Fortem VWV 68 Ce 42
5380 Forville WNA 80 Ef 45
5580 Forzée WNA 89 Fb 47
4980 Fosse WLG 82 Ff 46
5070 Fosses-la-Ville WNA 80 Ee 46
6680 Fosset WLX 89 Fd 48
7812 Foucaumont WHT 77 De 45
6700 Fouches WLX 98 Fe 50
7830 Fouleng WHT 78 Df 45
6440 Fourbechies WHT 87 Eb 48
7520 Fourcroix WHT 77 Db 45
7890 Fourguépire WHT 78 Dd 44
6593 Four Matot WHT 87 Eb 49
4570 Fourneau WLG 81 Fb 46
6747 Fourneau David WLX 98 Fd 51
6870 Fourneau-Saint-Michel WLX 89 Fc 48
3798 Fourons = Voeren VLI 74 Fe 44
3790 Fouron-Saint-Martin = Sint-Martens-Voeren VLI 74 Fe 44
3792 Fouron Sint-Pierre = Sint-Pieters-Voeren VLI 74 Fe 44
6940 Fouyeû WLX 81 Fc 46
5522 Foy WNA 80 Ee 47
6600 Foy WLX 90 Fe 48
5504 Foy-Notre-Dame WNA 88 Ef 47
6830 Frahan WLX 88 Ef 50
4550 Fraineux WLG 81 Fc 45
4870 Fraipont WLG 82 Fe 45
5650 Fraire WNA 79 Ed 47
4140 Fraiture WLG 82 Fd 46
4557 Fraiture WLG 81 Fc 46
6681 Fraiture WLX 89 Fc 48
6690 Fraiture WLG 82 Fe 47
1367 Frambay WBR 80 Ef 45
7080 Frameries WHT 78 Df 46
6853 Framont WLX 89 Fa 49
5340 Francesse WNA 80 Fa 46
4970 Francheville WLG 82 Ff 46
5600 Franchimont WNA 88 Ed 47
4970 Francorchamps WLG 82 Ff 46
5380 Franc-Waret WNA 80 Ef 45
5580 Frandeux WNA 89 Fb 47
5150 Franière WNA 80 Ee 46
5310 Franquenée WNA 80 Ef 45
6470 Frasies WHT 87 Eb 47
6210 Frasnes-lez-Gosselies WHT 79 Ec 45
7911 Frasnes-lez-Anvaing WHT 77 Dd 44
7911 Frasnes-lez-Buissenal WHT 78 Dd 45
5660 Frasnes-lez-Couvin WNA 87 Ec 48
6700 Frassem WLX 98 Fe 50
6740 Fratin WLX 98 Fd 51
4347 Freloux WLG 81 Fc 44
6852 Frênes WLX 89 Fa 49
6688 Frenet WLX 90 Fd 48
4950 Frèneu WLG 83 Ga 46
6730 Frênoi WLX 97 Fc 50
6800 Freux WHT 89 Fc 49
6800 Freux-Mènil WLX 89 Fc 49
6960 Frêyeneu WLX 90 Fd 47
6700 Freylange WLX 98 Fe 50
5540 Freyr WNA 88 Ef 47
5364 Frisée WNA 81 Fa 46
6440 Froidchapelle WHT 87 Ec 48
5576 Froidfontaine WNA 88 Fa 48
6924 Froidlieu WLX 88 Fa 48
7534 Froidmanteau WHT 77 Dd 45
7504 Froidmont WHT 77 Db 45
4890 Froidthier WLG 82 Ff 44
4987 Froidville VLI 82 Fe 46
6230 Fromiée WHT 79 Ec 45
6280 Fromiée WHT 79 Ed 47
6990 Fronville WLX 81 Fc 47
7503 Froyennes WHT 77 Dc 45
5521 Ftêre WNA 80 Ee 47
4260 Fumal WLG 81 Fb 45
5500 Furfooz WNA 88 Ef 47
5641 Furnaux WNA 80 Ee 47
8630 Furnes = Veurne VWV 68 Cd 42

A B C D E F G H I J K L M N O P Q R S T U V W X Y Z

G

1750 Gaasbeek VBR 71 Eb 44
7943 Gages WHT 78 Df 45
7750 Gaillard WHT 70 Dc 44
3511 Galgeberg VLI 73 Fb 43
2275 Galgenberg VAN 62 Ee 41
4783 Galhausen WLG 91 Ga 47
7906 Gallaix WHT 77 Dd 45
1570 Galmaarden VBR 71 Df 44
1570 Gammerages = Galmaarden VBR 71 Df 44
9000* Gand = Gent VOV 70 Dd 42
1080 Ganshoren VBR 71 Eb 43
3300 Ganzendries VBR 73 Ef 44
1390 Gastuche WBR 72 Ed 44
7538 Gaurain WHT 77 Dd 45
9890 Gavere VOV 70 Dd 43
5575 Gedinne WNA 88 Ef 49
2440 Geel VAN 63 Ef 41
3560 Geeneinde VLI 73 Fa 42
3560 Geenhout VLI 73 Fa 42
4250 Geer WLG 81 Fa 45
3210 Geestbeek VBR 72 Ee 43
3450 Geetbets VBR 73 Fa 43
3640 Geistingen VLI 64 Fe 42
8340 Geite VWV 59 Dc 41
8830 Geite VWV 68 Da 43
8500 Geiteknok VWV 69 Db 44
5024 Gelbressée WNA 80 Ef 45
1370 Geldenaken = Jodoigne WBR 80 Ef 44
3920 Geldershorsten VLI 63 Fb 41
9500 Gelembeke VOV 70 De 44
3800 Gelinden VLI 73 Fb 44
3620 Gellik VLI 74 Fd 43
3200 Gelrode VBR 72 Ee 43
8980 Geluveld VWV 68 Cf 44
8940 Geluwe VWV 68 Da 44
6929 Gembes WLX 88 Fa 49
5030 Gembloux WNA 80 Ee 45
5500 Gemechene WNA 80 Ef 47
4711 Gemehret WLG 82 Ga 45
8600 Gemene Straat VWV 58 Cf 42
4851 Gemmenich WLG 75 Ga 44
1470 Genappe WBR 79 Ec 45
5561 Gendron WNA 88 Ef 47
6987 Gêne WLX 89 Fc 47
3945 Genehos VLI 63 Fa 42
3560 Genenbos VLI 73 Fb 42
3945 Genendijk VLI 63 Fa 42
1470 Genepiën = Genappe WBR 79 Ec 45
3290 Genevenne VLI 73 Fa 42
5580 Genîmont WNA 89 Fa 48
3600 Genk VLI 74 Fd 43
7040 Genly WHT 78 Df 46
6750 Gennevau WLX 98 Fe 51
6750 Gennevaux WLX 89 Fd 50
3770 Genoelselderen VLI 74 Fd 44
9000* Gent VOV 70 Dd 42
9050 Gentbrugge VOV 70 De 42
1450 Gentinnes WBR 79 Ed 45
1332 Genval WBR 72 Ec 44
9500 Geraardsbergen VOV 70 Df 44
3960 Gerdingen VLI 64 Fd 42
3945 Gerhees VLI 63 Fb 42
6680 Gérimont WLX 89 Fd 48
6840 Gérimont WLX 97 Fc 49
5524 Gerin WNA 88 Ee 47
4990 Gèrèchamp WLG 82 Fe 47
4960 Geromont WLG 83 Ga 46
1367 Gérompont WBR 80 Ef 45
5101 Géronsart WNA 80 Ef 46
6769 Gérouville WLX 97 Fc 51
6280 Gerpinnes WHT 79 Ed 47
2450 Gestel VAN 63 Fa 42
2590 Gestel VAN 62 Ed 42
3560 Gestel VLI 73 Fb 42
3670 Gestel VLI 74 Fc 42
5340 Gesves WNA 80 Fa 46
7021 Ghislage WHT 78 Ea 46
7822 Ghislenghien WHT 78 Df 45
7011 Ghlin WHT 78 Df 46
7863 Ghoy WHT 70 De 44
7823 Gibecq WHT 78 Df 45
8830 Gidsberg VWV 69 Da 43
2275 Gierle VAN 62 Ef 41
8691 Gijverinkhove VWV 68 Cd 43
9308 Gijzegem VOV 71 Ea 43
8570 Gijzelbrechtegem VWV 70 Dc 44
9860 Gijzenzele VOV 70 De 43
6060 Gilly WHT 79 Ec 46
5680 Gimnée WNA 88 Ee 48
2400 Ginderbuiten VAN 63 Fa 41
3590 Ginderove VLI 73 Fc 43
3890 Gingelom VLI 73 Fa 44
8780 Ginste VWV 69 Dc 43
8470 Gistel VWV 58 Cf 42
1325 Gistoux WBR 80 Ed 44
8830 Gits VWV 69 Da 43
4500 Gives WLG 81 Fa 45
6686 Gives WLG 90 Fd 48
6686 Givri WLX 90 Fd 48
6686 Givroûle WLX 90 Fd 48
7041 Givry WHT 78 Ea 46
1473 Glabais WBR 79 Ec 45
3380 Glabbeek VBR 72 Ef 43
3450 Glabbeek VBR 73 Fa 43
4000 Glain WLG 81 Fd 45
6890 Glaireuse WLX 89 Fb 49
7611 Glanerie, La WHT 77 Db 45
7822 Glaude WHT 78 Df 45
6880 Glaumont WLX 97 Fb 49
4400 Gleixhe WLG 81 Fc 45
3201 Glijmel VBR 72 Ef 42
1315 Glimes WBR 80 Ee 44
4690 Glons WLG 74 Fd 44
1861 Glozen VBR 71 Eb 43
1370 Gobertange WBR 72 Ef 44
5680 Gochenée WNA 88 Ee 47
7160 Godarville WHT 79 Eb 46
5530 Godinne WNA 80 Ef 46
6640 Godinval WLX 90 Fd 49
3500 Godsheide VLI 73 Fc 43
9620 Godveerdegem VOV 70 De 43
4834 Goé WLG 82 Ff 45
7040 Goegnies-Chaussée WHT 78 Df 46
5353 Goesnes WNA 81 Fb 46
3300 Goetsenhoven VBR 72 Ef 44
6044 Gohissart WHT 79 Ec 46
6760 Gomery WLX 98 Fd 51
2400 Gompel VAN 63 Fa 41
4140 Gomzé WLG 82 Fd 45
4140 Gomzé-Andoumont WLG 82 Fe 45
7830 Gondregnies WHT 78 Df 45
5660 Gonrieux WNA 87 Ec 48
9090 Gontrode VOV 70 De 43
1755 Gooik VBR 71 Ea 44
2460 Goor VAN 72 Ee 42
2990 Gooreind VAN 62 Ed 40
4340 Goreux WLG 81 Fc 45
7332 Gorier WHT 78 De 45
6698 Goronne WLX 82 Ff 47
3803 Gorsem VLI 73 Fb 44
3840 Gors-Opleeuw VLI 73 Fc 44
6041 Gosselies WHT 79 Ec 46
4731 Gostert WLG 83 Ga 44
3840 Gotem VLI 73 Fb 44
1390 Gottechain WBR 72 Ee 44
9800 Gottem VOV 70 Dc 43
7070 Gottignies WHT 78 Ea 46
9111 Gouden VOV 61 Ea 42
9070 Gouden Hand VOV 70 De 42
6280 Gougnies WHT 79 Ed 46
7890 Goumanpont WHT 78 De 44
5651 Gourdinne WNA 79 Ec 47
6030 Goutroux WHT 79 Ec 46
6670 Gouvy WLX 90 Ff 47
6181 Gouy-lez-Piéton WHT 79 Ec 46
5340 Goyet WNA 80 Fa 46
6534 Gozée WHT 79 Eb 47
5570 Gozin WNA 88 Ef 48
4000 Grâce-Hollogne WLG 81 Fc 45
5555 Graide WNA 88 Fa 49
5555 Graide-Station WNA 88 Fa 49
9800 Grammene VOV 70 Dc 43
9500 Grammont = Geraardsbergen VOV 70 Df 44
4680 Grand-Aaz WLG 82 Fd 44
4300 Grand-Axhe WLG 81 Fb 44
6960 Grand-Bru WLX 82 Fd 46
4987 Grand-Coo WLG 82 Ff 46
1331 Grand Cortil WBR 72 Ed 44
6940 Grande Éneille WLX 81 Fc 47
5563 Grande Hour WNA 88 Fa 48
6997 Grande Hoursine WLX 82 Fd 47
5377 Grande Sinsin WNA 81 Fb 47
6590 Grande Thièrache WHT 87 Eb 48
7973 Grandglise WHT 77 De 45
4280 Grand Halet WLG 80 Fa 44
6698 Grand-Halleux WLX 82 Ff 47
6940 Grandhan WLX 81 Fc 47
6941 Grand-Houmart WLX 81 Fc 46
5031 Grand-Leez WNA 80 Ee 45
5030 Grand- Manil WNA 80 Ee 45
7866 Grand Marais WHT 78 De 44
6960 Grandmenil WLX 82 Fd 47
7900 Grandmetz WHT 78 Dd 45
7890 Grand Monchau WHT 78 Dd 44
4650 Grand-Rechain WLG 82 Fe 45
7542 Grand Rejet WHT 77 Dc 44
6560 Grand-Reng WHT 78 Ea 47
6470 Grandrieu WHT 87 Ea 47
1367 Grand-Rosière-Hottomont WBR 80 Ef 45
6640 Grandrue WLX 90 Fe 49
4990 Grand Sart WLG 82 Ff 47
6500 Grand Thumas WHT 87 Eb 47
4360 Grandville WLG 81 Fc 44
6840 Grandvoir WLX 97 Fc 49
6840 Grapfontaine WLX 89 Fc 50
2580 Grasheide VAN 72 Ed 42
7830 Graty WHT 78 Df 45
5640 Graux WNA 80 Ee 47
1390 Graven = Grez-Doiceau WBR 72 Ee 44
7090 's Gravenbrakel = Braine-le-Compte WHT 78 Ea 45
2970 Gravenwezel, 's- VAN 62 Ed 41
3450 Grazen VBR 73 Fa 43
2328 Grazer VAN 52 Ee 40
2490 Grees VAN 63 Fa 42
1640 Grele Hut VBR 71 Ec 44
9200 Grembergen VOV 71 Ea 42
6717 Grendel WLX 98 Fe 50
1390 Grez-Doiceau WBR 72 Ee 44
5575 Gribelle WNA 88 Ef 48
6887 Gribomont WLX 89 Fb 50
8610 Grijsperre VWV 68 Da 42
1850 Grimbergen VBR 71 Ec 43
6900 Grimbiémont WLX 89 Fc 47
3300 Grimde VBR 73 Ef 44
9560 Grimminge VOV 70 Df 44
4020 Grivegnee WLG 82 Fd 45
2280 Grobbendonk VAN 62 Ee 41
8620 Groenendijk VWV 58 Ce 42
3270 Groenhove VBR 72 Ef 43
3560 Groenlaren VLI 73 Fb 42
3870 Groenschild VLI 73 Fb 44
2800 Groot VAN 72 Ec 42
3640 Groot-Beersel VLI 64 Fe 41
1702 Groot-Bijgaarden VBR 71 Eb 43
3800 Groot-Gelmen VLI 73 Fb 44
8790 Grootje VWV 69 Dc 43
9170 Groot Laar VOV 61 Ea 41
2223 Grootlo VBR 72 Ee 42
3840 Groot-Loon VLI 73 Fc 44
2460 Groot-Rees VAN 63 Ef 41
7950 Grosage WHT 78 De 45
5020 Gros Buisson WNA 80 Ee 46
5555 Gros-Fays WNA 96 Ef 49
7600 Gros Mont WHT 77 Dd 45
3920 Grote Bareel VLI 63 Fc 41
3990 Grote-Brogel VLI 64 Fc 42
3910 Grote Heide VLI 63 Fc 41
9620 Grotenberge VOV 70 De 43
3740 Grote-Spouwen VLI 74 Fd 44
5300 Groyine WNA 80 Fa 46
4791 Grüfflingen WLG 91 Ga 47
3670 Gruitrode, Meeuwen- VLI 64 Fd 42
6630 Grumelange WLX 98 Fe 49
6952 Grune WLX 89 Fc 48
4728 Gruntal WLG 83 Ga 44
6927 Grupont WLX 89 Fb 48
6791 Guerlange WLX 98 Ff 51
7760 Guermignies WHT 77 Dc 44
6600 Gueule du Loup WLX 90 Fe 48
4950 Gueuzaine WLG 83 Ga 46
7620 Guignies WHT 77 Dc 45
3723 Guigoven VLI 73 Fc 43
1310 Guillemarde WBR 79 Ec 44
6704 Guirsch WLX 98 Ff 50
8660 Gullegem VWV 69 Db 43
6880 Gurhaumont WLX 97 Fb 49
3350 Gussenhoven, Orsmaal- VBR 73 Fa 44
3870 Gutschoven VLI 73 Fb 44

H

3150 Haach-Station VBR 72 Ed 43
3150 Haacht VBR 72 Ed 43
9450 Haaltert VOV 71 Df 43
8870 Haan VWV 69 Db 43
9968 Haantje VOV 60 De 41
2431 Haanven VAN 63 Ef 42
9120 Haasdonk VOV 61 Eb 41
3053 Haasrode VBR 72 Ee 44
6860 Habâru WLX 89 Fc 50
6720 Habay WLX 98 Fd 50
6720 Habay-la-Neuve WLX 98 Fd 50
6723 Habay-la-Vieille WLX 98 Fd 50
6782 Habergy WLX 98 Fe 51
4987 Hâbiemont WLG 82 Fe 46
4684 Haccourt WLG 74 Fd 44
6720 Hachy WLX 98 Fe 50
7911 Hacquegnies WHT 77 Dd 45
3640 Hagedoren VLI 64 Fe 42
2500 Hagehboek VAN 62 Ed 42
3790 Hagelstein VLI 82 Ff 44
5590 Haid WNA 89 Fb 47
5351 Haillot WNA 81 Fa 46
7100 Haine-Saint-Paul WHT 79 Eb 46
7100 Haine-Saint-Pierre WHT 79 Eb 46
7350 Hainin WHT 78 De 46
3300 Hakendover VBR 73 Ef 44
6792 Halanzy WLX 98 Fe 51
4217 Halbôssa WLG 80 Fa 45
4530 Halbôssart WLG 81 Fb 45
6671 Halconreux WLX 90 Ff 47
4684 Halembaye WLG 74 Fd 44
3545 Halen VLI 73 Fa 43
9031 Halewijn VOV 70 Dd 42
9170 Halfweg VOV 61 Ea 41
8900 Haliebast VWV 68 Ce 44
4860 Halinsart VLI 82 Fe 45
1500 Halle VBR 79 Ea 44
2980 Halle VAN 62 Ed 41
2220 Hallear VAN 62 Ee 42
3440 Halle-Booienhoven VBR 73 Fa 44
1500 Hallersbos VBR 79 Eb 44
6986 Halleux WLX 89 Fd 47
3800 Halmaal VLI 73 Fa 44
6922 Halma-Neupont WLX 89 Fa 48
2330 Halve Weg VAN 62 Ef 40
3520 Halveweg VLI 73 Fb 43
3945 Ham VLI 63 Fa 42
6890 Hamaide WLX 89 Fa 48
5380 Hambraine WNA 80 Ef 45
7950 Hameau du Jardin WHT 78 De 45
5580 Hamerène WNA 89 Fb 48
6840 Hamipré WLX 89 Fc 50
1785 Hamme VBR 71 Eb 43
9220 Hamme VOV 61 Ea 42
1320 Hamme-Mille WBR 72 Ee 44
4180 Hamoir WLG 81 Fd 46
5360 Hamois WNA 81 Fa 46
3930 Hamont-Achel VLI 64 Fc 41
6990 Hampteau WLX 89 Fc 47
6120 Ham-sur-Heure WHT 79 Ec 47
6120 Ham-sur-Heure-Nalinnes WHT 79 Ec 47
5190 Ham-sur-Sambre WNA 80 Ee 46
6730 Han WLX 97 Fd 50
8610 Handzame VWV 68 Cf 42
4357 Haneffe WLG 81 Fb 45
4210 Hannêche WNA 80 Fa 45
4280 Hannuit = Hannut WLG 80 Fa 44
4280 Hannut WLG 80 Fa 44
5310 Hanret WNA 80 Ef 45
9850 Hansbeke VOV 69 Dd 42
5580 Han-sur-Lesse WNA 89 Fa 48
6560 Hantes WHT 79 Eb 47
5621 Hanzinelle WNA 79 Ed 47
5621 Hanzinne WNA 79 Ed 47
7321 Harchies WHT 77 De 46
6600 Hardigny WLX 90 Fe 48
4357 Harduemont WLG 81 Fb 45
8530 Harelbeke VWV 69 Db 43
1831 Haren BRU 71 Ec 43
4040 Hareng WLG 82 Fd 44
6840 Harfontaine WLX 89 Fc 50
6900 Hargimont WLX 89 Fb 47
8972 Haringe, Roesbrugge- VWV 68 Cd 43
6724 Harinsart WLX 97 Fd 50
5310 Harlue WNA 80 Ef 45
7022 Harmignies WHT 78 Ea 46
6767 Harnoncourt WLX 97 Fc 51
6960 Harre WLX 82 Fd 46
6950 Harsin WLX 89 Fb 47
7022 Harveng WHT 78 Df 46
4920 Harzé WLG 82 Fe 46
6980 Harzé WLX 89 Fd 47
6600 Harzy WLX 90 Fe 49
4760 Hasenvenn WLG 83 Gb 46
3890 Hasselbroek VLI 81 Fb 44
3500 Hasselt VLI 73 Fc 43
5540* Hastière WNA 88 Ee 47
5540 Hastière-Lavaux WNA 88 Ee 47
5541 Hastière-par-delà WNA 88 Ee 47
6870 Hatrival WLX 89 Fc 48
1470 Hattain WBR 79 Ec 45
7522 Haudion WHT 77 Db 45
7618 Haudion WHT 77 Dc 45
7120 Haulchin WHT 78 Ea 46
4730 Hauset WLG 83 Ga 44
6670 Hausté WHT 90 Ff 47
5340 Haut-Bois WNA 80 Fa 46
7904 Haut Donjon WHT 77 Dd 45
6640 Haute Bioûle WLX 90 Fd 49
4983 Haute Bodeaux VLI 82 Fe 46
4910 Haute Desnié VLI 82 Fe 46
4870 Haute Fraipont VLI 82 Fe 45
6960 Haute Monchenoûle WLG 82 Fe 46
6464 Haute Nimelette WHT 87 Ec 49
4877 Haute Rafhay VLI 82 Fe 45
6929 Haut-Fays WLX 88 Ef 48
4140 Hautgné WLG 82 Fd 45
1461 Haut-Ittre WBR 79 Eb 45
5537 Haut-le-Wastia WNA 80 Ee 47
4102 Haut Pré WLG 81 Fd 45
7334 Hautrage WHT 78 De 46
7333 Hautrage Etat WHT 78 De 46
7041 Havay WHT 78 Df 46
4920 Havelange VLI 82 Fe 46
5370 Havelange WNA 81 Fb 46
5590 Haversin WNA 89 Fb 47
7531 Havinnes WHT 77 Dc 45
5580 Havrenne WNA 89 Fb 47
6997 Hayettes WLX 81 Fc 47
6997 Hazeille WLX 81 Fd 47
6690 Hébronval WLG 82 Fe 47
3940 Hechtel-Eksel VLI 63 Fb 42
6704 Heckbous WLX 98 Ff 50
9810 Hedemolen VOV 70 Dd 43
1367 Hedenge WBR 80 Ef 44
4960 Hédômont WLG 82 Ga 46
6900 Hèdrée WLX 89 Fc 47
2880 Heek VAN 61 Eb 42
5543 Heer WNA 88 Ef 48
2328 Heerle VAN 52 Ee 40
3870 Heers VLI 73 Fb 44
8570 Heerweg VWV 70 Dc 43

3740 Hees VLI 74 Fd 43
9250 Heesdonk VOV 61 Ea 42
2590 Heesten VAN 62 Ed 42
8551 Heestert VWV 69 Dc 44
9270 Heesvelde VOV 70 Df 42
9860 Heet VOV 70 De 43
2801 Heffen VAN 71 Ec 42
3061 Hegge VBR 72 Ed 43
4837 Heggen WLG 82 Ff 45
2381 Heibraak VAN 63 Fa 40
1840 Heide VBR 71 Eb 42
1910 Heide VBR 72 Ed 43
2431 Heide VAN 73 Ef 42
2920 Heide VAN 61 Ec 40
3470 Heide VBR 73 Fa 43
3471 Heide VBR 73 Fa 43
3740 Heide VLI 74 Fd 43
9031 Heide WHT 70 Dd 42
9968 Heide VOV 60 Dd 41
2490 Heidehuizen VAN 63 Fa 41
8210 Heidelberg VWV 59 Da 42
6700 Heiden WLX 98 Fe 50
9450 Heldergem VOV 70 Df 43
2390 Heidsie VAN 62 Ed 41
2990 Heieind VAN 62 Ed 40
2350 Heiende VAN 62 Ef 41
9150 Heihoek VOV 61 Eb 42
9971 Heihoek VOV 60 Dd 41
2580 Heikant VAN 72 Ed 42
2910 Heikant VAN 51 Ec 40
2920 Heikant VAN 62 Ec 40
3110 Heikant VBR 72 Ee 43
9190 Heikant VBR 61 Df 41
9240 Heikant VOV 71 Df 42
9250 Heiken VOV 61 Ea 42
1670 Heikruis VBR 71 Ea 44
2830 Heindonk VAN 71 Ec 42
6700 Heinsch WLX 98 Fe 50
6717 Heinstert WLX 98 Fe 50
9190 Heirweg VOV 61 Ea 41
2860 Heisbroek VAN 72 Ec 42
3890 Heiselt VLI 73 Fb 44
8300 Heist, Knokke- VWV 59 Db 40
2220 Heist-op-den-Berg VAN 72 Ee 42
3640 Heiveld VLI 64 Fe 42
9660 Heiveld VOV 70 De 44
9280 Heizijde VOV 71 Ea 43
1790 Hekelgem VBR 71 Ea 43
8700 Hekke VWV 69 Dc 42
3870 Heks VLI 73 Fc 44
8587 Helchin, Espierres- = Helkijn, Spiere- VWV 69 Dc 44
3530 Helchteren, Houthalen- VLI 73 Fc 42
1357 Hélécine WBR 73 Ef 44
3440 Helen-Bos VBR 73 Fa 44
9160 Helende VOV 60 Df 42
2310 Helhoek VAN 62 Ee 40
8970 Helhoek VWV 68 Cd 43
8587 Helkijn, Spierre- VWV 69 Dc 44
7830 Hellebecq WHT 78 Df 45
9890 Helleve VOV 70 De 43
3110 Hellicht VBR 72 Ee 43
1541 Hellingen VBR 71 Df 44
9600 Hemelberg VOV 70 Dd 44
3582 Hemelburg VLI 63 Fb 42
2910 Hemelrijk VAN 51 Ec 40
2320 Hemelrijkse Heide VAN 62 Ee 40
9571 Hemelveerdegem VOV 70 Df 44
2620 Hemiksem VOV 61 Eb 42
5380 Hemptinne WNA 80 Ef 45
5620 Hemptinne WNA 87 Ed 47
6600 Hemroulle WLX 90 Fe 48
9961 Hendeken VOV 60 De 41
3840 Hendrieken VLI 73 Fb 44
3700 Henis VLI 74 Fc 44
7090 Hennuyères WHT 78 Ea 45
4841 Henri-Chapelle WLG 82 Ff 44
4980 Henrimoulin VLI 82 Fe 46
7090 Henripont WHT 79 Ea 45
3670 Hensem VLI 64 Fc 42
7350 Hensies WHT 77 De 46
3971 Heppen VLI 63 Fb 42
4771 Heppenbach WLG 83 Gb 46
3680 Heppeneert VLI 74 Fe 42
6220 Heppignies WHT 79 Ec 46
4771 Hepscheid WLG 83 Gb 46
6680 Herbaimont WLX 89 Fd 48
1370 Herbais WBR 80 Ef 44
5530 Herbèfayi WNA 80 Ef 46
8690 Herberg VWV 68 Ce 42
4710 Herbesthal WLG 82 Ff 44
6941 Herbet WLX 81 Fc 46
6887 Herbeumont WLX 97 Fb 50
4845 Herbiester WLG 82 Ff 45
5555 Herbòi WNA 88 Fa 49
7050 Herchies WHT 78 Df 45
3770 Herderen VLI 74 Fd 44
9310 Herdersem VOV 71 Ea 43
3840 Heren VLI 73 Fc 44
3700 's-Herenelderen VLI 74 Fc 44
3020 Herent VBR 72 Ee 43
3910 Herent VLI 64 Fc 41
2200 Herentals VAN 62 Ee 41
9850 Herenthoek VOV 69 Dd 42
2270 Herenthout VAN 62 Ee 42
1540 Herfelingen VBR 71 Ea 44
4728 Hergenrath WLG 82 Ga 44
4760 Hergersberg WLG 83 Gc 46
5560 Herhet WNA 88 Ef 47
1570 Herhout VBR 78 Df 44
6181 Heriamont VLI 79 Eb 45
7742 Hérinnes WHT 77 Dc 44
3990 Heris VLI 63 Fc 41
5550 Hérisson WNA 96 Ef 49
3540 Herk-de-Stad VLI 73 Fb 43
2270 Herlaar VAN 62 Ee 42
6983 Herlinval WLX 90 Fd 48
4681 Hermalle-sous-Argenteen WLG 82 Fe 44
4480 Hermalle-sous-Huy WLG 81 Fc 45
6941 Hermanne WLX 81 Fc 46
4682 Hermée WLG 82 Fd 44
9636 Hermelgem-Nederzwalm VOV 70 De 43
5540 Hermeton-sur-Meuse WNA 88 Ee 47
1540 Herne VBR 78 Ea 44
5560 Hérok WNA 88 Fa 47
4217 Héron WLG 81 Fa 45
6680 Hêropont WLX 89 Fd 48
7911 Herquegies WHT 77 Dd 45
6637 Herrenberg WLX 98 Fe 49
6782 Herrenfeld WLX 98 Fe 51
4770 Herresbach WLG 83 Gb 47
7712 Herseaux WHT 69 Db 44
2230 Herselt VAN 72 Ef 42
4040 Herstal WLG 81 Fd 45
3717 Herstappe VLI 73 Fc 44
7522 Hertain WHT 77 Db 45
3831 Herten VLI 73 Fb 44
9100 Hertjen VOV 61 Ea 42
8020 Hertsberge VWV 59 Db 42
4650* Herve WLG 82 Fe 45
9550 Herzele VOV 70 De 43
2400 Hessie VAN 63 Fa 41
2520 Het Alliers VAN 62 Ed 42
8300 Het Kalf VWV 59 Db 40
2370 Het Pleintje VAN 63 Fa 40
2440 Het Punt VAN 62 Ef 42
8501 Heule VWV 69 Db 43
9991 Heulendonk VOV 60 Dc 41
2260 Heultje VAN 62 Ee 42
5377 Heure WNA 81 Fb 47
4682 Heure-le-Romain WLG 74 Fd 44
9700 Heurne VOV 70 Dd 43
9070 Heusdem VOV 70 De 42
3550 Heusden-Zolder VLI 73 Fb 42
4632 Heuseux VLI 82 Fe 45
4606 Heusière VLI 82 Fe 44
4802 Heusy WLG 82 Ff 45
2920 Heuvel VAN 61 Ec 40
9320 Heuvel VOV 71 Ea 43
9660 Heuvelgem VOV 70 De 43
8950* Heuvelland VWV 68 Ce 44
2940 Heuvels VAN 61 Ec 40
5000 Heuvi WNA 80 Ef 46
3191 Hever VBR 72 Ed 43
3001 Heverlee VBR 72 Ee 43
1435 Hévillers WBR 80 Ed 45
4834 Hévremont WLG 82 Ff 45
6941 Heyd WLX 81 Fd 46
4987 Hierfômont VLI 82 Fe 46
4990 Hierlot WLG 82 Fe 47
4180 Hignesse WLG 81 Fd 46
9080 Hijfte VOV 60 De 42
8750 Hille VWV 69 Db 42
9550 Hillegem VOV 70 Df 43
4784 Hinderhausen WLG 83 Ga 47
2880 Hingene VAN 61 Eb 42
5380 Hingeon WNA 80 Fa 45
4980 Hinoûmont WLG 82 Ff 46
6984 Hives WLX 89 Fd 48
2660 Hoboken VAN 61 Eb 41
4770 Hochkreuz WLG 83 Ga 47
4970 Hockai WLG 82 Ff 46
4910 Hodbômont VLI 82 Fe 45
4351 Hodeige WLG 81 Fc 44
4800 Hodimont WLG 82 Ff 45
6987 Hodister WLX 89 Fc 47
2470 Hodonk VAN 63 Fa 41
4162 Hody WLG 81 Fc 46
3940 Hoef VLI 63 Fc 42
3320 Hoegaarden WBR 72 Ee 44
1560 Hoeilaart VBR 72 Ec 44
2960 Hoek VAN 62 Ed 40
9240 Hoek VOV 61 Ea 42
9550 Hoek VOV 70 Df 44
8340 Hoeke VWV 59 Db 41
2330 Hoekeinde VAN 62 Ef 40
8650 Hoekske VWV 68 Cf 43
8730 Hoekske VWV 59 Db 42
9080 Hoeksken VOV 60 Df 42
Hoeksken VOV 60 Dd 42
Hoeksken VOV 60 Dd 42
3746 Hoelbeek VLI 74 Fd 43
3471 Hoeleden VBR 73 Ef 43
3840 Hoepertingen VLI 73 Fb 44
3730 Hoeselt VLI 73 Fc 43
3900 Hoeven VLI 63 Fc 41
2940 Hoevenen VAN 61 Ec 41
1981 Hofstade VBR 72 Ec 43
9308 Hofstade VOV 71 Ea 43
8560 Hoge VWV 69 Db 43
8610 Hoge VWV 68 Da 42
2340 Hoge-Bergen VAN 62 Ee 41
3450 Hogen VBR 73 Fa 43
8700 Hogenhove WHT 69 Dc 43
2230 Hogenweg VAN 72 Ef 42
9950 Hoge-Voorde VOV 60 Dd 42
5377 Hogne WNA 89 Fb 47
4342 Hognoul WLG 81 Fc 44
3320 Hoksem VBR 72 Ef 44
9681 Holand VOV 70 Dd 44
9270 Holeinde VOV 70 Df 42
7620 Hollain WHT 77 Dc 45
3500 Hollands Veld VLI 73 Fc 43
6637 Hollange WLX 90 Fe 49
9140 Hollebeek VOV 61 Eb 42
4460 Hollogne-aux-Pierres WLG 81 Fc 45
4250 Hollogne-sur-Geer WLG 81 Fb 44
3220 Holsbeek VBR 72 Ee 43
3900 Holven VLI 63 Fc 41
4760 Holzheim WLG 83 Gb 46
2811 Hombeek VAN 71 Ec 42
4852 Hombourg WLG 82 Ff 44
7863 Hombreucg WHT 70 De 44
4432 Hombrou WLG 81 Fd 44
3700 Hommelenberg VLI 74 Fd 44
3511 Hommelheide VLI 73 Fb 43
4960 Hômont WLG 83 Ga 46
6640 Hompré WLX 90 Fe 49
6780 Hondelange WLX 98 Ff 51
9981 Hondseinde WHT 59 Dd 41
4130 Hôni WLG 81 Fd 45
5570 Honnay WNA 88 Fa 48
7387 Honnelles WHT 77 De 46
3370 Honsem VBR 72 Ee 44
4760 Honsfeld WLG 83 Gb 46
3545 Hontsom VLI 73 Fa 43
6637 Honville WLX 98 Fe 49
4841 Hoof WLG 82 Ff 45
2222 Hoogbraak VAN 62 Ee 42
3370 Hoogbutsel VBR 72 Ef 43
7912 Hoog-Deurne WHT 78 Dd 44
8600 Hoogland VWV 68 Cf 42
8830 Hooglede VWV 68 Da 43
1861 Hoognerom VBR 71 Eb 43
8690 Hoogstade VWV 68 Ce 43
9150 Hoogstraat VOV 61 Eb 42
2320 Hoogstraten VAN 62 Ee 40
8902 Hoolebeke VWV 68 Cf 44
9220 Hoort VOV 71 Ea 42
9667 Horebeke VOV 70 Dd 44
2910 Horendonk VAN 51 Ed 40
4460 Horion-Hozémont WLG 81 Fc 45
6600 Horitine WLX 90 Fe 48
7830 Horlebec WHT 78 Ea 45
7301 Hornu WHT 78 De 46
3870 Horpmael VLI 73 Fb 44
7060 Horrues WHT 78 Ea 45
2470 Horzelend VAN 63 Fa 41
4590 Hos WLG 81 Fc 46
8906 Hospitaalhoek VWV 68 Ce 43
6840 Hosseuse WLX 89 Fc 50
4141 Hotchamps VLI 82 Fe 45
6637 Hotte WLX 98 Fd 49
6990 Hotton WLX 81 Fc 47
6724 Houdemont WLX 97 Fd 50
7110 Houdeng-Aimeries WHT 79 Ea 46
7110 Houdeng Gœgnies WHT 79 Ea 46
5575 Houdrémont WNA 88 Ef 49
6660 Houffalize WLX 90 Fe 48
6680 Houmont WLX 90 Fd 49
4190 Houpet WLG 82 Fd 46
5563 Hour WNA 88 Fa 48
4671 Housse WLG 82 Fe 44
5024 Hoûssoi WNA 80 Ef 46
4920 Houssonloge WLG 82 Fd 46
7830 Houtain WHT 78 Df 45
7812 Houtaing WHT 78 Dd 45
1476 Houtain-le-Mont VLI 79 Ec 45
1476 Houtain-le-Val WBR 79 Ec 45
4682 Houtain-Saint-Siméon WLG 74 Fd 44
8377 Houtave VWV 59 Da 41
1800 Houtem VBR 72 Ec 43
3320 Houtem VBR 72 Ef 44
8630 Houtem VWV 68 Cd 42
9880 Houtem VOV 60 Dc 42
1840 Houten Kruis VBR 71 Eb 42
3980 Houterenberg VLI 73 Fa 42
3990 Houterstraat VLI 63 Fc 42
3530 Houthalen-Helchteren VLI 73 Fc 42
3530 Houthalen-Oost VLI 74 Fc 42
7781 Houthen WHT 68 Cf 44
8650 Houthulst VWV 68 Cf 43
6960 Hoût-si-Ploût WLX 82 Fe 47
2235 Houtvenhe VAN 72 Ee 42
9860 Houw VOV 70 De 43
3390 Houwaart VBR 72 Ef 43
5530 Houx WNA 80 Ef 47
5560 Houyet WNA 88 Ef 47
2540 Hove VAN 62 Ec 42
7830 Hoves WHT 78 Ea 45
7624 Howardries WHT 77 Dc 45
4190 Hôyemont WLG 82 Fd 46
4460 Hozémont WLG 81 Fc 45
5561 Hubaille WNA 88 Fa 47
6044 Hûbe WHT 79 Ec 46
6680 Hubermont WLX 90 Fd 48
6983 Hubermont WLX 90 Fd 48
5360 Hubine WNA 81 Fb 46
4520 Huccorgne WLG 81 Fa 45
8700 Huffezele WHT 69 Db 43
9750 Huise VOV 70 Dd 43
7950 Huissignies WHT 77 De 45
1654 Huizingen VBR 71 Eb 44
9160 Hul VOV 60 Df 42
3040 Huldenberg VBR 72 Ed 44
1460 Hûleu WBR 79 Eb 45
3450 Hulsbeek VBR 73 Fa 43
2490 Hulsen VAN 63 Fa 42
3570 Hulsen VLI 73 Fb 43
2382 Hulset VAN 53 Fa 40
2235 Hulshout VAN 72 Ee 42
5560 Hulsonniaux WNA 88 Ef 47
3980 Hulst VLI 73 Fa 42
8531 Hulste VWV 69 Db 43
9940 Hultjen VOV 60 De 42
6900 Humain WLX 89 Fb 47
1851 Humbeek VBR 71 Ec 43
5537 Hun WNA 80 Ef 47
9630 Hundelgem VOV 70 De 43
4760 Hünningen WLG 83 Gb 46
4784 Hünningen WLG 83 Ga 47
1785 Hunsberg VBR 71 Eb 43
1367 Huppaye WBR 80 Ef 44
7880 Hurdumont WHT 70 De 44
6500 Hurimont WHT 87 Eb 47
6460 Hurtebise WHT 87 Eb 48
6870 Hurtebise WLX 89 Fc 48
9270 Hussevelde VOV 70 Df 42
3510 Hustenveld VLI 73 Fb 43
4837 Hutte WLG 83 Ga 45
2450 Hutten VAN 63 Fa 42
3590 Huvenner VLI 73 Fc 43
4500 Huy WLG 81 Fb 45
2940 Huzarenberg VAN 61 Ec 40
6280 Hymiée WNA 79 Ed 47
7000 Hyon WHT 78 Df 46

I

8480 Ichtegem VWV 58 Cf 42
9472 Iddergem VOV 71 Ea 43
9506 Idegem VOV 70 Df 44
8900 Ieper VWV 68 Cf 43
9860 IJshoute VOV 70 De 43
8510 IJzerenhand WNA 69 Db 44
1861 Impde VBR 71 Eb 43
9340 Impe VOV 70 Df 43
8908 Impotente VWV 68 Ce 43
1315 Incourt WBR 80 Ee 44
8770 Ingelmunster VWV 69 Db 43
1652 Ingeodaal VBR 71 Ec 44
8570 Ingooigem VWV 70 Dc 44
5600 Ingreme WNA 87 Ed 48
4181 Inzègottes WLG 82 Fd 46
2321 Ipenrooi VAN 52 Ee 40
7801 Irchonwelz WHT 78 De 45
7822 Isiéres WHT 78 De 45
5032 Isnes WNA 80 Ee 45
2222 Itegem VAN 62 Ee 42
1701 Itterbeek VBR 71 Eb 43
2570 Itterbeek VAN 62 Ed 42
1460 Ittre WBR 79 Eb 45
4770 Iveldingen WLG 83 Ga 46
5330 Ivoi WNA 80 Ef 46
1050 Ixelles = Elsene BRU 71 Ec 44
8870 Izegem VWV 69 Db 43
6810 Izel WLX 97 Fc 50
8691 Izenberge VWV 68 Cd 43
6941 Izier WLX 82 Fd 46

J

8490 Jabbeke VWV 58 Da 41
8640 Jagershof VWV 68 Ce 43
4845 Jalhay WLG 82 Ff 45
5354 Jallet WNA 81 Fb 46
5600 Jamagne WNA 87 Ed 47
5100 Jambes WNA 80 Ef 46
5580 Jambline WNA 89 Fa 48
5600 Jamiolle WNA 87 Ec 47
6120 Jamioulx WHT 79 Ec 46
6900 Jamodene WLX 89 Fb 47
6810 Jamoigne WLX 97 Fc 50
1350 Jandrain-Jandrenouille WBR 80 Ef 44
1350 Jandrenouille WBR 80 Ef 45
1350 Jauche WBR 80 Ef 44
1370 Jauchelette WBR 80 Ef 44
5570 Javingue WNA 88 Ef 48
6953 Javingue WNA 89 Fb 48
4910 Jehanster WLG 82 Ff 45
4470 Jehay WLG 81 Fb 45
6880 Jehonville WLX 97 Fb 49
4910 Jehôster VLI 82 Fe 46
7390 Jemappes WHT 78 Df 46
5580 Jemelle WNA 89 Fb 48
4101 Jemeppe WLG 81 Fc 45
5190 Jemeppe-sur-Sambre WNA 80 Ed 46
4357 Jeneffe WLG 81 Fc 45
5370 Jeneffe WNA 81 Fb 46

6941 Jenneret WLX 81 Fc 46
6800 Jenneville WLX 89 Fc 49
9800 Jeruzalem WHT 70 Dc 43
3840 Jesseren VLI 73 Fc 44
1090 Jette VBR 71 Eb 43
6500 Jette-Feuille WHT 87 Eb 47
3890 Jeuk VLI 73 Fb 44
3890 Jeuk Roost VLI 81 Fb 44
4990 Jevigne WLG 82 Fe 47
3090 Jezus-Eik VBR 72 Ec 44
6640 Jodenville WLX 90 Fd 49
5150 Jodion WNA 80 Ee 46
1370 Jodoigne WBR 80 Ef 44
1370 Jodoigne-Souveraine WBR 80 Ee 44
4711 Johberg WLG 83 Ga 44
1410 Joli-Bois WBR 79 Ec 44
6141 Jolibois WHT 79 Eb 46
7620 Jollain-Merlin WHT 77 Dc 45
6280 Joncret WHT 79 Ed 46
8650 Jonkershoven VWV 68 Cf 43
6971 Journal WLX 89 Fd 48
6690 Jubiéval WLG 82 Ff 47
4650 Julémont WLG 82 Fe 44
6040 Jumet WHT 79 Ec 46
6987 Jupille WLX 89 Fd 47
4020 Jupille-sur-Meuse WLG 81 Fd 45
5360 Juplet WNA 80 Fa 46
4450 Juprelle WLG 74 Fc 44
7050 Jurbise WHT 78 Df 45
6642 Juseret WLX 97 Fd 49
6941 Juzaine WLX 81 Fd 46

K

8600 Kaaskerke VWV 68 Ce 42
8870 Kachtem VWV 69 Db 43
3293 Kaggevinne VBR 73 Ef 43
7540 Kain WHT 77 Dc 45
4780 Kaiserbaracke WLG 83 Ga 46
8710 Kalberg VWV 69 Dc 43
9160 Kaleinje VOV 60 Df 42
3660 Kalenberg VLI 74 Fd 42
9170 Kalf VOV 61 Ea 41
2870 Kalfort VAN 71 Eb 42
9270 Kalken VOV 70 Df 42
9130 Kallo VOV 61 Eb 41
2920 Kalmthout VAN 62 Ec 40
1910 Kampenhout VBR 72 Ec 43
8700 Kanegem VWV 69 Dc 42
3770 Kanne VLI 74 Fe 44
8880 Kapelle VWV 69 Da 43
9961 Kapelle WHT 60 De 41
9041 Kapelleken VOV 60 De 42
2950 Kapellen VAN 61 Ec 41
3381 Kapellen VBR 72 Ef 43
2950 Kapellenbos VAN 62 Ec 40
1880 Kapelle-op-den-Bos VBR 71 Eb 42
8580 Kaphoek VWV 70 Dc 44
9660 Kapittel VOV 70 De 44
9970 Kaprijke VOV 60 Dd 41
9850 Karmenhoek VOV 69 Dd 42
8600 Kasteelhoek VWV 68 Cf 42
9220 Kastel VOV 71 Eb 42
8572 Kaster VWV 70 Dc 44
9700 Kaster VOV 70 Dd 43
2460 Kasterlee VAN 63 Ef 41
3583 Katermeer VLI 73 Fb 42
8551 Katte VWV 69 Dc 44
8510 Katteberg WNA 69 Db 44
2930 Kattekesberg VAN 62 Ec 41
1761 Kattem VBR 71 Ea 43
3920 Kattenbos VLI 63 Fb 41
4710 Kaulen WLG 82 Ff 45
3950 Kaulille VLI 64 Fc 41
8760 Kazantwijk WHT 69 Db 43
3140 Keerbergen VAN 72 Ed 42
9160 Keerken VOV 61 Df 42
9160 Keersmaker VOV 60 Df 42
8820 Keiberg WHT 69 Da 42
8980 Keiberg VWV 68 Da 43
8970 Keibilken VWV 68 Ce 44
8600 Keiem VWV 68 Cf 42
2490 Keiheuvel VAN 63 Fb 41
8210 Keiorum VWV 59 Da 42
9770 Kelderke VOV 69 Dd 43
4720 Kelmis = La Calamine WLG 82 Ga 44
9190 Kemel VOV 61 Ea 41
4367 Kemexhe WLG 81 Fc 44
8956 Kemmel VWV 68 Cf 44
9190 Kemzeke VOV 61 Ea 41
3200 Kenijnenberg VBR 72 Ef 43
9940 Kerkbrugge VOV 60 De 42
8581 Kerkhove VWV 69 Dd 44
3920 Kerkhoven VLI 63 Fb 42
3370 Kerkom VBR 72 Ef 43
3800 Kerkom-bij-Sint-Truiden VLI 73 Fb 44
9451 Kerksken VOV 71 Df 43
3500 Kermisveld VLI 73 Fb 43
3510 Kermt VLI 73 Fb 43
3840 Kerniel VLI 73 Fc 44
9160 Kerrebroek VOV 60 Df 42
3472 Kersbeek VBR 73 Ef 43
8920 Kerselaar VWV 68 Cf 43
8980 Kerselaarhoek VWV 68 Cf 43
3620 Kesseft VLI 74 Fd 43
2560 Kessel VAN 62 Ed 42
3010 Kessel-Lo VBR 72 Ee 43
3640 Kessenich VLI 64 Fe 42
1755 Kester VBR 71 Ea 44
9140 Kettemuit VOV 61 Ea 42
4701 Kettenis WLG 83 Ga 45
9031 Ketulse VOV 70 Dd 42
5060 Keumiee WNA 80 Ed 46
2020 Kiel VAN 61 Ec 41
9130 Kieldrecht VOV 61 Eb 41
3500 Kiewit VLI 73 Fc 43
3391 Kiezegem VBR 72 Ef 43
3640 Kinrooi VLI 64 Fe 42
2360 Kinschol VAN 63 Fa 41
2230 Kipdorn VAN 72 Ef 42
8650 Kippe VWV 68 Cf 43
8755 Klaphulle VWV 69 Dc 42
9800 Klapstraat VOV 70 Dd 43
3111 Klarenbos VBR 72 Ee 43
9900 Kleemhoek VOV 59 Dd 41
9280 Klein-Antwerp VOV 71 Ea 43
1600 Klein-Bijgaarden VBR 71 Eb 44
9280 Klein-Brabant VOV 71 Ea 43
3990 Kleine-Brogel VLI 63 Fc 42
2310 Kleine Gammel VAN 62 Ee 40
2328 Kleine Eisel VAN 52 Ee 40
3740 Kleine-Spouwen VLI 74 Fd 43
3870 Klein-Gelmen VLI 73 Fb 44
9230 Klein Gent VOV 70 Df 42
9180 Klein Sinaai VOV 61 Df 41
2960 Klein-Veerle VAN 62 Ee 41
3890 Klein-Vorsen VLI 81 Fa 44
2430 Klein Vorst VAN 63 Fa 42
8902 Klein-Zillebeke VWV 68 Cf 44
9990 Kleit VOV 59 Dc 41
8420 Klemskerke VWV 58 Da 41
8650 Klerken VWV 68 Cf 42
8954 Klijte VWV 68 Ce 44
9170 Klinge, De VOV 61 Ea 41
3583 Klitsberg VBR 73 Fa 42
9600 Klijpe VOV 69 Dd 44
8647 Kloefhoek VWV 68 Ce 43
8880 Kloefkaperij VWV 69 Da 43
3600 Klotbroek VLI 73 Fc 43
2460 Kluis VAN 63 Ef 41
9402 Kluis VOV 71 Ea 44
9690 Kluisbergen VOV 70 Dc 44
9940 Kluizen VOV 60 De 42
9910 Knesselare VOV 60 Dc 42
8550 Knokke VWV 69 Dc 44
8650 Knokke-Brug VWV 68 Ce 43
8300 Knokke-Heist VWV 59 Db 40
1730 Kobbegem VBR 71 Eb 43
8820 Kodaard WHT 69 Da 42
8680 Koekelare VWV 68 Cf 42
1080 Koekelberg VBR 71 Eb 43
8930 Koekuit VWV 69 Da 44
8800 Koekuithoek VWV 69 Da 43
3582 Koersel VLI 73 Fb 42
1540 Kokiane VBR 78 Ea 44
8670 Koksijde VWV 58 Cd 42
8670 Koksijde-Bad VWV 58 Cd 42
3600 Kolderbos VLI 74 Fd 43
3920 Kolonie VLI 63 Fc 41
3910 Kolonies VLI 64 Fc 41
3520 Kolveren VLI 73 Fc 42
7780 Komen-Waasten = Comines-Warneton VWV 68 Cf 44
9870 Konijntie WHT 69 Dd 43
2500 Koningshooikt VAN 62 Ed 42
1800 Koningslo VBR 71 Ec 43
3700 Koninksem VLI 73 Fc 44
8900 Koniugshoel VWV 68 Cf 43
8400 Konterdam VWV 58 Cf 41
2550 Kontich VAN 62 Ec 42
2550 Kontich-Kazerne VAN 62 Ec 42
8510 Kooigem VWV 69 Db 44
8000 Koolkerke VWV 59 Db 41
8851 Koolskamp VWV 69 Db 42
4760 Köppheck WLG 83 Gc 46
3060 Korbeek-Dijle VBR 72 Ed 43
3360 Korbeek-Lo VBR 72 Ee 43
9660 Korrele VOV 70 De 44
9667 Korsele VOV 70 De 43
3581 Korspel VLI 63 Fb 42
8610 Korte VWV 68 Da 42
9930 Korteboeken VOV 60 Dd 42
2470 Korteinen VAN 63 Fa 41
8920 Kortekeer VWV 59 Db 42
8610 Kortemark VWV 68 Da 42
3470 Kortenaken VBR 73 Fa 43
3070 Kortenberg VBR 72 Ed 43
3800 Kortenbos VLI 73 Fb 43
3720 Kortessem VLI 73 Fc 43
3890 Kortijs VLI 81 Fa 44
8500 Kortrijk VWV 69 Db 44
3220 Kortrijk-Dutsel VBR 72 Ee 43
3631 Kotem VLI 74 Fe 43
8700 Koten WHT 69 Dc 42
9570 Koudenberg VOV 70 De 44
2801 Kouter VAN 71 Ec 42
3850 Kozen VLI 73 Fb 43
1950 Kraainem VBR 72 Ec 43
9150 Kraak VOV 61 Eb 42
2940 Krekelberg VAN 61 Ec 41
2960 Krekelberg VAN 62 Ed 41
4760 Krewinkel WLG 83 Gc 47
4728 Krickelstein WLG 75 Ff 44
8760 Krieke WHT 69 Db 43
8531 Kriekhoek VWV 69 Db 43
3590 Krijt VLI 73 Fc 43
8000 Kristoffelhoeve VWV 59 Db 41
1730 Krokegem VOV 71 Ea 43
8972 Krombeke VWV 68 Ce 43
8820 Krommenhaak WHT 69 Da 42
9940 Kromvelde VOV 60 Dd 42
9150 Kruibeke VOV 61 Eb 42
9991 Kruipujt VOV 59 Dd 42
9310 Kruisabeel VOV 71 Ea 43
8000 Kruisabeke VWV 59 Db 41
2580 Kruisbaan VAN 72 Ed 42
8940 Kruiseke VWV 68 Da 44
3140 Kruisheide VBR 72 Ee 42
8531 Kruishoek WHT 69 Db 43
9770 Kruishoutem VOV 69 Dd 43
8890 Kruiske VWV 69 Da 43
8570 Kruisken VWV 70 Dc 44
9980 Kruisken VOV 59 Dd 41
2222 Kruiskensberg VAN 62 Ee 42
8755 Kruiskerke WHT 69 Dc 42
2920 Kruisstraat VAN 62 Ed 40
3570 Kruisstraat VOV 73 Fb 43
8510 Kruisstraat VWV 69 Db 44
9180 Kruisstraat VOV 60 Df 41
9930 Kruisstraat VOV 60 Dd 42
Kruisstraat VOV 68 Cf 43
Kruisstraat VWV 68 Cf 42
2990 Kruisweg VAN 62 Ed 40
8680 Kruisweg VWV 70 Dc 43
9800 Kruiswege WHT 70 Dc 42
4750 Kuchelscheid WLG 83 Gb 45
3300 Kumtich VBR 72 Ef 44
3511 Kuringen VLI 73 Fb 43
8520 Kuurne VWV 69 Db 43
3945 Kwaadmechelen VLI 63 Fa 42
9170 Kwakkel VOV 61 Ea 41
9690 Kwaremont VOV 69 Dd 44
9230 Kwatrecht VOV 70 Df 43
3071 Kwerps VBR 72 Ed 43

L

3530 Laak VLI 73 Fc 42
2430 Laakdal VAN 63 Ef 42
1910 Laar VBR 72 Ed 43
1980 Laar VBR 71 Ec 43
3190 Laar VBR 72 Ed 43
3400 Laar VBR 73 Fa 44
9270 Laarne VOV 70 De 42
1440 La Baraque WBR 79 Eb 44
6500 La Barrière WHT 87 Eb 47
6640 La Barrière WLX 89 Fd 49
6800 La Basse Bras WLX 89 Fc 49
4450 La Béguine WLG 74 Fc 44
5363 La Bele WNA 81 Fa 47
7060 La Belle Croix WHT 78 Ea 45
7812 La Bigaude WHT 77 De 45
6880 La Billarde WLX 89 Fb 50
7850 L'Abliau WHT 78 Df 45
5650 La Botte WNA 87 Ec 47
5350 La Bouchaille WNA 81 Fa 46
7080 La Bouverie WHT 78 Df 46
6464 La Bouverte WHT 87 Ec 49
5555 La Brajette WNA 88 Fa 49
5575 La Brasserie WNA 88 Ef 49
7034 La Brisée WHT 78 Ea 46
7973 La Bruyère WHT 77 De 46
1320 La Bruyère WBR 72 Ee 44
1420 La Bruyère WBR 79 Eb 44
4840 La Bruyère WLG 82 Ff 45
5080* La Bruyère WNA 80 Ee 45
6567 Labuissière WHT 79 Eb 47
7063 La Câge WHT 78 Df 45
4720 La Calamine = Kelmis WLG 82 Ga 44
7050 La Canard WHT 78 Df 45
7910 La Carnoi WHT 77 Dd 44
6470 La Carreauterie WHT 87 Eb 47
7972 La Cauchie WHT 77 De 45
5680 La Champelle WNA 88 Ee 47
4990 La Chapelle WLG 82 Fe 47
6181 La Chaussée WHT 79 Ec 46
4890 La Clouse WLG 82 Ff 44
6464 La Colotterie WHT 87 Eb 48
7880 La Commune WHT 70 De 44
6690 La Comté WLG 82 Ff 47
3090 La Corniche VBR 72 Ed 44
1470 La Croisette WBR 79 Ec 45
4550 La Croix André WLG 81 Fc 45
6600 la Croix Blanche WLX 90 Fe 49
6821 Lacuisine WLX 97 Fb 50
7950 Ladeuze WHT 78 De 45
7911 La Dîne WHT 77 Dd 45
4630 Ladrie VLI 82 Fe 45
6960 La Fagne WLX 82 Fd 46
6470 La Fagnette WHT 87 Eb 48
6470 La Fau WHT 87 Ea 47
3770 Lafelt VLI 74 Fd 44
5650 La Folie WHT 79 Eb 47
6960 La Foosse WLX 82 Fd 47
5550 Laforêt WNA 96 Ef 49
6594 La Fortelle WHT 87 Ea 48
7134 La Fuwee WHT 79 Eb 46
6860 La Garde de Dieu WLX 97 Fc 50
7120 La Gare WHT 78 Ea 46
6856 La Géripont WLX 97 Fb 49
6880 La Girgaine WLX 97 Fb 49
6180 La Glacerie WHT 79 Ec 46
4987 La Gleize VLI 82 Fe 46
5660 La Grande Taille WNA 87 Ec 49
7060 La Guelenne WHT 78 Ea 45
7131 La Guinguette WHT 79 Ea 46
6730 Lahage WLX 97 Fd 51
5550 La Haisette WNA 96 Ef 49
7890 Lahamaide WHT 77 De 44
5537 La Haute WNA 80 Ee 46
6800 La Haute Bras WLX 89 Fc 49
6840 Lahèrie WLX 97 Fc 49
7170 La Hestre WHT 79 Eb 46
7880 La Houppe WHT 70 De 44
1310 La Hulpe WBR 79 Ec 44
6642 La Hutte WLX 97 Fd 49
6824 Laiche WLX 97 Fb 50
4630 Laid Brôli VLI 82 Fe 45
1020 Laken BRU 71 Eb 43
7100 La Louvière WHT 79 Ea 46
6870 La Loye WLX 89 Fc 48
7522 Lamain WHT 77 Db 45
6470 la Marlagne WHT 87 Eb 48
6470 la Marzelle WHT 87 Eb 48
6511 La Marzelle WHT 79 Eb 47
7060 La Masi WHT 78 Ea 45
7063 La Mastelle WHT 78 Df 45
7000 La Masure WHT 78 Df 46
4800 Lambermont WLG 82 Fe 45
6820 Lambermont WLX 97 Fa 50
6220 Lambusart WHT 79 Ed 46
4350 Lamine WLG 81 Fc 44
4890 La Minerie VLI 82 Ff 45
4960 Lamonriville WLG 82 Ga 46
4210 Lamontzée WLG 80 Fa 45
6960 Lamôrmenil WLX 90 Fd 47
6767 Lamorteau WLX 97 Fc 51
6800 Lamouline WLX 97 Fc 49
8600 Lampernisse VWV 68 Ce 42
3620 Lanaken VLI 74 Fd 43
3620 Lanakerheide VLI 74 Fd 43
4600 Lanaye WLG 74 Fe 44
9850 Landegem VOV 70 Dd 42
6111 Landelies WHT 79 Eb 46
9451 Landelle VOV 71 Df 43
3400 Landen VBR 73 Fa 44
5300 Landenne WNA 80 Fa 45
9968 Landsdijk WHT 60 Dd 41
9860 Landskouter VOV 70 De 43
9810 Landuit VOV 70 Dd 43
5651 Laneffe WNA 79 Ec 47
1340 La-Neuve WBR 80 Ed 45
4987 La Neuville VLI 82 Fe 46
6800 Laneuville WLX 89 Fc 49
6970 Laneuville au Bois WLX 89 Fc 48
2230 Langdonken VAN 72 Ef 42
3201 Langdorp VBR 72 Ef 43
8920 Langemark-Poelkapelle VWV 68 Cf 43
9420 Lange Munte VOV 70 Df 43
3830 Langenakker VLI 73 Fc 43
2323 Langenberg VAN 62 Ee 40
8340 Langenhoek VWV 59 Db 41
6674 Langlîre WLG 90 Ff 47
7800 Languesaint WHT 78 De 45
2220 Langveld VAN 72 Ee 42
3650 Lanklaar VLI 74 Fe 42
4450 Lantin WLG 81 Fd 44
4300 Lantremange WLG 81 Fb 44
4760 Lanzerath WLG 83 Gc 46
4990 Lanzival WLG 82 Fe 47
8660 La Panne = De Panne VWV 58 Cd 42
6460 La Parapette WNA 87 Eb 48
7890 La Pierre WHT 77 De 44
6470 La Pierre qui tourne WHT 87 Eb 48
5100 La Plante WNA 80 Ee 46
5660 La Platinette WNA 87 Ed 48
7880 La Potterée WHT 70 De 44
6240 La Poudrière WHT 79 Ec 46
5660 La Prise WNA 87 Ed 49
8340 Lapscheure VWV 59 Dc 41
7011 La Quewette WHT 78 Df 46
4910 La Reid VLI 82 Fe 46
3560 Laren VLI 73 Fb 42
4120 La Rimière WLG 81 Fc 45
6980 La Roche-en-Ardenne WLX 90 Fd 47
4160 La Roke WLG 81 Fd 46
6440 La Ronce WHT 87 Eb 48
7180 La Ronce VLI 79 Eb 45
4190 La Rouge Minière WLG 82 Fd 46
6870 La Route WLX 89 Fb 48
2440 Larum VAN 62 Ef 41
4790 Lascheid WLG 91 Ga 47
1380 Lasne WBR 79 Ec 44
6720 La Sonette WLX 98 Fe 50
7862 La Sotteniére WHT 70 De 44
6823 La Soye WLX 97 Fc 51
4180 Lassus WLG 81 Fd 46
5660 La Tauminette WNA 87 Ed 49
9630 Latem VOV 70 De 43
1370 Lathuy WBR 80 Ee 44

4261 Latinne WLG 81 Fb 45
7540 La Tombe WHT 77 Dc 45
6761 Latour WLX 98 Fd 51
7370 L' Aubette WHT 78 De 46
7061 Laugrenée WHT 78 Ea 45
6856 Launeu WLX 97 Fa 49
6280 Lausprelle WNA 79 Ed 46
5600 Lautêne WNA 88 Ed 47
3700 Lauw VLI 73 Fc 44
8930 Lauwe VWV 69 Db 44
6681 Lavacherie WLX 89 Fd 48
4342 La Vallée WLG 81 Fc 44
5310 La Vallée WNA 80 Ef 45
6640 Lavaselle WLX 89 Fd 49
4550 La Vau WLG 81 Fc 45
4980 La Vau WLG 82 Ff 46
6860 Lavau WLX 97 Fc 50
6984 Lavaux WLX 89 Fd 48
5580 Lavaux-Sainte-Anne WNA 88 Fa 48
7011 La Verrerie WHT 78 Df 46
5561 Lavi WNA 88 Fa 47
4217 Lavoir WLG 81 Fa 45
4670 La Waide VLI 82 Fe 44
7730 La Wardrie WHT 77 Db 44
6043 Leausurelle WHT 79 Ec 46
9280 Lebbeke VOV 71 Ea 42
9406 Lebeke VOV 71 Df 43
7783 Le Bizet WHT 76 Cf 44
4920 Le Bordai WLG 82 Fd 46
6824 Le Breu WLX 97 Fb 50
4990 Le Bru WLG 82 Fe 47
7063 Le Caillou WHT 78 Df 45
6470 Le Canon WHT 87 Eb 48
5190 Le Chaufour WNA 80 Ee 46
6870 Le Chêne WLX 89 Fc 48
1410 Le Chenoi WBR 79 Ec 44
6890 Le Congo WLX 89 Fb 49
7850 Le Coucou WHT 78 Ea 45
7380 Le Croix WHT 77 De 46
7520 le Crouset WHT 77 Db 45
9340 Lede VOV 71 Df 43
9750 Lede VOV 70 Dd 43
1760 Ledeberg VBR 71 Ea 43
9050 Ledeberg VOV 70 De 42
8880 Ledegem VWV 69 Da 43
3472 Ledesvruente VBR 73 Ef 43
6960 Le Deux Ris WLX 82 Fd 46
9112 Leebrug VOV 61 Ea 42
3061 Leefdaal VBR 72 Ed 43
2381 Leemputten VAN 63 Ef 40
3440 Leenhaag VBR 73 Fa 43
1540 Leenstraat VBR 71 Ea 44
1755 Leerbeek VBR 71 Ea 44
6142 Leernes WHT 79 Eb 46
6530 Leers-et-Fosteau WHT 79 Eb 47
7730 Leers-Nord WHT 77 Db 44
2811 Leest VAN 71 Ec 42
8750 Leestje VWV 69 Db 42
1600 Leeuw VBR 71 Eb 44
9111 Leeuw VOV 61 Ea 42
8640 Leeuwerik VWV 68 Ce 43
6210 Le Faubourg WHT 79 Ec 45
6741 Le Faubourg WLX 98 Fe 51
7090 Le Favi WHT 78 Ea 45
6960 Le Fayi WLX 81 Fd 46
5500 Leffe WNA 80 Ef 47
8432 Leffinge VWV 58 Cf 41
6592 Le Foutneau WHT 87 Eb 48
7784 Le Gheer WHT 68 Cf 44
6860 Léglise WLX 90 Fd 50
5372 Le Gros Chêne WNA 81 Fc 46
5660 Le Gué des Bagniaux WNA 87 Ec 49
5330 Le Hameau WNA 80 Fa 46
6470 Le Hameau WHT 87 Eb 47
1400 Le Hututu VLI 79 Eb 45
8792 Leiekant VWV 69 Dc 43
9660 Leierwaarde VOV 70 De 44
5590 Leignon WNA 81 Fa 47
9660 Leinstraat VOV 70 De 44
8691 Leisele VWV 68 Cd 43
6681 Le Jardin WLX 89 Fc 48
5650 Le Jardiner WNA 79 Ec 47
8600 Leke VWV 58 Cf 42
7130 Le Levant de Mons WHT 78 Ea 46
6464 Le Lohan WHT 87 Eb 49
7133 Le Luce WHT 79 Eb 46
6880 Le Maka WLX 89 Fb 50
7090 Le Marouset WHT 79 Ea 45
6041 Le Mazi WHT 79 Ec 46
1502 Lembeek VBR 79 Eb 44
9971 Lembeke VOV 60 Dd 41
9820 Lemberge VOV 70 De 43
5670 Le Mesnil WNA 88 Ed 48
4050 Lemmetrie WLG 82 Fd 45
4190 Le Mont WLG 82 Fd 46
6929 Le Mont WLX 88 Fa 49
7880 Le Mont WHT 70 De 44
8860 Lendelede VWV 69 Db 43
4790 Lengeler WLG 90 Ga 47
1750 Lennik VBR 71 Ea 44
6971 Le Noil WLX 89 Fc 48
7870 Lens WHT 78 Df 45
4280 Lens-Saint-Rémy WLG 81 Fa 45
4250 Lens-Saint-Servais WLG 81 Fa 45
4360 Lens-sur-Geer VLI 81 Fc 44
3970 Leopoldsburg VAN 63 Fa 42
5650 Le Pachts WHT 87 Eb 47
8210 Lepe VWV 59 Da 42
8421 Lepelem VWV 59 Da 41
5150 Le Piroi WNA 80 Ee 46
6470 Le Planrau WHT 87 Eb 48
7742 Le Ploui WHT 77 Dc 44
6850 Le Poteau de Vivy WLX 96 Fa 49
5060 Le Prêle WNA 79 Ed 46
6040 Le Prieure WHT 79 Ec 46
6820 Le Prieuré WLX 97 Fb 50
7760 Le Quénoi WHT 77 Dc 44
7080 Le Rambour WHT 78 Df 46
1457 Lérines WBR 80 Ee 45
6500 l'Ermitage-Sint-Pierre WHT 87 Eb 48
7070 Le Rœulx WHT 78 Ea 45
5060 Le Roiminet WNA 80 Ed 46
4560 Le Rouâ WLG 81 Fb 46
5070 Le Roux WHT 80 Ed 46
4141 Les Apparitions WLG 82 Fe 45
6840 Le Sart WLX 89 Fc 50
6880 Le Sart WLX 89 Fb 49
7622 Le Sart WHT 77 Dc 45
6880 Les Assenois WLX 97 Fb 49
6880 Le Saupont WLX 97 Fb 49
5590 Les Basses WNA 89 Fb 47
4190 Les Batis WLG 82 Fd 46
5310 Les Boscailles WNA 80 Ef 45
6953 Les Bosquets WLX 89 Fb 48
6890 Les Boucats WLX 89 Fb 48
6250 Les Brules WNA 80 Ed 46
5670 Les Bruvères WNA 88 Ee 48
7050 Les Bruyères WHT 78 Df 45
7334 Les Bruyéres WHT 78 De 46
6811 Les Bulles WLX 97 Fc 50
4530 Les-Cabindes WLG 81 Fb 45
4400 Les Cahottes WLG 81 Fc 45
7090 Les Cantines WHT 78 Ea 45
7060 Les Cerisiers WHT 78 Ea 45
6642 Lescheret WLX 98 Fd 49
6661 Les Colâs WLG 90 Fe 47
5000 Les Comognes WNA 80 Ef 46
5101 Les Comognes WNA 80 Ef 46
4052 Les Cours WLG 82 Fd 45
4052 Les Croisettes WLG 82 Fd 45
6470 Les Culots WHT 87 Eb 48
6642 Les Cuvales WLX 97 Fd 49
7621 Lesdain WHT 77 Dc 45
5660 Les Différends WNA 87 Ec 49
7970 Les Ecacheries WHT 78 De 45
6830 Les Enclaves WLX 97 Fa 50
6800 Le Sérpont WLX 89 Fc 49
5580 Les Espeches WNA 89 Fa 48
6280 Les Flaches WHT 79 Ec 46
5340 Les Forges WNA 80 Fa 46
5170 Les Fosses WNA 80 Ee 46
6860 Les Fossés WLX 97 Fc 50
5660 Les Géronsarts WNA 87 Ec 48
5000 Les Hayettes WNA 80 Ee 46
6830 Les Hayon WLX 97 Fa 50
6820 Les Hayons WLX 97 Fc 50
6940 Les Hazalles WLX 81 Fc 47
6990 Les His de Verdene WLX 89 Fc 47
4140 Les Hornais WLG 82 Fd 45
5630 Les Machenées WNA 87 Ec 47
6280 Les Marléres WHT 79 Ec 46
6880 Les Maugires WLX 97 Fb 49
7910 Les Monts WHT 78 Dd 44
7900 Les Mottes WHT 78 Dd 45
6463 Les Neuf Maisons WHT 87 Ec 48
5660 Les Parconniers WNA 87 Ec 49
4520 Les Paturages WLG 81 Fb 45
5620 Les Pavillons WNA 80 Ed 47
6461 Les Quartiers WHT 87 Eb 48
1470 Les Quatre Bras VLI 79 Ec 45
6441 Les Quatre Chemins WHT 87 Ec 47
6470 Les Quatre Vents WHT 87 Eb 47
7070 Les Queues WHT 79 Ea 45
5660 Les Roches WNA 87 Ed 48
6880 Les Rochettes WLX 97 Fb 49
7350 Les Sartis WHT 77 De 46
6890 Lesse WLX 89 Fa 49
7860 Lessen = Lessines WHT 70 Df 44
7860 Lessines WHT 70 Df 44
5580 Lessive WNA 89 Fa 48
6596 Les Taillettes WHT 87 Eb 49
6953 Lesterny WLX 89 Fb 48
4990 Les Trous de Bra WLG 82 Fe 46
6927 Les Vaseletts WLX 89 Fb 48
5170 Lesve WNA 80 Ee 46
5600 Les Vercons WNA 87 Ec 48
5570 Les Versanes WNA 88 Ef 48
4990 Les Villettes WLG 82 Fe 47
4608 Les Waides VLI 82 Fe 44
7140 l' Etoile WHT 79 Eb 46
5670 Le Trou WNA 88 Ed 48
7850 Lettelingen WHT 78 Ea 44
8310 Lettenburg VWV 59 Db 41
9521 Letterhoutem VOV 70 Df 43
6500 Leugnies WHT 87 Eb 47
9700 Leupegem VOV 70 Dd 44
3630 Leut VLI 74 Fe 43
3000 Leuven VBR 72 Ee 43
5310 Leuze WNA 80 Ef 45
5377 Leuze, Somme- WNA 81 Fc 46
7900 Leuze-en-Hainaut WHT 78 Dd 45
6500 Leval-Chaudeville WHT 87 Eb 47
7134 Leval-Trahegnies WHT 79 Eb 46
8600 Levendee VWV 58 Cf 42
4845 Le Wèyai WLG 82 Ff 45
4347 Lexhy WLG 81 Fc 45
5570 L'Hierdau WNA 88 Ef 48
6120 L'Houzée WHT 79 Ec 47
6238 Liberchies WHT 79 Ec 45
4701 Libermé WLG 83 Ga 45
1457 Libersart WBR 80 Ee 45
6890 Libin WLX 89 Fb 49
5350 Libois WNA 81 Fb 46
6800 Libramont WLX 89 Fc 49
6800 Libramont-Chevigny WLX 89 Fc 49
2460 Lichtaart VAN 62 Ef 41
3800 Lichtenberg VLI 73 Fb 44
8810 Lichtervelde WHT 69 Da 42
1770 Liedekerke VBR 71 Ea 43
9400 Lieferinge VOV 71 Ea 44
4000 Liège WLG 81 Fd 45
2500 Lier VAN 62 Ed 42
9570 Lierde VOV 70 Df 44
4990 Lierneux WLG 82 Fe 47
5310 Liernu WNA 80 Ee 45
2500 Lierre = Lier VAN 62 Ed 42
4042 Liers WLG 81 Fd 44
2870 Liezele VAN 71 Eb 42
7812 Ligne WHT 77 De 45
6900 Lignières WLX 89 Fc 47
6997 Lignoli WLX 81 Fd 47
5140 Ligny WNA 79 Ed 45
9250 Lijsdonk VOV 61 Ea 42
4287 Lijsem = Lincent WLG 80 Fa 44
2275 Lille VAN 62 Ee 41
4140 Lillé WLG 82 Fd 45
3530 Lillo VLI 73 Fc 42
1428 Lillois-Witterzée WBR 79 Ec 45
1300 Limal WBR 79 Ed 44
1470 Limauge WBR 79 Ed 45
4830 Limbourg WLG 82 Ff 45
4830 Limburg = Limbourg WLG 82 Ff 45
1342 Limelette WBR 79 Ed 44
6670 Limerlé WLX 90 Ff 48
6769 Limes WLX 97 Fc 51
4577 Limet WLG 81 Fb 46
4161 Limont WLG 81 Fc 45
4357 Limont WLG 81 Fb 45
4140 Lincé WLG 81 Fd 45
4287 Lincent WLG 80 Fa 44
4577 Linchet WLG 81 Fb 46
3990 Linde VLI 64 Fc 42
9620 Linde VOV 70 De 43
9940 Linde VOV 60 Dd 42
8880 Lindeke VWV 69 Db 43
3900 Lindel VLI 63 Fc 41
3210 Linden VBR 72 Ee 43
3990 Lindenbos VLI 73 Fc 42
1630 Linkebeek VBR 71 Ec 44
3560 Linkhout VLI 73 Fa 43
1357 Linsmeau WBR 73 Fa 44
1850 Lint VBR 71 Ec 43
2547 Lint VAN 61 Ec 42
3350 Linter VBR 73 Fa 43
2890 Lippelot VAN 71 Eb 42
2330 Lipseinde VAN 62 Ef 40
5561 Liroux WNA 88 Fa 47
6717 Lischert WLX 98 Fe 50
5501 Lisogne WNA 80 Ef 47
2500 Lisp VAN 62 Ed 42
8380 Lissewege VWV 59 Db 41
6600 Livârchamps WLX 90 Fe 49
5101 Lives-sur-Meuse WNA 80 Ef 46
5080 Livot WNA 80 Ee 46
4600 Lixhe WLG 74 Fd 44
4100 Lize WLG 81 Fc 45
4590 Lizin WLG 81 Fc 46
6540 Lobbes WHT 79 Eb 46
3990 Lobroek VLI 64 Fc 41
9080 Lochristi VOV 70 Df 42
2330 Lochtenberg VAN 62 Ef 40
6890 Locri WLX 89 Fb 49
6042 Lodelinsart WHT 79 Ec 46
2990 Loenhout VAN 62 Ed 40
4980 Logbiermé WLG 82 Ff 46
6593 Loge Wactiaux WHT 87 Eb 49
6980 Lôhan WLX 90 Fd 47
8958 Loker VWV 68 Ce 44
9160 Lokeren VOV 61 Df 42
3545 Loksbergen VLI 73 Fa 43
8434 Lombardsijde VWV 58 Ce 42
7870 Lombise WHT 78 Df 45
3920 Lommel VLI 63 Fb 41
3920 Lommel-Werkplaatsen VLI 63 Fb 41
4783 Lommersweiler WLG 91 Ga 47
6463 Lompret WHT 87 Ec 48
6924 Lomprez WLX 89 Fa 48
6674 Lomré WLX 90 Fe 47
1471 Loncée WBR 79 Ec 45
4431 Loncin WLG 81 Fc 45
1840 Londerzeel VBR 71 Eb 43
5310 Longchamps WNA 80 Ef 45
6688 Longchamps WLX 90 Fd 48
4960 Longfaye WLG 83 Ga 46
6840 Longlier WLX 97 Fc 49
4218 Longpré WLG 81 Fa 45
6221 Longpre WHT 79 Ed 45
1325 Longueville WBR 80 Ee 44
6941 Longueville WLX 81 Fc 46
6600 Longvilly WLX 90 Fe 48
4710 Lontzen WLG 82 Ff 44
5030 Lonzée WNA 80 Ee 45
3870 Loon VLI 81 Fb 44
3040 Loonbeek VBR 72 Ed 44
3600 Looz = Borgloon VLI 73 Fc 44
7622 Loplaigne WHT 77 Dc 45
8210 Loppem VWV 59 Db 42
4987 Lorcé WLG 82 Fe 46
6870 Lorcy WLX 89 Fc 48
8647 Lo-Reninge VWV 68 Ce 43
6500 Lorinchamps WHT 87 Eb 47
6927 Lorinchamps WLX 89 Fb 48
9880 Lotenhulle VOV 70 Dc 42
6717 Lottert WLX 98 Fe 50
5575 Louette-Saint-Denis WNA 88 Ef 49
5575 Louette-Saint-Pierre WNA 88 Ef 49
6860 Louftémont WLX 98 Fd 50
1471 Loupoigne WBR 79 Ec 45
3000 Louvain = Leuven VBR 72 Ee 43
4141 Louveigné WLG 82 Fe 45
7063 Louvignies WHT 78 Df 45
1300 Louvranges WBR 80 Ed 44
3660 Louwel VLI 74 Fd 42
9920 Lovendegem VOV 59 Dd 42
3360 Lovenjoel VBR 72 Ee 43
6280 Loverval WHT 79 Ec 46
5101 Loyers WNA 80 Ef 46
5501 Loyi WNA 80 Ef 47
3950 Lozen VLI 64 Fd 41
9770 Lozer VOV 70 Dd 43
3950 Lozerbos VLI 64 Fd 41
3210 Lubbeek VBR 72 Ee 43
6717 Luchert WLX 98 Fe 50
2030 Luchtbal VAN 61 Ec 41
9031 Luchteren VOV 70 Dd 42
8650 Luigem VWV 68 Ce 43
4000 Luik = Liège WLG 81 Fd 45
7700 Luingne WHT 69 Db 44
9680 Luise-Marie VOV 70 Dd 44
2340 Luisterborg VAN 62 Ee 40
3080 Luizeplein VBR 72 Ed 44
7880 Lumenne WHT 70 De 44
3560 Lummen VLI 73 Fb 43
5170 Lustin WNA 80 Ef 46
3920 Lutlommel VLI 63 Fb 41
6600 Lutrebois WLX 90 Fe 49
6600 Lutremange WLX 90 Fe 49
6238 Luttre WHT 79 Ec 45
6600 Luzeri WLX 90 Fe 48

M

9988 Maagd van Gert VOV 60 Dd 41
9320 Maal VOV 71 Ea 43
8730 Maandagse VWV 59 Db 41
9680 Maarkedal VOV 70 Dd 44
9680 Maarke-Kerkem VOV 70 Dd 44
2382 Maarle VAN 53 Fa 40
3630 Maasband VLI 74 Fe 43
3680 Maaseik VLI 64 Fe 42
3630 Maasmechelen VLI 74 Fd 43
6982 Maboge WLX 90 Fd 47
6663 Mabompré WLX 90 Fe 48
1830 Machelen VBR 71 Ec 43
9870 Machelen VOV 70 Dc 43
4783 Mackenbach WLG 83 Gb 47
6591 Macon WHT 87 Eb 48
6593 Macquenoise WHT 87 Eb 49
8920 Madonna VWV 68 Cf 43
5374 Maffe WNA 81 Fb 46
7810 Maffle WHT 78 De 45
6762 Magefou WLX 97 Fc 51
6600 Mageret WLX 90 Fe 48
6680 Magerotte WLX 89 Fd 49
4623 Magnée WLG 82 Fe 45
6987 Mâgôster WLX 89 Fd 47
9080 Magret VOV 70 Df 42
5560 Mahou WNA 88 Ef 47
5334 Maibelle WNA 80 Fa 46
5330 Maillen WNA 80 Ef 46
7812 Mainvault WHT 77 De 45
7020 Maisières WHT 78 Df 46
5590 Maison WNA 81 Fa 47
5640 Maison WNA 80 Ee 46
5571 Maisonelle WNA 88 Ef 48
6852 Maissin WLX 89 Fa 49
5300 Maizeret WNA 80 Ef 46
3700 Mal VLI 74 Fc 44
6560 Malarme WHT 79 Ea 47
5630 Malcampé WNA 87 Ec 47

9990 Maldegem VOV 59 Dc 41
1840 Malderen VBR 71 Eb 42
4791 Maldingen WLG 90 Ga 47
8310 Male VWV 59 Db 41
3090 Maleizen VBR 72 Ed 44
6960 Malempré WLX 82 Fe 47
1360 Malèves-Sainte-Marie-Wastines WBR 80 Ee 45
1502 Malheide VBR 79 Eb 44
5370 Malihou WNA 81 Fb 46
2800 Malines = Mechelen VAN 71 Ec 42
2390 Malle VAN 62 Ee 41
2490 Malloe VAN 63 Fb 42
6637 Malmaison WLX 98 Fe 49
4960 Malmédy WLG 82 Ga 46
5020 Malonne WNA 80 Ee 46
1472 Malqlaquéc VLI 79 Ec 45
4790 Malscheid WLG 91 Ga 48
5575 Malvoisin WNA 88 Ef 48
7170 Manage WHT 79 Eb 45
7800 Manage WHT 78 De 45
4800 Manaihant VLI 82 Fe 45
8760 Mandelwijk WHT 69 Db 43
4760 Manderfeld WLG 83 Gc 47
6688 Mande-Sainte-Marie WLX 90 Fd 49
6688 Mande-Saint-Etienne WLX 90 Fd 48
8920 Mangelate VWV 68 Cf 43
6960 Manhay WLX 82 Fe 47
8433 Mannekensvere VWV 58 Ce 42
7534 Mansart WHT 77 Dd 45
7803 Marais WHT 78 De 45
6927 Maralles WLX 89 Fb 48
1380 Maransart WBR 79 Ec 45
6840 Marbai WLX 89 Fc 50
1495 Marbais WBR 79 Ed 45
6120 Marbaix WHT 79 Ec 47
6724 Marbehan WLX 97 Fd 50
1495 Marbisuo WBR 79 Ed 45
6900 Marche-en-Famenne WLX 89 Fb 47
7190 Marche-lez-Ecaussinnes WHT 79 Eb 45
6030 Marchienne-au-Pont WHT 79 Ec 46
4570 Marchin WLG 81 Fb 46
7387 Marchipont WHT 77 De 46
5380 Marchovelette WNA 80 Ef 45
6001 Marcinelle WHT 79 Ec 46
6987 Marcouray WLX 89 Fd 47
6987 Marcourt WLX 89 Fd 47
7850 Marcq WHT 78 Df 44
5537 Maredret WNA 80 Ee 47
6990 Marenne WLX 89 Fc 47
1350 Maret WBR 73 Ef 44
9880 Maria-Aalter VOV 59 Dc 42
8820 Maria-Assumpta VWV 59 Da 42
2180 Mariabrug VAN 61 Ec 41
8400 Mariakerke VWV 58 Cf 41
9031 Mariakerke WHT 70 Dd 42
8400 Mariakerke-Bad VWV 58 Cf 41
8760 Marialop WHT 69 Db 43
2930 Maria-ter-Heide VAN 62 Ed 41
2880 Mariekerke VOV 71 Eb 42
5660 Mariembourg WNA 87 Ed 48
1350 Marilles WBR 80 Ef 44
8500 Marionetten VWV 69 Db 44
8510 Marke VWV 69 Db 44
8720 Markegem VWV 69 Dc 43
8610 Markhove VWV 68 Da 42
6900 Marloie WLX 89 Fb 47
4210 Marneffe WLG 81 Fa 45
9770 Marolle VOV 69 Dd 43
6592 Marot WHT 87 Eb 48
4670 Mâroux VLI 82 Fe 44
7522 Marquain WHT 77 Db 45
2820 Mart VAN 72 Ed 42
6630 Martelange WLX 90 Fe 50
3740 Martenslinde VLI 74 Fd 43
6887 Martilly WLX 89 Fc 50
6220 Martinrou WHT 79 Ed 46
5573 Martouzin-Neuville WNA 88 Ef 48
6821 Martué WLX 97 Fb 50
6600 Marvie WLX 90 Fe 49
6953 Masbourg WLX 89 Fb 48
7020 Masnuy-Saint-Jean WHT 78 Df 45
7050 Masnuy-Saint-Pierre WHT 78 Df 45
4791 Maspelt WLG 91 Ga 47
9230 Massemeh VOV 70 Df 43
2240 Massenhoven VAN 62 Ed 41
6840 Massul WLX 97 Fc 49
5680 Matagne-la-Grande WNA 88 Ed 48
5680 Matagne-la-Petite WNA 88 Ed 48
3600 Maten VLI 73 Fc 43
9700 Mater VOV 70 Dd 43
5670 Matignolle WNA 88 Ed 48
7640 Maubray WHT 77 Dc 45
1332 Maubrou WBR 72 Ec 44
7534 Maulde WHT 77 Dd 45
7110 Maurage WHT 78 Ea 46
5540 Maurenne WNA 88 Ee 47
7830 Mauvinage WHT 78 Df 45
5670 Mazée WNA 88 Ee 48
1745 Mazenzele VBR 71 Ea 43
5032 Mazy WNA 80 Ee 45
5372 Méan WNA 81 Fb 46
7387 Meaurain WHT 77 De 47
5310 Mebaigne WNA 80 Ef 45
2800 Mechelen VAN 71 Ec 42
3630 Mechelen aan de Maas VLI 74 Fd 43
3870 Mechelèn-Bovelinnen VLI 73 Fb 44
4770 Medell WLG 83 Gb 47
4760 Medendorf WLG 83 Gb 47
4219 Meeffe WLG 80 Fa 45
3391 Meensel VBR 72 Ef 43
2321 Meer VAN 52 Ee 40
3300 Meer VBR 73 Ef 44
3770 Meer VAN 74 Fd 44
3078 Meerbeek VBR 72 Ed 43
9402 Meerbeke VOV 71 Ea 44
9940 Meerbeke VOV 60 De 42
3570 Meerdegat VLI 73 Fb 43
9170 Meerdonk VOV 61 Ea 41
9940 Meerem VOV 60 De 42
2450 Meerhout VAN 63 Fa 42
2328 Meerle VAN 52 Ee 40
2390 Meerlehoven VAN 62 Ee 41
9690 Meers VWV 69 Dd 44
2321 Meersel VAN 52 Ee 40
2328 Meerselse Bergen VAN 52 Ee 40
9240 Meerskant VOV 71 Ea 42
9220 Meerstraat VOV 71 Ea 42
3630 Meeswiik VLI 74 Fe 43
8377 Meetkerke VWV 59 Da 41
3670 Meeuwen-Gruitrode VLI 64 Fd 42
5310 Mehaigne WNA 80 Ef 45
5590 Mehogne WNA 81 Fb 47
8750 Meibook VWV 69 Db 42
8800 Meiboom VWV 69 Da 43
9920 Meienbroek VOV 60 Dd 42
9800 Meigem VOV 69 Dd 42
9630 Meilegem VOV 70 De 43
1860 Meise VBR 71 Eb 43
6860 Meisoncelle WLX 97 Fd 49
6769 Meix-devant-Virton WLX 97 Fc 51
6747 Meix-le-Tige WLX 98 Fe 51
1600 Mekingen VBR 71 Eb 44
9700 Melden VOV 69 Dd 44
3320 Meldert VBR 72 Ee 44
3560 Meldert VLI 73 Fa 43
9310 Meldert VOV 71 Ea 43
4633 Melen WLG 82 Fe 45
6971 Meleri WLX 89 Fc 48
1370 Mélin WBR 72 Ee 44
3350 Melkwezer VBR 73 Fa 44
9090 Melle VOV 70 De 42
1495 Mellery WBR 79 Ed 45
7540 Melles WHT 77 Dc 45
6211 Mellet WHT 79 Ec 46
6860 Mellier WLX 97 Fd 50
6990 Melreux WLX 81 Fc 47
1820 Melsbroek VBR 72 Ec 43
9120 Melsele VOV 61 Eb 41
9820 Melsen VOV 70 De 43
3800 Melveren VLI 73 Fb 44
4837 Membach WLG 82 Ff 45
5550 Membre WNA 96 Ef 49
3770 Membruggen VLI 74 Fd 44
9042 Mendonk VOV 60 De 42
8930 Menen VWV 69 Da 44
6990 Menil WLX 89 Fc 47
53200 Menil WLG 82 Fe 47
8930 Menin = Menen VWV 69 Da 44
4910 Ménombu VLI 82 Fe 46
6851 Menuchenet WLX 96 Fa 49
6637 Menufontaine WLX 98 Fd 49
6887 Menugoutte WLX 89 Fc 50
6567 Merbes-le-Château WHT 79 Ea 47
6567 Mérbes-Sainte-Marie WHT 79 Ea 46
1785 Merchtem VBR 71 Eb 43
4280 Merdorp WLG 80 Fa 45
9420 Mere, Erpe- VOV 71 Df 43
9820 Merelbeke VOV 70 De 43
2250 Meren VAN 62 Ef 42
2320 Meren VAN 62 Ee 40
9850 Merendree VOV 69 Dd 42
4760 Merischeid WLG 83 Gb 46
8650 Merkem VWV 68 Ce 43
2170 Merksem VAN 62 Ec 41
2330 Merksplas VAN 62 Ef 40
5600 Merlemont WNA 88 Ed 47
7620 Merlin WHT 77 Dc 45
6850 Mèrni WLX 97 Fa 49
4730 Merolser Heide WLG 83 Ga 45
2310 Merret VAN 62 Ee 40
5650 Mertene WNA 79 Ec 47
8957 Mesen VWV 68 Cf 44
7822 Meslin-l'Évêque WHT 78 De 45
5560 Mesnil-Eglise WNA 88 Ef 48
5560 Mesnil-Saint-Blaise WNA 88 Ef 48
9200 Mespelare VOV 71 Ea 43
6780 Messancy WLX 98 Fe 51
3272 Messelbroek VBR 72 Ef 43
8957 Messines = Mesen VWV 68 Cf 44
4890 Messitert VLI 82 Fe 44
6982 Mesty WLX 90 Fd 47
7022 Mesvin WHT 78 Df 46
3870 Mettekoven VLI 73 Fb 44
5640 Mettet WNA 80 Ed 47
4783 Metz WLG 83 Ga 47
6717 Metzert WLX 98 Fe 50
8760 Meulebeke VWV 69 Db 43
9000 Meulestede VOV 70 De 42
4987 Meuville VLI 82 Fe 46
5081 Meux WNA 80 Ee 45
1861 Meuzegem VBR 71 Eb 43
7942 Mèvergnies-lez-Lens WHT 78 Df 45
4770 Meyerode WLG 83 Gb 47
8430 Miami-Wijk VWV 58 Ce 41
5520 Miavoye WNA 88 Ee 47
6600 Mîchamps WLX 90 Fe 48
9660 Michelbeke VOV 70 De 43
4630 Micheroux WLG 82 Fe 45
9992 Middelburg VOV 59 Dc 41
9980 Middeldorp WHT 60 Dc 41
3870 Middelheers VLI 73 Fb 44
8430 Middelkerke VWV 58 Ce 41
8430 Middelkerke-Bad VWV 58 Ce 41
1640 Midden Hut VBR 71 Ec 44
5376 Miécret WNA 81 Fb 46
3891 Mielenboven-Aalst VLI 73 Fb 44
6980 Mierchamps WLX 89 Fd 48
8720 Miere WHT 69 Dc 43
7070 Mignault WHT 79 Ea 45
2500 Mijl VAN 62 Ed 42
2570 Mijlstraat VAN 62 Ed 42
8550 Milanenkapel VWV 69 Db 44
1320 Mille, Hamme WBR 72 Ee 44
2400 Millegem VAN 63 Fa 41
2520 Millegem VAN 62 Ed 41
1320 Mille-le-Culot WBR 72 Ee 44
3770 Millen VLI 74 Fd 44
4041 Milmort WLG 81 Fd 44
6440 Milombois WHT 87 Ec 47
7850 Milst WHT 78 Ea 45
2322 Minderhout VAN 62 Ee 40
4771 Mirfeld WLG 83 Gb 46
6870 Mirwart WLX 89 Fb 48
3472 Miskom VBR 73 Ef 43
6970 Môchamps WLX 89 Fc 48
4577 Modave WLG 81 Fb 46
4771 Möderscheid WLG 83 Ga 46
3790 Moelingen VLI 74 Fe 44
8552 Moen VWV 69 Dc 44
9180 Moerbeke VOV 60 Df 42
9500 Moerbeke VOV 70 Df 44
8020 Moerbrugge VWV 59 Db 42
8480 Moerdijk VWV 58 Cf 42
8470 Moere VWV 58 Cf 42
8630 Moerhoek VWV 68 Cd 42
9990 Moerhuize WHT 60 Dc 41
8340 Moerkerke VWV 59 Db 41
3500 Moersbos VLI 73 Fb 43
9220 Moerzeke VOV 71 Ea 42
7700 Moeskroen = Mouscron WNA 69 Db 44
6833 Mogimont WLX 96 Fa 49
4520 Moha WLG 81 Fb 45
6823 Mohimont WLX 97 Fc 51
5361 Mohiville WNA 81 Fb 47
5060 Moignelée WNA 79 Ed 46
6600 Moinet WLX 90 Ff 48
6800 Moircy WLX 89 Fc 49
8680 Mokker VWV 68 Cf 42
2400 Mol VAN 63 Fa 41
7760 Molenbais WHT 77 Dc 44
1080 Molenbeek-Saint-Jean VBR 72 Ef 43
3640 Molenbeersel VLI 64 Fe 42
3530 Molenberg VLI 73 Fc 42
2990 Molenbergen VAN 62 Ed 40
3210 Molendries VBR 72 Ef 43
3201 Molenheide VBR 72 Ef 42
2470 Molenhoek VAN 63 Fa 41
2590 Molenhoek VAN 62 Ed 42
8490 Molenhoek VWV 58 Da 41
8940 Molenhoek VWV 68 Da 44
9160 Molenhoek VWV 59 Db 42
9940 Molenhoek VOV 60 De 42
9971 Molenhoek VOV 60 Dd 41
3980 Molenhujzen VLI 73 Fa 42
3294 Molenstede VBR 73 Ef 42
3650 Molenveld VLI 74 Fe 42
2910 Molenwijk VAN 51 Ec 40
2330 Molenzijde VAN 62 Ef 40
6840 Molinfaing WLX 97 Fc 49
1730 Mollem VBR 71 Eb 43
3360 Mollendaal VBR 72 Ee 44
9160 Molsbroek VOV 61 Ea 42
5353 Molû WNA 81 Fb 46
4350 Momalle WLG 81 Fc 44
6590 Momignies WHT 87 Ea 48
4950 Mon Antône WLG 83 Ga 46
4987 Mon-Bihin WLX 82 Fe 47
7370 Monceau WHT 82 Fe 46
5555 Monceau-en-Ardenne WNA 96 Ef 49
6592 Monceau-Imbrechies WHT 87 Eb 48
6031 Monceau-sur-Sambre WHT 79 Ec 46
6840 Mon Idée WLX 97 Fc 49
5362 Monin WNA 81 Fa 47
6688 Monnaville WLX 90 Fe 48
5630 Mon Plaisir WNA 87 Ec 48
4400 Mons WLG 81 Fc 45
7000 Mons WHT 78 Df 46
1400 Monstreux WBR 79 Eb 45
4170 Mont WLG 81 Fd 46
4960 Mont WLG 83 Ga 46
5530 Mont WNA 80 Ef 46
6600 Mont WLX 90 Fe 48
6661 Mont WLX 90 Fe 48
6698 Mont WLG 82 Ff 47
7903 Montagne du Bu WHT 77 De 45
3270* Montaigu-Zichem = Scherpenheuvel-Zichem VBR 72 Ef 43
7700 Mont-a-Leu WHT 76 Db 44
6470 Montbliart WHT 87 Eb 48
5580 Mont de la Justice WNA 89 Fb 48
7750 Mont-de-l'Enclus WHT 69 Dd 44
7890 Mont d' Ellezelles WHT 70 De 44
7812 Mont de Mainvault WHT 77 De 45
7603 Mont de Péruvelz WHT 77 Dd 46
4420 Montegnée WLG 81 Fd 45
5370 Montegnet WNA 81 Fb 46
3202 Montenaken VBR 72 Ef 43
3890 Montenaken VLI 81 Fa 44
4770 Montenau WLG 83 Ga 46
6940 Monteûville WLX 81 Fc 47
7522 Mont Garni WHT 77 Db 45
5580 Mont-Gauthier WNA 89 Fa 47
5300 Monthessale WNA 81 Fa 46
7870 Montignies-lez-Lens WHT 78 Df 45
6560 Montignies-Saint-Christophe WHT 79 Eb 47
7387 Montignies-sur-Roc WHT 78 De 46
6061 Montignies-sur-Sambre WHT 79 Ec 46
6110 Montigny-le-Tilleul WHT 79 Eb 46
6470 Mont Jumont WHT 87 Eb 48
6674 Montleban WLX 90 Fe 47
6840 Montplainchamps WLX 89 Fc 50
6767 Montquintin WLX 97 Fc 51
5580 Montrival WNA 89 Fb 48
7911 Montroeal-au-Bois WHT 77 Dd 45
7350 Montrœul-sur-Haine WHT 77 De 46
1367 Mont-Saint-André WBR 80 Ef 45
7542 Mont-Saint-Aubert WHT 77 Dc 45
7141 Mont-Sainte-Aldegonde WHT 79 Eb 46
1435 Mont-Saint-Guibert WBR 80 Ed 45
6540 Mont-Ste- Geneviève WHT 79 Eb 46
6032 Mont-sur-Marchienne WHT 79 Ec 46
4850 Montzen WLG 82 Ff 44
6990 Monville WLX 81 Fc 47
3080 Moorsel VBR 72 Ed 43
9310 Moorsel VOV 71 Ea 43
8560 Moorsele VWV 69 Da 43
3130 Moorsem VBR 72 Ee 42
8890 Moorslede VWV 68 Da 43
9111 Moortelhoek VOV 61 Ea 42
9860 Moortsele VOV 70 De 43
3740 Mopertingen VLI 74 Fd 43
4850 Moresnet WLG 75 Ff 44
5377 Moressée WNA 81 Fb 47
6640 Morhet WLX 90 Fd 49
5621 Morialmé WNA 79 Ed 47
6181 Morinmont VLI 79 Eb 45
6840 Morival WLX 97 Fc 49
2200 Morkhoven VAN 62 Ee 42
7140 Morlanwelz WHT 79 Eb 46
7140 Morlanwelz-Mariemont WHT 79 Eb 46
7640 Morlies WHT 77 Dc 45
6870 Mormont WLX 89 Fb 48
6997 Mormont WLX 82 Fd 47
5190 Mornimont WNA 80 Ee 46
4760 Mörringen WLG 83 Gb 46
6880 Mortehan WLX 89 Fb 50
4670 Mortier WLG 82 Fe 44
6740 Mortinsart WLX 97 Fd 50
4607 Mortroux WLG 82 Fe 44
2640 Mortsel VAN 62 Ec 41
5620 Morville WNA 88 Ee 47
6940 Morville WNA 81 Fd 46
8680 Moskou VWV 68 Cf 42
2440 Mosselgoren VAN 62 Ef 41
8980 Mosselmarkt VWV 68 Cf 43
3790 Mouland = Moelingen VLI 74 Fe 44

7812 Moulbaix WHT 77 De 45
5650 Mouligna WNA 87 Ec 47
4163 Moulin WLG 81 Fc 46
4987 Moulin-du-Ruy WLG 82 Ff 46
5660 Moulin Manteau WNA 87 Ed 49
7543 Mourcourt WHT 77 Dc 45
7700 Mouscron WNA 69 Db 44
6983 Mousny WLX 90 Fd 48
5190 Moustier WNA 80 Ee 46
7911 Moustier WHT 77 Dd 45
1341 Mousty WBR 79 Ed 45
4987 Moutoûyet VLI 82 Fe 46
5550 Mouzaive WNA 96 Ef 49
4280 Moxhe WLG 80 Fa 45
6810 Moyen WLX 97 Fc 50
5340 Mozet WNA 80 Ef 46
3461 Muggenberg VBR 72 Ef 43
3700 Muggenberg VLI 74 Fd 44
2812 Muizen VAN 72 Ed 42
3891 Muizen VLI 73 Fb 44
9850 Muizendale VOV 69 Dd 42
3700 Mulken VLI 73 Fc 44
9700 Mullem VOV 70 Dd 43
9630 Munkzwalm VOV 70 De 43
6820 Muno WLX 97 Fb 50
3740 Munsterbilzen VLI 74 Fd 43
9820 Munte VOV 70 De 43
9308 Muntsraat VOV 71 Ea 43
1480 Mussain WBR 79 Ea 44
6750 Musson WLX 98 Fe 51
6750 Mussy-la-Ville WLX 98 Fe 51
4190 My WLG 81 Fd 46

N

7062 Naast WHT 78 Ea 45
6860 Nadrifontaine WLX 90 Fd 50
6660 Nadrin WLX 90 Fe 48
5550 Nafraiture WNA 96 Ef 49
6860 Naleumont WLX 97 Fd 50
6120 Nalinnes WHT 79 Ec 47
6870 Namblofosse WLX 89 Fc 48
5300 Namêche WNA 80 Ef 46
5000 Namen = Namur WNA 80 Ef 46
6840 Namoussart WLX 97 Fc 49
5000 Namur WNA 80 Ef 46
5550 Nancrette WNA 88 Ef 50
4550 Nandrin WLG 81 Fc 45
5100 Naninne WNA 80 Ef 46
6723 Nantimont WLX 98 Fd 50
5555 Naomé WNA 88 Fa 49
6860 Narcimont WLX 89 Fd 50
7390 Nasmuel WHT 78 De 46
6950 Nassogne WLX 89 Fc 48
5360 Natoye WNA 80 Fa 46
6129 Nattenboven VLI 74 Fe 42
3500 Nat-Veld VLI 73 Fc 43
5580 Navaugle WNA 89 Fb 47
9810 Nazareth VOV 69 Dd 43
4700 Néau = Eupen WLG 83 Ga 45
4590 Néblon-le-Pierreux WLG 81 Fc 46
7730 Néchin WHT 77 Db 45
9500 Nederboelare VOV 70 De 44
9660 Nederbrakel VOV 70 De 44
9700 Nederename VOV 70 Dd 43
9400 Nederhasselt VOV 71 Df 43
1910 Nederokerzeel VBR 72 Ed 43
1120 Neder-Over-Heembeek VBR 71 Ec 43
3730 Nederstraat VLI 74 Fc 43
9636 Nederzwalm-Hermelgem VOV 70 De 43
3670 Neerglabbeek VLI 64 Fd 42
3620 Neerharen VLI 74 Fd 43
3350 Neerhespen VBR 73 Fa 44
1357 Neerheylissem WBR 73 Ef 44
3040 Neerhoven VLI 64 Fe 42
3040 Neerijse VBR 72 Ed 44
3950 Neerkreiel VLI 64 Fd 41
3404 Neerlanden VBR 73 Fa 44
3350 Neerlinter VBR 73 Ef 43
3680 Neeroeteren VLI 64 Fe 42
3910 Neerpelt VLI 63 Fc 41
3700 Neerrepen VLI 73 Fc 44
3370 Neervelp VBR 72 Ee 44
7784 Neerwaasten = Bas-Warneton WHT 68 Cf 44
3400 Neerwinden VBR 73 Fa 44
5500 Néfe WNA 88 Ef 47
5170 Neffe WNA 80 Ee 46
8870 Negenhoek WHT 69 Db 43
4783 Neidingen WLG 91 Ga 47
9403 Neigem VOV 71 Ea 44
9930 Nekke VOV 59 Dd 42
2800 Nekkerspoel VAN 72 Ec 42
8790 Nellekenskeer VWV 70 Dc 43
3700 Nerem VLI 74 Fc 44
9042 Nerenhoek VOV 60 De 42
4837 Nereth WLG 82 Ff 45
1861 Nerom VBR 71 Eb 43
4880 Nerr-aubel VLI 82 Fe 44
4870 Nessonvaux WLG 82 Fe 45
1390 Nethen WBR 72 Ed 44
5377 Nettinne WNA 81 Fb 47
4730 Neudorf WLG 83 Ga 44
4608 Neufchâteau WLG 82 Fe 44
6840 Neufchâteau WLX 97 Fc 49
7332 Neufmaison WHT 78 De 45
4500 Neufmoustier WLG 81 Fb 45
7063 Neufvilles WHT 78 Df 45
4721 Neu-Moresnet WLG 82 Ga 44
4784 Neundorf WLG 83 Ga 47
4120 Neupré WLG 81 Fc 45
7063 Neusart WHT 78 Ea 45
4970 Neuville WLG 82 Ff 46
5573 Neuville WNA 88 Fa 48
5600 Neuville WNA 87 Ec 47
6690 Neuville WLX 82 Ff 47
6698 Neuville WLG 82 Ff 46
4121 Neuville-en-Condroz WLG 81 Fc 45
6800 Neuvillers WLX 97 Fc 49
4500 Neuville-sous-Huy WLG 81 Fb 45
9850 Nevele VOV 70 Dc 42
6880 Nevraumont WLX 89 Fc 50
6990 Nî WLX 81 Fc 47
4750 Nidrum WLG 83 Gb 46
4770 Niederemmels WLG 83 Ga 47
2845 Niel VAN 61 Eb 42
3668 Niel-bij-As VLI 74 Fd 42
3890 Niel-bij-Sint-Truiden VLI 73 Fa 44
8620 Nieuport = Nieuwpoort VWV 58 Ce 42
9960 Nieuwburg VOV 60 De 41
3470 Nieuwdorp VBR 73 Fa 43
8380 Nieuwdorp VWV 59 Da 41
9190 Nieuwdorp VOV 61 Ea 41
3960 Nieuwe VLI 64 Fd 42
8490 Nieuwege VWV 59 Da 41
8600 Nieuwekapelle VWV 68 Ce 43
3660 Nieuwe Kempen VLI 74 Fd 42
8020 Nieuwenhove VWV 59 Db 42
9506 Nieuwenhove VOV 71 Df 44
1880 Nieuwenrode VBR 71 Ec 43
3850 Nieuwerkerken VLI 73 Fa 43
9320 Nieuwerkerken VOV 71 Df 43
8950 Nieuwkerke VWV 68 Cf 44
9100 Nieuwkerken-Waas VOV 61 Eb 41
3530 Nieuw-Limburg VLI 73 Fc 42
2920 Nieuwmoer VAN 52 Ec 40
8377 Nieuwmunster VWV 59 Da 41
8620 Nieuwpoort VWV 58 Ce 42
8620 Nieuwpoort-aan-Zee VWV 58 Cd 42
3221 Nieuwrode VBR 72 Ee 43
8630 Nieuwstad VWV 68 Ce 42
3500 Nieuwveld VLI 73 Fc 43
1790 Nievel VBR 71 Ea 43
2560 Nijlen VAN 62 Ed 42
3806 Nijssem VLI 73 Fa 44
1400 Nijvel = Nivelles WBR 79 Eb 45
2890 Nijven VAN 71 Eb 42
1457 Nil-Saint-Martin WBR 80 Ee 45
1457 Nil-Saint-Vincent WBR 80 Ee 45
6800 Nimbermont WLX 89 Fd 49
7020 Nimy WHT 78 Df 46
4050 Ninane WLG 82 Fd 45
3120 Ninde VBR 72 Ee 43
9400 Ninove VOV 71 Df 44
5670 Nismes WNA 87 Ed 48
4700 Nispert WLG 83 Ga 45
6860 Nivelet WLX 97 Fd 50
4600 Nivelle WLG 74 Fe 44
1400 Nivelles WBR 79 Eb 45
5680 Niverlée WNA 88 Ee 48
6640 Nives WLX 90 Fd 49
4845 Nivezé le Neubois WLG 82 Ff 46
6717 Nobressart WLX 98 Fe 50
1320 Nodebais WBR 72 Ee 44
1350 Nodrenge WBR 80 Ef 44
1350 Noduwez WBR 80 Ef 44
5640 Noéchamps WNA 80 Ed 46
5570 Noel WNA 88 Ef 48
7080 Noirchain WHT 78 Df 46
6831 Noirefontaine WLX 88 Fa 50
1490 Noirhat WBR 79 Ed 45
1450 Noirmont WBR 80 Ed 45
7760 Noir Mouton WHT 70 Dc 44
5377 Noiseux WNA 81 Fc 47
9771 Nokere VOV 69 Dd 43
6840 Nolinfaing WLX 89 Fc 50
2960 Nollekens VAN 62 Ed 40
6851 Nollevaux WLX 97 Fa 49
4130 Nomont WLG 81 Fd 45
4920 Nonceveux WLG 82 Fe 46
2920 Noordeind VAN 62 Ec 40
8980 Noordeindhoek VWV 68 Da 43
2200 Noorderwijk VAN 62 Ee 42
8630 Noordhoek VWV 68 Cd 42
8647 Noordschote VWV 68 Ce 43
8211 Noordstraat VWV 59 Da 42
1930 Nossegem VBR 72 Ed 43
6717 Nothomb WLX 98 Fe 50
3090 Notre-Dame-au-Bois VBR 72 Ed 44
7022 Nouvelles WHT 78 Df 46
4347 Noville WLG 81 Fc 45
6600 Noville WLX 90 Fe 48
5380 Noville-les-Bois WNA 80 Ef 45
5310 Noville-sur-Méhaigne WNA 80 Ef 45
9681 Nukerke VOV 70 Dd 44
3793 Nurop VLI 74 Ff 44

O

6230 Obaix WHT 79 Ec 45
4784 Ober-Emmels WLG 83 Ga 47
4784 Oberst-Crombach WLG 82 Ga 47
4750 Oberweywertz WLG 83 Gb 46
7743 Obigies WHT 77 Dc 45
7034 Obourg WHT 78 Df 46
4560 Ochain WLG 81 Fc 46
6890 Ochamps WLX 89 Fb 49
4560 Ocquier WLG 81 Fc 46
1420 Odeghien WBR 79 Eb 44
6960 Odeigne WLX 90 Fe 47
1360 Odenge WBR 80 Ee 45
4560 Ôdet WLG 81 Fb 46
4340 Odeur WLG 81 Fc 44
6210 Odoumonk WHT 79 Ec 45
4990 Odrimont WLG 82 Fe 47
8730 Oedelem VWV 59 Dc 41
8800 Oekene VWV 69 Da 43
2520 Oelegem VAN 62 Ed 41
8690 Oeren VWV 68 Ce 42
8720 Oeselgem VWV 69 Dc 43
1755 Oetingen VBR 71 Ea 44
7911 Œudeghien WHT 77 De 44
2260 Oevel VAN 62 Ef 42
6840 Ofain WLX 89 Fc 50
6850 Offagne WLX 97 Fa 49
1367 Offus WBR 80 Ef 45
7862 Ogy WHT 78 De 44
1380 Ohain WBR 79 Ec 44
5350 Ohey WNA 81 Fa 46
5670 Oignies-en-Thierache WNA 88 Ed 48
1480 Oisquereg WBR 79 Eb 44
5555 Oizy WNA 96 Fa 49
9400 Okegem VOV 71 Ea 43
9170 Okkevoorde VOV 61 Ea 41
1880 Oksdonk VBR 71 Ec 42
3271 Okselaar VBR 73 Fa 42
2250 Olen VAN 62 Ef 42
4300 Oleye WLG 81 Fb 44
7866 Ollignies WHT 78 Df 44
5670 Olloy-sur-Viroin WNA 88 Ed 48
9521 Olm VOV 70 Df 43
2491 Olmen VAN 63 Fa 42
4877 Olne WLG 82 Fe 45
9870 Olsene VOV 70 Dc 43
4252 Omal WLG 81 Fb 45
4540 Ombret-Rawsa WLG 81 Fc 45
5600 Omezée WNA 88 Ee 47
6900 On WLX 89 Fb 47
8700 Ondank VWV 69 Db 42
4950 Ondenval WLG 83 Ga 46
6941 Ôneu WLX 81 Fc 46
4170 Oneux WLG 82 Fd 46
4910 Oneux WLG 82 Ff 45
2490 Ongelberg VAN 63 Fb 42
5520 Onhaye WNA 88 Ee 47
9500 Onkerzele VOV 70 Df 44
7387 Onnezies WHT 77 De 46
5190 Onoz WNA 80 Ed 46
1760 Onze-Lieve-Vrouw-Lombeek VBR 71 Ea 44
2250 Onze-Lieve-Vrouw Olen VAN 62 Ef 41
2861 Onze-Lieve-Vrouw-Waver VAN 72 Ed 42
8710 Ooigem VWV 69 Db 43
9790 Ooike VOV 69 Dd 43
9620 Oombergen VOV 70 De 43
3300 Oorbeek VBR 72 Ef 44
9340 Oordegem VOV 70 Df 43
9041 Oostakker VOV 60 De 42
8670 Oostduinkerke VWV 58 Ce 42
8670 Oostduinkerke-Bad VWV 58 Cd 42
9968 Oosteeklo VOV 60 De 41
8400 Oostende VWV 58 Ce 41
2990 Oosteneind VAN 62 Ed 40
2328 Oosteneinde VAN 52 Ee 40
2440 Oosterlo VAN 63 Ef 42
2260 Oosterwijk VAN 62 Ef 42
9860 Oosterzele VOV 70 De 43
3945 Oostham VLI 63 Fb 42
8300 Oosthoek VWV 59 Db 40
8301 Oosthoek VWV 59 Db 41
8630 Oosthoek VWV 68 Ce 42
8660 Oosthoek VWV 58 Cd 42
8906 Oosthoek VWV 68 Ce 43
9971 Oosthoek VOV 60 Dd 41
2360 Oosthoven VAN 63 Ef 40
8020 Oostkamp VWV 59 Db 42
8340 Oostkerke VWV 59 Db 41
8600 Oostkerke VWV 68 Ce 42
2390 Oostmalle VAN 62 Ee 41
8840 Oostnieuwkerke VWV 68 Da 43
8780 Oostrozebeke VWV 69 Db 43
8730 Oostveld VWV 59 Dc 42
8640 Oostvleteren VWV 68 Ce 43
9931 Oostwinkel VOV 59 Dd 42
9660 Opbrakel VOV 70 De 44
9225 Opdorp VOV 71 Eb 42
3660 Opglabbeek VLI 74 Fd 42
3630 Opgrimbie VLI 74 Fd 43
1421 Ophain-Bois WBR 79 Eb 45
9500 Ophasselt VOV 70 Df 44
3870 Opheers VLI 73 Fb 44
1357 Opheylissem WBR 73 Ef 44
3640 Ophoven VLI 64 Fe 42
3960 Opitter VLI 64 Fd 42
3300 Oplinter VBR 73 Ef 44
3670 Opltovec VLI 74 Fd 42
3680 Opoeteren VLI 74 Fd 42
6852 Opont WLX 89 Fa 49
6940 Oppagne WLX 81 Fd 47
1860 Oppem VBR 71 Eb 43
1970 Oppem VBR 72 Ed 44
9400 Opperste VOV 71 Ea 44
1770 Opperstraat VBR 71 Ea 43
2890 Oppuurs VAN 71 Eb 42
1315 Opprebais WBR 80 Ee 44
3540 Oppum VLI 73 Fb 43
9255 Opstal VOV 71 Eb 43
3360 Opvelp VBR 72 Ee 44
1745 Opwijk VBR 71 Ea 43
7830 Opzullik = Silly WHT 78 Df 45
1360 Orbais WBR 80 Ee 45
5550 Orchimont WNA 96 Ef 49
7522 Orco WHT 77 Db 45
3800 Ordingen VLI 73 Fb 44
5640 Oret WNA 80 Ed 47
6680 Oreu WLX 89 Fd 48
4360 Oreye WLG 73 Fb 44
6880 Orgeo WLX 89 Fb 50
7802 Ormeignies WHT 77 De 45
1350 Orp WBR 80 Ef 44
7750 Orroir WHT 70 Dc 44
6724 Orsinfaing WLX 97 Fd 50
3350 Orsmaal-Gussenhoven VBR 73 Fa 44
6970 Ortheuville WLX 89 Fd 48
6983 Ortho WLX 90 Fd 48
9111 Ossenhoek VOV 61 Ea 41
5370 Ossogne WNA 81 Fb 46
6536 Ossogne WHT 79 Ec 47
5521 Ostemerée WNA 88 Ee 47
6960 Oster WLX 82 Fd 47
7804 Ostiches WHT 78 De 44
8553 Otegem VWV 69 Dc 44
4210 Oteppe WLG 81 Fa 45
4340 Othée WLG 74 Fc 44
4360 Otrange WLG 73 Fc 44
6690 Otré WLG 90 Fe 47
5380 Otreppe WNA 80 Fa 45
3040 Ottenburg VBR 72 Ed 44
1340 Ottignies WBR 79 Ed 45
1340 Ottignies-Louvain-la-Neuve WBR 79 Ed 44
4821 Ottomont WLG 82 Ff 45
6600 Oûbourci WLX 90 Fe 48
9160 Oudebos VOV 60 Df 42
9130 Oude Doel VOV 61 Eb 40
9200 Oudegem VOV 71 Ea 42
2650 Oude God VAN 61 Ec 41
8600 Oudekapelle VWV 68 Ce 42
9700 Oudenaarde VOV 70 Dd 43
1600 Oudenaken VBR 71 Eb 44
8460 Oudenburg VWV 58 Cf 41
9688 Oudenhove VOV 70 De 44
8970 Ouderdom VWV 68 Ce 44
1160 Oudergem = Auderghem BRU 71 Ec 44
2990 Oud-Gooreind VAN 62 Ed 40
3050 Oud Heverlee VBR 72 Ed 44
4791 Oudler WLG 91 Ga 47
8600 Oud-Stuivekeskerke VWV 68 Ce 42
3600 Oud Termiech VLI 74 Fc 43
2360 Oud-Turnhout VAN 63 Ef 41
3665 Oud Watersche VLI 74 Fd 42
3600 Oud-Winterslag VLI 74 Fd 43
4590 Ouffet WLG 81 Fc 46
4102 Ougrée WLG 81 Fd 45
7870 Ouillies WHT 78 Df 45
4680 Oupeye WLG 81 Fd 44
6852 Oûr WLX 89 Fa 49
4790 Ouren WLG 91 Ga 48
3200 Ourodenberg VBR 72 Ee 42
6800 Ourt WLX 89 Fc 49
6672 Ourthe WLX 90 Ff 47
9406 Outer VOV 71 Df 43
3321 Outgaarden VBR 72 Ef 44
4577 Outrelouxhe WLG 81 Fb 45
4750 Outré-Warche WLG 83 Ga 46
8582 Outrijve VWV 69 Dc 44
9750 Ouwegem VOV 70 Dd 43
9500 Overboelare VOV 70 Df 44
2382 Overbroek VAN 53 Fa 40
2960 Overbroek VAN 62 Ed 40
3800 Overbroek VLI 73 Fb 44
8760 Overdeve WHT 69 Db 43
1741 Overdorp VBR 71 Ea 43
3350 Overhespen VBR 73 Fa 44
3090 Overijse VBR 72 Ed 44
9185 Overlede VOV 60 Df 42
3920 Overmaai VAN 63 Fb 41
9290 Overmere VOV 70 Df 42
4837 Overoth WLG 82 Ff 45
3900 Overpelt VLI 63 Fc 41
3900 Overpelt-Werkplaatsen VLI 63 Fc 41
3700 Overrepen VLI 73 Fc 44

3400 Overwinden VBR 73 Fa 44
4950 Ovifat WLG 83 Ga 46
6941 Ozo WLX 81 Fd 46

P

3583 Paal VLI 73 Fb 42
8760 Paanders WHT 69 Db 43
4560 Pailhe WLG 81 Fb 46
4560 Pair WLG 81 Fc 46
6940 Palenge WLX 81 Fc 46
6850 Paliseul WLX 97 Fa 49
1760 Pamel VBR 71 Ea 43
8840 Papellen VWV 68 Cf 43
2300 Papenbrugge VAN 62 Ef 41
2990 Papendonk VAN 62 Ed 40
7861 Papignies WHT 78 De 44
8800 Paradijs VWV 69 Da 43
9111 Paradijs VOV 61 Ea 42
4920 Paradis WLG 82 Fe 46
7350 Paradis WHT 77 De 46
6717 Parette WLX 98 Fe 50
4970 Parfondruy WLG 82 Ff 46
4452 Parfve WLG 81 Fd 44
9661 Parike VOV 70 De 44
8980 Passendale VWV 68 Da 43
9690 Paterberg VOV 69 Dd 44
5575 Patignies WNA 88 Ef 49
9250 Patotterij VOV 61 Ea 42
7340 Pâturages WHT 78 De 46
9630 Paulatem VOV 70 De 43
5540 Pauquis WNA 88 Ef 47
1390 Pècort WBR 72 Ed 44
7740 Pecq WHT 77 Db 44
3990 Peer VLI 64 Fc 42
9070 Peerdeke VOV 70 Df 42
7120 Peissant WHT 79 Ea 46
1785 Peizegem VBR 71 Eb 43
8940 Pekke VWV 69 Da 44
4287 Pellaines WLG 80 Fa 44
3212 Pellenberg VBR 72 Ee 43
2800 Pennepoel VAN 72 Ec 42
9930 Peperhoek VOV 60 Dd 42
1670 Pepingen VBR 71 Ea 44
4860 Pepinster WLG 82 Fe 45
1450 Pérbais WBR 80 Ed 45
8340 Pereboom VWV 59 Db 41
9180 Pereboom VOV 61 Df 41
1820 Perk VBR 72 Ed 43
4837 Perkiets WLG 82 Ff 45
5660 Pérnelle WNA 87 Ec 48
7134 Péronnes WHT 78 Ea 46
9550 Perre VOV 70 Df 43
9080 Persijzer VOV 60 Df 42
7640 Personnes WHT 77 Dc 45
7600 Péruwelz WHT 78 Dd 45
8600 Pervijze VWV 68 Ce 42
1360 Perwez WBR 80 Ee 45
5352 Perwez WNA 81 Fb 46
1360 Perwijs = Perwez WBR 80 Ee 45
5660 Pesche WNA 87 Ec 48
5590 Pessoux WNA 81 Fa 47
9790 Petegem, Wortegem- VWV 69 Dd 43
9800 Petegom-aan-de-Leie WHT 69 Dd 43
4730 Petergensfeld WLG 83 Ga 45
5660 Petigny WNA 87 Ed 48
7712 Petit-Audenarde WHT 76 Db 44
4560 Petit-Avin WLG 81 Fb 46
4300 Petit-Axhe WLG 81 Fb 44
4163 Petit Berleu WLG 81 Fc 45
5544 Petit-Doische WNA 88 Ee 48
7370 Petit Dour WHT 78 De 46
5660 Petite-Chapelle WNA 87 Ed 49
5560 Petite Hour WNA 88 Fa 47
6666 Petite Mormont WLX 90 Fe 48
7850 Petit-Enghien WHT 78 Ea 44
6940 Petite-Somme WLX 81 Fc 46
6690 Petites-Tailles WLX 90 Fe 47
6591 Petite Thièrache WHT 87 Eb 48
4520 Petite-Wanze WLG 81 Fb 45
5555 Petit-Fays WNA 96 Ef 49
4280 Petit Halet WLG 80 Fa 44
6986 Petit Halleux WLX 89 Fd 47
6940 Petit-Han WLX 81 Fc 47
5031 Petit-Leez WNA 80 Ee 45
6210 Petit Marais VLI 79 Ec 45
4590 Petit-Ouffet WLG 81 Fc 46
8630 Petit-Paris VWV 68 Cd 42
4650 Petit-Rechain VLI 82 Fe 45
1340 Petit Ri WBR 79 Ed 44
7181 Petit-Rœulx-lez-Nivelles VLI 79 Eb 45
7090 Petit-Rœulx-lez-Braine WHT 78 Ea 45
1367 Petit-Rosière WBR 80 Ef 45
7618 Petit-Rumes WHT 77 Db 45
4990 Petit-Sart WLG 82 Fe 47
6692 Petit-Thier WLX 82 Ff 47
7711 Petit Tourcoing WNA 69 Db 44
6840 Petitvoir WLX 97 Fc 49
5564 Petit Wanlin WNA 88 Fa 48
5300 Petit-Waret WNA 80 Fa 45
7532 Pétrieux WHT 77 Dd 45
2580 Peulis VAN 72 Ed 42
1800 Peutie VBR 72 Ec 43
4730 Pfau WLG 83 Ga 45
5360 Philippeville WNA 81 Fb 46
5600 Philippeville WNA 87 Ed 47
1547 Piebroek VBR 78 Df 44
4190 Pierreux WLG 82 Fd 46
5377 Pierreux WNA 81 Fb 47
3590 Pietelbeek VLI 73 Fc 43
7160 Piéton WHT 79 Eb 46
1370 Piétrain WBR 80 Ef 44
1315 Piètrebais WBR 72 Ee 44
6941 Piherotte WLX 82 Fd 46
8750 Pijpe WHT 69 Db 42
2221 Pijpelheide VAN 72 Ee 42
2811 Pikkerie VAN 71 Ec 42
6594 Pilate WHT 87 Ea 48
8904 Pilkem VWV 68 Cf 43
6810 Pin WLX 97 Fc 50
9700 Pinker VOV 70 De 43
6680 Pinsamont WLX 90 Fd 49
7904 Pipaix WHT 77 Dd 45
3700 Piringen VLI 73 Fc 44
6240 Pironchamps WHT 79 Ed 46
7911 Pironche WHT 78 Dd 44
8740 Pittem VWV 69 Db 43
6672 Piverbierg WHT 90 Ff 47
4122 Plainevaux WLG 81 Fd 45
6851 Plainevaux WLX 97 Fa 49
3130 Plakenburg VBR 72 Ee 42
1380 Plancenoit WBR 79 Ec 45
6800 Planchipont WLX 97 Fd 49
3793 Plank VLI 74 Ff 44
7090 Planois WHT 79 Eb 45
2470 Plas VAN 63 Fa 41
8340 Platheule VWV 59 Db 41
7782 Ploegsteert WHT 76 Ce 44
3670 Plokrooi VLI 74 Fd 42
4850 Plombières WLG 74 Ff 44
2275 Poederlee VAN 62 Ef 41
9880 Poeke VOV 70 Dc 42
1760 Poelk VBR 71 Ea 44
8920 Poelkapelle, Langemark- VWV 68 Cf 43
9850 Poesek WHT 70 Dc 42
9680 Poestem VOV 70 Dd 44
6870 Poix-Saint-Hubert WLX 89 Fb 48
9190 Polken VOV 61 Df 41
9401 Pollare VOV 71 Df 44
4800 Polleur WLG 82 Ff 45
8647 Pollinkhove VWV 68 Ce 43
7322 Pomnerœul WHT 77 De 46
7604 Ponange WHT 77 Dd 45
6730 Poncel WLX 97 Fd 50
7811 Ponchau WHT 78 De 45
7903 Poncheau WHT 78 Dd 45
5574 Pondrôme WNA 88 Fa 48
4960 Pont WLG 82 Ga 46
6230 Pont-à-Celles VLI 79 Eb 45
5640 Pont au Ri WNA 80 Ee 46
4960 Pont-a-Varche WLG 82 Ga 46
6250 Pont-de-Loup WHT 79 Ed 46
4140 Pont de Sai WLG 82 Fd 46
2470 Pontfort VAN 63 Fa 41
5380 Pontillas WNA 80 Fa 45
4040 Pontisse WLG 82 Fd 44
8970 Poperinge VWV 68 Ce 43
2382 Poppel VAN 53 Fa 40
7760 Popuelles WHT 77 Dd 45
5370 Porcheresse WNA 81 Fb 46
6929 Porcheresse WLX 88 Fa 49
6717 Post WLX 98 Fe 50
2400 Postel VAN 63 Fb 41
8900 Posthoornwijk VWV 68 Ce 43
6464 Poteaupré WHT 87 Ec 49
8680 Pottebezem VWV 68 Cf 42
3740 Pottenberg VLI 74 Fd 43
7760 Pottes WHT 69 Dc 44
4280 Poucet WLG 80 Fa 44
4171 Poulseur WLG 82 Fd 45
6830 Poupehan WNA 88 Ef 50
5333 Poûrain WNA 80 Fa 46
4350 Pousset WLG 81 Fb 44
6717 Pratert WLX 98 Fe 50
4960 Préai WLG 82 Ga 46
5360 Pré del Loye WNA 80 Fa 46
8650 Predikboom VWV 68 Cf 42
6970 Prelle WLX 89 Fd 48
8630 Presende VWV 68 Ce 42
5660 Presgaux WNA 87 Ec 48
8511 Preshoek VWV 69 Db 44
4140 Présseu WLG 82 Fd 46
6800 Prèsseu WLX 89 Fc 49
4920 Prièstè WLG 82 Fe 46
5170 Profondeville WNA 80 Ef 46
8972 Proosdijhoek VWV 68 Cd 43
3630 Proosterbos VLI 74 Fd 43
9130 Prosper VOV 61 Eb 41
6810 Prouvy WLX 97 Fc 50
6690 Provedroux WLX 90 Ff 47
8972 Proven VWV 68 Cd 43
5650 Pry WNA 79 Ec 47
1430 Puhain WBR 79 Ea 45
9120 Puiput VOV 61 Eb 41
8830 Puitnest VWV 69 Da 42
9111 Puivelde VOV 61 Ea 41
2242 Pulderbos VAN 62 Ee 41
2870 Pullaa VAN 71 Eb 42
2243 Pulle VAN 62 Ee 41
5530 Purnode WNA 80 Ef 47
5550 Pussemange WNA 88 Ef 50
2840 Putheide VAN 62 Ec 42
3012 Putkapel VBR 72 Ee 43
2580 Putte VAN 72 Ed 42
4645 Putte VAN 61 Ec 40
4730 Pùtzhag WLG 83 Ga 44
2870 Puurs VAN 71 Eb 42

Q

7390 Quaregnon WHT 78 De 46
4920 Quâreux VLI 82 Fe 46
7540 Quartes WHT 77 Dc 45
4831 Quatre-Chemins WLG 82 Ff 45
6700 Quatre Vents WLX 98 Fe 50
7866 Quatre-Vents WHT 78 Df 44
1430 Quenast WBR 79 Ea 44
6460 Queue de Rance WHT 87 Eb 48
4610 Queue-du-Bois WLG 82 Fe 45
7972 Quevaucamps WHT 77 De 45
7040 Quévy WHT 78 Df 46
7040 Quévy-le-Grand WHT 78 Df 46
7040 Quévy-le-Petit WHT 78 Df 46
7380 Quiévrain WHT 77 De 46

R

8750 Raakske WHT 69 Db 42
5377 Rabosée WNA 81 Fb 47
6600 Rachamps WLX 90 Fe 48
6792 Rachecourt WLX 98 Fe 51
4287 Racour WBR 73 Fa 44
6630 Radelange WLX 98 Fe 49
1430 Radoux WBR 78 Ea 44
4730 Raeren WLG 83 Ga 44
4877 Rafhay VLI 82 Fe 45
6532 Ragnies WHT 79 Eb 47
4987 Rahier WLG 82 Fe 46
7530 Ramecroix WHT 77 Dc 45
7520 Ramegnies-Chin WHT 77 Db 45
4557 Ramelot WLG 81 Fc 46
4400 Ramet WLG 81 Fc 45
5370 Ramèzée WNA 81 Fb 47
1367 Ramillies WBR 80 Ef 45
6970 Râmont WLX 89 Fd 48
2230 Ramsel VAN 72 Ee 42
8301 Ramskapelle VWV 59 Db 41
8620 Ramskapelle VWV 58 Ce 42
6470 Rance WHT 87 Eb 48
6860 Rancimont WLX 97 Fd 50
6043 Ransart WHT 79 Ec 46
1380 Ransbeche WBR 79 Ec 44
3470 Ransberg VBR 73 Fa 43
2520 Ranst VAN 62 Ed 41
3500 Rapertingen VLI 73 Fc 43
8700 Ratte WHT 69 Db 42
3040 Rattenberg VBR 72 Ed 44
8433 Rattevalle VWV 58 Ce 42
2400 Rauw VAN 63 Fb 41
2440 Rauwelkoven VAN 62 Ef 41
2380 Ravels VAN 63 Ef 40
2380 Ravelse Bergen VAN 62 Ef 40
8400 Raversijde VWV 58 Ce 41
8400 Raversijde-Bad VWV 58 Ce 41
7180 Ravisec VLI 79 Eb 45
7021 Ravre WHT 78 Ea 46
4577 Rawsá WLG 81 Fb 45
7804 Rebaix WHT 78 De 45
1430 Rebecq WBR 79 Ea 45
1430 Rebecq-Rognon WBR 78 Ea 45
6680 Rechrival WLX 90 Fd 48
4780 Recht WLG 83 Ga 47
6600 Recogne WLX 90 Fe 48
6800 Recogne WLX 97 Fc 49
4960 Reculémont WLG 82 Ga 46
6890 Redu WLX 89 Fa 48
2820 Reet VAN 72 Ed 42
2840 Reet VAN 61 Ec 42
6690 Regné WLX 90 Fe 47
5670 Regniéssart WNA 87 Ed 48
4990 Rèhârmont WLG 82 Fe 46
6800 Rehaumont WLX 89 Fc 49
8480 Reiger VWV 68 Da 42
2440 Reivennen VAN 63 Fa 41
7760 Rejet-Moulu WHT 77 Dc 44
9500 Reke VOV 70 De 44
3621 Rekem VLI 74 Fd 43
9800 Rekkelinge WHT 69 Dd 43
8930 Rekkem VWV 69 Db 44
1731 Relegem VBR 71 Eb 43
1910 Relst VBR 72 Ed 43
6800 Remagne WLX 89 Fc 49
7971 Remegnies WHT 78 Dd 45
3791 Remersdaal VLI 74 Ff 44
6640 Remichampagne WLX 90 Fd 49
4350 Remicourt WLG 81 Fb 44
6640 Remience WLX 89 Fd 49
5370 Rémont WNA 81 Fb 47
4920 Remouchamps WLG 82 Fe 46
9600 Renaix = Ronse VOV 70 Dd 44
4970 Renardmont WLG 82 Ff 46
6880 Renaumont WLX 97 Fb 49
6987 Rendeux WLX 89 Fc 47
6987 Rendeux-Bas WLX 89 Fc 47
6987 Rendeux-Haut WLX 89 Fc 47
8647 Reninge, Lo- VWV 68 Ce 43
8970 Reningelst VWV 68 Ce 44
1380 Renipont WBR 79 Ec 44
6500 Renlies WHT 87 Eb 47
6680 Renuamont WLX 90 Fd 48
3950 Reppel VLI 64 Fd 42
3650 Reselt VLI 74 Fe 42
6840 Respelt WLX 97 Fc 49
7134 Ressaix WHT 79 Eb 46
9551 Ressegem VOV 70 Df 43
3390 Rest VBR 72 Ef 43
6927 Resteigne WLX 89 Fb 48
6750 Retevau WLX 98 Fd 51
2470 Retie VAN 63 Fa 41
4621 Retinne WLG 82 Fe 45
6673 Retugny WLG 90 Ff 48
2630 Reukens VAN 61 Ec 42
6536 Reûmont WHT 79 Eb 47
8980 Reutel VWV 68 Cf 43
6210 Réves WHT 79 Ec 45
5570 Revogne WNA 88 Fa 48
5080 Rhisnes WNA 80 Ee 45
1640 Rhode-Saint-Genese = Sint-Genesius-Rode VBR 71 Ec 44
4600 Richelle VLI 82 Fe 44
3470 Riegel VBR 73 Fa 43
9940 Rieme VOV 60 De 41
9260 Riemeer VOV 71 Df 43
3770 Riemst VLI 74 Fd 44
5575 Rienne WNA 88 Ef 49
4877 Riessonsart VLI 82 Fe 45
1390 Riez WBR 80 Ee 44
6464 Rièzes WHT 87 Ec 49
3840 Rijkel VLI 73 Fb 44
2310 Rijkevorsel VAN 62 Ee 40
3740 Rijkhoven VLI 74 Fd 44
2820 Rijmenam VAN 72 Ed 42
3470 Rijnrode VBR 73 Fa 43
2222 Rijpel VAN 62 Ee 42
3540 Rijsbeek VLI 73 Fb 43
3583 Rijsel VLI 73 Fa 42
8750 Rik VWV 69 Db 42
3700 Riksingen VLI 73 Fc 44
3202 Rillaar VBR 72 Ef 43
2500 Ringenhofwijk VAN 62 Ed 42
7700 Risquons-Tout WHT 69 Db 44
4970 Rivage WLG 82 Ff 46
5170 Rivière WNA 80 Ef 46
1330 Rixensart WBR 79 Ec 44
9930 Ro VOV 59 Dd 42
4987 Roanne VLI 82 Ff 46
6460 Robechies WHT 87 Eb 48
6769 Robelmont WLX 97 Fd 51
7972 Robertsart WHT 77 De 45
4950 Robertville WLG 83 Ga 46
9630 Roborst VOV 70 De 43
6960 Roche à Frêne WLX 82 Fd 46
5580 Rochefort WNA 89 Fb 47
6830 Rochehaut WLX 96 Fa 49
4761 Rocherath WLG 83 Gb 46
4690 Roclenge-sur-Geer WLG 74 Fd 44
4000 Rocourt WLG 81 Fd 44
1570 Rode VBR 71 Df 44
2360 Rode VAN 63 Fa 41
3040 Rode VBR 72 Ed 44
1910 Rode Kapel VBR 72 Ed 43
3930 Rodenrijt VLI 63 Fc 41
4782 Rödgen WLG 83 Gb 47
4784 Rodt WLG 83 Ga 47
3660 Roekseinde VLI 74 Fd 42
3440 Roel VBR 73 Fa 43
2310 Roeleinde VAN 62 Ee 40
9402 Roesbeke VOV 71 Ea 44
8972 Roesbrugge-Haringe VWV 68 Cd 43
8800 Roeselare VWV 68 Da 43
3390 Roeselberg VBR 72 Ef 43
1342 Roffesart WBR 79 Ed 44
5651 Rognée Trélon WNA 79 Ec 47
7387 Roisin WHT 77 De 47
8460 Roksem VWV 58 Da 41
8510 Rollegem VWV 69 Db 44
8880 Rollegem-Kapelle VWV 69 Da 43
4347 Roloux WLG 81 Fc 45
5600 Roly WNA 87 Ed 48
7332 Romecamp WHT 78 De 45
5600 Romedenne WNA 88 Ed 47
5680 Romerée WNA 88 Ed 48
3730 Romershoven VLI 74 Fc 43
6640 Romoiville WLX 90 Fd 49
1547 Romont VBR 78 Df 44
4624 Romsée WLG 82 Fe 45
4100 Roncelles WLG 81 Fd 45
6980 Ronchamp WLX 89 Fc 48
6980 Ronchampai WLX 89 Fd 48
6929 Rond Chêné WNA 88 Fa 48
6596 Rond-Point WHT 87 Eb 49
6800 Rondu WLX 89 Fc 49
8650 Ronehoek VWV 68 Cf 43
7623 Rongy WHT 77 Dc 45
7090 Ronquières WHT 79 Eb 45
9600 Ronse VOV 70 Dd 44
9932 Ronsele VOV 59 Dd 42
5590 Ronvaux WNA 88 Fa 47
6987 Ronzon WLX 89 Fd 47
9404 Roon VOV 71 Df 43

Roosbeek VBR 72 Ef 43
Roosbeek VBR 73 Fb 43
1760 Roosdaal VOV 71 Ea 43
3680 Roosteren VLI 74 Fe 42
3590 Rooterbeide VLI 73 Fc 43
5555 Roptia WNA 97 Fa 49
5620 Rosée WNA 88 Ee 47
6250 Roselies WHT 79 Ed 46
1331 Rosières WBR 72 Ed 44
6640 Rosières WLX 89 Fd 49
3740 Rosmeer VLI 74 Fd 43
3890 Rosoux VLI 81 Fa 44
6880 Rôssart WLX 97 Fb 49
6230 Rosseignies WHT 79 Eb 45
2490 Rosselaar VAN 63 Fa 41
1861 Rossem VBR 71 Eb 43
2200 Rossem VAN 62 Ee 42
6640 Rossière-la-Grande WLX 89 Fd 49
6730 Rossignol WLX 97 Fc 50
9042 Rostijne VOV 60 De 41
3290 Rotbroek VBR 73 Fa 43
3650 Rotem VLI 74 Fe 42
4120 Rotheux-Rimière WLG 81 Fc 45
3080 Rotselaar VBR 72 Ed 43
3110 Rotselaar VBR 72 Ee 43
4730 Rotz WLG 83 Ga 45
7601 Roucourt WHT 77 Dd 45
6688 Rouette WLX 90 Fd 48
7070 Rouges-Terres WHT 78 Ea 45
5537 Rouillon WNA 80 Ef 46
8800 Roulers = Roeselare VWV 68 Da 43
6686 Roumont WLX 89 Fd 48
6983 Roupâge WLX 90 Fd 48
7120 Rouveroy WHT 78 Ea 46
4140 Rouvreux WLG 82 Fd 46
6767 Rouvroy WLX 97 Fc 51
6044 Roux WHT 79 Ec 46
1315 Roux-Miroir WBR 80 Ee 44
3980 Rovenshout VLI 73 Fa 42
9660 Rovorst VOV 70 De 44
6900 Roy WLX 89 Fc 47
7532 Royaume WHT 77 Dc 45
9630 Rozebeke VOV 70 De 43
8211 Rozeboom VWV 59 Da 42
8647 Rozendaal VWV 68 Ce 42
8020 Ruddervoorde VWV 59 Db 42
8510 Ruddervoorde VWV 69 Db 44
7050 Rue des Juifs WHT 78 De 45
7950 Rue du Bois WHT 78 De 45
6760 Ruette WLX 97 Fd 51
9690 Ruien VOV 70 Dc 44
1601 Ruisbroek VBR 71 Eb 44
2870 Ruisbroek VAN 61 Eb 42
8755 Ruiselede VWV 69 Dc 42
9250 Ruiter VOV 61 Ea 42
1600 Rukkelingen VBR 71 Eb 44
3870 Rukkelingen-Loon VLI 81 Fb 44
4608 Rullen VLI 82 Fe 44
6724 Rulles WLX 97 Fd 50
8800 Rumbeke VWV 69 Da 43
7610 Rumes WHT 77 Db 45
7540 Rumillies WHT 77 Dc 45
3454 Rummen VBR 73 Fa 43
3400 Rumsdorp VBR 73 Fa 44
2840 Rumst VAN 71 Ec 42
3803 Runkelen VLI 73 Fa 43
3500 Runkst VLI 73 Fb 43
4837 Rünschen WLG 82 Ff 45
9150 Rupelmonde VOV 61 Eb 42
7750 Russeignies WHT 69 Dd 44
3830 Russelt VLI 73 Fb 43
3700 Rutten VLI 74 Fc 44
3668 Ruwmortelsheide VLI 74 Fd 42

S

6997 Sâdzo WLX 82 Fd 47
1755 Saffelberg VBR 71 Ea 44
9130 Saftingen VOV 61 Eb 41
6637 Sainlez WLX 90 Fe 49
6221 Saint-Amand WHT 79 Ed 46
4606 Saint-André VLI 82 Fe 44
6960 Saint Antoine WLX 82 Fd 46
5620 Saint Aubin WNA 87 Ed 47
6560 Saint Christophe, Montignies- WHT 79 Eb 47
9630 Saint-Denijs-Boekel VOV 70 De 43
5081 Saint-Denis WNA 80 Ee 45
7034 Saint-Denis WHT 78 Ea 46
7972 Sainte-Anne WHT 77 De 45
6820 Sainte-Cécile WLX 97 Fb 50
9630 Sainte Maria VOV 70 De 43
1360 Sainte-Marie WBR 80 Ee 45
6800 Sainte-Marie-Chévigny WLX 89 Fc 49
1370 Sainte-Marie-Geest WBR 72 Ef 44
6740 Sainte-Marie-sur-Semois WLX 97 Fd 50
6680 Sainte-Ode WLX 89 Fd 48
6681 Sainte-Ode WLX 89 Fc 48
1480 Saintes WBR 79 Ea 44
4000 Sainte-Walburge WLG 81 Fd 45
4470 Saint-Georges-sur-Meuse WLG 81 Fc 45
5640 Saint-Gérard WNA 80 Ee 46
5310 Saint-Germain WNA 80 Ee 45
1450 Saint-Géry WBR 80 Ed 45
7330 Saint-Ghislain WHT 78 De 46
1190 Saint-Gilles = Sint-Gillis BRU 71 Eb 44
9620 Saint-Goriks-Oudenhove VOV 70 De 43
4877 Saint Hadelin VLI 82 Fe 45
6870 Saint-Hubert WLX 89 Fc 48
4980 Saint-Jacques WLG 82 Fe 46
1370 Saint-Jean-Geest WBR 72 Ef 44
5670 Saint-Joseph WNA 87 Ed 48
6747 Saint-Léger WLX 98 Fd 51
7730 Saint-Léger WHT 77 Db 44
9550 Saint-Lievens-Esse VOV 70 Df 43
5003 Saint-Marc WNA 80 Ee 46
6762 Saint-Mard WLX 97 Fd 51
9570 Saint-Maria-Lierde VOV 70 Df 44
5190 Saint-Martin WNA 80 Ed 45
7500 Saint-Maur WHT 77 Dc 45
5500 Saint-Medard WNA 80 Ef 47
6887 Saint-Médard WLX 89 Fb 50
4420 Saint-Nicolas WLG 81 Fd 45
6800 Saint-Pierre WLX 97 Fc 49
4672 Saint-Remy VLI 82 Fe 44
6460 Saint-Rémy WHT 87 Eb 48
6760 Saint-Remy WLX 98 Fd 51
1370 Saint-Remy-Geest WBR 72 Ef 44
7912 Saint-Sauveur WHT 77 Dd 44
4550 Saint-Séverin WLG 81 Fc 45
7030 Saint Symphorien WHT 78 Df 46
3800 Saint-Trond = Sint-Truiden VBR 73 Fa 44
7100 Saint-Vaast WHT 79 Ea 46
6730 Saint-Vincent WLX 97 Fc 50
4780 Saint-Vith = Sankt-Vith WLG 83 Ga 47
4671 Saive WLG 82 Fe 45
6600 Saiwet WLX 90 Fe 49
5537 Salet WNA 80 Ee 47
6686 Salle WLX 90 Fd 48
6460 Salles WHT 87 Eb 48
6690 Salmchâteau WLG 82 Ff 47
6640 Salvacourt WLX 90 Fe 49
5000 Salzinnes WNA 80 Ee 46
5600 Samart WNA 87 Ed 47
5060 Sambreville WNA 79 Ed 46
6700 Sampont WLX 98 Fe 50
6982 Samrée WLX 90 Fd 47
5300 Samson WNA 80 Ef 46
4780 Sankt-Vith = Saint-Vith WLG 83 Ga 47
7080 Sars-la-Bruyère WHT 78 Df 46
6542 Sars-la-Buissière WHT 79 Eb 46
6210 Sart-à- Rèves WHT 79 Ec 45
5330 Sart-Bernard WNA 80 Ef 46
5575 Sart-Custine WNA 88 Ef 48
1495 Sart-Dames-Avelines WBR 79 Ec 45
5380 Sart d' Avril WNA 80 Ef 45
5600 Sart-en-Fagne WNA 88 Ed 48
5070 Sart-Eustache WNA 80 Ed 46
6500 Sartiau WHT 79 Eb 47
7911 Sartiau WHT 77 De 44
4845 Sart-lez-Spa WLG 82 Ff 45
1457 Sart-lez-Walhain WBR 80 Ee 45
1370 Sart-Mélin WBR 72 Ee 44
1490 Sart-Messire-Guillaume WBR 79 Ed 45
1315 Sart-Risbart WBR 80 Ee 44
5070 Sart-Saint-Laurent WNA 80 Ee 46
4031 Sart-Tilman WLG 82 Fd 45
8450 Sas-Slijkens VWV 58 Cf 41
6470 Sautin WHT 87 Eb 48
5600 Sautour WNA 87 Ed 47
2870 Sauvegarde VAN 71 Eb 42
5030 Sauvenière WNA 80 Ee 45
6730 Savelon WLX 97 Fc 50
6800 Sbêrchamps WLX 97 Fc 49
7861 Scaubec WHT 78 De 44
1030 Schaarbeek = Schaerbeek WHT 71 Ec 43
6717 Schadeck WLX 98 Fe 50
1030 Schaerbeek = Schaarbeek WHT 71 Ec 43
3290 Schaffen VBR 73 Fa 43
3560 Schalbroek VLI 73 Fb 43
3732 Schalkhoven VLI 73 Fc 43
4731 Schallenberg WLG 83 Ga 44
5364 Schaltin WNA 81 Fa 46
8300 Schapenbrug VWV 59 Dc 41
8600 Schapershoek VWV 68 Cf 42
9988 Schare WHT 60 De 41
8820 Scheeweg VWV 69 Da 42
8810 Scheldeke VWV 69 Da 42
9820 Schelderode VOV 70 De 43
9860 Scheldewindeke VOV 70 De 43
2627 Schelle VAN 61 Ec 42
9260 Schellebelle VOV 70 Df 42
9506 Schendelbeke VOV 70 Df 44
1703 Schepdaal VBR 71 Eb 44
2390 Scherpenberg VAN 62 Ee 41
3270* Scherpenheuvel-Zichem VBR 72 Ef 43
8340 Schewege VWV 59 Dc 41
2250 Schietboom VAN 62 Ef 42
2970 Schilde VAN 62 Ed 41
3511 Schimpen VLI 73 Fb 43
3473 Schipbroek VBR 73 Fa 43
3191 Schiplaken VBR 72 Ed 43
4783 Schlierbach WLG 83 Gb 47
6717 Schockville WLX 98 Fe 50
4782 Schönberg WLG 83 Gb 47
3290 Schoonaarde VBR 73 Fa 43
9200 Schoonaarde VOV 71 Ea 43
2470 Schoonbroek VAN 63 Fa 41
3270 Schoonderbuken VBR 72 Ef 43
2610 Schoonselhof VAN 61 Ec 42
8600 Schoorbakke VWV 58 Ce 42
3980 Schoot VLI 73 Fa 42
9667 Schootland VOV 70 De 43
6700 Schoppach WLX 98 Fe 50
3798 Schoppen WLG 74 Fe 44
4770 Schoppen WLG 83 Ga 46
8433 Schore VWV 58 Cf 42
9688 Schorisse VOV 70 De 44
2300 Schorvoort VAN 63 Ef 41
4730 Schossent WLG 83 Ga 45
2370 Schotelven VAN 63 Fa 41
2900 Schoten VAN 62 Ed 41
2360 Schrabbers VAN 63 Ef 41
2570 Schrenkelsgat VAN 62 Ed 42
2223 Schriek VAN 72 Ee 42
2910 Schriek VAN 52 Ec 40
9112 Schrijberg VOV 61 Ea 42
3582 Schrikheide VLI 73 Fb 42
3980 Schrikhoek VLI 73 Fa 42
8700 Schuiferskapelle VWV 69 Db 42
9200 Schuiteplas VOV 71 Ea 43
9290 Schuitie VOV 71 Ea 42
3540 Schulen VLI 73 Fa 43
4770 Schwarzenvenn WLG 83 Ga 46
4730 Schwerzfeld WLG 83 Ga 45
8820 Sckaakske VWV 68 Da 42
6929 Sclassin WLX 88 Fa 49
5300 Sclayn WNA 80 Fa 46
6464 Scourmont WHT 87 Ec 49
5361 Scôville WNA 81 Fb 47
4557 Scry WLG 81 Fc 46
5361 Scy WNA 81 Fb 47
6680 Sébastopol WLX 89 Fd 48
6890 Sèchery WLX 89 Fa 48
4920 Sècheval VLI 82 Fe 46
2490 Seheps VAN 63 Fb 42
5300 Seilles WNA 80 Fa 46
6700 Seimrich WLX 98 Fe 50
6781 Selange WLX 98 Ff 51
6596 Seloignes WHT 87 Eb 48
9890 Semmerzake VOV 70 Dd 43
7180 Seneffe WHT 79 Eb 45
6600 Senonchamps WLX 90 Fd 49
3800 Senselberg VLI 73 Fb 43
6832 Sensenruth WLX 88 Fa 50
4557 Seny WLG 81 Fc 46
5630 Senzeille WNA 87 Ec 47
6940 Septon WLX 81 Fc 46
4100 Seraing WLG 81 Fc 45
4537 Seraing-le-Château WLG 81 Fb 45
5590 Serinchamps WNA 89 Fb 47
65320 Seron WNA 80 Fa 45
9260 Serskamp VOV 70 Df 43
5521 Serville WNA 88 Ee 47
6700 Sesselich WLX 98 Fe 51
6800 Séviscourt WLX 89 Fc 49
7090 's Gravenbrakel = Braine-le-Compte WHT 78 Ea 45
3700 's-Herenelderen VLI 74 Fc 44
6640 Sibret WLX 90 Fd 49
6750 Signeulx WLX 98 Fd 51
8340 Sijsele WHT 59 Db 41
5630 Silenrieux WNA 87 Ec 47
7830 Silly WHT 78 Df 45
9112 Sinaai VOV 61 Ea 42
5377 Sinsin-la-Petite WNA 81 Fb 47
3150 Sint-Adriaan VBR 72 Ed 43
1080 Sint-Agatha-Berchem = Berchem-Sainte-Agathe VBR 71 Eb 43
3040 Sint-Agatha-Rode VBR 72 Ed 44
2890 Sint-Amands VAN 71 Eb 42
9040 Sint-Amandsberg VOV 70 De 42
8200 Sint-Andries VWV 59 Da 41
9250 Sint-Anna VOV 61 Ea 42
1700 Sint-Anna-Pede VBR 71 Eb 44
9550 Sint-Antelinks VOV 70 Df 43
2980 Sint-Antonius VAN 62 Ed 41
8760 Sint-Antonius WHT 69 Db 43
8200 Sint-Baafs VWV 59 Db 41
8710 Sint-Baafs-Vijve VWV 69 Dc 43
9630 Sint-Blasius-Boekel VOV 70 De 43
1860 Sint-Brixius-Rode VBR 71 Eb 43
8554 Sint-Denijs VWV 69 Dc 44
9051 Sint-Denijs-Westrem VWV 70 Dd 42
2440 Sint Dimpna VAN 63 Ef 42
8902 Sint-Eloi VWV 68 Cf 44
8793 Sint-Eloois-Vijve VWV 69 Dc 43
8880 Sint-Eloois-Winkel VWV 69 Db 43
1640 Sint-Genesius-Rode VBR 71 Ec 44
3400 Sint-Gertrudis VBR 73 Fa 44
1703 Sint-Gertrudis-Pede VBR 71 Eb 44
1190 Sint-Gillis = Saint-Gilles BRU 71 Eb 44
9200 Sint-Gillis-bij-Dendermonde VOV 71 Ea 42
9170 Sint-Gillis-Waas VOV 61 Ea 41
8820 Sint-Henricus VWV 68 Da 42
6440 Sint-Hubert WHT 87 Ec 48
3730 Sint-Huibrechts-Hern VLI 74 Fc 44
8670 Sint-Idesbald VWV 58 Cd 42
8600 Sint-Jacobs-Kapelle VWV 68 Ce 42
8750 Sint-Jan WHT 69 Db 42
9982 Sint-Jan-in-Eremo VOV 60 Dd 41
9890 Sint-Janswijk VOV 70 Dd 43
8978 Sint-Jan-ter-Biezen VWV 68 Cd 43
4880 Sint-Jean-Sart VLI 82 Fe 44
2960 Sint-Job-in-'t-Goor VAN 62 Ed 41
3570 Sint Joris VLI 73 Fb 43
8620 Sint Joris VWV 58 Ce 42
8730 Sint-Joris VWV 59 Dc 42
3051 Sint-Joris-Weert VBR 72 Ed 44
3390 Sint-Joris-Winge VBR 72 Ef 43
8000 Sint Josef VWV 59 Db 41
1840 Sint-Jozef VBR 71 Eb 42
2250 Sint-Jozef-Olen VAN 62 Ef 41
8920 Sint-Juliaan VWV 68 Cf 43
8501 Sint-Katarina VWV 69 Db 43
2860 Sint-Katelijne-Waver VAN 72 Ed 42
1742 Sint-Katherina-Lombeek VBR 71 Ea 43
9667 Sint-Kornelis-Horebeke VOV 70 De 44
8310 Sint-Kruis VWV 59 Db 41
9042 Sint-Kruis-Winkel VOV 60 De 42
1750 Sint-Kwintens-Lennik VBR 71 Ea 44
4560 Sint-Lambert WLG 81 Fb 46
3500 Sint-Lambrechts-Herk VLI 73 Fb 43
1200 Sint-Lambrechts-Woluwe = Woluvé-Saint-Lambert BRU 71 Ec 43
9980 Sint-Laureins VOV 59 Dd 41
1600 Sint-Laureins-Bercher VBR 71 Eb 44
2960 Sint-Lenaarts VAN 62 Ee 40
9520 Sint-Lievens-Houtem VOV 70 De 43
8540 Sint-Lodewijk VWV 69 Dc 44
9981 Sint-Margriete VOV 59 Dd 41
3300 Sint-Margriete-Houtem VBR 72 Ef 44
9667 Sint-Maria-Horebeke VOV 70 De 43
9620 Sint-Maria-Oudenhove VOV 70 De 44
3300 Sint Martens VBR 72 Ef 43
1700 Sint-Martens-Bodegem VBR 71 Eb 43
3390 Sint-Martenskerk VBR 72 Ef 43
9830 Sint-Martens-Latem VWV 70 Dd 42
9800 Sint-Martens-Leerne VOV 69 Dd 42
1750 Sint-Martens-Lennik VBR 71 Eb 44
9572 Sint-Martens-Lierde VOV 70 De 44
3790 Sint-Martens-Voeren VLI 74 Fe 44
8200 Sint-Michiels VWV 59 Db 41
3910 Sint-Muibrechts-Lille VLI 63 Fc 41
9100 Sint-Niklaas VOV 61 Ea 41
9170 Sint-Pauwels VOV 61 Ea 41
8880 Sint-Pieter VWV 69 Da 43
1541 Sint-Pieters-Kapelle VBR 78 Df 44
8433 Sint-Pieters-Kapelle VWV 58 Cf 42
1600 Sint-Pieters-Leeuw VBR 71 Eb 44
8880 Sint-Pieters-ob-de-Dijk VWV 59 Db 41
3220 Sint-Pieters-Rode VBR 72 Ee 43

3792 Sint-Pieters-Voeren VLI 74 Fe 44
1200 Sint-Pieters-Woluwe = Woluwe-Saint-Pierre VLI 71 Ec 43
8690 Sint-Rijkers VWV 68 Ce 43
3800 Sint-Truiden VBR 73 Fa 44
1700 Sint-Ulriks-Kapelle VBR 71 Eb 43
4851 Sippenaeken WLG 74 Ff 44
7332 Sirault WHT 78 De 45
7061 Sirieux WHT 78 Ea 45
6470 Sivry WHT 87 Ea 48
6470 Sivry-Rance WHT 87 Eb 48
5170 Six Bras WNA 80 Ee 46
5555 Six-Planes WNA 96 Ef 49
5360 Skeûve WNA 80 Fa 46
3600 Sledderlo VLI 74 Fd 43
1785 Sleewhagen VBR 71 Eb 43
9940 Sleidinge VOV 60 De 42
8830 Sleihage VWV 68 Da 43
9230 Slekkebeken VOV 70 Df 42
9400 Slettem VOV 71 Df 43
8433 Slijpe VWV 58 Cf 42
8880 Slijpskapelle VWV 69 Da 43
4450 Slins WLG 81 Fd 44
2400 Sluis VAN 63 Fa 41
9790 Sluivenberg VOV 70 Dc 43
3700 Sluizen VLI 74 Fd 44
9506 Smeerebe VOV 70 Df 44
3620 Smeermaas VLI 74 Fd 43
3910 Smelen VLI 64 Fc 41
9340 Smetlede VOV 70 Df 43
8610 Smisse VWV 68 Cf 43
6890 Smuid WLX 89 Fb 48
8470 Snaaskerke VWV 58 Cf 41
8490 Snellegem VWV 59 Da 42
4557 Soheit-Tinlot WLG 81 Fc 46
6920 Sohier WLX 88 Fa 48
7060 Soignies WHT 78 Ea 45
6880 Soirimpré WLX 97 Fb 50
4861 Soiron WLG 82 Fe 45
4500 Solières WLG 81 Fb 46
6500 Solre-Sint-Géry WHT 87 Eb 47
6560 Solre-sur-Sambre WHT 79 Ea 47
3680 Solterheide VLI 64 Fe 42
4845 Solwaster WLG 82 Ff 45
4970 Somagne WLG 82 Ff 46
5140 Sombreffe WNA 79 Ed 45
5300 Somme WNA 80 Fa 45
5377 Somme-Leuze WNA 81 Fc 46
6661 Sommerain WLX 90 Fe 48
6769 Sommethonne WLX 97 Fc 51
5523 Sommière WNA 80 Ef 47
5651 Somzée WNA 79 Ec 47
3530 Sonnis VLI 73 Fc 42
5340 Sorée WNA 81 Fa 46
5333 Sorinne-la-Longue WNA 80 Fa 46
5503 Sorinnes WNA 88 Ef 47
9620 Soseinde VOV 70 De 43
8267 Sosoye WNA 80 Ee 47
4141 Sougné WLG 82 Fe 46
5680 Soulme WNA 88 Ee 47
4630 Soumagne WLG 82 Fe 45
5630 Soumoy WNA 87 Ec 47
4950 Sourbrodt WLG 83 Ga 46
4171 Souverain-Pré WLG 81 Fd 45
6182 Souvret WHT 79 Ec 46
5590 Sovet WNA 80 Fa 47
5150 Sovimont WNA 80 Ee 46
6997 Soy WLX 81 Fd 47
5150 Soye WNA 80 Ee 46
4900 Spa WLG 82 Ff 46
3510 Spaalbeek VLI 73 Fb 43
9170 Spaans Kwartier VOV 61 Ea 41
5340 Spâce WNA 81 Fa 46
4590 Spâmont WLG 81 Fc 46
9991 Spanjaardshoek VOV 60 Dc 41
8972 Speelhofhoek VWV 68 Cd 43
7032 Spiennes WHT 78 Df 46
8587 Spiere-Helkijn VWV 69 Dc 44
1570 Spieringen VBR 71 Ea 44
9850 Spildoorn VOV 59 Dd 42
1980 Spilt VBR 71 Ec 43
4980 Spineur WLG 82 Ff 46
8790 Spitaal VWV 69 Dc 43
5530 Spontin WNA 80 Ef 47
4140 Sprimont WLG 82 Fd 46
6680 Sprimont WLG 89 Fd 48
3740 Spurk VLI 74 Fc 43
5190 Spy WNA 80 Ee 46
2323 Staakheuvel VAN 62 Ee 40
2940 Stabroek VAN 61 Ec 41
8840 Staden VWV 68 Da 43
8840 Stadenberg VWV 68 Cf 43
1300 Stadt WBR 80 Ed 44
3582 Stal VLI 73 Fb 42
8490 Stalhille VWV 58 Da 41
3690 Stalken VLI 74 Fd 43
1180 Stalle BRU 71 Eb 44
7973 Stambruges WHT 77 De 45
6941 Stârvâ WLX 81 Fc 46
8530 Stasegem VWV 69 Db 44
4570 Statte WLG 81 Fb 46
4791 Staufelberg WLG 90 Ga 47
5646 Stave WNA 80 Ed 47
8691 Stavele VWV 68 Ce 43
4970 Stavelot WLG 82 Ff 46
5590 Stée WNA 80 Fa 47
3060 Steenberg VBR 72 Ed 43
3460 Steenberg VBR 73 Ef 43
9620 Steenbergen VOV 70 De 43
8200 Steenbrugge VWV 59 Db 41
2880 Steendorf VOV 61 Eb 42
1570 Steenhout VBR 71 Ea 44
3550 Steenhoven VLI 73 Fb 42
1840 Steenhuffel VBR 71 Eb 43
9550 Steenhuize-Wijnhuize VOV 70 Df 43
8630 Steenkerke VWV 68 Ce 42
7090 Steenkerque WHT 78 Ea 45
1820 Steenokkerzeel VBR 72 Ed 43
3220 Steenveld VBR 72 Ee 43
2990 Steertheuvel VAN 62 Ed 40
2920 Steertse Dulnen WHT 61 Ec 40
4790 Steffeshausen WLG 91 Ga 47
3590 Stegenwijer-hout VLI 74 Fc 43
4950 Steinbach WLG 83 Ga 46
6670 Steinbach WLX 90 Ff 48
4700 Steinroth WLG 82 Ff 45
9190 Stekene VOV 61 Ea 41
2440 Stelen VAN 63 Ef 42
4801 Stembert WLG 82 Ff 45
8400 Stene VWV 58 Cf 41
4970 Ster WLG 82 Ff 46
9150 Sterhoek VOV 61 Eb 41
6700 Sterpenich WLX 98 Ff 51
6673 Sterpigny WLX 90 Ff 47
8850 Sterre VWV 69 Db 43
3510 Sterrebos VLI 73 Fb 43
2580 Sterreke VAN 72 Ed 42
2960 Sterrenhoven VAN 62 Ed 40
1540 Stevelberg VBR 71 Df 44
3920 Stevensvennen VAN 63 Fb 41
3512 Stevoort VLI 73 Fb 43
4570 Stiénihâ WLG 81 Fb 46
1480 Stierbecq WBR 79 Eb 44
3540 Stijveld VLI 73 Fa 43
6700 Stockem WLX 98 Fe 50
3470 Stok VBR 73 Ef 43
4470 Stokai WLG 81 Fc 45
4920 Stokeu VLI 82 Fe 46
7823 Stoki WHT 78 Df 45
3650 Stokkem VLI 74 Fe 42
7830 Stokoi WHT 78 Df 44
3511 Stokrooie VLI 73 Fb 43
2400 Stokt VAN 63 Fa 41
9930 Stoktevijver VOV 59 Dd 42
9140 Stokthoek VOV 61 Ea 42
2580 Stompaarshoek VAN 72 Ed 42
9600 Stookt VOV 70 Dd 44
2491 Stotert VAN 63 Fb 42
4987 Stoumont VLI 82 Fe 46
6887 Straimont WLX 97 Fc 50
6637 Strainchamps WLX 98 Fe 49
6990 Strasbourg WLX 89 Fc 47
4577 Strée WLG 81 Fb 46
6511 Strée WHT 79 Eb 47
7110 Strépy-Bracquegnies WHT 78 Ea 46
9521 Strijmers VOV 70 Df 43
9620 Strijpen VOV 70 De 43
1760 Strijtem VBR 71 Ea 43
2330 Strikken VAN 62 Ef 40
9990 Strobrugge VOV 59 Dc 41
1835 Strombeek-Bever VBR 71 Ec 43
8421 Strooiendorp VWV 58 Da 41
8553 Stropuit VWV 69 Dc 44
5340 Strud WNA 80 Fa 46
3460 Struik VBR 73 Fa 43
8600 Stuivekenskerke VWV 68 Ce 42
9968 Stuivenberg VOV 60 De 41
5020 Suarlée WNA 80 Ee 46
5550 Sugny WNA 88 Ef 50
4052 Sur-Cortil WLG 82 Fd 45
6640 Sûre WLX 98 Fd 49
5600 Surice WNA 88 Ee 47
4218 Sur les Més WLG 81 Fa 45
4845 Surister WLG 82 Ff 45
4470 Sur-les-Bois WLG 81 Fc 45
6660 Sur les Haies WLX 90 Fe 47
6812 Suxy WLX 97 Fc 50
6800 Suzerain WHT 89 Fc 49
9140 Sweigers VOV 61 Eb 42
6941 Sy WLX 81 Fd 46

T

5350 Tahîre WNA 81 Fb 46
6661 Tailles WLX 90 Fe 47
7910 Taillette WHT 77 Dd 44
7618 Taintignies WHT 77 Db 45
5060 Tamines WNA 80 Ed 46
1490 Tangissart WBR 79 Ed 45
5680 Tannerie WNA 88 Ee 48
5651 Tarcienne WNA 79 Ec 47
4987 Targnon WLG 82 Fe 46
6661 Taverneux WLX 90 Fe 48
4163 Tavier WLG 81 Fc 46
5310 Taviers WNA 80 Ef 45
5503 Taviet WNA 80 Fa 47
6662 Tavigny WLX 90 Ff 48
6927 Tellin WLX 89 Fb 48
4590 Temme WLG 81 Fc 46
8780 Tempel WHT 69 Db 43
8647 Tempelaat VWV 68 Ce 43
3980 Tempels VBR 73 Fa 42
7520 Templeuve WHT 76 Db 45
5020 Temploux WNA 80 Ee 46
9140 Temse VOV 61 Ea 42
4850 Teneiken WLG 82 Ff 44
9230 Ten Hede VOV 70 Df 42
9810 Ten Hoede VOV 70 Dd 43
1785 Tenhoute VBR 71 Eb 43
6970 Tenneville WLX 89 Fd 48
1790 Teraltene VOV 71 Ea 43
2990 Terbeek VAN 62 Ed 40
3540 Terbermen VLI 73 Fb 43
3520 Terdonk VLI 73 Fb 43
9042 Terdonk VOV 60 De 42
2990 Tereik VAN 62 Ed 40
3840 Tereiken VLI 73 Fb 44
2840 Terhagen VAN 71 Ec 42
3440 Terhagen VBR 73 Fa 43
4852 Terhagen WLG 74 Ff 44
8940 Terhand VWV 68 Da 43
3665 Terheide VLI 74 Fd 43
9620 Terheiden VOV 70 De 43
9320 Terjoden VOV 71 Df 43
3210 Terkeien VBR 72 Ef 43
3090 Terlanen VBR 72 Ed 44
1670 Ter Linden VBR 71 Ea 44
1785 Terlinden VBR 71 Eb 43
9450 Terlinden VOV 71 Df 43
7711 Terlucht WNA 69 Db 44
6813 Termes WLX 97 Fc 50
3520 Termolen VLI 73 Fc 43
9200 Termonde = Dendermonde VOV 71 Ea 42
1740 Ternat VBR 71 Eb 43
6440 Terniau WHT 87 Eb 47
7180 Terre Pelée WHT 79 Eb 45
4851 Terstraten WLG 74 Ff 44
7333 Tertre WHT 78 De 46
3583 Tervant VLI 73 Fb 42
9940 Tervenen VOV 60 De 41
3080 Tervuren VBR 72 Ed 44
4560 Terwagne WLG 81 Fb 46
9180 Terwest VOV 60 Df 41
3980 Tessenderlo VLI 73 Fa 42
3272 Testelt VBR 72 Ef 42
3793 Teuven VLI 74 Ff 44
4910 Theux WLG 82 Fe 45
7190 Thiarmont WHT 79 Ea 45
6717 Thiaumont WLX 98 Fe 50
6860 Thibêssart WLX 97 Fd 50
7070 Thieu WHT 78 Ea 46
7901 Thieulain WHT 77 Dd 45
7061 Thieusies WHT 78 Ea 45
6230 Thiméon WHT 79 Ec 46
4890 Thimister-Clermont WLG 82 Ff 45
7533 Thimougies WHT 77 Dc 45
1402 Thines WBR 79 Ec 45
6500 Thirimont WHT 79 Eb 47
4280 Thisnes WLG 80 Fa 45
4791 Thommen WLG 91 Ga 47
5300 Thon WNA 80 Fa 46
1360 Thorembais-les-Béguines WBR 80 Ee 45
1360 Thorembais-Saint-Trond WBR 80 Ee 45
7830 Thoricourt WHT 78 Df 45
8820 Thourout = Torhout WHT 68 Da 42
6536 Thuillies WHT 79 Eb 47
6530 Thuin WHT 79 Eb 47
7350 Thulin WHT 78 De 46
7971 Thumaide WHT 78 Dd 45
1470 Thy WBR 79 Ec 45
5621 Thy-le-Bauduin WNA 79 Ed 47
5651 Thy-le-Château WNA 79 Ec 47
4367 Thys VLI 81 Fc 44
4845 Tiège WLG 82 Ff 45
8573 Tiegem VWV 70 Dc 44
2460 Tielen VAN 62 Ef 41
9140 Tielrode VOV 61 Eb 42
3390 Tielt VBR 72 Ef 43
8700 Tielt VWV 69 Db 42
3390 Tielt-Winge VBR 72 Ee 43
3300 Tienen VBR 72 Ef 44
4190 Tier-de-Ferrières WLG 82 Fd 46
3560 Tiewinkel VLI 73 Fb 43
4631 Tignée WLG 82 Fe 45
4500 Tihange WLG 81 Fb 45
3150 Tildonk VBR 72 Ed 43
4130 Tilff WLG 81 Fd 45
4458 Tilice WLG 82 Fd 44
6680 Tillet WLX 89 Fd 48
5380 Tillier WNA 80 Ef 45
1495 Tilly WBR 79 Ed 45
7780 Timbriele WHT 68 Da 44
5651 Tingremon WNA 79 Ec 47
4557 Tinlot WLG 81 Fc 46
8870 Tinnenpot VWV 69 Db 43
6637 Tintange WLX 98 Fe 49
6730 Tintigny WLX 97 Fd 50
6927 Tiore WLX 89 Fa 48
2870 Tip VAN 71 Eb 42
4950 Tirimont WLG 83 Ga 46
3300 Tirlemont = Tienen VBR 72 Ef 44
2830 Tisselt VAN 71 Ec 42
5502 Thynes WNA 80 Ef 47
4731 Todleger WLG 83 Ga 44
6700 Toernich WLX 98 Fe 51
6941 Tohogne WLX 81 Fc 46
2260 Tolhuis VAN 62 Ef 42
1570 Tollembeek VBR 71 Df 44
3090 Tombeek VBR 72 Ed 44
7890 Tombelle WHT 78 Dd 44
3390 Tomberg VBR 72 Ef 43
7711 Tombreû WNA 69 Db 44
6680 Tompré WLX 89 Fd 48
3700 Tongeren VLI 73 Fc 44
2260 Tongerlo VAN 62 Ef 42
3960 Tongerlo VLI 64 Fd 42
7951 Tongre-Notre-Dame WHT 78 De 45
3700 Tongres = Tongeren VLI 73 Fc 44
7951 Tongre-Saint-Martin WHT 78 De 45
5140 Tongrinne WNA 80 Ed 45
6680 Tonny WLX 90 Fd 48
6717 Tontelange WLX 98 Fe 50
6767 Torgny WLX 97 Fc 51
8820 Torhout WHT 68 Da 42
3570 Torkoest VLI 73 Fb 43
6941 Tour WLX 81 Fd 46
4263 Tourinne WLG 81 Fb 45
1320 Tourinnes-la-Grosse WBR 72 Ee 44
1457 Tourinnes-Saint-Lambert WBR 80 Ee 45
7500 Tournai WHT 77 Db 45
6840 Tournay WLX 97 Fc 49
7904 Tourpes WHT 78 Dd 45
6470 Touvent WHT 87 Ea 48
5542 Trahi WNA 88 Ef 47
6860 Traimont WLX 98 Fd 49
6890 Transinne WLX 89 Fb 49
6183 Trazegnies WHT 79 Eb 46
5670 Treignes WNA 88 Ee 48
9170 Trekmuts VOV 61 Ea 41
4670 Trembleur VLI 82 Fe 44
3120 Tremelo VBR 72 Ee 43
6972 Tresfontaine WLX 89 Fd 48
1480 Tri-Bas WBR 79 Eb 44
7822 Tri Bouriau WHT 78 De 44
5336 Trî-d' Avillon WNA 80 Ef 46
5651 Tri des Sarts WNA 79 Ec 47
6511 Tri du Chêne WHT 79 Eb 47
9310 Triest VOV 71 Ea 43
7520 Trieu WHT 77 Db 45
7520 Trieu du Pape WHT 77 Db 45
6987 Trînal WLX 81 Fd 47
7100 Trivières WHT 79 Ea 46
4280 Trognée WLG 80 Fa 44
4980 Trois-Ponts WLG 82 Ff 46
5300 Trôkâ WNA 80 Fa 45
6686 Tronle WLX 90 Fd 48
6840 Tronquoy WLX 97 Fc 49
4870 Trooz WLG 82 Fd 45
4122 Trou Bottin WLG 81 Fc 45
2230 Truitseinde VAN 72 Ef 42
1480 Tubeke = Tubize WBR 79 Eb 44
1480 Tubize WBR 79 Eb 44
3510 Tuilt VLI 73 Fb 43
8210 Tuimelare VWV 59 Da 42
3630 Tuinwijk van Eisden VLI 74 Fe 43
3630 Tuinwijk van Vucht VLI 74 Fd 43
2300 Turnhout VAN 62 Ef 41
6780 Turpange WLX 98 Fe 51
8480 't Veld VWV 58 Da 42

U

6833 Ucimont WLX 96 Fa 49
6700 Udange WLX 98 Fe 51
3631 Uikhoven VLI 74 Fe 43
2222 Uilenberg VAN 62 Ee 42
9290 Uitbergen VOV 71 Df 42
8370 Uitkerke VWV 59 Da 41
3832 Ulbeek VLI 73 Fb 43
5310 Upigny WNA 80 Ef 45
9910 Ursel VOV 60 Dc 42

V

3054 Vaalbeek VBR 72 Ee 44
2840 Vaart VAN 61 Ec 42
2910 Vaartkant VAN 52 Ed 40
9990 Vake WHT 59 Dc 41
4560 Val Clavia WLG 81 Fb 46
2200 Valdhoven VAN 62 Ef 42
4771 Valender WLG 83 Gb 46
9100 Valk VOV 61 Ea 42
9660 Valkenberg VOV 70 De 44
3770 Val-Meer VLI 74 Fd 44
6741 Vance WLX 98 Fd 50
9031 Varendrie WHT 70 Dd 42
2230 Varenwinkel VAN 72 Ef 42
8490 Varsenare VWV 59 Da 41
5680 Vaucelles WNA 88 Ee 48
6462 Vaulx WHT 87 Ec 48
7536 Vaulx WHT 77 Dc 45

4970 Vau-Richard WLG 82 Ff 46
6600 Vaux WLX 90 Fe 48
6673 Vaux WLG 90 Ff 47
6960 Vaux-Chavanne WLX 82 Fe 47
4530 Vaux-et-Borset WLG 81 Fb 45
6860 Vaux-lez-Chêne WLX 98 Fd 49
4051 Vaux-sous-Chèvremont WLG 82 Fd 45
4877 Vaux-Sous-Olne VLI 82 Fe 45
6640 Vaux-sur-Sûre WLX 97 Fd 49
3870 Vechmaal VLI 73 Fc 44
5020 Vedrin WNA 80 Ef 45
2431 Veerle VAN 73 Ef 42
5590 Vèhîre WNA 81 Fa 47
4460 Veiroux WLG 81 Fc 45
5060 Velaine WNA 80 Ed 46
5100 Velaine WNA 80 Ef 46
7760 Velaines WHT 77 Dc 44
8480 't Veld VWV 58 Da 42
8210 Veldegem VWV 59 Da 42
9850 Veldeke WHT 69 Dd 42
9240 Veldeken VOV 71 Ea 42
2330 Velderberg VAN 62 Ee 40
8980 Veldhoek VWV 68 Cf 43
9880 Veldhoek WHT 70 Dc 42
3950 Veldhoven VLI 64 Fd 41
3620 Veldwezelt VLI 74 Fd 43
9140 Velle VOV 61 Eb 42
7120 Vellereille-les-Brayeux WHT 79 Ea 46
7120 Vellereille-le-Sec WHT 78 Ea 46
6663 Vellereux WLX 90 Fe 48
3806 Velm VLI 73 Fa 44
3545 Velpen VLI 73 Fa 43
3020 Veltem-Beisem VBR 72 Ed 43
7620 Velvain WHT 77 Dc 45
9620 Velzeke-Ruddershove VOV 70 De 43
5575 Vencimont WNA 88 Ef 48
3294 Venne VBR 73 Fa 42
5562 Vêr WNA 88 Fa 47
6900 Verdenne WLX 89 Fc 47
6440 Vergnies WHT 87 Eb 47
4537 Verlaine WLG 81 Fb 45
6840 Verlaine WLX 97 Fc 49
6941 Verlaine-sur-Ourthe WLX 82 Fd 46
5370 Verlée WNA 81 Fb 46
4990 Verleûmont WLG 82 Fe 47
8951 Verlorenhoek VWV 68 Ce 44
9770 Vermerenhoek VOV 69 Dd 43
9130 Verrebroek VOV 61 Ea 41
8780 Verre Ginste WHT 69 Dc 43
1640 Verrewinkel VBR 71 Ec 44
4910 Vert Buisson VLI 82 Fe 46
7760 Vert Chemin WHT 77 Dc 44
3370 Vertrijk VBR 72 Ef 44
4800* Verviers WLG 82 Ff 45
4560 Vervo WLG 81 Fc 46
6870 Vesqueville WLX 89 Fc 49
2340 Vetschot VAN 62 Ee 41
3870 Veulen VLI 73 Fb 44
8630 Veurne VWV 68 Cd 42
3790 Veurs VLI 74 Ff 44
5561 Vèves WNA 88 Ef 47
5300 Vezin WNA 80 Fa 45
7538 Vezon WHT 77 Dd 45
9500 Viane VOV 70 Df 44
8570 Vichte VWV 69 Dc 43
6690 Vielsalm WLG 82 Ff 47
4317 Viemme WLG 81 Fb 45
4160 Vien WLG 82 Fd 46
9402 Vierhoek VOV 71 Ea 44
9940 Vierhuizen VOV 60 Dd 42
9800 Vierschaar WHT 69 Dc 43
4577 Vierset-Barse WLG 81 Fb 46
8956 Vierstraat VWV 68 Cf 44
5670 Vierves-sur-Viroin WNA 88 Ed 48
9080 Vierweegse VOV 60 De 42
9991 Vierweegse VOV 59 Dd 42
8377 Vierwege VWV 59 Da 41
6230 Viesville WHT 79 Ec 46
1472 Vieux-Genappe WBR 79 Ec 45
7900 Vieux-Leuze WHT 78 Dd 45
6470 Vieux Sart Pisselotte WHT 87 Eb 48
5600 Vieux Sautour WNA 87 Ed 48
4190 Vieuxville WLG 81 Fd 46
4530 Vieux-Waleffe WLG 81 Fb 45
5580 Vignée WNA 88 Fa 48
8470 Vijfweger VWV 58 Cf 42
9968 Vijtweegse VOV 60 De 41
8340 Vijve-Kapelle VWV 59 Db 41
8908 Vijverhoek VWV 68 Ce 44
8650 Vijvertje VWV 68 Cf 43
6890 Villance WLX 89 Fb 49
4190 Ville WLG 82 Fd 46
6692 Ville-du-Bois WLX 82 Ff 47
4260 Ville-en-Hesbaye WLG 81 Fa 45
5300 Ville-en-Waret WNA 80 Ef 45
7322 Ville-Pommerœul WHT 77 De 46
1450 Villeroux WBR 79 Ed 45
6640 Villeroux WBR 90 Fd 49
4970 Villers WLG 82 Ff 46
6210 Villers, Les Bons WHT 79 Ec 45
4161 Villers-aux-Tours WLG 81 Fd 46
5630 Villers-Deux-Églises WNA 87 Ec 47
6823 Villers-devant-Orval WLX 97 Fb 51
5600 Villers-en-Fagne WNA 87 Ed 48
6600 Villers-la-Bonne-Eau WLX 90 Fe 49
6769 Villers-la-Loue WLX 97 Fc 51
6460 Villers-la-Tour WHT 87 Eb 48
1495 Villers-la-Ville WBR 79 Ec 45
4530 Villers-le-Bouillet WLG 81 Fb 45
5600 Villers-le-Gambon WNA 87 Ed 47
4280 Villers-le-Peuplier WLG 80 Fa 45
4550 Villers-le-Temple WLG 81 Fc 45
4340 Villers-l'Evêque WLG 81 Fc 44
5080 Villers-lez-Heest WNA 80 Ef 45
7812 Villers-Notre-Dame WHT 77 De 45
6210 Villers-Perwin WHT 79 Ec 45
6280 Villers-Poterie WHT 79 Ed 46
7812 Villers-Saint-Amand WHT 77 De 45
6941 Villers Sainte Gertrude WLX 82 Fd 46
7031 Villers-Saint-Ghislain WHT 78 Ea 46
4453 Villers-Saint-Siméon WLG 81 Fd 44
5580 Villers-sur-Lesse WNA 89 Fa 48
6740 Villers-sur-Semois WLX 97 Fd 50
7070 Ville-sur-Haine WHT 78 Ea 46
1800* Vilvoorde VBR 71 Ec 43
1800* Vilvorde = Vilvoorde VBR 71 Ec 43
4520 Vinalmont WLG 81 Fb 45
5590 Vincon WNA 80 Fa 47
9921 Vinderhoute VOV 70 Dd 42
8630 Vinkem VWV 68 Cd 42
9910 Vinken VOV 60 Dc 42
9800 Vinkt VOV 70 Dc 42
6461 Virelles WHT 87 Eb 48
1460 Virginal-Samme WBR 79 Eb 45
5670 Viroinval WNA 87 Ed 48
6760 Virton WLX 97 Fd 51
4600 Visé WLG 82 Fe 44
3300 Vissenaken VBR 72 Ef 43
4210 Vissoul WLG 81 Fa 45
6662 Vissoûle WLX 90 Fe 48
4683 Vivegnis WLG 82 Fd 44
6470 Viveriaux WHT 87 Eb 47
3550 Viversel VLI 73 Fb 43
4630 Vivier VLI 82 Fe 45
6700 Viville WLX 98 Fe 50
6687 Vivrou WLX 90 Fe 48
6833 Vivy WLX 96 Fa 49
8600 Vladslo VWV 68 Cf 42
8908 Vlamertinge VWV 68 Ce 43
9240 Vlaschaard VOV 71 Df 42
3941 Vlasmeer VLI 63 Fc 42
3111 Vlasselaar VBR 72 Ee 43
9420 Vlekkem VOV 70 Df 43
2240 Vlersel VAN 62 Ed 41
6860 Vlessart WLX 98 Fd 50
8640 Vleteren VWV 68 Ce 43
3290 Vleugt VBR 73 Fa 42
1602 Vlezenbeek VBR 71 Eb 44
8730 Vliegende Paard VWV 59 Db 41
9120 Vliegenstal VOV 61 Eb 41
9830 Vlieguit VOV 70 Dd 42
8340 Vliendemaag VWV 59 Db 41
3724 Vliermaal VLI 73 Fc 43
3721 Vliermaalroot VLI 73 Fc 43
9520 Vlierzele VOV 70 Df 43
3770 Vlijtwegen VLI 74 Fd 43
2340 Vlimmeren VAN 62 Ee 41
8421 Vlissegem VWV 58 Da 41
9506 Vloerzegem VOV 70 Df 44
7880 Vloesberg = Flobecq WHT 70 De 44
3390 Vlooiberg VBR 72 Ef 43
5600 Vodecée WNA 87 Ed 47
5680 Vodelée WNA 88 Ee 48
3798 Voeren VLI 74 Fe 44
8970 Vogelhoek VWV 68 Ce 43
2960 Vogelzang VAN 62 Ee 40
9041 Vogelzang VOV 70 De 42
5650 Vogenée WNA 87 Ec 47
6853 Voje d' Anloy WLX 89 Fa 49
6860 Volaiville WLX 98 Fd 49
9700 Volkegem VOV 70 Dd 43
1570 Vollezele VBR 71 Ea 44
4780 Volmersberg WLG 83 Ga 47
1600 Volsem VBR 71 Eb 44
5570 Vonêche WNA 88 Ef 48
9400 Voorde VOV 70 Df 44
2370 Voorheide VAN 63 Fa 40
8902 Voormezele VWV 68 Cf 44
3840 Voort VLI 73 Fb 44
3550 Voort VLI 73 Fb 42
2260 Voortkapel VAN 62 Ee 42
4347 Voroux-Goreux WLG 81 Fc 45
4042 Voroux-lez-Liers WLG 81 Fd 44
2290 Vorselaar VAN 62 Ee 41
3890 Vorsen VLI 81 Fa 44
2990 Vorsing VAN 62 Ee 40
2430 Vorst VAN 73 Fa 42
8940 Voshoek VWV 68 Da 44
8840 Vossedreve VWV 68 Cf 43
2350 Vosselaar VAN 62 Ef 41
9850 Vosselare VOV 69 Dd 42
3080 Vossem VBR 72 Ed 44
8800 Vossemolen VWV 69 Da 43
9810 Vossenhol VOV 70 Dd 43
8420 Vosseslag VWV 58 Da 41
4041 Vottem WLG 81 Fd 44
9120 Vrasene VOV 61 Eb 41
3061 Vrebos VBR 72 Ed 43
8300 Vrede, De VWV 59 Dc 40
9880 Vrekkem VOV 60 Dc 42
2531 Vremde VAN 62 Ed 41
3700 Vreren VLI 74 Fd 44
5550 Vresse-sur-Semois WNA 96 Ef 49
3770 Vroenhoven VLI 74 Fd 44
3472 Vroente VBR 73 Fa 43
3840 Vrolingen VLI 73 Fc 44
9100 Vrouweneekhoek VOV 61 Ea 41
3630 Vucht VLI 74 Fe 43
9890 Vurste VOV 70 De 43
3582 Vurten VLI 73 Fb 42
8400 Vuurtoren VWV 58 Cf 41
4570 Vyle-et-Tharoul WLG 81 Fb 46

W

1785 Waaienberg VBR 71 Eb 43
3473 Waanrode VBR 73 Ef 43
9506 Waarbeke VOV 71 Df 44
3520 Waard VLI 73 Fc 42
8020 Waardamme VWV 59 Db 42
2550 Waarloos VAN 62 Ec 42
8581 Waarmaarde VWV 70 Dc 44
9950 Waarschoot VOV 59 Dd 42
9500 Waasbergdries VOV 70 De 44
3401 Waasmont VBR 80 Fa 44
9250 Waasmunster VOV 61 Ea 42
7780 Waasten, Komen- = Warneton, Comines- VWV 68 Cf 44
9600 Waatsbrugge VOV 70 Dd 44
9185 Wachtebeke VOV 60 Df 42
7971 Wadelincourt WHT 78 Dd 45
5334 Wagnée WNA 80 Fa 46
5640 Wagnée WNA 79 Ed 47
6223 Wagnelée WHT 79 Ec 45
6900 Waha WLX 89 Fc 47
6987 Wahardai WLX 89 Fc 47
5377 Waillet WNA 81 Fb 47
4950 Waimes = Weismes WLG 83 Ga 46
8720 Wakken VWV 69 Dc 43
3150 Wakkerzeel VBR 72 Ed 43
6810 Walansart WLX 97 Fc 50
5650 Walcourt WNA 87 Ec 47
4782 Waldecho WLG 83 Gb 47
4317 Waleffe-Sint-Georges WLG 81 Fb 45
4317 Waleffe-Sint-Pierre WLG 81 Fb 45
2800 Walem VAN 72 Ec 42
1730 Walfergem VBR 71 Eb 43
1457 Walhain WBR 80 Ed 45
4711 Walhorn WLG 83 Ga 44
4711 Walhornerkreuz WLG 83 Ga 45
4950 Walk WLG 83 Ga 46
4770 Wallerode WLG 83 Ga 47
3401 Walsbets VBR 73 Fa 44
3401 Walshoutem VBR 80 Fa 44
3740 Waltwilder VLI 74 Fd 43
6700 Waltzing WLX 98 Ff 50
1741 Wambeek VBR 71 Ea 43
1820 Wambeek VBR 72 Ed 43
5570 Wancennes WNA 88 Ef 48
6662 Wandebourci WLX 90 Fe 48
8610 Wandeling VWV 68 Da 42
4020 Wandre WLG 82 Fd 45
6224 Wanfercée-Baulet WHT 79 Ed 46
3400 Wange VBR 73 Fa 44
6220 Wangenies WHT 79 Ed 46
5564 Wanlin WNA 88 Fa 48
4980 Wanne WLG 82 Ff 46
7860 Wannebecq WHT 78 De 44
9772 Wannegem-Lede VOV 69 Dd 43
4980 Wanneranval WLG 82 Ff 46
4280 Wansin WLG 80 Fa 44
4520 Wansoûle WLG 81 Fb 45
4520 Wanze WLG 81 Fb 45
9340 Wanzele VOV 71 Df 43
3500 Warande VLI 73 Fb 43
7548 Warchin WHT 77 Dc 45
7740 Warcoing WHT 77 Dc 44
6600 Wardin WLX 90 Fe 49
8790 Waregem VWV 70 Dc 43
4300 Waremme WLG 81 Fb 44
6983 Warempage WLX 90 Fd 48
5310 Waret-la-Chaussée WNA 80 Ef 45
4217 Waret-l' Evêque WLG 80 Fa 45
5080 Warisoulx WNA 80 Ef 45
6987 Warizi WLX 89 Fd 47
9900 Warme Landen VOV 59 Dd 41
6840 Warmifontaine WLX 89 Fc 50
6637 Warnach WLX 98 Fe 49
4530 Warnant WNA 81 Fb 45
5537 Warnant WNA 80 Ee 47
7780 Warneton, Comines- VWV 68 Cf 44
4432 Waroux WLG 81 Fc 44
7340 Warquignies WHT 78 De 46
6941 Warre WLX 81 Fc 46
4608 Warsage WLG 74 Fe 44
5300 Wartet WNA 80 Ef 46
4590 Warzée WLG 81 Fc 46
7390 Wasmes WHT 78 De 46
7604 Wasmes-Audemez WHT 77 Dd 45
4219 Wasseiges WLG 80 Ef 45
9200 Wastijne VOV 71 Ea 42
1315 Wastines WBR 80 Ee 44
8890 Waterdam VWV 68 Da 43
9988 Waterland-Oudeman VOV 60 Dd 41
1410* Waterloo VBR 79 Ec 44
3680 Waterloos VLI 64 Fd 42
3600 Waterschei VLI 74 Fd 43
9250 Waterschoot VOV 61 Ea 42
9988 Watervliet VOV 60 Dd 41
2200 Watervoort VAN 62 Ee 41
6210 Watimne VLI 79 Ec 45
8978 Watou VWV 68 Cd 43
6820 Watrinsart WLX 97 Fb 50
6672 Wattermal WLX 90 Ff 47
7910 Wattripont WHT 69 Dd 44
7131 Waudrez WHT 79 Ea 46
5540 Waulsort WNA 88 Ef 47
9310 Waver VOV 71 Ea 43
2860 Waver, Sint-Katelijne- VAN 72 Ed 42
1300 Waver = Wavre WBR 80 Ed 44
1300 Wavre WBR 80 Ed 44
5580 Wavreille WNA 89 Fb 48
5330 Wavrémont WNA 80 Fa 46
5310 Waya WNA 80 Ef 45
6210 Wayaux WHT 79 Ec 46
1474 Ways WBR 79 Ec 45
3290 Webbekom VBR 73 Fa 43
5600 Wé Charnoi WNA 87 Ed 48
2275 Wechelderzande VAN 62 Ee 41
4760 Weckerath WLG 83 Gc 47
5600 Wé de Chine WNA 88 Ed 47
9160 Weehage VOV 61 Df 42
2381 Weelde VAN 63 Ef 40
2381 Weelde-Station VAN 62 Ef 40
1982 Weerde VBR 72 Ec 43
2880 Weert VAN 61 Eb 42
3053 Weert VAN 72 Ed 44
3272 Weetberg VBR 72 Ef 42
4860 Wegnez WLG 82 Fe 45
5523 Weillen WNA 80 Ee 47
4770 Weissenbrück WLG 83 Ga 47
4791 Weisten WLG 90 Ga 47
9700 Welden VOV 70 Dd 43
4840 Welkenraedt WLG 82 Ff 45
9473 Welle VOV 71 Ea 43
3830 Wellen VLI 73 Fc 43
6920 Wellin WLX 88 Fa 48
6972 Wembay WLX 89 Fd 48
1780 Wemmel VBR 71 Eb 43
8420 Wenduine VWV 59 Da 41
6940 Wénin WLX 81 Fd 47
5100 Wépion WNA 80 Ef 46
4190 Werbomont WLG 82 Fe 46
3118 Werchter VBR 72 Ee 43
4771 Wereth WLG 83 Gb 46
4651 Wergifosse VLI 82 Fe 45
6940 Wéris WLX 81 Fd 47
8610 Werken, Zarren- VWV 68 Cf 42
2360 Werkendam VAN 62 Ef 40
3910 Werkplaatsen VLI 63 Fc 41
3730 Werm VLI 74 Fc 44
6990 Werpin WLX 81 Fc 47
3460 Wersbeek VBR 72 Ef 43
8940 Wervik VWV 68 Da 44
3150 Wespelaar VBR 72 Ed 43
6142 Wespes WHT 79 Eb 46
2990 Westdoorn VAN 62 Ed 40
8434 Westende VWV 58 Ce 42
8434 Westende-Bad VWV 58 Ce 41
2260 Westerlo VAN 62 Ef 42
8630 Westhoek VWV 58 Ce 42
8660 Westhoek VWV 58 Cd 42
8902 Westhoek VWV 68 Cf 43
8300 Westkapelle VWV 59 Db 41
8460 Westkerke VWV 58 Da 42
2390 Westmalle VAN 62 Ed 41
2235 Westmeerbeek VAN 72 Ef 42
8954 Westouter VWV 68 Ce 44
9230 Westrem VOV 70 Df 43
1861 Westrode VBR 71 Eb 43
8840 Westrozebeke VWV 68 Cf 43
9950 Weststraat VOV 59 Dd 42
9040 Westveld VOV 70 De 42
8640 Westvleteren VWV 68 Ce 43

A B C D E F G H I J K L M N O P Q R S T U V W X Y Z

6688 Wetrimont WLX 90 Fe 48
9910 Wetsvoorde VOV 59 Dc 42
9230 Wetteren VOV 70 Df 42
6950 Wève WLX 89 Fc 47
4790 Weveler WLG 91 Ga 47
8560 Wevelgem VWV 69 Da 44
3384 Wever VBR 72 Ef 43
6706 Weyler WLX 98 Fe 51
4750 Weywertz WLG 83 Gb 46
2400 Wezel VAN 63 Fb 41
3111 Wezemaal VBR 72 Ee 43
1970 Wezembeek-Oppem VBR 72 Ed 43
3401 Wezeren VBR 73 Fa 44
4600 Wezet = Visé WLG 82 Fe 44
7620 Wez-Velvain WHT 77 Dc 45
6997 Wi WLX 81 Fd 47
6666 Wibrin WLX 90 Fe 48
9260 Wichelen VOV 71 Df 42
7370 Wichèries WHT 78 De 46
6600 Wicourt WLX 90 Fe 48
6800 Wideûmont WLX 89 Fc 49
3700 Widooie VLI 73 Fc 44
2222 Wiekevorst VAN 62 Ee 42
8710 Wielsbeke VWV 69 Db 43
3690 Wiemesmeer VLI 74 Fd 43
5100 Wierde WNA 80 Ef 46
7608 Wiers WHT 77 Dd 45
5571 Wiesme WNA 88 Ef 48
9280 Wieze VOV 71 Ea 43
6686 Wigny WLX 90 Fd 48
4452 Wihogne WLG 74 Fc 44
3990 Wijchmaal VLI 63 Fc 42
3520 Wijdeven VLI 73 Fb 43
3850 Wijer VLI 73 Fb 43
8740 Wijfwege WHT 69 Db 43
3018 Wijgmaal VBR 72 Ee 43
9130 Wijksken VOV 61 Eb 41
2110 Wijnegem VAN 62 Ed 41
8820 Wijnendale WHT 58 Da 42
9550 Wijnhuize VOV 70 Df 43
3670 Wijshagen VLI 64 Fd 42
8953 Wijtschate VWV 68 Cf 44
8840 Wijtwegen VWV 68 Cf 43
7822 Wilausart WHT 78 Df 45
9031 Wilde VOV 70 Dd 42
8750 Wildenburg VWV 69 Db 42
1910 Wilder VBR 72 Ed 43
3803 Wilderen VLI 73 Fa 44
2910 Wildert VAN 62 Ec 40
6750 Willancourt WLX 98 Fe 51
7904 Willaupuis WHT 77 Dd 45
3370 Willebringen VBR 72 Ee 44
2830 Willebroek VAN 71 Ec 42
3130 Willekensberg VBR 72 Ee 42
7506 Willemeau WHT 77 Dc 45
9971 Willemshoek VOV 60 Dd 41
5575 Willerzie WNA 88 Ef 49
2610 Wilrijk VAN 61 Ec 42
3012 Wilsele VBR 72 Ee 43
8431 Wilskerke VWV 58 Cf 41
3501 Wimmertingen VLI 73 Fc 43
4960 Win WLG 82 Ga 46
4910 Winamplanche WLG 82 Fe 46
5570 Winenne WNA 88 Ef 48
8750 Wingene VWV 69 Db 42
2300 Winkel VAN 62 Ef 41
2440 Winkelom VAN 63 Fa 42
2440 Winkelomheide VAN 63 Fa 42
9400 Winkelstraat VOV 70 Df 44
3020 Winksele VBR 72 Ed 43
3020 Winksele-Delle VBR 72 Ed 43
3722 Wintershoven VLI 73 Fc 43
3600 Winterslag VLI 74 Fc 43
2880 Wintham VAN 61 Eb 42
6860 Winville WLX 98 Fd 49
6686 Wiompont WLX 90 Fd 48
2890 Wipheide VAN 71 Eb 42
8640 Wippe VWV 68 Ce 43
4761 Wirtzfeld WLG 83 Gb 46
1430 Wisbecq WBR 79 Ea 44
1490 Wisterzee WBR 80 Ed 45
2480 Witgoor VAN 63 Fa 41
2920 Witgoor VAN 62 Ed 40
2860 Withuis VAN 72 Ed 42
6860 Witry WLX 98 Fd 49
6860 Wittimont WLX 89 Fd 50
7890 Wodecq WHT 78 De 44
5380 Wodon WNA 80 Ef 45
8640 Woesten VWV 68 Ce 43
9800 Wohtergem WHT 69 Dc 43
3770 Wolder VLI 74 Fd 43
8978 Wolfhulle VWV 68 Ce 43
3201 Wolfsdonk VBR 72 Ef 42
6780 Wolkrange WLX 98 Fe 51
3570 Wolle VLI 73 Fb 43
1200 Woluvé-Saint-Lambert = Sint-Lambrechts-Woluve BRU 71 Ec 43
1200 Woluwe-Saint-Pierre = Sint-Pieters-Woluwe VLI 71 Ec 43
1861 Wolvertem VBR 71 Eb 43
2580 Wolzakken VAN 72 Ed 42
2160 Wommelgem VAN 62 Ec 41
3350 Wommersom VBR 73 Fa 44
4690 Wonck WLG 74 Fd 44
9032 Wondelgem VOV 60 De 42
9790 Wortegem-Petegem VOV 69 Dd 43
2323 Wortel VAN 62 Ee 40
3391 Woubeek VBR 72 Ef 43
3990 Woubergh VLI 63 Fc 42
9550 Woubrechtegem VOV 70 Df 43
8600 Woumen VWV 68 Ce 42
8750 Wulfhoek VWV 69 Db 42
8670 Wulpen VWV 58 Ce 42
8952 Wulvergem VWV 68 Ce 44
8630 Wulveringem VWV 68 Cd 42
2990 Wuustwezel VAN 62 Ed 40

X

4652 Xhendelesse WLG 82 Fe 45
4432 Xhendremael WLG 81 Fc 44
4960 Xhoffraix WLG 83 Ga 46
4190 Xhoris WLG 82 Fd 46
4000 Xhovémont WLG 81 Fd 45

Y

5590 Ychippe WNA 89 Fa 47
4550 Yernée-Fraineux WLG 81 Fc 45
8900 Ypres = Ieper VWV 68 Cf 43
5650 Yves-Gomezée WNA 87 Ec 47
5530 Yvoir WNA 80 Ef 47

Z

9080 Zaffelare VOV 60 Df 42
3110 Zallaken VBR 72 Ee 43
3840 Zammelen VLI 73 Fc 44
9270 Zand VOV 70 Df 42
9506 Zandbergen VOV 71 Df 44
8680 Zande VWV 58 Cf 42
9940 Zandeken VOV 60 De 42
8680 Zande Kruiskalsijde VWV 58 Cf 42
2460 Zandhoeve VAN 62 Ef 41
2240 Zandhoven VAN 62 Ed 41
2910 Zandstraat VAN 52 Ec 40
8980 Zandvborde VWV 68 Cf 44
2040 Zandvliet VAN 61 Eb 40
2491 Zandvliet VAN 63 Fa 42
8400 Zandvoorde VWV 58 Cf 41
3620 Zangersheide VLI 74 Fd 43
9500 Zarlardinge VOV 70 De 44
8610 Zarrenlinde VWV 68 Cf 42
8610 Zarren-Werken VWV 68 Cf 42
3201 Zavel VBR 72 Ef 42
1930 Zaventem VBR 71 Ec 43
8210 Zedelgem VWV 58 Da 42
8380 Zeebrugge VWV 59 Db 40
3140 Zeept VAN 72 Ed 43
9660 Zegelsen VOV 70 De 44
8730 Zeldonk VWV 59 Dc 42
9240 Zele VOV 71 Ea 42
3545 Zelem VLI 73 Fa 43
2270 Zelle VAN 62 Ee 42
1731 Zellik VBR 71 Eb 43
9060 Zelzate VOV 60 De 41
2440 Zemmel VAN 62 Ef 42
1980 Zemst VBR 71 Ec 43
3800 Zepperen VLI 73 Fb 44
8490 Zerkegem VWV 58 Da 42
8750 Zeswege VWV 69 Db 42
1370 Zétrud-Lumay WBR 72 Ef 44
8470 Zevekote VWV 58 Cf 42
9160 Zeveneeksken VOV 60 Df 42
9080 Zeveneken VOV 60 Df 42
2300 Zeverdonk VAN 62 Ef 41
9800 Zeveren VOV 69 Dd 43
9840 Zevergem VOV 70 De 43
3271 Zichem, Montaigu- = Zichem, Scherpenheuvel- VBR 72 Ef 43
3271 Zichem, Scherpenheuvel- VBR 72 Ef 43
4690 Zichen WLG 74 Fd 44
9120 Zillebeek VOV 61 Eb 41
8902 Zillebeke VWV 68 Cf 43
8570 Zilverberg VWV 70 Dc 43
8800 Zilverberg WHT 68 Da 43
2340 Zilvereind VAN 62 Ee 41
2950 Zilveren Hoek VAN 62 Ec 41
9750 Zingem VOV 70 Dd 43
7060 Zinnik = Soignies WHT 78 Ea 45
2450 Zittaart VAN 63 Fa 42
2260 Zoerle-Parwijs VAN 72 Ef 42
2980 Zoersel VAN 62 Ee 41
9220 Zogge VOV 71 Ea 42
3550 Zolder, Heusden- VLI 73 Fb 42
3550 Zoliken VLI 73 Fc 42
9930 Zomergem VOV 59 Dd 42
2330 Zondereigen VAN 62 Ef 40
2220 Zonderschot VAN 72 Ee 42
3520 Zonhoven VLI 73 Fc 43
9982 Zonne WHT 59 Dd 41
8980 Zonnebeke VWV 68 Cf 43
8750 Zonnebekehoek VWV 69 Db 42
8550 Zonnebergen VWV 69 Db 44
9521 Zonnegem VOV 70 Df 43
1745 Zonneken VOV 71 Ea 43
9620 Zottegem VOV 70 De 43
8300 Zoute, Het VWV 59 Db 40
8600 Zoutenaaie VWV 68 Ce 42
3440 Zoutleeuw VBR 73 Fa 44
8730 Zuiddamme VWV 59 Dc 42
2380 Zuidheikant VAN 63 Fa 40
8691 Zuidhoek VWV 68 Ce 43
8904 Zuidschote VWV 68 Ce 43
8210 Zuidwege VWV 59 Da 42
8377 Zuienkerke VWV 59 Da 41
9870 Zulte VWV 69 Dc 43
9690 Zulzeke VOV 69 Dd 44
3770 Zussen VLI 74 Fd 44
3690 Zutendaal VLI 74 Fd 43
1600 Zuun VBR 71 Eb 44
3380 Zuurbemde VBR 73 Ef 43
2960 Zwaan VAN 62 Ed 41
9112 Zwaanaarde VOV 61 Ea 42
8630 Zwaantje VWV 68 Cd 42
9940 Zwaantje VOV 60 Dd 42
9630 Zwalm VOV 70 De 43
2360 Zwaneven VAN 63 Fa 41
8380 Zwankendamme VWV 59 Db 41
3600 Zwartberg VLI 74 Fd 42
9810 Zwartegat VOV 70 Dd 43
8902 Zwarte-Leen VWV 68 Cf 44
8550 Zwevegem VWV 69 Dc 44
8750 Zwevezele VWV 69 Db 42
9052 Zwijnaarde VOV 70 Dd 43
2070 Zwijndrecht VAN 61 Eb 41
8755 Zwijntje WHT 69 Dc 42

Provincie · Province · Provinz · Province
Province · Provincia · Provincia · Provincie
Prowincja · Tartomány · Provins · Provins

DR	Drente	GR	Groningen	OV	Overijssel
FL	Flevoland	LI	Limburg	UT	Utrecht
FR	Friesland	NB	Noord-Brabant	ZE	Zeeland
GE	Gelderland	NH	Noord-Holland	ZH	Zuid-Holland

1, 2, 3...

3218 2e Vlotbrug ZH 51 Eb 37

A

7610 Aadorp OV 42 Gd 34
9450* Aa en Hunze DR 36 Gd 30
1871 Aagtdorp NH 38 Ee 32
4363 Aagtekerke ZE 50 Dc 39
8043 Aalanden OV 41 Ga 33
6361 Aalbeek LI 74 Fe 43
4260* Aalburg NB 53 Fa 38
7854 Aalden DR 36 Ge 32
6595 Aaldonk LI 54 Ff 38
1430* Aalsmeer NH 45 Ee 35
1436 Aalsmeerderbrug NH 38 Ee 35
4033 Aalst GE 46 Fd 37
5308 Aalst GE 53 Fa 38
5582 Aalst NB 64 Fc 40
9883 Aalsum GR 29 Gc 29
9148 Aalsum = Ealsum FR 29 Ff 28
7120* Aalten GE 48 Gd 37
6662 Aam GE 47 Ff 37
6105 Aan de Berg LI 74 Ff 42
6093 Aan de Bergen LI 64 Fe 41
6049 Aan de Rijksweg LI 64 Ff 41
3648 Aan de Zuwe UT 45 Ef 35
6104 Aan Reijans LI 74 Ff 42
5629 Aanschot NB 54 Fc 40
4641 Aanwas NB 61 Eb 40
4527 Aardenburg ZE 59 Dc 41
9915 Aardgaswinning DR 30 Ge 28
2445 Aarlanderveen ZH 45 Ee 36
5684 Aarle NB 53 Fc 39
5735 Aarle-Rixtel NB 54 Fd 39
1718 Aartswoud NH 32 Ef 32
8617 Abbega FR 33 Fd 30
1657 Abbekerk NH 38 Ef 32
4421 Abbekinderen ZE 50 Df 40
3216 Abbenbroek ZH 51 Eb 37
2157 Abbenes NH 45 Ed 35
1390 Abcoude UT 45 Ef 35
5051 Abcoven NB 53 Fa 39
6374 Abdissenbosch LI 75 Ga 43
4561 Absdale ZE 61 Ea 41
2636 Abtswoude ZH 44 Ec 37
8806 Achlum FR 28 Fc 30
5626 Acht NB 53 Fc 40
3911 Achterberg UT 47 Fd 37
3645 Achterbosch UT 45 Ef 35
2821 Achterbroek ZH 45 Ee 37
5715 Achterbroek NB 64 Fe 40
9611 Achterdiep DR 36 Ge 29
4247 Achterdijk ZH 53 Fa 37
4761 Achterdijk NB 52 Ed 39
6996 Achterdrempt GE 48 Gb 36
5583 Achtereind NB 64 Fc 40
6093 Achter het Klooster LI 64 Ff 41
3751 Achterhoek UT 46 Fc 35
7475 Achterhoek OV 48 Gc 35
3334 Achter-Lindt ZH 52 Ed 38
5724 Achterste NB 64 Fe 40
5556 Achterste Brug NB 63 Fc 41
7843 Achterste Erm DR 36 Ge 32
5351 Achterste-Heide NB 54 Fd 38
5481 Achterste-Hermalen NB 53 Fc 39
4838 Achterste Rith NB 52 Ee 39
9791 Achter-Thesinge GR 30 Gd 29
3790 Achterveld UT 46 Fc 36
5071 Achthoeven NB 53 Fa 39
2394 Achthoven GE 45 Ed 36
3417 Achthoven UT 45 Ef 36
4128 Achthoven ZH 45 Ef 37
3256 Achthuizen ZH 51 Eb 38
4885 Achtmaal NB 52 Ed 40
3651 Achttienhoven GE 45 Ee 36
4150 Acquoy GE 53 Fa 37
2251 Adegeest GE 44 Ec 36
9774 Adorp GR 29 Gd 29
9830 Aduard GR 30 Gc 29
9892 Aduarderzijl GR 30 Gc 29
8426 Aekinga FR 35 Gb 31
2111 Aerdenhout NH 38 Ed 34
6913 Aerdt GE 55 Ga 37
5850 Afferden LI 55 Ga 39
6654 Afferden GE 54 Fd 37
8281 Afsched OV 40 Ff 33
9561 Agodorp DR 37 Ha 31
5854 Aijen LI 55 Ga 39
1920 Akersloot NH 38 Ee 33
4501 Akkerput ZE 60 Dc 40
8490 Akkrum FR 34 Fe 30
8541 Akmarijp FR 34 Fe 30
7665 Albergen OV 42 Ge 34
2950* Alblasserdam ZH 52 Ee 37
3161 Albrandswaard ZH 51 Ec 37
8495 Aldeboarn FR 34 Ff 30
6093 Aldenhove LI 64 Ff 41
9091 Aldtsjerk FR 28 Ff 29
5335 Alem GE 53 Fc 38
3451 Alendorp UT 45 Fa 36
9951 Alinghuizen GR 30 Gc 29
1800* Alkmaar NH 38 Ed 33
9243 Allardsoog DR 35 Gb 30
9891 Allersma GR 30 Gc 29
8758 Allingawier FR 33 Fc 30
7600* Almelo OV 42 Ge 34
7218 Almen GE 48 Gb 36
1315 Almere FL 39 Fa 34
1333 Almere-Buiten FL 39 Fb 34
1352 Almere-Haven FL 46 Fb 34
1300* Almere-Stad FL 39 Fb 34
4286 Almkerk NB 52 Ef 38
6626 Alphen GE 54 Fc 38
2400* Alphen aan den Rijn ZH 45 Ee 36
5130 Alphen-Boshoven NB 52 Ef 40
5130 Alphen-Chaam NB 52 Ef 40
5133 Alphen-Oosterwijk NB 52 Ef 39
9321 Altena DR 30 Gc 30
6816 Alteveer GE 47 Ff 36
9661 Alteveer GR 37 Gf 30
Alteveer DR 29 Gc 30
Alteveer DR 42 Gc 32
6628 Altforst GE 54 Fd 37
9411 Alting DR 35 Gd 31
6006 Altweert LI 64 Fd 41
6006 Altweerterheide LI 64 Fd 41
6603 Alverna GE 54 Fe 38
5674 Alvershool NB 54 Fd 40
4233 Ameide ZH 45 Ef 37
9160* Ameland FR 28 Fd 28
9446 Amen DR 36 Gd 31
5966 America LI 55 Ff 40
3958 Amerongen UT 46 Fc 36
3800* Amersfoort UT 46 Fb 35
2865 Ammerstol ZH 45 Ee 37
5324 Ammerzoden GE 53 Fb 38
7241 Ampsen GE 48 Gc 35
1427 Amstelhoek UT 45 Ef 35
1180* Amstelveen NH 38 Ee 35
6436 Amstenrade LI 74 Ff 43
1000* Amsterdam NH 38 Fa 34
7887 Amsterdamscheveld DR 42 Gf 32
1107 Amsterdam-Zuidoost NH 38 Ef 35
9937 Amsweer GR 30 Gf 29
6673 Andelst GE 47 Fe 37
9465 Anderen DR 36 Gd 31
1619 Andijk NH 39 Fb 32
7784 Ane OV 42 Gd 33
7788 Anerveen OV 42 Gd 33
7778 Anevelde OV 42 Gd 33
7811 Angelslo DR 36 Gf 32
6687 Angeren GE 47 Ff 37
6986 Angerlo GE 48 Ga 37
7933 Anholt DR 35 Gc 32
9133 Anjum = Eanjum FR 29 Ff 28
1244 Ankeveen NH 46 Fa 35
1243 Ankeveense Rade UT 46 Fa 35
7345 Anklaar GE 47 Ff 35
7722 Ankum OV 41 Gb 33
9467 Anloo DR 36 Ge 30
4675 Anna Jacobapolder ZE 51 Ea 39
1760 Anna Paulowna NH 32 Ee 31
9468 Annen DR 36 Ge 30
6105 Annendaal LI 65 Ff 42
9654 Annerveenschekanaal DR 36 Ge 30
4858 Anneville NB 52 Ee 39
7964 Ansen DR 35 Gb 32
7300* Apeldoorn en Bos GE 47 Fe 35
7095 Apenhorst GE 55 Gc 37
7437 Apenhuizen OV 48 Gb 35
8081 Aperloo GE 40 Ff 34
3785 Appel GE 46 Fd 35
8426 Appelscha FR 35 Gc 31
6629 Appeltern GE 54 Fd 38
7383 Appen GE 48 Ga 35
9900* Appingedam GR 30 Gf 29
5973 Arcen NB 55 Ga 40
8148 Archem OV 42 Gc 34
1462 Arenberg NH 38 Ef 33
5428 Arendnest NB 54 Fe 39
6336 Arensgenhout LI 74 Fe 43
4240 Arkel ZH 53 Ef 37
8764 Arkum FR 34 Fc 30
7241 Armhoede GE 48 Gc 35
7963 Armweide DR 35 Gb 32
4340 Arnemuiden ZE 50 De 39
6800* Arnhem GE 47 Ff 37
2165 Arnoud ZH 38 Ed 35
7735 Arriën OV 42 Gc 33
7701 Arriërveld OV 42 Gc 33
8822 Arum FR 28 Fc 30
9904 Arwerd DR 30 Ge 28
6089 Asbroek LI 64 Ff 41
4115 Asch GE 46 Fb 37
6042 Asenray LI 65 Ga 41
4147 Asperen GE 53 Fa 37
6631 Aspert GE 54 Fd 37
7346 Assel GE 47 Ff 35
6071 Asselt LI 65 Ff 41
9400* Assen DR 35 Gc 30
1566 Assendelft NH 38 Ee 34
8017 Assendorp OV 41 Ga 33
1963 Assumburg NH 38 Ee 33
5720 Asten NB 64 Fe 40
8762 Atzeburen FR 34 Fc 30
9297 Augsbuurt FR 29 Ff 29
9284 Augustinusga = Stynsgea FR 29 Gb 29
3710 Austerlitz UT 46 Fb 36
1633 Avenhorn NH 38 Ef 33
7701 Avereest OV 41 Gc 33
8124 Averlo OV 41 Gb 35
7156 Avest GE 48 Gd 36
4570 Axel ZE 60 Df 41
4571 Axelsche-Sassing ZE 60 Df 41
1472 Axwijk NH 38 Fa 33
7621 Azelo OV 42 Ge 35
7045 Azewijn GE 55 Gb 37

B

3199 Baaiduinen = Baaidunen FR 27 Fb 28
3199 Baaidunen = Baaiduinen FR 27 Fb 28
8842 Baaium FR 28 Fd 30
7223 Baak GE 48 Gb 36
6114 Baakhoven LI 74 Fe 42
6685 Baal GE 54 Ff 37
7772 Baalder OV 42 Gd 33
4587 Baalhoek ZE 61 Ea 40
1396 Baambrugge UT 45 Ef 35
3645 Baambrugsezuwe UT 45 Ef 35
9946 Baamsum GR 31 Ha 29
8831 Baard = Baerd FR 28 Fe 30
8822 Baarderburen FR 28 Fc 30
5143 Baardwijk NB 53 Fa 38
4435 Baarland ZE 60 Df 40
5110* Baarle-Nassau NB 62 Ef 40
5990 Baarlo LI 65 Ga 41
7951 Baarlo DR 41 Ga 33
3740* Baarn UT 46 Fb 35
8316 Baarrjo OV 40 Ff 32
8336 Baars OV 35 Ga 32
4849 Baarschot NB 52 Ef 39
5087 Baarschot NB 53 Fb 40
5724 Baarschot NB 64 Fe 40
4444 Baarsdorp ZE 50 De 40
1652 Baarsdorpermeer NH 38 Ef 33
6909 Babberich GE 47 Ga 37
8765 Baburen FR 34 Fc 30
7548 Bad Boekelo OV 49 Ge 35
1170 Badhoevedorp NH 45 Ee 34
9693 Bad Nieuweschans GR 31 Ha 29
6095 Baexem LI 64 Ff 41
9953 Baflo GR 29 Gd 28
9405 Baggelhuizen DR 35 Gd 31
6988 Bahr GE 47 Ga 37
5760 Bakel NB 54 Fe 39
5761 Bakelsebrug NB 54 Fe 40
4435 Bakendorp ZE 60 Df 40
5051 Bakertand NB 53 Fa 39
8181 Bakhuisbos GE 40 Ff 34
8574 Bakhuizen FR 33 Fc 31
4528 Bakkersdam ZE 60 Dc 41
9243 Bakkeveen FR 35 Gb 30
1901 Bakkum NH 38 Ed 33
7694 Balderhaar OV 42 Ge 33
5985 Balgenhoek LI 64 Ff 40
6613 Balgoij GE 54 Fe 38
9437 Balinge DR 36 Gd 32
8560 Balk FR 33 Fd 31
7707 Balkbrug OV 41 Gc 33
7753 Ballast DR 42 Ge 32
9458 Balloo DR 36 Gd 31
9162 Ballum FR 28 Fe 28
9884 Balmahuizen GR 29 Gc 29
4266 Baloylonienbroek NB 53 Fa 38
6353 Baneheide LI 74 Ff 44
6262 Banholt LI 74 Fe 44
5752 Bankert NB 54 Fe 40
8314 Bant FL 34 Fe 32
8538 Bantega = Bantegea FR 34 Fe 31
7244 Barchem GE 48 Gc 36
7084 Barckens GE 55 Gc 37
2990* Barendrecht ZH 52 Ec 37
3274 Barendrechtse Veer ZH 52 Ed 38
9512 Bareveld DR 36 Ge 30
8563 Bargebek FR 34 Fd 31
1794 Bargen NH 32 Ef 30
7884 Barger-Compascuum DR 37 Gf 32
7833 Barger-Erfscheiderveen DR 42 Gf 32
7812 Bargeres DR 36 Gf 32
7891 Barger-Oosterveen DR 43 Gf 32
7891 Barger-Oosterveld DR 37 Gf 32
9591 Barlage GR 37 Ha 30
4793 Barlaque NB 52 Ec 39
7122 Barlo GE 48 Gd 37
3770* Barneveld GE 47 Fd 36
9561 Barnflair GR 37 Ha 31
9883 Barnwerd GR 29 Gc 29
8326 Barsbeek OV 41 Ga 33
1768 Barsingerhorn NH 32 Ef 32
9054 Bartlehiem FR 28 Fe 29
8342 Basse OV 35 Ga 32
8378 Basserveld OV 35 Ga 32
5683 Batadorp NB 53 Fc 40
3437 Batau-Noord UT 45 Fa 36
3436 Batauzuid UT 45 Fa 36
6634 Batenburg GE 54 Fd 38
4411 Bath ZE 61 Eb 40
7437 Bathmen OV 48 Gb 35
3244 Battenoord ZH 51 Ea 38
4854 Bavel NB 52 Ee 39
7601 Bavinkel OV 49 Ge 34
7921 Bazuin DR 41 Gc 33
9024 Bears FR 28 Fe 30

7554 Beckum OV 49 Ge 35
5406 Bedaf NB 54 Fd 39
9780 Bedum GR 30 Gd 29
6099 Beegden LI 64 Ff 41
5815 Beek LI 54 Ff 39
6190 Beek LI 74 Fe 43
6573 Beek GE 54 Ff 38
7037 Beek GE 48 Gb 37
7360 Beekbergen GE 47 Ff 36
7597 Beekdorp OV 42 Ge 34
5740 Beek en Donk NB 54 Fd 39
5853 Beekheuvel LI 55 Ga 39
5663 Beekweide NB 64 Fd 40
5741 Beemdkant NB 54 Fd 39
7341 Beemte GE 47 Ff 35
5437 Beers NB 54 Fe 38
3972 Beerschoten UT 46 Fb 36
6412 Beersdal LI 74 Ff 43
5704 Beersdonk NB 54 Fe 40
9687 Beersterhoogen GR 37 Ha 29
9686 Beerta GR 37 Ha 29
7736 Beerze OV 41 Gd 33
7685 Beerzerveld OV 42 Gd 34
4153 Beesd GE 53 Fb 37
5954 Beesel LI 65 Ff 41
9045 Beetgumermolen = Bitgummole FR 28 Fe 29
9036 Beetnum FR 28 Fe 29
1475 Beets NH 38 Ef 33
9244 Beetsterzwaag = Beetstersweach FR 35 Ga 30
5725 Behelp NB 64 Fe 40
9737 Beijum GR 30 Gd 29
9410* Beilen DR 35 Gd 31
9411 Beilervaart DR 36 Gc 31
2144 Beinsdorp NH 38 Ed 35
6986 Beinum GE 48 Ga 37
5571 Beistervelden NB 63 Fb 41
5731 Bekelaar NB 54 Fd 40
2415 Bekenes ZH 45 Ee 36
7255 Bekveld GE 48 Gb 36
4815 Belcrum NB 52 Ee 39
4315 Beldert ZE 51 Df 38
5950 Belfeld LI 65 Ga 41
6214 Belfort LI 74 Fd 43
9951 Bellingeweer GR 29 Gd 29
9540* Bellingwedde GR 31 Ha 30
9695 Bellingwolde GR 31 Ha 30
1777 Belt NH 32 Ef 31
7156 Beltrum GE 48 Gd 36
8066 Belt-Schutsloot OV 41 Ga 32
6268 Bemelen LI 74 Fe 43
6680 Bemmel GE 54 Ff 37
5741 Bemmer NB 54 Fd 39
7963 Benderse DR 35 Gc 32
2861 Benedenberg ZH 45 Ee 37
6721 Benedeneind GE 47 Fd 36
2821 Beneden-Haastrecht ZH 45 Ee 37
2821 Benedenheul ZH 45 Ee 37
2821 Benedenkert ZH 45 Ee 37
4053 Beneden-Leeuwen GE 54 Fc 37
9651 Beneden Veensloot GR 30 Gf 30
2120* Bennebroek NH 38 Ed 35
6720 Bennekom GE 47 Fe 36
7856 Benneveld DR 36 Ge 32
1654 Benningbroek NH 39 Fa 32
2517 Benootdenhout ZH 44 Eb 36
3405 Benschop UT 45 Ef 36
2391 Bent GE 45 Ed 36
7497 Bentelo OV 49 Gd 35
5761 Benthem NB 54 Fe 40
2730 Benthuizen ZH 45 Ed 36
2111 Bentveld NH 38 Ed 34
2553 Berestein ZH 44 Eb 36
7553 Berfloes OV 49 Ge 35
5298 Berg NB 53 Fc 39
5768 Berg LI 64 Ff 40
6021 Berg NB 64 Fd 41
6267 Berg LI 74 Fe 43
6325 Berg LI 74 Fe 43
7313 Berg GE 47 Ff 35
6129 Berg aan de Maas LI 74 Fe 42
4006 Bergakkel GE 53 Fc 37
2860 Bergambacht ZH 45 Ee 37
5854 Berge Heide LI 55 Ga 39
1860 Bergen NH 38 Ed 32
5854 Bergen NB 55 Ga 39
1865 Bergen aan Zee LI 38 Ed 33
6570 Berg en Dal GE 54 Ff 38
6261 Bergenhuizen LI 74 Fe 44
4600* Bergen op Zoom ZE 51 Ea 40
5262 Bergenshuizen NB 53 Fb 39
7690 Bergentheim OV 42 Gd 33
5570 Bergeyk NB 63 Fc 41
6617 Bergharen GE 54 Fd 37
5350 Berghem NB 54 Fd 38
6271 Berghem LI 74 Ff 44
6627 Berghuizen GE 53 Fd 38
7961 Berghuizen DR 41 Gb 32
8191 Berghuizen GE 41 Ga 34
7701 't Bergje OV 42 Gc 33
2660 Bergschenhoek ZH 44 Ec 37
2861 Bergstoep ZH 45 Ee 37
7419 Bergweide OV 48 Ga 35
6082 Berik LI 64 Ff 41
5986 Beringe LI 64 Ff 40
5032 Berkeind NB 52 Ef 39
5711 Berkeindje NB 64 Fd 40
6101 Berkelaar LI 64 Ff 42
2650 Berkel en Rodenrijs ZH 44 Ec 37
5056 Berkel-Enschot NB 53 Fa 39
7270* Berkelland GE 48 Gd 36
7241 Berkeloord GE 48 Gc 36
2825 Berkenwoude ZH 45 Ee 37
5071 Berkhoek NB 53 Fa 39
5421 Berkhoek NB 54 Fd 39
1647 Berkhout NH 38 Ef 33
1713 Berkmeer NH 38 Ef 32
5384 Berkt NB 54 Fc 38
8034 Berkum OV 41 Ga 33
5258 Berlicum NB 53 Fc 38
9040 Berlikum = Bertltsum FR 28 Fd 29
5334 Berm GE 53 Fb 38
5318 Bern GE 53 Fb 38
5384 Bernheze NB 54 Fc 38
3211* Bernisse ZH 51 Eb 38
7451 Beruseberg OV 48 Gc 35
5291 Besselaar NB 53 Fc 39
5680* Best NB 53 Fc 39
7731 Besthmen OV 41 Gc 33
9892 Beswerd GR 30 Gc 29
9989 Bethlehem GR 30 Gd 28
9101 Betterwird FR 28 Ff 28
5835 Beugen NB 54 Ff 38
5473 Beugt NB 54 Fc 39
5463 Beukelaar NB 54 Fd 39
7588 Beuningen OV 43 Gf 34
6550* Beuningen GE 54 Fe 37
7475 Beusbergen OV 48 Gc 35
4112 Beusichem GE 46 Fb 37
6278 Beutenaken LI 74 Ff 44
6986 Bevermeer GE 48 Ga 37
1940* Beverwijk NH 38 Ed 34
9967 Bewsemaheem GR 30 Gc 28
5133 Biakel NB 53 Ef 39
8256 Biddinghuizen FL 40 Fe 34
4851 Bieberg NB 52 Ee 39
3212 Biert ZH 51 Eb 37
9906 Bierum GR 30 Gf 28
4520 Biervliet ZE 60 De 41
4826 Biesdonk NB 52 Ee 39
6212 Biesland LI 74 Fe 43
6093 Biesstraat LI 64 Ff 41
9931 Biessum GR 30 Gf 29
5084 Biest-Houtakker NB 53 Fb 39
5126 Biestraat NB 52 Ef 39
4421 Biezelinge ZE 51 Df 40
4529 Biezen ZE 60 Dc 41
6541 Biezen GE 54 Ff 37
5528 Biezenheuvel NB 63 Fb 40
5074 Biezenmortel NB 53 Fb 39
4373 Biggekerke ZE 50 Dd 40
1108 Bijlmermeer NH 38 Ef 35
3882 Bijsteren GE 46 Fd 35
5513 Bijsterveld NB 53 Fc 40
5688 Bijsterveld NB 53 Fc 39
1272 Bikbergen NH 39 Fb 35
9678 Bikkershorn GR 31 Gf 30
1424 Bilderdam NH 45 Ee 35
6271 Billinghuizen LI 74 Ff 44
6107 Bilt LI 64 Ff 42
3730* Bilthoven UT 46 Fb 36
2516 Binckhurst ZH 44 Ec 36
6456 Bingelrade LI 74 Ff 43
6986 Bingerden GE 48 Ga 37
2352 Binnenhof GE 45 Ed 36
3271* Binnenmaas ZH 52 Ec 38
4926 Binnen-Moerdijk NB 52 Ed 38
1617 Binnenwijzend NH 39 Fa 32
8494 Birstum-Burstum FR 34 Ff 30
8271 Bisschopswetering OV 40 Ff 33
6562 Bisselt GE 54 Ff 38
3794 Bitterschoten GE 46 Fd 36
3274 Blaaksedijk ZH 52 Ed 38
5530 Bladel NB 63 Fb 40
2678 Blaker ZH 44 Eb 37
6611 Blankenberg GE 54 Fe 38
8373 Blankenham OV 34 Ff 32
7241 Blankvoort GE 48 Gc 36
1260 Blaricum NH 46 Fb 35
9311 Blauw DR 29 Gc 30
8355 Blauwe Hand OV 41 Ga 32
1786 Blauwe-Keet NH 32 Ee 31
4834 Blauwe Kei NB 52 Ee 39
5841 Blauwenhoek NB 54 Ff 39
4651 Blauwe Sluis NB 51 Ec 39
4926 Blauwe Sluis NB 52 Ee 38
6628 Blauwesluis GE 54 Fd 37
4471 Blauwewijk ZE 50 De 39
8615 Blauwhuis = Blauhus FR 33 Fd 30
5851 Bleijenbeek LI 55 Ga 39
6466 Bleijerheide LI 75 Ga 43
2665 Bleiswijk ZH 45 Ed 36
9584 Blekslage GR 37 Ha 31
6088 Blenkert LI 64 Ff 41
5921 Blerick LI 65 Ga 40
8398 Blesdijke = Blesdike FR 35 Ga 32
2970 Bleskensgraaf ZH 52 Ee 37
9032 Blessum FR 34 Fe 29
7961 Blijdenstein DR 41 Gb 32
9170 Blije FR 28 Ff 28
9697 Blijham GR 31 Ha 30
5863 Blitterswijck LI 55 Ga 39
7924 Bloemberg DR 41 Gc 33
2061 Bloemendaal NH 38 Ed 34
2800* Bloemendaal NH 45 Ee 36
2041 Bloemendaal aan Zee NH 38 Ec 34
5143 Bloemenoord NB 53 Fa 38
1608 Blokdijk NH 39 Fa 33
1736 Blokhuizen NH 32 Ee 32
2441 Blokland ZH 45 Ee 35
3417 Blokland UT 45 Ef 36
9623 Blokum DR 30 Ge 29
8356 Blokzijl OV 40 Ff 32
8804 Boakwerd FR 28 Fd 30
8528 Boarnsweach = Boornzwaag FR 34 Fe 31
8635 Boazum FR 34 Fe 30
1647 Bobeldijk NH 38 Ef 33
6351 Bocholtz LI 75 Ga 44
6350 Bocholtzheide LI 74 Ff 44
5808 Boddenbroek NB 55 Ga 39
2410 Bodegraven ZH 45 Ee 36
4703 Boeink NB 51 Ec 39
1851 Boekel NH 38 Ee 33
5427 Boekel NB 54 Fe 39
7548 Boekelo OV 49 Ge 35
5927 Boekend LI 65 Ga 40
6031 Boeket LI 64 Fe 41
8425 Boekhorst FR 35 Gb 31
9233 Boelenslaan = Boelensleane FR 29 Ff 30
8809 Boer FR 28 Fd 29
9362 Boerakker GR 35 Gb 29
1679 Boerdijk NH 39 Fa 32
5469 Boerdonk NB 54 Fd 39
9321 Boerelaan DR 30 Gc 30
4542 Boerengat ZE 60 De 41
6687 Boerenhoek GE 47 Ff 37
4503 Boerenhol ZE 59 Dd 40
9354 Boerenstreek GR 29 Gb 30
8131 Boerhaar OV 41 Ga 34
9574 Boermastreek DR 36 Gf 31
2141 Boesingheliede NH 38 Ee 34
8392 Boijl FR 35 Gb 31
5221 Bokhoven NB 53 Fb 38
5521 Boksheide NB 63 Fb 41
9031 Boksum FR 34 Fe 29
4854 Bolberg NB 52 Ef 39
5126 Bolberg NB 52 Ef 39
5951 Bolenberg NB 65 Ga 41
7522 Bolhaar OV 49 Gf 35
9137 Bollingawier FR 29 Ff 28
2987 Bolnes ZH 45 Ed 37
9892 Bolshuizen GR 30 Gc 29
5469 Bolst NB 54 Fd 39
8700 Bolsward = Boalset FR 33 Fd 30
2563 Bomen ZH 44 Eb 36
3281 Bommelskous ZH 51 Ec 38
5941 Bong NB 65 Gb 40
5991 Bong LI 65 Ga 41
9462 Bonnen DR 36 Ge 31
9511 Bonnerveen DR 36 Ge 30
3415 Bonrepas ZH 45 Ef 37
8415 Bontebok FR 35 Ga 31
7064 Bontebrug GE 55 Gc 37
4033 Bontemorgen GE 46 Fd 37
5715 Boomen NB 64 Fe 40
1231 Boomhoek NH 46 Fa 35
7261 Boomkamp GE 48 Gd 36
4671 Boompjesdijk NB 51 Eb 39
9693 Booneschans GR 31 Ha 30
5674 Boord NB 53 Fd 40
9212 Boornbergum DR 34 Ff 30
8528 Boornzwaag = Boarnsweach FR 34 Fe 31
7270 Borculo GE 48 Gc 36
7415 Borgele OV 48 Ga 35
9530 Borger DR 36 Ge 31
9631 Borgercompagnie GR 30 Ge 30
9551 Borgertange DR 37 Ha 31
9551 Borgerveld DR 37 Ha 31
9642 Borgespark DR 36 Ge 30
6223 Borgharen LI 74 Fe 43
9949 Borgsweer GR 31 Gf 29
9608 Borgweg DR 36 Ge 29
5556 Borkel NB 64 Fc 41
7451 Borkeld OV 42 Gc 35
6120 Born LI 74 Fe 42
5481 Borne NB 53 Fc 39
7620* Borne OV 42 Ge 35
5451 Borneo NB 54 Fe 38
7627 Bornerbroek OV 42 Gd 35
9171 Bornwird = Boarnwert FR 28 Ff 28
9156 Bornwirdhuizen FR 28 Ff 28
4430* Borsele ZE 50 De 40
4454 Borssele ZE 60 De 40
4707 Borteldonk NB 52 Ec 39
7761 Bos DR 42 Gf 33
6021 Bosch NB 64 Fd 41
5575 Boscheind NB 63 Fb 41
3712 Bosch en Duin UT 46 Fb 36
7244 Boschheurne GE 48 Gc 36
5595 Boschhoven NB 64 Fd 40
5492 Boschkant NB 53 Fc 39
8387 Boschoord DR 35 Gb 31
5111 Boschoven NB 52 Ef 40
5482 Boschweg NB 53 Fc 39
1015 Bos en Lommer NH 38 Ef 34
8161 Boshoek GE 47 Ga 34
5561 Boshoven NB 63 Fc 40
6002 Boshoven LI 64 Fd 41
5095 Boshoven, Alphen- NB 52 Ef 40
5807 Boshuijzen LI 55 Ga 39
9511 Bosje DR 36 Gf 30
8121 Boskamp OV 41 Ga 35
6603 Boskant GE 54 Fe 38
2770 Boskoop ZH 45 Ee 36
5131 Boslust NB 52 Ef 40
4744 Bosschenhoofd NB 52 Ed 39
4761 Bosselaar NB 52 Ed 39
5855 Bosserheide NB 55 Ga 39
6031 Bosserstraat LI 64 Fe 41
9171 Boteburen FR 28 Fe 28
7991 Boterveen DR 35 Gc 31
5688 Boterwijk NB 53 Fb 39
3646 Botshol UT 45 Ef 35
4691 Botshoofd ZE 51 Eb 39
4365 Boudewijnskerke ZE 50 Dc 39
6071 Boukoul LI 65 Ga 41
9545 Bourtange GR 37 Hb 30
6442 Bouwberg LI 75 Ff 43
2861 Bovenberg ZH 45 Ee 37
5394 Bovene NB 54 Fc 38
3775 Boveneinde GE 47 Fe 35
2851 Boven-Haastrecht ZH 45 Ee 36
3372 Boven-Hardinxveld ZH 52 Ef 38
1610 Bovenkarspel NH 39 Fb 32
1185 Bovenkerk NH 38 Ee 35
2821 Bovenkerk ZH 45 Ee 37
6657 Boven-Leeuwen GE 54 Fd 37
4797 Bovensluis NB 52 Ec 38
9420 Bovensmilde DR 36 Gc 31
5428 Bovenstehuis NB 54 Fe 39
9511 Bovenstreek DR 36 Gf 30
9651 Bovenstreek GR 30 Gf 30
8096 Bovenveen GE 40 Ff 34
9644 Boven Veensloot GR 30 Gf 30
5830 Boxmeer NB 54 Ff 39
5280* Boxtel NB 53 Fb 39
5094 Braakhoek NB 63 Fb 40
4553 Braakman ZE 60 De 41
9584 Braamberg DR 37 Ha 31
5563 Braambosch NB 63 Fc 40
7047 Braamt GE 48 Gb 37
6051 Brachterbeek LI 64 Ff 42
5306 Brakel GE 53 Fa 38
6533 Brakkenstein GE 54 Ff 38
7926 Bramberg DR 41 Gd 33
7165 Brammelo GE 49 Ge 36
5411 Brand NB 54 Fe 38
8724 Brandeburen = Brânburren FR 34 Fc 31
5706 Brandevoort NB 54 Fd 40
6107 Brandt LI 64 Ff 42
2974 Brandwijk ZH 52 Ee 37
9153 Brantgum FR 28 Ff 28
4800* Breda NB 52 Ee 39
6662 Bredelaar GE 47 Ff 37
7126 Bredevoort GE 48 Gd 37
9955 Breede GR 29 Gd 28
7084 Breedenbroek GE 55 Gc 37
3956 Breedeveen UT 46 Fc 36
6562 Breedeweg GE 54 Ff 38
4891 Breedschot NB 52 Ee 39
5081 Breehees NB 53 Fa 40
5753 Breemortel NB 54 Fe 40
3445 Breeveld UT 45 Ef 36
1764 Breezand NH 32 Ee 31
4354 Breezand ZE 50 Dd 39
1871 Bregtdorp NH 38 Ee 32
7635 Breklenkamp OV 43 Gf 34
5051 Brem NB 53 Fa 39
5056 Brem NB 53 Fa 39
4708 Brembosch NB 51 Ec 40
4510 Breskens ZE 59 Dd 40
3481 Breudijk UT 45 Ef 36
3620 Breukelen UT 45 Fa 35
3625 Breukeleveen NH 46 Fa 35
3230 Brielle ZH 44 Eb 37
4333 Brigdamme ZE 50 Dd 39
9893 Brillerij GR 30 Gc 29
9812 Briltil GR 29 Gc 29
7101 Brinkheurne GE 49 Ge 37
8034 Brinkhoek OV 41 Ga 33
7261 Brinkmanshoek GE 48 Gc 36

9055 Britsum FR 28 Fe 29
8844 Britswert FR 28 Fd 30
5738 Broek NB 54 Fd 39
5931 Broek NB 65 Ga 40
5963 Broek FR 55 Ga 40
5995 Broek FR 65 Ga 41
9968 Broek GR 29 Gc 28
Broek FR 34 Fe 31
Broek FR 45 Ef 37
5973 Broekeind NB 65 Ga 40
5528 Broekenseind NB 63 Fb 40
1611 Broekerhaven NH 39 Fb 32
7546 Broekheurne OV 49 Gf 35
1834 Broekhorn NH 38 Ee 33
5025 Broekhoven NB 53 Fa 39
5561 Broekhoven NB 63 Fc 40
5872 Broekhuizen LI 55 Ga 40
7722 Broekhuizen OV 41 Gb 33
7965 Broekhuizen DR 41 Gb 32
5870 Broekhuizenvorst LI 55 Ga 40
1150 Broek in Waterland NH 38 Ef 34
5741 Broekkant NB 54 Fd 39
6021 Broekkant NB 64 Fd 41
8107 Broekland OV 41 Gb 34
1720 Broek op Langedijk NH 38 Ee 32
1619 Broekord NH 33 Fb 32
6137 Broeksittard LI 74 Ff 42
9105 Broeksterwoude = Broeksterwâld FR 28 Ff 29
2411 Broekvelden ZH 45 Ee 36
5066 Broekzijde NB 53 Fb 39
6243 Brommelen LI 74 Fe 43
6996* Bronckhorst GE 48 Ga 36
7226 Bronkhorst GE 48 Gb 36
9527 Bronneger DR 36 Ge 31
9526 Bronnegerveen DR 36 Ge 31
9665 Bronsveen GR 37 Ha 30
4318 Brouwershaven ZE 50 Df 38
5709 Brouwhuis NB 54 Fe 40
5314 Bruchem GE 53 Fb 38
7696 Brucht OV 42 Gd 33
7695 Bruchterveld OV 42 Gd 33
3704 Brugakker UT 46 Fb 36
5451 Bruggen NB 54 Fe 38
7554 Bruggenmors OV 49 Ge 35
5556 Bruggerhuizen NB 64 Fc 41
7675 Bruinehaar OV 42 Ge 34
4310 Bruinisse ZE 51 Ea 39
6269 Bruisterbosch LI 74 Fe 44
5802 Brukske LI 54 Ff 39
6088 Brumhold LI 64 Ff 41
6970 Brummen GE 48 Gb 36
8263 Brunnepe OV 40 Ff 33
6440* Brunssum LI 74 Ff 43
9411 Brunsting DR 36 Gc 31
9435 Bruntinge DR 36 Gd 32
5571 Buch NB 63 Fc 41
6122 Buchten LI 74 Fe 42
6020 Budel NB 64 Fd 41
6024 Budel-Dorplein NB 64 Fd 41
6023 Budel-Schoot NB 64 Fd 41
6031 Budschop LI 64 Fe 41
6082 Buggenum LI 64 Ff 41
9528 Buinen DR 36 Ge 31
9524 Buinerveen DR 36 Gf 31
2622 Buitenhof ZH 44 Eb 37
7961 Buitenhuizen DR 41 Gb 32
2158 Buitenkaag NH 45 Ed 35
9285 Buitenpost = Bûtenpost FR 29 Ff 29
9204 Buitenstverlaat DR 34 Ff 30
1082 Buitenveldert NH 38 Ef 35
6369 Bulkemsbroek LI 74 Ff 44
6611 Bullenkamp GE 54 Fe 38
7933 Bultinge DR 35 Gc 32
6240 Bunde LI 74 Fe 43
5111 Bungalowpark NB 52 Ef 40
9496 Bunne DR 29 Gd 30
9497 Bunnerveen DR 35 Gd 30
3980 Bunnik UT 46 Fb 36
3750 Bunschoten-Spakenburg UT 46 Fc 35
9178 Burdaard FR 28 Ff 29
4116 Buren GE 46 Fb 37
9163 Buren = Bueren FR 28 Fe 28
9561 Burgemeester Beinsdorp DR 37 Ha 31
1754 Burgerbrug NH 32 Ee 32
8162 Burgerenk GE 40 Ff 34
2154 Burgerveen NH 45 Ee 35
1754 Burgervlotbrug NH 32 Ed 32
4328 Burgh-Haamstede ZE 50 De 38
4328 Burghsluis ZE 50 De 38
5427 Burgt NB 54 Fe 39
9250 Burgum FR 29 Ff 29
8743 Burgwerd = Burchwert FR 33 Fd 30
9850 Burum FR 29 Gb 29
5388 Bus NB 54 Fd 38
5466 Bus NB 54 Fc 39
5721 Bussel NB 64 Fe 40
7973 Busselte DR 35 Gb 32
5954 Bussereind LI 65 Ga 41
7384 Bussloo GE 48 Ga 35
1400* Bussum NH 39 Fa 35
9285 Bûtenpost = Buitenpost FR 29 Ff 29
1822 Butterhuizen NH 38 Ee 33
8423 Buttinga FR 35 Gb 31
4364 Buttinge ZE 50 Dd 39
4197 Buurmalsen GE 53 Fb 37
7481 Buurse OV 49 Ge 36
6674 Buurskamp GE 47 Fe 37
2564 Buurt ZH 44 Eb 36
4254 Buurtje NB 52 Ef 38
3826 Buurtsdijk GE 46 Fc 35
1272 Buvanck NH 39 Fb 35
2717 Buytenwegh ZH 44 Ec 36

C

3411 Cabauw UT 45 Ef 37
6267 Cadier en Keer LI 74 Fe 43
4506 Cadzand ZE 59 Dc 40
4506 Cadzand-Bad ZE 59 Dc 40
4641 Calfven NB 61 Eb 40
1796 Californie NH 32 Ee 30
5971 Californië LI 65 Ga 40
1759 Callantsoog NH 32 Ee 31
6093 Caluna LI 64 Ff 41
8925 Camminghaburen FR 28 Ff 29
1871 Camperduin NH 38 Ed 32
7261 Camping GE 48 Gc 36
2992 Cannisse ZH 52 Ec 37
5161 Cape le Hooge Vaart NB 52 Ef 38
5161 Capelle, Sprang- NB 52 Ef 38
2900* Capelle aan de IJssel ZH 45 Ed 37
5811 Castenray LI 55 Ga 40
5529 Casteren NB 63 Fb 40
5114 Casterle NB 62 Ee 40
6011 Castert LI 64 Fe 41
1900 Castricum NH 38 Ed 33
1901 Castricum aan Zee NH 38 Ed 33
1871 Catrijp LI 38 Ee 32
3461 Cattenbroek UT 45 Ef 36
8281 Cellemuiden OV 41 Ga 33
1764 Ceres NH 32 Ee 31
9503 Ceresdorp GR 37 Gf 31
4860 Chaam, Alphen- NB 52 Ef 39
4861 Chaamdijk NB 52 Ee 40
3083 Charlois ZH 51 Ec 37
6463 Chèvremont LI 75 Ga 43
3291 Cillaarshoek ZH 52 Ed 38
4567 Clinge ZE 61 Ea 41
9721 Coendersborg GR 36 Gd 29
5665 Coevering NB 64 Fd 40
7740 Coevorden DR 42 Ge 32
6961 Coldenhove GE 47 Ga 36
4486 Colijnsplaat ZE 50 Df 39
7798 Collendoorneveen OV 42 Gd 33
6367 Colmont LI 74 Ff 43
7429 Colmschate OV 48 Gb 35
6562 Colonjes GE 54 Ff 38
1969 Commandeurs NH 38 Ed 33
7119 Corle GE 49 Gd 37
9056 Cornjum = Koarnjum FR 28 Fe 29
8752 Cornwerd = Koarnwert FR 33 Fc 30
6971 Cortenoever GE 48 Gb 36
3945 Cothen UT 46 Fb 37
6291 Cottessen LI 74 Ff 44
4858 Couwelaar NB 52 Ee 39
3703 Couwenhoven UT 46 Fb 36
1261 Crailo NH 39 Fb 35
3316 Crabbehof ZH 52 Ed 38
6027 Cranendonck NB 64 Fd 41
6271 Crapoel LI 74 Ff 44
8312 Creil FL 34 Fd 32
6039 Crixhoek LI 64 Fe 41
4175 Crob GE 53 Fb 38
3281* Cromstrijen ZH 51 Ec 38
5266 Cromvoirt NB 53 Fb 39
3031 Crooswijk ZH 44 Ec 37
2142 Cruquius NH 45 Ed 34
5430* Cuijk NB 54 Ff 38
4100* Culemborg UT 46 Fb 37

D

7688 Daarle OV 41 Gd 34
7687 Daarlerveen OV 42 Gd 34
5815 Daland LI 54 Ff 39
7122 Dale GE 48 Gd 37
4213 Dalem ZH 53 Fa 38
5527 Dalem NB 63 Fb 40
7750 Dalen DR 42 Ge 32
7918 Dalerend DR 42 Gd 32
7753 Dalerpeel DR 42 Gd 32
7755 Dalerveen DR 42 Ge 32
7720 Dalfsen OV 41 Gb 33
7722 Dalfserveld OV 41 Gb 33
9947 Dallingeweer GR 31 Ha 29
7722 Dalmsholte OV 41 Gc 34
8152 Dalmsholte OV 41 Gb 34
1778 Dam NH 32 Ef 31
6590 Dam LI 55 Ga 38
3958 Dambosch UT 46 Fc 37
9104 Damwâld = Damwoude FR 28 Ff 29
9104 Damwoude = Damwâld FR 28 Ff 29
7731 Dante OV 41 Gc 33
7971 Darp DR 35 Gb 32
3947 Darthuizen UT 46 Fc 36
4861 Dassemus NB 52 Ef 39
4337 Dauwendaele ZE 50 Dd 40
8644 Dearsum FR 34 Fe 30
4271 De Baan NB 53 Ef 38
4493 De Banjaard ZE 50 Dd 39
1424 De Banken NH 45 Ee 35
3852 De Beek GE 47 Fe 35
6085 De Beekkant LI 64 Ff 41
6422 Debeitel LI 74 Ff 43
7751 De Bente DR 42 Ge 32
8346 De Berg OV 35 Ga 32
4944 De Bergen NB 52 Ef 38
5724 De Berken NB 64 Fe 40
6741 De Biezen GE 47 Fd 36
3730* De Bilt UT 46 Fb 36
3768 De Birkt GE 46 Fb 36
8397 De Blesse FR 35 Ga 31
8749 De Blokken FR 27 Fc 30
8857 De Blynse FR 27 Fc 29
6039 De Boberden LI 64 Fe 41
5363 De Bolt NB 54 Fe 38
7333 De Bouwhof GE 47 Ff 35
7051 De Brie GE 48 Gc 37
9561 De Bruil DR 37 Ha 31
4885 De Buis NB 52 Ed 40
8346 De Bult OV 35 Ga 32
9696 De Bult GR 31 Ha 30
5464 De Bunders NB 53 Fc 39
5643 De Burgh NB 64 Fc 40
5482 De Bus NB 53 Fc 39
5492 De Bus NB 53 Fc 39
1679 De Buurt NH 39 Fa 32
1795 De Cocksdorp NH 26 Ef 30
8422 Deddingabuurt FR 35 Ga 31
2641 De Delftse Hout ZH 44 Ec 36
5411 De Dellen NB 54 Fe 38
7700 Dedemsvaart OV 42 Gc 33
8764 Dedgum FR 34 Fc 30
8604 De Domp FR 34 Fd 30
2974 De Donk ZH 52 Ee 37
4715 De Dood NB 52 Ed 39
9204 De Drait DR 35 Ga 30
4791 De Druif NB 52 Ed 39
5702 De Eeuwsels NB 54 Fd 40
7352 Deelen GE 47 Ff 36
5364 De Elft NB 54 Fe 38
5421 Deelse Kampen NB 54 Fd 39
5556 Deelshurk NB 64 Fc 41
2161 De Engel ZH 44 Ed 35
5737 Deensehoek NB 54 Fd 39
6653 Deest GE 54 Fe 37
5451 De Gagel NB 54 Fe 38
3993 De Geer UT 46 Fb 36
4827 De Geeren NB 52 Ee 39
5691 De Gentiaan NB 54 Fc 39
6718 De Ginkel GE 47 Fe 36
3794 De Glind GE 46 Fd 36
2104 De Glip NH 38 Ed 35
1648 De Goorn NH 38 Ef 33
4462 De Groe ZE 50 Df 40
3931 De Groep UT 46 Fc 36
9473 De Groeve DR 30 Ge 30
1511 De Haal NH 38 Ef 34
7779 De Haandrik OV 42 Ge 33
7261 De Haar GE 48 Gc 36
7707 De Haar OV 41 Gc 33
7845 De Haar DR 42 Ge 32
7936 De Haar DR 35 Gd 32
9405 De Haar DR 35 Gd 31
4132 De Hagen UT 46 Fa 37
5231 De Hambaken NB 53 Fb 38
9354 De Haspel GR 35 Gb 30
1774 De Haukes NH 32 Ef 31
6228 De Heeg LI 74 Fe 44
7251 De Heegherhoek GE 48 Gb 36
4655 De Heen NB 51 Eb 39
5521 De Hees NB 63 Fc 40
5975 De Hees LI 65 Ga 40
5871 De Heide NB 55 Ga 40
2861 De Hem ZH 45 Ee 37
3998 De Heul UT 46 Fb 37
7095 De Heurne GE 55 Gc 37
4111 De Heuvel GE 46 Fb 37
5581 De Heuvel NB 63 Fc 40
8079 De Heuvels GE 40 Ff 33
9511 De Hilte DR 36 Gf 30
1426 De Hoef UT 45 Ee 35
1815 De Hoef NH 38 Ee 33
5096 De Hoef NB 63 Fb 40
5525 De Hoef NB 63 Fb 40
2132 De Hoek NH 38 Ee 35
2941 De Hoek ZH 45 Ee 37
5122 De Hoek NB 52 Ef 39
5541 De Hoek NB 63 Fa 40
5446 De Hoet NB 54 Fe 39
8394 De Hoeve FR 35 Ga 31
5154 De Hoeven NB 53 Fa 38
9365 De Holm GR 29 Gc 30
7434 De Hooge Wegen OV 41 Gb 35
4335 De Hoop ZE 50 Dd 40
7005 De Hoop GE 48 Gb 37
6095 De Horck LI 64 Ff 41
6039 De Horst LI 64 Fe 41
6562 De Horst GE 54 Ff 38
7274 De Horst GE 48 Gd 36
9321 De Horst DR 29 Gd 30
1616 De Hout NH 39 Fb 32
9023 De Hu FR 28 Fe 30
7006 De Huet GE 48 Gb 37
1634 De Hulk NH 38 Fa 33
5653 De Hurk NB 63 Fc 40
6031 De Hutten NB 64 Fe 41
4158 Deil GE 53 Fb 37
9033 Deinum FR 28 Fe 29
9361 De Jammer GR 29 Gc 29
9861 De Jouwer GR 29 Gb 29
6721 De Kade GE 47 Fd 36
1791 De Kamp NH 32 Ee 30
9944 De Kamp GR 31 Ha 29
5556 De Kapel NB 63 Fc 41
7325 De Kar GE 47 Ga 35
6077 De Kemp LI 65 Ff 41
5988 Dekeshorst LI 65 Ga 41
7849 De Kiel DR 36 Ge 31
2243 De Kieviet GE 44 Ec 36
5985 De Kievit NB 64 Ff 40
9909 Dekkershuizen GR 30 Ge 28
2201 De Klei ZH 44 Ec 35
3291 De Klem ZH 52 Ec 38
6745 De Klomp GE 46 Fd 36
7948 De Kloose OV 35 Ga 32
8448 De Knipe FR 34 Ff 31
4553 De Knol ZE 60 De 41
8431 De Knolle FR 35 Gb 30
7946 De Kolk DR 41 Ga 32
1796 De Koog NH 32 Ee 30
1786 De Kooy NH 32 Ee 31
3615 De Kraai GE 46 Fa 36
5056 De Kraan NB 53 Fa 39
3972 De Krim UT 46 Fb 36
7351 De Krim GE 47 Ff 36
7780 De Krim OV 42 Gd 33
5941 De Krosselt NB 65 Gb 40
1424 De Kwakel NH 45 Ee 35
6661 De Laar GE 47 Ff 37
5469 De Laren NB 54 Fd 39
8565 Delburen FR 34 Fd 31
7490 Delden OV 48 Gb 36
7491 Delden OV 49 Ge 35
7495 Deldenerbroek OV 42 Gd 35
7495 Deldeneresch OV 42 Ge 35
5463 De Leest NB 54 Fd 39
7951 De Leijon DR 41 Gb 33
4884 De Lent NB 52 Ed 40
9695 De Lethe GR 37 Hb 30
2645 Delfgauw ZH 44 Ec 36
8508 Delfstrahuizen FR 34 Ff 31
2600* Delft ZH 44 Eb 36
9930 Delfzijl GR 30 Gf 28
2678 De Lier ZH 44 Eb 37
5062 De Logt NB 53 Fb 39
5731 De Loo NB 64 Fd 40
7751 De Loo DR 42 Ge 32
5258 De Loofaert NB 53 Fc 38
6595 De Looi LI 55 Ga 38
7587 De Lutte OV 43 Gf 35
5316 Delwijnen GE 53 Fb 38
7933 De Marke DR 36 Gc 32
9960* De Marne GR 29 Gb 28
4033 De Mars GE 46 Fd 37
7751 De Mars DR 42 Ge 32
7722 De Marshoek OV 41 Gb 33
7895 De Maten DR 37 Ha 31
7954 De Meele OV 41 Gb 33
7021 De Meene GE 48 Gc 36
7779 De Meene OV 42 Ge 33
3454 De Meern, Vleuten UT 45 Fa 36
3962 De Melkweg UT 46 Fc 37
5371 Demen NB 54 Fd 38
5176 De Moer NB 53 Fa 39
7707 De Mulderij OV 42 Gc 33
4501 De Munte ZE 60 Dc 41
9956 Den Andel GR 30 Gc 28
3258 Den Bommel ZH 51 Eb 38
5821 Den Bosch NB 55 Ff 39
7481 Den Braam OV 49 Ge 36
1790 Den Burg NH 32 Ee 30
2554 Den Deijl ZH 44 Ec 36
4225 Den Dool ZH 45 Ef 37
5275 Den Dungen NB 53 Fc 38
7590 Denekamp OV 43 Gf 34
9621 Denemarken DR 30 Ge 29
4032 Den Eng GE 46 Fc 37
1794 De Nes NH 32 Ef 30
2491* Den Haag = 's-Gravenhage ZH 44 Eb 36
7683 Den Ham OV 42 Gc 34
9695 Den Ham GR 31 Ha 30
9833 Den Ham GR 30 Gc 29

1780 Den Helder NH 32 Ee 31
6634 Den Hoef GE 54 Fd 38
5845 Den Hoek NB 54 Ff 39
7845 Den Hool DR 42 Ge 32
1797 Den Hoorn NH 32 Ee 30
2635 Den Hoorn ZH 44 Eb 37
9832 Den Horn GR 29 Gc 29
4910 Den Hout NB 52 Ee 39
7707 Den Huizen OV 41 Gc 33
6035 De Nieuwe Hoeven LI 64 Fe 41
1127 Den Ilp NH 38 Ef 34
7707 Den Kaat OV 41 Gc 33
5371 Dennenburg NB 54 Fd 38
8121 Den Nul OV 41 Ga 34
1779 Den Oever NH 33 Fa 31
1704 De Noord NH 38 Ef 32
3961 Den Oord UT 46 Fb 37
7707 Den Oosterhuis OV 41 Gc 33
5089 Den Opslag NB 53 Fb 39
4318 Den Osse ZE 50 Df 38
7786 Den Velde OV 42 Ge 33
7707 Den Westerhuis OV 41 Gc 33
9625 De Paauwen DR 30 Ge 29
2242 De Pan ZH 44 Ec 35
5527 De Pan NB 63 Fb 40
6681 De Pas GE 54 Ff 37
6686 De Pas GE 47 Ga 37
7113 De Pas GE 49 Ge 37
5437 De Plaats NB 54 Fe 38
7701 De Pol OV 41 Gc 33
De Pol OV 29 Gd 30
De Pol OV 35 Ga 32
7671 De Pollen OV 42 Gd 34
4715 De Posthoorn NB 52 Ed 39
9494 De Punt DR 30 Gd 30
4693 De Rand ZE 51 Ea 39
4554 De Ratte ZE 60 Df 41
5037 De Reit NB 53 Fa 39
1483 De Rijp, Graft- NH 38 Ef 33
5441 De Rijtjes NB 54 Ff 38
2771 De Roerner ZH 45 Ed 36
3640 De Ronde Venen UT 45 Ee 35
5281 De Roond NB 53 Fb 39
6021 De Root NB 64 Fd 41
2661 De Rotte ZH 45 Ed 37
4726 De Rotting NB 51 Ec 39
3835 De Ruif GE 46 Fc 36
9885 De Ruigewaard GR 29 Gb 29
5571 De Rund NB 63 Fb 41
3991 De Schaft UT 46 Fa 36
7775 De Schans OV 42 Gd 33
1841 De Schermer NH 38 Ee 33
4715 De Schietbaan NB 52 Ed 39
7216 De Schoolt OV 48 Gb 35
1785 De Schooten NH 32 Ee 31
7131 De Schutterij GE 48 Gd 37
9864 De Snipperij GR 35 Gb 29
5688 De Stad NB 53 Fb 39
7957 De Stapel DR 41 Gc 33
6994 De Steeg GE 47 Ga 36
4574 De Sterre ZE 60 Df 41
7731 De Strange OV 41 Gc 33
9988 De Streek GR 30 Gd 28
1731 De Strook NH 32 Ef 32
7921 De Stuw DR 41 Gc 32
9218 De Swetten FR 29 Ff 30
7576 De Tij OV 42 Gf 35
9219 De Tike FR 29 Ff 30
7705 De Tippe OV 41 Gd 33
6634 De Tuut GE 54 Fd 38
5750 Deurne NB 54 Fe 40
7560 Deurningen OV 42 Gf 35
5371 Deursen NB 54 Fd 38
9457 Deurze DR 36 Gd 31
5264 Deuteren NB 53 Fb 38
6741 De Valk GE 47 Fe 36
9109 De Valom FR 28 Ff 29
5431 De Valuwe NB 54 Ff 38
7395 De Vecht GE 47 Ga 35
9215 De Veenhoop DR 34 Ff 30
3861 De Veenhuizen UT 46 Fc 35
8064 De Velde OV 41 Ga 33
9203 De Venen DR 35 Ga 30
7400* Deventer OV 48 Gb 35
2162 d'Ever ZH 45 Ed 35
7391 De Vijfhoek GE 48 Ga 35
5691 De Vioed NB 54 Fc 39
6229 De Vogelzang LI 74 Fd 44
7064 De Vogelzang GE 55 Gc 37
5757 De Voorstad NB 64 Ff 40
5521 De Voort NB 63 Fb 40
5943 De Voort NB 65 Ga 40
5975 De Vorst LI 65 Ga 40
5923 De Vossener LI 65 Ga 40
8081 De Vrijheid GE 40 Ff 34
1793 De Waal NH 32 Ee 30
3316 De Wacht ZH 52 Ed 38
1609 De Weed NH 39 Fb 33
6081 De Weerd LI 64 Ff 41
1660 De Weere NH 38 Ef 32
1761* De Weere (Hollands Kroon) NH 32 Ef 32
1791 De Westen NH 32 Ee 30
7671 De Westerhoeve OV 42 Gd 34
7471 De Whee OV 48 Gd 35
6093 De Widdonck LI 64 Ff 41
5801 De Wieën LI 54 Ff 39
9721 De Wijert GR 30 Gd 29
7957 De Wijk DR 41 Gb 32
9203 De Wiken DR 29 Ff 30
9216 De Wilgen = De Wylgen FR 35 Ga 30
9367 De Wilp GR 29 Gb 30
5421 De Wind NB 54 Fd 39
7920* De Wolden DR 41 Gb 32
7025 De Wopereis GE 48 Gc 37
1489 De Woude NH 38 Ee 33
8525 De Woudfennen, Bungalowpark FR 34 Fe 31
8278 De Zande OV 40 Ff 33
2190 De Zilk ZH 38 Ed 35
5361 De Zittert NB 54 Fe 38
7581 De Zoeke OV 49 Ha 35
7007 Dichteren GE 48 Gb 37
6940 Didam GE 48 Ga 37
5371 Dieden NB 54 Fd 38
1110* Diemen NH 38 Ef 35
3464 Diemerbroek UT 45 Ef 36
5706 Diepenbroek NB 54 Fd 40
6285 Diependal LI 74 Ff 44
7478 Diepenheim OV 48 Gd 35
7430 Diepenveen OV 41 Ga 35
9356 Diepswal GR 29 Gc 30
9822 Diepswal GR 29 Gc 29
6950 Dieren GE 47 Ga 36
3882 Diermen GE 46 Fc 35
5724 Diesdoek NB 64 Fe 40
5087 Diessen NB 53 Fb 40
6114 Dieteren LI 74 Ff 42
7980 Diever DR 35 Gb 31
7984 Dieverbrug DR 35 Gc 31
7795 Diffelen OV 41 Gd 33
5469 Dijk NB 54 Fd 39
5721 Dijk NB 64 Fe 40
5995 Dijk NB 65 Ga 41
8528 Dijken FR 34 Fe 31
7451 Dijkerhoek OV 41 Gc 35
6004 Dijkerstraat LI 64 Fd 41
7271 Dijkhoek GE 48 Gd 36
4316 Dijkhuisjes ZE 50 Df 38
7961 Dijkhuizen DR 41 Gb 32
8161 Dijkhuizen GE 40 Ff 34
8821 Dijksterburen FR 27 Fc 30
9923 Dijkum DR 30 Ge 28
4421 Dijkwel ZE 50 Df 40
1792 Dijtmanshuizen NH 32 Ef 30
7831 Dikbroeken DR 37 Gf 31
7560* Dinkelland OV 42 Gf 34
4670 Dinteloord NB 51 Eb 39
4671 Dintelsas NB 51 Ec 39
5472 Dinther NB 54 Fc 39
5476 Dinthersehoek NB 54 Fc 39
7090 Dinxperlo GE 55 Gc 37
7946 Dinxterveen DR 41 Ga 32
7841 Diphoorn DR 36 Ge 32
1746 Dirkshorn NH 32 Ee 32
3247 Dirksland ZH 51 Ea 38
4371 Dishoek ZE 50 Dd 40
5268 Distelberg NB 53 Fb 39
4836 Diunt Balleman NB 52 Ee 39
6669 Dodewaard GE 47 Fd 37
6439 Doenrade LI 74 Ff 43
6980 Doesburg GE 48 Ga 36
6741 Doesburgerbuurt GE 47 Fd 36
7000* Doetinchem GE 48 Gb 37
5256 Doeveren NB 53 Fa 38
9863 Doezum GR 29 Gb 29
9100 Dokkum FR 29 Ff 29
8386 Doldersum DR 35 Gb 31
7532 Dolpiha OV 49 Gf 35
4357 Domburg ZE 50 Dd 39
7122 Domme Aanleg GE 48 Gd 37
4906 Dommelbergen NB 52 Ef 39
5551 Dommelen NB 63 Fc 40
5491 Dommelrode NB 54 Fc 39
5437 Dommelsvoort NB 54 Fe 38
9006 Domwier FR 28 Ff 30
6041 Donderberg LI 64 Ff 41
9497 Donderen DR 35 Gd 30
5100* Dongen NB 52 Ef 39
5161 Dongense Vaart NB 52 Ef 39
8854 Dongjum = Doanjum FR 27 Fd 29
8761 Doniaburen FR 33 Fc 31
8516 Doniaga FR 34 Fe 31
5512 Donk NB 63 Fb 40
5768 Donk NB 64 Ff 41
5991 Donk NB 65 Ga 41
8435 Donkerbroek FR 35 Gb 30
3645 Donkereind UT 45 Ef 35
5741 Donkersvoort NB 54 Fd 39
5384 Donzel NB 54 Fd 38
9998 Doodstil GR 30 Gd 28
5421 Doonheide NB 54 Fe 39
3940 Doorn UT 46 Fc 36
6686 Doornenburg GE 54 Ff 37
5258 Doornhoek NB 53 Fc 38
5465 Doornhoek NB 54 Fd 39
6663 Doornik GE 54 Ff 37
5328 Doorning GE 53 Fb 38
8085 Doornspijk GE 40 Fe 34
3861 Doornsteeg GE 46 Fc 35
6865 Doorwerth GE 47 Fe 37
7946 Doosje DR 41 Ga 32
3300* Dordrecht ZH 52 Ee 38
9746 Dorkwerd GR 29 Gd 29
2712 Dorp ZH 44 Ec 36
9866 Dorp GR 29 Gb 29
5462 Dorshout NB 53 Fd 39
4849 Dorst NB 52 Ef 39
7434 Dortherhoek GE 48 Gb 35
9963 Douwen GR 29 Gc 28
1702 Draai NH 38 Ef 33
4527 Draaibrug ZE 60 Dc 41
8618 Draaisterhuizen FR 34 Fd 31
9200* Drachten FR 29 Ff 30
9222 Drachtstercompagnie = Drachtster Kompenije FR 29 Ff 30
3903 Dragonder UT 46 Fd 36
1608 Drechterland NH 39 Fa 32
4315 Dreischor ZE 51 Df 38
6620 Dreumel GE 53 Fc 37
3852 Drie GE 47 Fe 35
3970 Driebergen-Rijsenburg UT 46 Fb 36
9151 Drieboerehuizen FR 28 Ff 28
9688 Drieborg GR 31 Hb 29
3465 Driebruggen ZH 45 Ee 36
3862 Driedorp GE 46 Fd 35
3774 Drieenhuizen GE 47 Fe 36
4844 Drie Hoefijzers NB 52 Ee 39
4794 Driehoek NB 51 Ec 39
4881 Driehoek NB 52 Ed 40
5691 Driehoek NB 54 Fc 39
5841 Driehoek NB 54 Ff 39
1985 Driehuis NH 38 Ed 34
1791 Driehuizen NH 32 Ee 30
1844 Driehuizen NH 38 Ee 33
5084 Driehuizen NB 53 Fa 39
5111 Driehuizen NB 52 Ef 40
5464 Driehuizen NB 54 Fd 39
6665 Driel GE 47 Fe 37
1109 Driemond NH 38 Ef 35
7522 Driene OV 49 Gf 35
6086 Dries LI 64 Ff 41
4571 Drieschouwen ZE 60 Df 41
6733 Driesprong GE 47 Fe 36
5988 Driessen LI 64 Ff 41
9114 Driesum = Driezum FR 29 Ff 29
4438 Driewegen ZE 60 De 40
4521 Driewegen ZE 60 Dd 40
4541 Driewegen ZE 60 De 41
9419 Drijber DR 35 Gd 32
4844* Drimmelen NB 52 Ee 38
5511 Driohuis NB 63 Fb 40
9289 Drogeham FR 29 Ff 29
7921 Drogt DR 41 Gc 33
7925 Drogteropslagen DR 42 Gc 33
4267 Drongelen NB 53 Fa 38
9035 Dronrijp = Dronryp FR 28 Fd 29
8250* Dronten FL 40 Fd 33
9533 Drouwen DR 36 Ge 31
9523 Drouwenermond DR 36 Gf 31
9525 Drouwenerveen DR 36 Gf 31
5133 Druisdijk NB 52 Ef 39
5150* Drunen NB 53 Fa 38
6650* Druten GE 54 Fd 37
3329 Dubbeldam ZH 52 Ee 38
5991 Dubbroek NB 65 Ga 40
5411 Duifhuis NB 54 Fe 38
5464 Duifhuis NB 54 Fd 39
5176 Duiksehoef NB 53 Fa 39
2583 Duindorp ZH 44 Eb 36
3849 Duinen GE 40 Fd 34
7391 Duistervoorda GE 47 Ga 35
6920 Duiven GE 47 Ff 37
1115* Duivendrecht NH 38 Ef 35
4569 Duivenhoek ZE 61 Ea 40
5525 Duizel NB 63 Fb 40
4285 Duizen Morgen NB 52 Ef 38
6546 Dukenburg GE 54 Fe 38
7597 Dulder OV 49 Ge 34
7256 Dunsborg GE 48 Gb 36
1026 Durgerdam NH 38 Ef 34
1906 Dusseldorp NH 38 Ee 33
4270 Dussen NB 52 Ef 38
8121 Duur OV 41 Ga 34
5351 Duurendseind NB 54 Fd 38
9663 Dwarsdiep GR 36 Gf 30
3945 Dwarsdijk UT 46 Fb 37
7990 Dwingeloo DR 35 Gc 32

E

9088 Eagum FR 28 Fe 30
9148 Ealsum = Aalsum FR 29 Ff 28
9264 Earnewâld FR 28 Ff 30
8737 Easterein FR 34 Fd 30
8835 Easterlittens FR 28 Fd 30
9260 Eastermar FR 35 Ga 29
8636 Easterwierrum FR 28 Fe 30
8899 East Flylân = Oost-Vlieland FR 27 Fa 29
6100 Echt LI 64 Ff 42
4054 Echteld GE 53 Fd 37
7932 Echten DR 41 Gc 32
8516 Echten = Ychten FR 34 Fe 31
8539 Echtenerbrug = Ychtenbrêge FR 34 Fe 31
6105 Echterbosch LI 74 Ff 42
5633 Eckart NB 53 Fd 40
6252 Eckelrade LI 74 Fe 44
4024 Eck en Wiel GE 46 Fc 37
1130* Edam-Volendam NH 39 Fa 33
6710 Ede GE 47 Fe 36
6744 Ederveen GE 47 Fd 36
9130 Ee = Ie FR 29 Ff 29
4529 Eede ZE 59 Dc 41
7210 Eefde GE 48 Gb 35
7137 Eefsele GE 48 Gd 36
5481 Eeide NB 53 Fc 39
8081 Eekt GE 40 Ff 34
9917 Eekwerd DR 30 Ge 29
9918 Eekwerderdraai DR 30 Ge 29
9761 Eelde DR 29 Gd 30
9761 Eelde-Paterswolde DR 29 Gd 30
9766 Eelderwolde DR 35 Gd 29
7447 Eelen OV 42 Gc 34
3741 Eembrugge UT 46 Fb 35
3754 Eemdijk UT 46 Fc 35
3755 Eemnes UT 46 Fb 35
9979* Eemsmond GR 30 Gd 28
7991 Eemster DR 35 Gc 31
8765 Eemswaude FR 33 Fd 30
7957 Eemten DR 41 Gc 32
9342 Een DR 35 Gc 30
4543 Eendragt ZE 60 Df 40
5674 Eeneind NB 54 Fd 40
1754 Eenigenburg NH 32 Ee 32
9967 Eenrum GR 30 Gc 28
9913 Eenum GR 30 Ge 28
9343 Een-West DR 35 Gc 30
6960 Eerbeek GE 47 Ga 36
5466 Eerde NB 54 Fc 39
7731 Eerde NB 42 Gc 34
5492 Eerschot NB 54 Fc 39
5520 Eersel NB 63 Fb 40
9515 Eerste Dwarsdiep DR 36 Gf 30
9536 Ees DR 36 Ge 31
8337 Eese OV 35 Ga 31
9537 Eesergroen DR 36 Ge 31
7873 Eeserveen DR 36 Ge 31
8534 Eesterga FR 34 Fe 31
8347 Eesveen OV 35 Ga 32
4266 Eethen NB 53 Fa 38
9463 Eext DR 36 Ge 30
9679 Eextahaven GR 37 Gf 29
9658 Eexterveen DR 36 Ge 30
9659 Eexterveenschekanaal DR 36 Ge 30
9464 Eexterzandvoort DR 36 Ge 30
4838 Effen NB 52 Ee 39
9204 Egbertsgaasten FR 28 Ff 30
5987 Egchel LI 64 Ff 41
5987 Egchelheide LI 64 Ff 41
7447 Egede OV 42 Gc 34
1213 Egelshoek NH 46 Fa 35
6442 Eggo LI 74 Ff 43
1934 Egmond aan den Hoef LI 38 Ed 33
1930 Egmond aan Zee LI 38 Ed 33
1935 Egmond-Binnen NH 38 Ed 33
5531 Egypte NB 63 Fb 40
7150 Eibergen GE 49 Gd 36
6245 Eijsden LI 74 Fe 44
4854 Eikberg NB 52 Ee 39
7081 Eikelenboom GE 56 Gc 37
5111 Eikelenbosch NB 62 Ef 40
5962 Eikelenbosch NB 55 Ga 40
8121 Eikelhof OV 41 Gb 35
5056 Eikenbosch NB 53 Fa 39
4631 Eiland NB 61 Ec 40
6101 Eiland LI 64 Ff 42
5076 't Eind NB 53 Fb 39
5561 Eind NB 63 Fc 40
5694 Eind NB 53 Fd 39
6034 Eind LI 64 Fe 41
6088 Eind LI 64 Ff 41
5712 Eind, Someren- NB 64 Fe 40
6071 Einde LI 65 Ga 41
4458 Eindewege ZE 50 De 40
5600* Eindhoven NB 53 Fc 40
4844 Eind van den Hout NB 52 Ee 39
6142 Einighausen LI 74 Fe 42
7416 Eizerslanden OV 48 Ga 35
9685 Ekamp GR 37 Ha 29
9454 Ekehaar DR 36 Gd 31
5583 Ekenrooi NB 64 Fc 40
5692 Ekkersrijt NB 54 Fc 39
8724 Elahuizen = Ealahuzen FR 33 Fd 31
8080 Elburg GE 40 Fe 34

6842 Elden GE 47 Ff 37
9453 Eldersloo DR 36 Gd 31
6841 Elderveld GE 47 Fe 37
4041 Eldik GE 47 Fd 37
6998 Eldrik GE 48 Gb 37
9883 Electra GR 29 Gc 29
9456 Eleveld DR 36 Gd 31
1777 Elft NH 32 Ef 31
7916 Elim DR 42 Gd 32
6289 Elkenrade LI 74 Ff 43
4322 Elkerzee ZE 50 De 38
6010 Ell LI 64 Fe 41
6955 Ellecom GE 47 Ga 36
4323 Ellemeet ZE 50 De 38
6011 Ellerhei LI 64 Fe 41
9784 Ellerhuizen GR 30 Gd 29
9591 Ellersinghuizen GR 37 Ha 30
9535 Ellertshaar DR 36 Ge 31
4437 Ellewoutsdijk ZE 60 De 40
9442 Elp DR 36 Gd 31
2182 Elsbroek ZH 38 Ed 35
7475 Elsen OV 48 Gd 35
5424 Elsendorp NB 54 Fe 39
7475 Elsenerbroek OV 48 Gd 35
8131 Elshof OV 41 Gb 34
2961 Elshout ZH 52 Ed 37
5154 Elshout NB 53 Fa 38
5864 Elshout NB 55 Ga 39
6180 Elsloo LI 74 Fe 43
8424 Elsloo FR 35 Gb 31
8075 Elspeet GE 40 Fe 35
3920 Elst UT 46 Fc 37
6660 Elst GE 47 Fe 37
5855 Elsteren NB 55 Ga 39
4822 Emer NB 52 Ee 39
6301 Emmaberg LI 74 Ff 43
4568 Emmadorp ZE 61 Ea 41
8300* Emmeloord FL 40 Fe 32
7722 Emmen OV 41 Gb 34
7800 Emmen DR 36 Ge 32
7880 Emmer-Compascuum DR 37 Ha 32
7881 Emmer-Erfscheidenveen DR 36 Gf 32
7825 Emmerhout DR 36 Gf 32
7814 Emmermeer DR 36 Gf 32
7825 Emmerschans DR 36 Gf 32
3927 Emminhuizen UT 46 Fd 36
7399 Empe GE 48 Ga 36
5236 Empel NB 53 Fb 38
8166 Emst GE 40 Ff 35
5815 Endepoel LI 54 Ff 39
3765 Eng UT 46 Fb 35
4283 Eng NB 53 Fa 38
7081 Engbergen GE 55 Gc 37
7361 Engeland GE 47 Ff 36
7722 Engeland OV 41 Gb 33
7784 Engeland OV 42 Gd 33
7963 Engeland DR 35 Gc 32
9723 Engelbert GR 30 Gd 29
3903 Engelehurg UT 46 Fd 36
5221 Engelen NB 53 Fb 38
5591 Engelse Tuin NB 64 Fd 40
9045 Engelum FR 28 Fe 29
9883 Englum GR 29 Gc 29
8754 Engwier FR 33 Fc 30
1600 Enkhuizen NH 39 Fb 32
9132 Engwierum FR 29 Ff 29
7500* Enschede OV 49 Gf 35
4157 Enspijk GE 53 Fb 37
7468 Enter OV 42 Gd 35
9811 Enumatil GR 29 Gc 29
8160 Epe GE 40 Ff 34
6285 Epen LI 74 Ff 44
6285 Eperheide LI 74 Ff 44
9997 Eppenhuizen GR 30 Ge 28
7482 Eppenzolder OV 49 Ge 35
7214 Epse GE 48 Gb 35
7887 Erica DR 42 Gf 32
4117 Erichem GE 53 Fb 37
6577 Erlecom GE 54 Ff 37
7843 Erm DR 36 Ge 32
3850 Ermelo GE 40 Fd 35
5469 Erp NB 54 Fd 39
5085 Esbeek NB 53 Fa 40
5296 Esch NB 53 Fb 39
5364 Escharen NB 54 Fe 38
6731 Eschoten GE 47 Fe 36
5761 Esp NB 54 Fe 39
8310 Espel FL 40 Fd 32
7451 Espelo OV 41 Gc 35
4024 Essebroek GE 46 Fc 37
3774 Essen GE 47 Fe 36
9751 Essen DR 30 Gd 29
6732 Essenerbroek GE 47 Fe 36
4185 Est GE 53 Fb 37
6741 Esveld GE 47 Fd 36
6321 Etenaken LI 74 Ff 43
1474 Etersheim NH 39 Fa 33
6075 Etsberg LI 65 Ga 42
7075 Etten GE 48 Gb 37
4870* Etten-Leur NB 52 Ed 39
9362 Eucaswolde GR 35 Gb 29
9411 Eursing DR 35 Gd 31
7973 Eursinge DR 35 Gb 32
Eursinge DR 35 Gc 32
Eursinge DR 36 Gd 31
6029 Euvelwegen NB 64 Fd 40
6271 Euverem LI 74 Ff 44
4120 Everdingen UT 46 Fa 37
5986 Everlo NB 64 Ff 40
4421 Eversdijk ZE 50 Df 40
5491 Everse NB 54 Fc 39
5977 Everstsoord NB 64 Ff 40
9966 Ewer GR 29 Gc 28
6611 Ewijk GE 54 Fe 38
6644 Ewijk GE 54 Fe 37
5431 Ewinkel NB 54 Ff 38
7245 Exel GE 48 Gc 35
7245 Exel-Tol GE 48 Gc 35
9571 Exloërkijl DR 36 Gf 31
9573 Exloërmond, Eerste DR 36 Gf 31
9571 Exloërmond, Tweede DR 36 Gf 31
7875 Exloo DR 36 Gf 31
8759 Exmorra = Eksmoarre FR 34 Fc 30
8746 Exmorrazijl FR 34 Fc 30
6470 Eygelshoven LI 75 Ga 43
5571 Eykereind NB 63 Fc 41
6287 Eys LI 74 Ff 44
6287 Eyserheide LI 74 Ff 43
9891 Ezinge GR 30 Gc 29

F

9822 Faan GR 29 Gc 29
9936 Farmsum GR 31 Gf 29
9269 Feanwâlden = Veenwouden FR 28 Ff 29
9269 Feanwâldsterwâl FR 28 Ff 29
9892 Feerwerd GR 30 Gc 29
9755 Felland DR 30 Gd 30
9172 Ferwert FR 28 Fe 28
8711 Ferwoude = Ferwâlde FR 33 Fc 30
9947 Fiemel GR 31 Ha 29
4793 Fijnaart NB 52 Ec 39
9077 Finkum = Feinsum FR 28 Fe 29
9684 Finsterwolde GR 31 Ha 29
9688 Finsterwolderhamrik GR 31 Ha 29
8852 Firdgum FR 27 Fd 29
7666 Fleringen OV 42 Ge 34
8265 Flevowijk OV 40 Ff 33
6691 Flieren GE 54 Ff 37
7931 Fluitenberg DR 42 Gc 32
8428 Fochteloo FR 35 Gc 31
8522 Follega = Follegea FR 34 Fe 31
8617 Folsgare = Folsgeare FR 34 Fd 30
3199 Formerum = Formearum FR 27 Fb 28
7924 Fort DR 41 Gc 33
8121 Fortmond OV 41 Ga 34
9154 Foudgum FR 28 Ff 28
9601 Foxham DR 36 Ge 29
9607 Foxhol GR 36 Ge 29
9607 Foxholsterbosch DR 36 Gd 29
9301 Foxwolde DR 30 Gc 30
9991 Fraamklap GR 30 Gd 28
8800 Franeker = Frentsjer FR 27 Fd 29
8043 Frankhuis OV 41 Ga 33
8256 Frankrijk GE 40 Fd 34
3903 Fransegat UT 46 Fd 36
5531 Fransehoef NB 63 Fb 40
8382 Frederiksoord DR 35 Gb 31
9009 Friens FR 34 Fe 30
9247 Frieschepalen = Fryske Palen FR 29 Gb 30
7433 Frieswijk OV 41 Gb 35
4161 Friezenwijk GE 53 Fa 37
1704 Frik NH 38 Ef 32
9619 Froombosch GR 30 Ge 29
9884 Frytum GR 29 Gc 29

G

3155 Gaag ZH 44 Eb 37
7010 Gaanderen GE 48 Gc 37
9843 Gaarkeuken GR 29 Gb 29
9629 Gaarland GR 30 Gf 29
8757 Gaast FR 33 Fc 30
8611 Gaastmeer = Gaastmar, De FR 33 Fd 31
4927 Gaete NB 52 Ee 38
4822 Gageldonk NB 52 Ee 39
4855 Galder NB 52 Ee 39
9205 Galhoeke DR 35 Ga 30
5310 Gameren GE 53 Fa 38
7595 Gammelke OV 42 Gf 35
9684 Ganzedijk GR 31 Ha 29
6413 Ganzenweiden LI 74 Ff 43
5706 Ganzenwinkel NB 54 Fd 40
3922 Ganzert GE 46 Fc 37
4352 Gapinge ZE 50 Dd 39
3771 Garderbroek GE 47 Fd 36
3886 Garderen GE 47 Fe 35
9798 Garmerwolde GR 30 Gd 29
9435 Garminge DR 36 Gd 32
9893 Garnwerd GR 30 Gc 29
9918 Garrelsweer GR 30 Ge 29
9903 Garreweer GR 30 Ge 29
9996 Garsthuizen GR 30 Ge 28
9263 Garyp FR 34 Ff 29
5438 Gassel NB 54 Fe 38
9462 Gasselte DR 36 Ge 31
9514 Gasselterboerveen DR 36 Ge 31
9515 Gasselterboerveenschamond DR 36 Gf 30
9514 Gasselternijveen DR 36 Gf 31
9515 Gasselternijveenschemond DR 36 Gf 31
6028 Gastel NB 64 Fd 41
4751 Gastelsveer NB 51 Ec 39
9466 Gasteren DR 36 Ge 30
6267 Gasthuis LI 74 Fe 43
8491 Gaumastate FR 34 Ff 30
8628 Gauw = Gau FR 34 Fe 30
4414 Gawege ZE 61 Ea 40
5715 Gebergte NB 64 Fe 40
6101 Gebroek LI 64 Ff 42
6121 Gebroek LI 74 Fe 42
9936 Geefsweer GR 30 Gf 29
9455 Geelbroek DR 36 Gd 31
5708 Geeneind NB 54 Fd 40
5552 Geenhoven NB 63 Fc 40
3648 Geer UT 45 Ef 35
4243 Geer ZH 45 Fa 37
7681 Geerdijk OV 42 Gd 34
4858 Geersbroek NB 52 Ee 39
4494 Geersdijk ZE 50 De 39
8171 Geerstraat GE 41 Ga 35
4930 Geertruidenberg NB 52 Ee 38
3176 Geervliet ZH 51 Ec 37
3211 Geervliet ZH 51 Eb 37
7863 Gees DR 36 Ge 32
7917 Geesbrug DR 42 Gd 32
3471 Geestdorp UT 45 Ef 36
7274 Geesteren GE 48 Gd 36
7678 Geesteren OV 42 Ge 34
7985 Geeuwenbrug DR 35 Gc 31
5386 Geffen NB 54 Fc 38
5862 Geijsteren LI 55 Ga 39
6891 Geitenkamp GE 47 Ff 36
6911 Geitenwaard GE 55 Ga 37
4190 Geldermalsen GE 53 Fb 37
1759 Gelderse Buurt NH 32 Ee 31
2381 Gelderswoude ZH 44 Ed 36
5660* Geldrop NB 64 Fd 40
4353 Geldtienden ZE 50 Dd 39
6160* Geleen LI 74 Fe 43
2964 Gelkenes ZH 45 Ef 37
4155 Gellicum GE 53 Fa 37
5932 Geloo LI 65 Ga 41
7275 Gelselaar GE 48 Gc 36
7275 Gelselaarsbrug GE 48 Gd 35
3646 Gemaal UT 45 Ef 35
5351 Gement NB 54 Fd 38
5420 Gemert NB 54 Fe 39
5290* Gemonde NB 53 Fc 39
4265 Genderen NB 53 Fa 38
6083 Gendijk LI 64 Ff 41
7080 Gendringen GE 55 Gc 37
6690 Gendt GE 54 Ff 37
6096 Geneijgen LI 64 Fe 41
8280 Genemuiden OV 40 Ff 33
5761 Geneneind NB 54 Fe 39
5851 Gening LI 55 Ga 39
8061 Genne OV 41 Ga 33
8061 Genne-Overwaters OV 41 Ga 33
6590 Gennep LI 54 Ff 38
5663 Genoenhuis NB 64 Fd 40
5928 Genooi LI 65 Ga 40
6086 Gerheggen LI 65 Ff 41
9285 Gerkeskleaster = Gerkesklooster FR 29 Ff 29
9285 Gerkesklooster = Gerkeskleaster FR 29 Ff 29
7722 Gerner OV 41 Gb 33
8459 Gersloot = Gersleat FR 34 Ff 30
3882 Gerven GE 46 Fd 35
3481 Gerverscop UT 45 Ef 36
5674 Gerwen NB 54 Fd 40
5655 Gestel NB 64 Fc 40
6243 Geulle LI 74 Fe 43
1067 Geuzenveld NH 38 Ee 34
5076 Gever NB 53 Fb 39
6191 Geverik LI 74 Fe 43
5331 Gewande NB 53 Fc 38
3628 Gieltjesdorp UT 45 Ef 36
5268 Giersbergen NB 53 Fa 39
6987 Giesbeek GE 47 Ga 37
4283 Giessen NB 53 Fa 38
3380 Giessenburg ZH 52 Ef 37
3380* Giessenlanden ZH 52 Ef 37
3381 Giessen-Oudekerk ZH 52 Ee 37
7383 Gietelo GE 48 Ga 35
9460 Gieten DR 36 Ge 30
9510 Gieterveen DR 36 Ge 30
8147 Giethmen OV 41 Gc 34
8355 Giethoorn OV 35 Ga 32
2974 Gijbeland ZH 52 Ee 37
7963 Gijsselte DR 35 Gc 32
5268 Gijzel NB 53 Fb 39
5126 Gilze NB 52 Ef 39
5120* Gilze en Rijen NB 52 Ef 39
4861 Ginderdoor NB 52 Ee 40
5591 Ginderover NB 64 Fd 40
4834 Ginneken NB 52 Ee 39
9173 Ginnum FR 28 Ff 29
7585 Glane OV 49 Gf 35
7534 Glanerbrug OV 49 Gf 35
9756 Glimmen GR 30 Gd 30
2396 Gnephoek ZH 45 Ed 36
8511 Goaiïngaryp = Goingarijp FR 34 Fe 30
9908 Godlinze GR 30 Ge 28
3252 Goedereede ZH 50 Df 38
8628 Goënga FR 34 Fe 30
4460 Goes ZE 50 Df 39
4475 Goessche Sas ZE 50 Df 39
3274 Goidschalxoord ZH 52 Ec 38
4106 Goilberdingen UT 46 Fa 37
8497 Goingahuizen DR 34 Ff 30
8511 Goingarijp = Goaiïngaryp FR 34 Fe 30
5046 Goirke NB 53 Fa 39
5050 Goirle NB 53 Fa 39
9684 Goldhoorn GR 31 Ha 29
7227 Gooi GE 48 Gb 36
7470 Goor OV 48 Gd 35
4200* Gorinchem NB 52 Ef 38
5081 Gorp NB 53 Fa 40
5111 Gorpeind NB 62 Ef 40
8400 Gorredijk = Gordyk, De FR 35 Ga 30
7213 Gorssel GE 48 Gb 35
8166 Gortel GE 40 Ff 35
2800* Gouda ZH 45 Ee 36
2830 Gouderak ZH 45 Ee 37
2977 Goudriaan ZH 45 Ef 37
2821 Goudseweg ZH 45 Ee 37
3267 Goudswaard ZH 51 Eb 38
9084 Goutum FR 34 Fe 29
1718 Gouwe NH 38 Ef 32
3997 't Goy UT 46 Fb 36
2969* Graafstrom ZH 52 Ee 37
3411 Graat UT 45 Ef 37
4569 Graauw ZE 61 Ea 41
6125 Graetheide LI 74 Fe 42
8277 Grafhorst OV 40 Ff 33
1483 Graft-De Rijp NH 38 Ee 33
7783 Gramsbergen OV 42 Ge 33
5985 Grashoek LI 64 Ff 40
5411 Graspeel NB 54 Fe 38
9405 Graswijk DR 36 Gd 31
4456 Graszode ZE 50 De 40
6096 Grathem LI 64 Ff 41
8749 Grauwe Kat FR 28 Fc 30
4879 Grauwe Polder NB 52 Ed 39
5360 Grave NB 54 Fe 38
1243 's-Graveland UT 46 Fa 35
3295 's-Gravendeel ZH 52 Ed 38
2491* 's-Gravenhage = Den Haag ZH 44 Eb 36
5109 's Gravenmoer NB 52 Ef 39
5109 's Gravenmoerse Vaart NB 52 Ef 39
4430 's-Gravenpolder ZE 50 Df 40
2690* 's-Gravenzande ZH 44 Ea 36
6621 Greffeling GE 54 Fc 38
6941 Greffelkamp GE 48 Ga 37
8658 Greonterp FR 33 Fd 30
3273 Greup ZH 51 Ec 38
7861 Grevenberg DR 36 Ge 32
6127 Grevenbicht-Papenhoven LI 74 Fe 42
5766 Griendtsveen NB 64 Ff 40
4543 Griete ZE 60 Df 40
9843 Grijpskerk GR 29 Gb 29
4364 Grijpskerke ZE 50 Dd 39
9977 Grijssloot GR 29 Gc 28
4503 Groede ZE 59 Dd 40
2391 Groedendijk GE 45 Ed 36
3737 Groenekan UT 46 Fa 36
7371 Groenendaal GE 47 Ff 36
4587 Groenendijk ZE 61 Df 40
4909 Groenendijk NB 52 Ef 39
2761 Groeneweg ZH 45 Ed 37
5018 Groenewoud NB 53 Fa 39
5735 Groenewoud NB 54 Fd 39
6004 Groenewoud LI 64 Fe 41
5826 Groeningen NB 55 Ga 39
6576 Groenlanden GE 54 Ff 37
3645 Groenlandskade UT 45 Ef 35
7141 Groenlo GE 49 Gd 36
5085 Groenstraat NB 53 Fa 40
1744 Groenveld NH 32 Ee 32
6560 Groesbeek GE 54 Ff 38
5421 Groeskuilen NB 54 Fe 39
6923 Groessen GE 47 Ga 37
1873 Groet LI 38 Ee 32
5986 Groeze NB 64 Ff 41
9444 Grolloo DR 36 Ge 31
9700* Groningen GR 29 Gc 29

6247 Gronsveld LI 74 Fe 44
4336 Groot Abeele ZE 50 Dd 40
7636 Groot-Agelo OV 42 Gf 34
2964 Groot-Ammers ZH 45 Ef 37
2382 Groot Bedaf NB 53 Ef 40
5752 Groot Bruggen NB 54 Fe 40
7122 Groot Deunk GE 48 Gd 37
7245 Groot Dochteren GE 48 Gc 35
1911 Groot Dorregeest NH 38 Ee 33
7552 Groot Driene OV 49 Ge 35
1614 Grootebroek NH 39 Fb 32
9860 Grootegast GR 29 Gb 29
4205 Groote Haar ZH 52 Ef 37
9959 Groote Haver GR 30 Gd 29
5712 Groote Hoeven NB 64 Fe 40
5853 Groote Horst LI 55 Ga 39
1759 Groote Keeten NH 32 Ee 31
1622 Groote Waal NH 39 Fa 33
6191 Groot Genhout LI 74 Fe 43
6218 Groot Haasdal LI 74 Fe 43
5081 Groot Loo NB 53 Fa 40
9961 Groot Maarslag GR 30 Gc 28
7707 Groot-Oever DR 41 Gb 33
1843 Grootschermer NH 38 Ef 33
4373 Groot-Valkenisse ZE 50 Dd 40
6218 Groot-Welsden LI 74 Fe 44
1633 Grosthuizen NH 38 Ef 33
8075 Grote Kolonie GE 40 Fe 35
5351 Grote Koolwijk NB 54 Fd 38
5761 Grotel NB 54 Fe 39
5081 Grote Voort NB 53 Fa 39
1769 Grotewal NH 32 Ee 32
8713 Grote Wiske FR 33 Fc 31
9000 Grou FR 34 Fe 30
5970 Grubbenvorst LI 65 Ga 40
6270 Gulpen LI 74 Ff 44
5863 Gun LI 55 Ga 39
6143 Guttencoven LI 74 Fe 42
9091 Gytsjerk FR 28 Ff 29

H

4175 Haaften GE 53 Fb 38
5815 Haag LI 54 Ff 39
3971 Haagje UT 46 Fb 36
7946 't Haagje DR 41 Ga 32
2493 Haagoord ZH 44 Ec 36
7480 Haaksbergen OV 49 Ge 36
7961 Haakswold DR 41 Gb 32
6685 Haalderen GE 54 Ff 37
7957 Haalweide DR 41 Gb 32
4328 Haamstede ZE 50 De 38
6471 Haanrade LI 75 Ga 43
5121 Haansberg NB 52 Ef 39
2612 't Haantje ZH 44 Eb 36
4756 't Haantje NB 51 Ec 39
7847 't Haantje DR 36 Ge 32
9057 't Haantje FR 28 Fe 29
5076 Haaren NB 53 Fb 39
7448 Haarle OV 41 Gc 34
7667 Haarle OV 42 Gf 34
2000* Haarlem NH 38 Ed 34
2064 Haarlemmerliede en Spaarnwoude NH 38 Ed 34
2132 Haarlemmermeer NH 38 Ed 35
7273 Haarlo GE 48 Gd 36
5254 Haarsteeg NB 53 Fa 38
5835 Haart NB 54 Ff 38
Haart GE 48 Gd 37
Haart GE 49 Gd 37
4205 Haarwijk ZH 52 Ef 37
3455 Haarzuilens UT 45 Ef 36
2850 Haastrecht ZH 45 Ee 37
6080 Haelen LI 64 Ff 41
6081 Haelensche Broek LI 64 Ff 41
8061 Haerst OV 41 Ga 33
7244 Hagenbeek GE 48 Gc 36
4124 Hagestein UT 46 Fa 37
7602 Haghoek OV 42 Gd 34
5089 Haghorst NB 53 Fb 40
4708 Haink NB 51 Ec 39
1399 Hakkelaarsbrug NH 39 Fa 35
5271 Halder NB 53 Fb 39
4730* Halderberge NB 51 Ec 39
6012 Haler LI 64 Fe 41
4567 Halfeind ZE 61 Ea 41
5512 Halfmijl NB 63 Fb 40
1165 Halfweg NH 38 Ee 34
1461 Halfweg NH 38 Ef 33
2211 Halfweg ZH 38 Ed 35
7951 Halfweg DR 41 Gb 33
6964 Hall GE 48 Ga 36
7025 Halle GE 48 Gc 37
7025 Halle-Heide GE 48 Gc 36
7027 Halle-Nijman GE 48 Gc 37
7683 Hallerhoek OV 42 Gc 34
9074 Hallum FR 28 Fe 29
4660 Halsteren NB 51 Eb 39
5757 Halte NB 64 Ff 40
9074 Halumerhoek FR 28 Fe 29
3882 Halvinkhuizen GE 46 Fd 35
5469 Ham NB 54 Fd 39
9693 Hamdijk GR 31 Ha 30
7951 Hamingen DR 41 Ga 32
3451 Hamtoren UT 45 Ef 36
5423 Handel NB 54 Fe 39
8166 Hanendorp GE 40 Ff 35
7244 Haneveld GE 48 Gc 36
5943 Hanik NB 55 Gb 40
4273 Hank NB 52 Ef 38
5446 Hank NB 54 Fe 39
8148 Hankate OV 41 Gc 34
3481 Hannwijk UT 45 Ef 36
6086 Hanssum LI 65 Ff 41
4417 Hansweert ZE 51 Df 40
9147 Hantum FR 28 Ff 28
9144 Hantumerhoek FR 28 Ff 28
9138 Hantumeruitburen FR 28 Ff 28
9145 Hantumhuizen = Hantumhuzen FR 29 Ff 28
9145 Hantumhuzen = Hantumhuizen FR 29 Ff 28
5527 Hapert NB 63 Fb 40
5443 Haps NB 54 Ff 38
7615 Harbrinkhoek OV 42 Ge 34
8016 Harculo GE 41 Ga 34
8084 't Harde GE 40 Ff 34
7081 Hardenberg GE 55 Gc 37
7770* Hardenberg OV 42 Gc 33
1661 Harderwijk NH 32 Ef 32
3840* Harderwijk FL 46 Fd 34
3794 Hardeveld UT 46 Fc 36
3370 Hardinxveld-Giessendam ZH 52 Ee 37
5368 Haren NB 54 Fd 38
9750 Haren GR 30 Gd 30
9756 Harenermolen DR 30 Gd 30
1738* Harenkarspel NH 38 Ee 32
7217 Harfsen GE 48 Gb 35
1871 Hargen NH 38 Ed 32
8571 Harich FR 33 Fd 31
5443 Haring NB 54 Ff 38
1768 Haringhuizen NH 32 Ee 32
1794 Harkebuurt NH 32 Ef 30
9281 Harkema FR 29 Ff 29
8748 Harkezijl FR 34 Fc 30
9617 Harkstede GR 30 Ge 29
8860 Harlingen = Harns FR 33 Fb 30
3480 Harmelen UT 45 Ef 36
3481 Harmelerwaar UT 45 Ef 36
7481 Harmöle OV 49 Gf 36
8860 Harns = Harlingen FR 33 Fb 30
9541 Harpel GR 37 Ha 31
7135 Harreveld GE 48 Gd 37
3781 Harselaar GE 47 Fd 36
6732 Harskamp GE 47 Fe 36
9774 Harssens GR 29 Gd 29
8842 Harsum FR 34 Fd 29
3761 't Hart UT 46 Fb 35
8742 Hartwerd = Hartwert FR 34 Fd 30
4542 Hasjesstraat ZE 60 De 41
8467 Haskerdijken FR 34 Fe 31
8501 Haskerhorne = Haskeroarne FR 34 Fe 31
3904 Haspel UT 46 Fd 36
5941 Hasselderheide NB 65 Gb 40
7559 Hasselo OV 42 Ge 35
8060 Hasselt OV 41 Ga 33
8061 Hasselt OV 65 Ga 40
6534 Hatert GE 54 Fe 38
4064 Hattelaar GE 53 Fb 37
8050 Hattem GE 41 Ga 34
8094 Hattemerbroek GE 41 Ga 34
8432 Haule FR 35 Gb 30
8433 Haulerwijk FR 35 Gb 30
1691 Hauwert NH 39 Fa 32
5463 Havelt NB 54 Fd 39
7970 Havelte DR 35 Gb 32
7974 Havelterberg DR 35 Gb 32
1156 Havenbuurt NH 39 Fa 34
3252 Havenhoofd ZH 51 Ea 38
8747 Hayum FR 33 Fc 30
4726 Hazelaar NB 51 Ec 39
5461 Hazelberg NB 54 Fc 39
4891 Hazeldonk NB 52 Ee 40
6874 't Hazeleger GE 47 Fe 36
5384 Hazenakker NB 54 Fd 38
2391 Hazerswoude-Dorp ZH 45 Ed 36
2391 Hazerswoude-Rijndijk GE 45 Ed 36
9541 Hebrecht GR 37 Ha 30
5320 Hedel GE 53 Fb 38
5256 Hedikhuizen NB 53 Fb 38
8882 Hee FR 27 Fb 28
8620 Heeg = Heech FR 34 Fd 31
6097 Heel LI 64 Ff 41
6866 Heelsum GE 47 Fe 37
7055 Heelweg-Oost GE 48 Gc 37
7055 Heelweg-West GE 48 Gc 37
7771 Heemse OV 42 Gd 33
7796 Heemserveen OV 42 Gd 33
1960* Heemskerk NH 38 Ed 33
1969 Heemskerkerduin NH 38 Ed 33
2100 Heemstede NH 38 Ed 34
3439 Heemstede UT 46 Fa 36
2222 Heen ZH 44 Ec 35
4655 Heensche Molen NB 51 Eb 39
3218 Heenvliet ZH 51 Eb 37
2691 Heenweg ZH 44 Eb 37
6218 Heer LI 74 Fe 43
4444 's-Heer Abtskerke ZE 50 Df 40
4458 's-Heer Arendskerke ZE 50 De 40
8180 Heerde GE 41 Ga 34
9884 Heereburen GR 29 Gc 29
5741 Heereind NB 54 Fd 39
7040 's-Heerenberg GE 55 Gb 37
8275 's-Heerenbroek OV 40 Ff 33
4453 's-Heerenhoek ZE 50 De 40
8440 Heerenveen = Hearrenfean, It FR 34 Ff 31
6624 Heerewaarden GE 53 Fc 38
4472 's-Heer-Hendrikskinderen ZE 50 Df 39
1700* Heerhugowaard NH 38 Ee 33
2995 Heerjansdam ZH 52 Ed 38
4726 Heerle NB 51 Ec 39
6400* Heerlen LI 75 Ff 43
5504 Heers NB 63 Fc 40
4856 Heerstaaien NB 52 Ee 39
6543 Hees GE 54 Fe 37
7963 Hees DR 35 Gc 32
5076 Heesakker NB 53 Fb 39
5256 Heesbeen NB 53 Fa 38
5111 Heesboom NB 62 Ef 40
5384 Heesch NB 53 Fd 38
5391 Heescheind NB 53 Fc 38
5993 't Heeske LI 65 Ga 40
4063 Heesselt GE 53 Fc 38
3417 Heeswijk UT 45 Ef 36
5431 Heeswijk NB 54 Ff 38
5473 Heeswijk-Dinther NB 54 Fc 39
8110 Heeten OV 41 Gb 35
8326 Heetveld OV 41 Ga 33
5590 Heeze NB 64 Fd 40
5591 Heezelenbosch NB 64 Fd 40
9982 Hefswal GR 30 Ge 28
9172 Hegebeintum FR 28 Ff 28
5963 Hegelsom LI 65 Ga 40
8171 Hegge GE 40 Ff 35
5926 Hei NB 65 Ga 40
6039 Hei LI 64 Fe 41
6096 Heiakker LI 64 Ff 41
5751 Heiakkers NB 54 Fe 40
5504 Heiberg NB 63 Fc 40
6089 Heibloem LI 64 Ff 41
5932 Heide LI 65 Ga 40
5985 Heide LI 64 Ff 40
6085 Heide LI 64 Ff 41
6093 Heide LI 64 Ff 41
6114 Heide LI 74 Ff 42
6611 Heide GE 54 Fe 38
7037 Heide GE 48 Gb 37
Heide LI 54 Ff 39
Heide LI 65 Ga 41
5712 Heide, Someren- NB 64 Fe 40
7031 Heidekant GE 48 Gb 37
7021 Heidenhoek GE 48 Gc 37
5731 Heiderschoor NB 54 Fd 40
5529 Heieind NB 63 Fb 40
4126 Hei en Boeicop GE 46 Fa 37
5563 Heiereind NB 63 Fc 40
5928 Heierhoeve LI 65 Ga 40
5437 Heihoek NB 54 Fe 38
6598 Heijen LI 54 Ff 38
6276 Heijenrath LI 74 Ff 44
4794 Heijningen NB 51 Ec 39
3089 Heijplaat ZH 51 Ec 37
4861 Heikant NB 52 Ef 39
4909 Heikant NB 52 Ef 39
5011 Heikant ZE 53 Fa 39
5032 Heikant NB 52 Ef 39
5056 Heikant NB 53 Fa 39
5066 Heikant NB 53 Fb 39
5087 Heikant NB 53 Fb 40
5096 Heikant NB 63 Fb 40
5111 Heikant NB 63 Ef 40
5113 Heikant NB 52 Ee 40
5427 Heikant NB 54 Fd 39
5508 Heikant NB 63 Fc 40
5525 Heikant NB 63 Fb 40
5581 Heikant NB 64 Fc 40
5712 Heikant NB 64 Fe 40
5735 Heikant NB 54 Fe 39
5825 Heikant NB 54 Ff 39
5836 Heikant NB 54 Ff 39
5843 Heikant NB 54 Ff 39
6023 Heikant ZE 64 Fd 41
6587 Heikant LI 54 Ff 38
Heikant ZE 61 Ea 41
5258 Heikantse Hoeve NB 53 Fc 38
5066 Heiligeboom NB 53 Fb 39
9636 Heiligelaan GR 36 Gf 29
9677 Heiligerlee GR 31 Gf 30
6521 Heilig Landstichting GE 54 Ff 38
4524 Heille ZE 59 Dc 41
1850 Heiloo NH 38 Ee 33
4625 Heimolen NB 51 Eb 40
5753 Heimolen NB 64 Fe 40
9367 Heineburen GR 29 Gb 30
3274 Heinenoord ZH 52 Ec 38
4450 Heinkenszand ZE 50 De 40
8140 Heino OV 41 Gb 34
5961 Hei-Oostenrijk NB 55 Ga 40
4909 Heistraat NB 52 Ef 39
5757 Heitrak NB 64 Ff 40
3209 Hekelingen ZH 51 Ec 38
3467 Hekendorp UT 45 Ee 36
9774 Hekkum GR 30 Gc 29
6414 Heksenberg LI 74 Ff 43
5835 Helbroek NB 54 Ff 38
5988 Helden LI 65 Ga 41
5986 Heldensedijk NB 64 Ff 40
5759 Helenaveen NB 64 Ff 40
3235 Helhoek ZH 44 Ea 37
7451 Helhuizen OV 41 Gc 35
4927 Helkant NB 52 Ee 38
3882 Hell GE 46 Fd 35
6281 Helle LI 74 Ff 44
4891 Hellegat NB 52 Ee 39
7447 Hellendoorn OV 42 Gc 34
5531 Helleneind NB 63 Fb 40
3220* Hellevoetsluis ZH 51 Ea 38
5808 Helling NB 55 Ga 39
4174 Hellouw GE 53 Fb 38
9627 Hellum GR 30 Ge 29
7546 Helmeerhoek OV 49 Gf 35
5700* Helmond NB 54 Fe 40
4133 Helsdingen UT 45 Fa 37
5268 Helvoirt NB 53 Fb 39
9998 Helwerd GR 30 Gd 28
4797 Helwijk NB 51 Ec 38
1607 Hem NH 39 Fb 33
1506 Hembrug NH 38 Ee 34
8722 Hemelum = Himmelum FR 33 Fc 31
8748 Hemert FR 33 Fd 30
7136 Hemmelebrug GE 48 Gd 36
9041 Hemmemabuurt FR 28 Fd 29
6672 Hemmen GE 47 Fe 37
9084 Hempens = Himpens FR 34 Ff 29
8409 Hemrik FR 35 Ga 30
3340 Hendrik-Ido-Ambacht ZH 52 Ed 37
5851 Hengeland LI 55 Ga 39
7255* Hengelo GE 48 Gb 36
7550* Hengelo OV 42 Ge 35
7496 Hengevelde OV 49 Gd 35
8121 Hengforden OV 41 Ga 35
6525 Hengstdal GE 54 Ff 38
4585 Hengstdijk ZE 61 Ea 40
5406 Hengsthuvel NB 54 Fd 38
1710 Hensbroek NH 38 Ef 33
7105 Henxel GE 49 Ge 37
6628 Heppert GE 54 Fd 37
8807 Herbaijum FR 28 Fc 29
8024 Herfte OV 41 Ga 33
7475 Herike OV 48 Gd 35
6075 Herkenbosch LI 65 Ga 42
3249 Herkingen ZH 51 Ea 38
5481 Hermalen NB 53 Fc 39
6616 Hernen GE 54 Fd 37
5373 Herpen NB 54 Fd 38
5256 Herpt NB 53 Fa 38
5715 Hersel NB 54 Fe 40
5826 't Herselt NB 54 Ff 39
5991 Hert NB 65 Ga 40
6049 Herten LI 64 Ff 41
7626 Hertme OV 42 Ge 35
5200* 's-Hertogenbosch NB 53 Fa 38
6674 Herveld Noord GE 47 Fe 37
6674 Herveld Zuid GE 54 Fe 37
6914 Herwen GE 55 Ga 37
4170 Herwijnen GE 53 Fa 38
8131 Herxen OV 41 Ga 34
7722 Hessum OV 41 Gb 33
5043 Het NB 53 Ef 39
7091 Het Beggelder GE 55 Gc 37
2821 Het Beijersche ZH 45 Ee 37
5531 Het Bosch NB 63 Fb 40
5706 Het Broek NB 54 Fd 40
7031 Het Broek GE 48 Gb 37
6841 Het Dorp GE 47 Ff 37
6851 Het Duifje GE 47 Ff 37
6666 Heteren GE 47 Fe 37
4511 Het Heen ZE 59 Dd 40
4715 Het Hoekske NB 52 Ed 39
6681 Het Hoog GE 54 Ff 37
5737 Het Hool NB 54 Fd 39
1509 Het Kalf NH 38 Ef 34
5735 Het Laar NB 54 Fd 39
3036 Het Lage Land ZH 45 Ed 37
7641 Het Loo OV 42 Gd 34
8351 Het Moer DR 35 Gb 32
4133 Het Monnikenhof UT 46 Fa 37
4714 Het Oosteind NB 52 Ed 39

4451 Het Oudeland ZE 50 De 40
4691 Het Oudeland ZE 51 Eb 39
9863 Het Peebos FR 29 Gb 29
9781 Het Reidland GR 30 Gd 29
5131 Het Sas NB 52 Ef 40
7973 Het Schier OV 35 Gb 32
7595 Het Stif OV 42 Ge 34
9636 Het Veen GR 36 Gf 29
5914 Het ven Herongerberg LI 65 Gb 40
6112 Het Vonderen LI 64 Ff 42
5971 Het Vorst NB 65 Ga 40
1674 Het Westeinde NH 33 Fa 32
5398 Het Wild NB 53 Fc 38
1861 Het Woud NH 38 Ed 33
4844 Het Zand NB 52 Ee 39
6085 Heugde LI 64 Ff 41
6218 Heugem LI 74 Fe 44
5826 Heukelom NB 55 Ga 39
4160 Heukelum GE 53 Fa 37
5283 Heult NB 53 Fc 39
6582 Heumen GE 54 Fe 38
7482 Heuperman OV 49 Gd 35
7271 Heure GE 48 Gc 36
7122 Heurne GE 48 Gd 37
7261 Heurne GE 48 Gc 36
5256 Heusden NB 53 Fa 38
5725 Heusden NB 64 Fe 40
4811 Heusdenhout NB 52 Ee 39
5981 Heuvehoek LI 64 Ff 41
5038 Heuvel NB 53 Fa 39
5528 Heuvel NB 63 Fb 40
5556 Heuvel NB 63 Fc 41
5692 Heuvel NB 54 Fc 39
5469 Heuvelberg NB 54 Fd 39
5373 Heuveleind NB 54 Fd 38
5373 Heuvels NB 54 Fd 38
5012 Heuveltje NB 53 Fa 39
7075 Heuven GE 48 Gb 37
6865 Heveadorp GE 47 Fe 37
3233 Heveringen ZH 44 Ea 37
9936 Heveskes GR 31 Gf 29
7441 Hexel OV 48 Gc 34
6525 Heyendal GE 54 Ff 38
6093 Heythuysen LI 64 Ff 41
5293 Hezelaar NB 53 Fc 39
5298 Hezelaar NB 53 Fc 39
5591 Hezenhurk NB 64 Fd 40
7662 Hezingen OV 42 Gf 34
9153 Hiaure = Lytse Jouwer, De FR 28 Ff 28
8743 Hichtum FR 33 Fd 30
8737 Hidaard FR 34 Fd 30
6669 Hien GE 47 Fe 37
3849 Hierden GE 40 Fd 34
8762 Hieslum FR 34 Fc 30
7391 Hietweide GE 48 Ga 35
9415 Hijken DR 35 Gd 31
9422 Hijkersmilde DR 36 Gc 31
9054 Hijum FR 28 Fe 29
9027 Hilaard FR 34 Fe 29
5066 Hild NB 53 Fb 39
4271 Hill NB 53 Ef 38
5761 Hillakker NB 54 Fe 40
3054 Hillegersberg ZH 44 Ec 37
2180 Hillegom ZH 38 Ed 35
5080 Hilvarenbeek NB 53 Fa 40
1200* Hilversum UT 46 Fa 35
1200* Hilversum Lagl UT 46 Fa 35
1406 Hilversumse Meent UT 46 Fa 35
8713 Hindeloopen = Hylpen FR 33 Fc 31
1393 Hinderdam NH 45 Fa 35
6102 Hingen LI 64 Ff 42
8844 Hinnaard FR 28 Fd 30
5200* Hintham NB 53 Fb 38
1777 Hippolytushoef NH 32 Ef 31
8862 Hitzum = Hitsum FR 27 Fd 30
1477 Hobrede NH 38 Ef 33
2636 Hodenpijl ZH 44 Eb 37
4433 Hoedekenskerke ZE 60 Df 40
3882 Hoef GE 46 Fd 35
5411 Hoefkens NB 54 Fe 38
4542 Hoek ZE 60 De 41
4641 Hoek NB 61 Ec 40
5469 Hoek NB 54 Fd 39
5556 Hoek NB 63 Fc 41
5571 Hoek NB 63 Fc 41
6088 Hoek LI 64 Ff 41
6645 Hoek GE 54 Fe 37
5511 Hoekdries NB 63 Fc 40
4254 Hoekeinde NB 52 Ef 38
9881 Hoekje GR 29 Gb 29
4782 Hoekske NB 52 Ed 38
3150 Hoek van Holland ZH 44 Ea 37
5406 Hoenderbos NB 54 Fd 39
7350 Hoenderloo GE 47 Ff 36
3421 Hoenkoop UT 45 Ef 36
6430* Hoensbroek LI 74 Ff 43
5333 Hoenzadriel GE 53 Fb 38
9501 Hoetmansmeer GR 36 Gf 30
5556 Hoeve NB 63 Fc 41
6644 Hoeve GE 54 Fe 37
6852 Hoeve GE 47 Ff 37
3870 Hoevelaken GE 46 Fc 35
4740 Hoeven NB 52 Ed 39
5062 Hoeven NB 53 Fa 39
5293 Hoeven NB 53 Fc 39
5446 Hoeven NB 54 Fe 39
5763 Hoeven NB 54 Fe 40
5481 Hoevenbraak NB 54 Fc 39
5466 Hoeves NB 54 Fc 39
4725 Hoevestein NB 51 Ec 40
5571 Hof NB 63 Fc 41
5768 Hof NB 64 Ff 40
2253 Hofland GE 44 Ec 36
5531 Hofstad NB 63 Fb 40
7470* Hof van Twente OV 48 Gc 35
2971 Hofwegen ZH 52 Ee 37
3481 Hofwijk UT 45 Ef 36
6255 Hogcruts LI 74 Fe 44
2331 Hoge GE 44 Ec 36
1769 Hogebieren NH 32 Ef 32
3465 Hogebrug ZH 45 Ee 36
7541 Hogeland OV 49 Gf 35
8162 Hoge Land GE 40 Ff 34
4681 Hogendijk NB 51 Eb 39
2731 Hogeveen ZH 45 Ed 36
8278 Hogeweg OV 40 Ff 33
6442 Hohenbusch LI 75 Ga 43
3931 Holevoet UT 46 Fc 36
3861 Holk GE 46 Fc 35
3864 Holkorveen GE 46 Fc 35
5541 't Holland NB 63 Fa 40
6093 Hollander LI 64 Fe 41
3739 Hollandsche Rading UT 46 Fb 35
7913 Hollandscheveld DR 41 Gd 32
1778 Hollebalg NH 32 Ef 31
7121 Hollenberg GE 48 Gd 37
9160 Hollum FR 28 Fd 28
6295 Holset LI 74 Ff 44
7845 Holsloot DR 42 Ge 32
6061 Holst LI 65 Ga 42
7722 Holt OV 41 Gc 33
9591 Holte GR 37 Ha 30
5824 Holtees NB 55 Ga 39
7450 Holten OV 41 Ga 33
7451 Holten OV 42 Gc 35
7152 Holterhoek GE 49 Ge 36
9411 Holthe DR 35 Gd 31
7783 Holtheme OV 42 Ge 33
7779 Holthone OV 42 Gd 33
6905 Holthuizen GE 48 Ga 37
6942 Holthuizen GE 48 Ga 37
7991 Holtien DR 35 Gc 31
7973 Holtinge DR 35 Gb 32
7991 Holtland DR 35 Gc 31
6123 Holtum LI 74 Fe 42
9150 Holwerd = Holwert FR 28 Ff 28
9905 Holwierde GR 30 Gf 28
3137 Holy ZH 44 Ec 37
1028 Holysloot NH 39 Fa 34
5973 Homberg NB 55 Ga 40
5473 Hommelse Hoeven NB 53 Fd 39
6365 Hommert LI 74 Ff 43
8622 Hommerts FR 34 Fd 31
6676 Homoet GE 47 Fe 37
9923 Honderd DR 30 Ge 28
5062 Hondsberg NB 53 Fb 39
6422 Hondsburg LI 74 Ff 43
5131 Hondseinde NB 52 Ef 40
7481 Honesch OV 49 Ge 36
9684 Hongerige Wolf GR 31 Ha 29
2675 Honselersdijk ZH 44 Eb 36
3998 Honswijk UT 46 Fb 37
6269 Honthem LI 74 Fe 44
2130* Hoofddorp NH 38 Ee 35
4513 Hoofdplaat ZE 60 De 40
7352 Hoog-Baarlo GE 47 Ff 36
3380* Hoogblokland ZH 52 Ef 37
5111 Hoogbraak NB 52 Ef 40
4054 Hoogbroek GE 46 Fd 37
6603 Hoogbroek GE 54 Fe 38
7346 Hoog Buurlo GE 47 Ff 35
5528 Hoogcasteren NB 63 Fb 40
8423 Hoog-Duurswoude FR 35 Gb 31
7958 Hooge DR 41 Gb 32
5124 Hooge Aard Verhoven NB 52 Ef 39
5571 Hooge Berkt NB 63 Fb 41
5465 Hoogebiezen NB 53 Fd 39
4542 Hoogedijk ZE 60 De 41
8081 Hooge Enk GE 40 Ff 34
7751 Hoogehaar DR 42 Ge 32
5374 Hoogeheide NB 54 Fd 38
7688 Hooge Hexel OV 41 Gd 34
4126 Hoogeind ZH 46 Fa 37
5051 Hoogeind NB 53 Fa 39
5056 Hoogeind NB 53 Fa 39
5085 Hoogeind NB 53 Fa 40
5091 Hoogeind NB 53 Fb 40
5111 Hoogeind NB 62 Ef 40
5441 Hoogeind NB 54 Ff 38
5447 Hoogeind NB 54 Ff 39
5705 Hoogeind NB 54 Fe 40
5528 Hoogeloon NB 63 Fb 40
5095 Hooge Mierde NB 63 Fa 40
7735 Hoogengraven OV 42 Gc 33
7793 Hoogenweg OV 42 Gd 33
4630 Hoogerheide NB 61 Eb 40
9423 Hoogersmilde DR 35 Gc 31
7900* Hoogeveen DR 36 Gc 32
4513 Hoogeweg ZE 60 Dd 40
5384 Hooge Wijst' NB 54 Fd 38
9602 Hoogezand DR 30 Ge 30
9600* Hoogezand-Sappemeer DR 30 Ge 30
5165 Hooge Zandschel NB 52 Ef 39
4927 Hooge Zwaluwe NB 52 Ee 38
8414 Hooghalen DR 35 Gd 31
5059 Hoog-Heukelom NB 53 Fa 39
5074 Hooghout NB 53 Fb 39
6814 Hoogkamp GE 47 Ff 37
4031 Hoog Kana GE 46 Fd 37
1616 Hoogkarspel NH 39 Fb 32
6997 Hoog-Keppel GE 48 Gb 36
9745 Hoogkerk GR 30 Gc 29
3828 Hoogland UT 46 Fc 35
3829 Hooglanderveen UT 46 Fc 35
2355 Hoogmade ZH 45 Ed 35
4033 Hoogmeien GE 46 Fc 37
3439 Hoograven UT 46 Fa 36
5809 Hoogriebroek LI 54 Ff 39
7346 Hoog Soeren GE 47 Fe 35
5081 Hoog Spul NB 53 Fa 40
6011 Hoogstraat LI 64 Fe 41
3190 Hoogvliet ZH 51 Ec 37
6043 Hoogvonderen LI 65 Ga 41
9906 Hoogwatum GR 30 Gf 28
1718 Hoogwoud NH 38 Ef 32
8015 Hoog Zuthem OV 41 Ga 34
5674 Hooidonk NB 54 Fc 40
9312 Hooilanden DR 35 Gc 29
9983 Hooilandseweg GR 30 Ge 28
7722 Hoonhorst OV 41 Gb 34
7161 Hoonte GE 48 Gd 36
8181 Hoorn GE 41 Ga 34
9665 Hoorn GR 37 Ha 30
1620* Hoorn NH 39 Fa 33
8896 Hoorn = Hoarne FR 27 Fc 28
4223 Hoornaar ZH 52 Ef 37
9661 Hoornderveen GR 37 Ha 30
8181 Hoornerveen GE 41 Ga 34
2225 Hoornes Rijnsoever ZH 44 Eb 35
9752 Hoornsedijk DR 30 Gd 30
8409 Hoornsterzwaag = Hoarnstersweach FR 35 Ga 31
5331 Hoorzik GE 53 Fb 38
6035 Horick LI 64 Fe 41
6035 Horickheide NB 64 Fe 41
1614 Horn NH 39 Fb 32
6085 Horn LI 64 Ff 41
9978 Hornhuizen GR 29 Gb 28
1424 Hornmeer NH 45 Ee 35
1797 't Horntje NH 32 Ee 30
6630 Horssen GE 54 Fd 37
5126 Horst NB 52 Ef 39
5961 Horst LI 40 Fd 35
5960 Horst aan de Maas LI 54 Ff 40
9581 Horsten GR 37 Ha 31
1394 Horstermeer NH 46 Fa 35
8161 Horsthoek GE 40 Ff 34
5346 Horszak NB 53 Fd 38
5991 Hout LI 65 Ga 41
5926 Hout-Blerick LI 65 Ga 40
6039 Houtbroek LI 64 Fe 41
3471 Houtdijken UT 45 Ef 36
3852 Houtdorp GE 47 Fe 35
3990* Houten UT 46 Fb 36
5482 Houterd NB 54 Fc 39
4861 Houtgoor NB 52 Ef 40
5993 Houthei LI 65 Ga 40
6301 Houthem LI 74 Fe 43
5973 Houthuizen LI 55 Ga 40
9223 Houtigehage FR 29 Ff 30
5011 Houtsestraat NB 53 Fa 39
5985 Houwenberg LI 64 Ff 40
9973 Houwerzijl GR 29 Gb 29
6975 Hoven GE 48 Ga 36
5981 Hub LI 64 Ff 41
6026 Hugten NB 64 Fd 41
5045 Huibeven NB 52 Ef 39
2159 Huigsloot ZH 45 Ed 35
5435 Huij NB 54 Ff 38
4635 Huijbergen NB 61 Ec 40
3882 Huinen GE 47 Fd 35
3882 Huinerbroek GE 46 Fd 35
3882 Huinerwal GE 46 Fd 35
1783 Huisduinen NH 32 Ee 31
5371 Huisseling NB 54 Fd 38
6850 Huissen GE 47 Ff 37
3712 Huis ter Heide UT 46 Fb 36
5131 Huisvennen NB 52 Ef 40
1825 Huiswaard NH 38 Ee 33
7261 Huize de Wiersse GE 48 Gc 36
1270* Huizen NH 39 Fb 35
1261 Huizerhoogt NH 39 Fb 35
7255 Huize 't Zelle GE 48 Gc 36
9991 Huizinge GR 30 Gd 28
3772 Hukenhorst GE 46 Fd 36
6691 Hulhuizen GE 55 Ff 37
6369 Huls LI 74 Ff 43
5449 Hulsbeek NB 54 Ff 39
6336 Hulsberg LI 74 Ff 43
4707 Hulsdonk NB 51 Ec 39
4882 Hulsdonk NB 52 Ed 40
5096 Hulsel NB 63 Fb 40
6243 Hulsen LI 74 Fe 43
7443 Hulsen OV 42 Gc 34
6031 Hulsen Roeven LI 64 Fe 41
8077 Hulshorst GE 40 Fe 34
4560 Hulst ZE 61 Ea 41
5667 Hulst NB 64 Fd 40
5125 Hulten NB 52 Ef 39
5403 Hultje NB 54 Fd 38
6999 Hummelo GE 48 Gb 36
8832 Huns FR 28 Fe 30
6013 Hunsel LI 64 Fe 41
7105 Huppel GE 49 Ge 36
7151 Hupsel GE 48 Gd 36
9254 Hurdegaryp FR 28 Ff 29
5469 Hurkske NB 54 Fd 39
5327 Hurwenen GE 53 Fb 38
6031 Hushoven LI 64 Fe 41
7642 Huurne OV 42 Gd 34
5087 Huygevoort NB 53 Fb 40

I

9089 Idaerd FR 28 Fe 30
8754 Idsegahuizum = Skuzum FR 33 Fc 30
8762 Idserdaburen FR 34 Fc 30
8523 Idskenhuizen = Jiskenhuzen FR 34 Fe 31
8614 Idzega = Idzegea FR 33 Fd 31
8843 Iens FR 28 Fd 30
7955 IJhorst OV 41 Gb 33
8650 IJlst = Drylts FR 34 Fd 30
7009 IJkenberg GE 48 Gb 37
1970* IJmuiden NH 38 Ed 34
4854 IJpelaar NB 52 Ee 39
7468 IJpelo OV 42 Gd 35
2935 IJssellaan ZH 45 Ed 37
8270 IJsselmuiden OV 40 Ff 33
3400* IJsselstein UT 45 Ef 36
3437 IJsselveld UT 45 Fa 36
4515 IJzendijke ZE 60 Dd 41
4053 IJzendoorn GE 46 Fd 37
6301 IJzeren LI 74 Ff 43
3225 IJzerenbrug ZH 51 Eb 37
7122 IJzerlo GE 48 Gd 37
7021 IJzevoorde GE 48 Gc 37
6116 Illikhoven LI 74 Fe 42
1452 Ilpendam NH 38 Ef 34
1127 Ilperveld NH 38 Ef 34
5985 In de Hoeven LI 64 Ff 40
8553 Indijk FR 34 Fd 31
6668 Indoornik GE 47 Fe 37
6273 Ingber LI 74 Ff 44
4030 Ingen GE 46 Fc 37
9216 Iniaheide FR 28 Ff 30
8641 Itens FR 34 Fd 30
9262 It Heechsân FR 35 Ga 29
8724 It Heidenskip FR 33 Fd 31
6223 Itteren LI 74 Fe 43
8017 Ittersum OV 41 Ga 34
6014 Ittervoort LI 64 Fe 41

J

3413 Jaarsveld UT 45 Ef 37
6454 Jabeek LI 74 Ff 43
5702 Jagershof NB 54 Fd 40
8231 Jagersveld FL 40 Fc 33
9611 Jagerswijk GR 36 Ge 29
4561 't Jagertje ZE 61 Ea 41
4661 Jankenberg NB 51 Eb 39
3792 Jannendorp GE 46 Fc 36
9107 Jannum FR 28 Ff 29
8434 Janssenstichting FR 35 Gb 30
8431 Jardinga FR 35 Gb 30
9026 Jellum FR 28 Fe 30
9057 Jelsum FR 28 Fe 29
9563 Jipsingboermussel GR 37 Ha 31
9551 Jipsingboertange GR 37 Ha 31
9541 Jipsinghuizen GR 37 Ha 31
9010 Jirnsum FR 34 Fe 30
9177 Jislum FR 28 Ff 29
1546 Jisp NH 38 Ef 33
9258 Jistrum FR 29 Ff 29
8171 Jonas GE 40 Ff 35
8765 Jonkershuizen FR 33 Fd 30
8403 Jonkerslân FR 35 Ga 31
9366 Jonkersvaart GR 29 Gb 30
7215 Joppe GE 48 Gb 35
8833 Jorwert FR 28 Fe 30

1, 2, 3 …
A
B
C
D
E
F
G
H
I
J
K
L
M
N
O
P
Q
R
S
T
U
V
W
X
Y
Z

8500 Joure = Jouwer, De FR 34 Fe 31
8758 Jousterp FR 34 Fc 30
8774 Jouswerd FR 33 Fd 30
9124 Jouswier FR 29 Ff 28
8408 Jubbega Derde Sluis = Jubbegga Tredde Slûs FR 35 Ga 30
8411 Jubbega-Schurega FR 35 Ga 31
9901 Jukwerd GR 30 Gf 28
1788 Julianadorp NH 32 Ee 31
7731 Junne OV 42 Gc 33
8623 Jutrijp = Jutryp FR 34 Fd 31

K

2159 Kaag ZH 45 Ed 35
2370* Kaag en Braassem ZH 45 Ed 35
9969 Kaakhorn GR 30 Gc 28
8883 Kaard FR 27 Fb 28
4891 Kaarschoi NB 52 Ee 39
5383 Kaathoven NB 54 Fc 38
5170 Kaatsheuvel NB 52 Ef 39
1703 Kabel NH 38 Ef 33
2153 Kabel NH 45 Ed 35
4793 Kade NB 52 Ec 39
2861 Kadijk ZH 45 Ee 37
1035 Kadoelen NH 38 Ef 34
8326 Kadoelen OV 40 Ff 32
6373 Kakert LI 75 Ff 43
7931 Kalenberg DR 35 Gc 32
8377 Kalenberg OV 34 Ff 32
4698 Kalisbuurt ZE 51 Eb 39
4861 Kalishoek NB 52 Ef 39
9603 Kalkwijk DR 30 Ge 30
3784 Kallenbroek GE 46 Fd 36
8345 Kallenkote OV 35 Gb 32
4702 Kalsdonk NB 52 Ec 39
1431 Kalslagen NH 45 Ee 35
7981 Kalteren DR 35 Gb 31
1747 Kalverdijk NH 38 Ee 32
5473 Kameren NB 54 Fc 39
5854 Kamp NB 55 Ga 39
4585 Kampen ZE 61 Df 40
5741 Kampen NB 54 Fd 39
8260* Kampen FL 40 Fe 33
8267 Kampereiland OV 40 Ff 33
4581 Kamperhoek ZE 60 Df 40
4493 Kamperland ZE 50 De 39
6003 Kampershoek LI 64 Fe 41
8278 Kamperveen OV 40 Ff 33
8281 Kamperzeedijk-West OV 40 Ff 33
3527 Kanalen Eiland UT 46 Fa 36
3471 Kanis UT 45 Ef 36
9995 Kantens GR 30 Gd 28
5388 Kantje NB 54 Fd 38
4013 Kapel-Avezaath GE 53 Fc 37
4305 Kapelle ZE 51 Df 39
4420 Kapelle ZE 50 Df 40
4565 Kapellebrug ZE 61 Ea 41
6086 Kappert LI 65 Ff 41
3061 Karlingen ZH 44 Ed 37
6093 Karreveld LI 64 Ff 41
5741 Karstraat NB 54 Fd 39
5298 Kasteren NB 53 Fc 39
9981 Katershorn GR 30 Gd 28
7261 Katershorst GE 48 Gd 36
8017 Katerveer GE 41 Ga 34
1131 Katham NH 39 Fa 34
1631 Kathoek NH 38 Ef 33
8456 Katlijk = Katlik FR 35 Ga 31
4485 Kats ZE 50 Df 39
5768 Katsberg NB 64 Ff 41
5688 Kattenberg NB 53 Fb 39
5541 Kattenbosch NB 63 Fa 40
4474 Kattendijke ZE 50 Df 39
1791 Katwijk NH 32 Ee 30
2220* Katwijk ZH 44 Eb 35
5433* Katwijk NB 54 Ff 38
2224 Katwijk aan den Rijn ZH 44 Ec 35
2225 Katwijk aan Zee ZH 44 Eb 35
2641 Katwijkerlaan ZH 44 Ec 36
1145 Katwoude NH 39 Fa 34
5981 Kaumershoek NB 64 Ff 40
7876 Kavelingen DR 37 Gf 31
6114 Kavinksbosch LI 74 Ff 42
5761 Kaweide NB 54 Fe 40
4247 Kedichem ZH 53 Fa 37
Keent NB 54 Fe 38
Keent NB 64 Fe 41
5561 Keersop NB 63 Fc 40
7775 Keiendorp OV 42 Gd 33
7256 Keijenborg GE 48 Gb 36
1751 Keinse NH 32 Ee 32
1751 Keinsmerbrug NH 32 Ee 32
4581 Keizerrijk ZE 61 Df 41
3291 Keizersdijk ZH 52 Ed 38
5111 Keizershoek NB 63 Ef 40
4273 Keizersveer NB 52 Ef 38
6579 Kekerdom GE 54 Ff 37
5469 Keldonk NB 54 Fd 39
4004 Kellen GE 46 Fc 37
6191 Kelmond LI 74 Fe 43
6037 Kelpen LI 64 Fe 41
9883 Kenwerd GR 29 Gc 29
3708 Kerckebosch UT 46 Fb 36
6218 Kerensheide LI 74 Fe 43
4012 Kerk-Avezaath GE 46 Fc 37
1156 Kerkbuurt NH 39 Fa 34
1619 Kerkbuurt NH 39 Fb 32
1747 Kerkbuurt NH 32 Ee 32
3124 Kerkbuurt ZH 44 Ec 37
8097 Kerkdorp GE 40 Ff 34
5330 Kerkdriel GE 53 Fc 38
1647 Kerkebuurt NH 38 Ef 33
5076 Kerkeind NB 53 Fb 39
4254 Kerkeinde NB 52 Ef 38
1216 Kerkelanden UT 46 Fa 35
7926 Kerkenveld DR 42 Gc 33
5591 Kerkhof NB 64 Fd 40
5061 Kerkhoven NB 53 Fa 39
6460* Kerkrade LI 75 Ga 43
4320 Kerkwerve ZE 50 Df 38
5315 Kerkwijk GE 53 Fb 38
3701 Kersbergen UT 46 Fb 36
5398 Kessel LI 53 Fc 38
5995 Kessel LI 65 Ga 41
5995 Kesseleik LI 65 Ga 41
4040 Kesteren GE 47 Fd 37
8308 Ketelhaven FL 40 Fe 33
6666 Keulse Kamp GE 47 Fe 37
5988 Keup LI 65 Ff 41
7471 Kevelhammerhoek OV 48 Gd 35
9651 Kibbelgaarn GR 31 Gf 30
7848 Kibbelveen DR 36 Ge 32
8801 Kie FR 33 Fd 29
9605 Kiel-Windeweer GR 30 Ge 30
8801 Kiesterzijl FR 34 Fc 29
9955 Kievest GR 29 Gd 28
6866 Kievitsdel GE 47 Fe 37
7707 Kievitshaar OV 41 Gb 33
8064 Kievitsnest OV 41 Ga 33
4251 Kievitswaard NB 52 Ee 38
2554 Kijkduin ZH 44 Eb 36
4571 Kijkuit ZE 61 Df 41
4661 Kijkurt NB 51 Eb 39
7035 Kilder GE 48 Gb 37
4251 Kille NB 52 Ef 38
3295 Kil Tunnel ZH 52 Ed 38
8821 Kimswerd FR 28 Fc 30
5281 Kinderbos NB 53 Fb 39
2960 Kinderdijk ZH 52 Ed 37
9035 Kingmatille FR 28 Fd 29
8885 Kinnum FR 27 Fb 28
7157 't Kip GE 49 Ge 36
5541 Kippereind NB 63 Fb 40
6045 Kitskensberg LI 65 Ff 41
5761 Kivietsbraak NB 54 Fe 39
3784 Klaarwater GE 46 Fc 35
3286 Klaaswaal ZH 52 Ec 38
4664 Kladde NB 51 Eb 39
3252 Klarebeek ZH 50 Df 38
7380 Klarenbeek GE 47 Ga 36
1464 Klaterbuurt NH 38 Ef 33
9411 Klatering DR 35 Gd 31
7891 Klazienaveen DR 43 Gf 32
7891 Klazienaveen-Noord DR 37 Gf 32
5763 Klef NB 54 Fe 39
9965 Klei GR 29 Gc 28
7636 Klein-Agelo OV 42 Gf 34
7399 Klein Amsterdam GE 48 Ga 36
7046 Klein-Azewijn GE 55 Gb 37
6685 Klein Baal GE 54 Ff 37
5111 Klein-Bedaf NB 63 Ef 40
4501 Klein-Brabant ZE 59 Dd 41
5752 Klein Bruggen NB 54 Fe 40
5281 Kleinder-Liempde NB 53 Fc 39
7241 Klein Dochteren GE 48 Gc 36
6438 Klein Doenrade LI 74 Ff 43
5106 Klein-Dongen NB 52 Ef 39
5815 Kleindorp LI 54 Ff 39
7031 Kleindorp GE 48 Gb 37
1921 Klein Dorregeest NH 38 Ee 33
7557 Klein Driene OV 49 Ge 35
8611 Kleine Gaastmeer FR 33 Fd 31
5711 Kleine Hoeven NB 64 Fd 40
5853 Kleine Horst LI 55 Ga 39
9977 Kleine Huisjes GR 29 Gc 28
8075 Kleine Kolonie GE 47 Fe 35
5373 Kleine Koolwijk NB 54 Fd 38
2995 Kleine-Lindt ZH 52 Ed 38
9611 Kleinemeer DR 30 Ge 30
1761 Kleine Sluis NH 32 Ee 31
5081 Kleine Voort NB 53 Fa 40
8711 Kleine Wiske FR 34 Fc 31
6191 Klein Genhout LI 74 Fe 43
6333 Klein Haasdal LI 74 Fe 43
6086 Klein Hanssum LI 65 Ff 41
5081 Klein Loo NB 53 Fa 40
4365 Klein Mariekerke ZE 50 Dd 39
4891 Klein-Oekel NB 52 Ee 39
5808 Klein Oirlo LI 55 Ga 40
6023 Klein Schoot NB 64 Fd 41
9686 Klein-Ulsda GR 31 Ha 30
4373 Klein-Valkenisse ZE 50 Dd 40
5826 Klein-Vortum NB 55 Ff 39
6267 Klein Welsden LI 74 Fe 43
4882 Klein-Zundert NB 52 Ed 40
9151 Kletterbuurt FR 28 Ff 28
5405 Kleuter NB 54 Fd 39
4341 Kleverskerke ZE 50 De 39
7871 Klijndijk DR 36 Gf 32
6343 Klimmen LI 74 Ff 43
2343 Klinkenberg ZH 44 Ec 35
4480 Kloetinge ZE 50 Df 39
4861 Klooster NB 52 Ef 39
7418 Klooster OV 48 Gb 35
7779 Klooster DR 42 Ge 33
8355 't Klooster OV 35 Ga 32
9977 Kloosterburen GR 29 Gc 28
9263 Kloosterburren FR 28 Ff 30
5704 Kloostereind NB 54 Fe 40
7694 Kloosterhaar OV 42 Ge 34
8851 Klooster-Lidlum FR 27 Fd 29
9336 Kloosterveen DR 36 Gc 31
4587 Kloosterzande ZE 61 Ea 40
7615 Klössehoek OV 42 Ge 34
4790 Klundert NB 52 Ed 39
7608 Kluppelshuizen OV 42 Ge 34
4664 Klutsdorp NB 51 Eb 39
4455 Knaphof ZE 50 De 40
5511 Knegsel NB 63 Fb 40
6021 Kneunenhoek NB 64 Fd 41
5855 Knikkerdorp NB 55 Ga 39
4589 Knuitershoek ZE 61 Df 40
9288 Koatsertille = Kootstertille FR 29 Ff 29
3628 Kockengen UT 45 Ef 36
1830 Koedijk NH 38 Ee 32
7951 Koedijkslandem DR 41 Ga 32
8854 Koehool = Koehoal FR 27 Fd 29
7958 Koekange DR 41 Gb 32
7958 Koekangerveld DR 41 Gc 32
4437 Koekoek ZE 60 De 40
5853 Koekoek LI 55 Ga 39
7761 Koelveen DR 42 Gf 33
4651 Koevering NB 51 Eb 39
5491 Koevering NB 54 Fc 39
Koewacht ZE 60 Df 41
Koewacht ZE 61 Df 41
6116 Kokkelert LI 64 Fe 42
7946 Kolderveen DR 41 Ga 32
7946 Kolderveense Bovenboer DR 35 Ga 32
8583 Kolderwolde FR 33 Fd 31
9615 Kolham GR 30 Ge 29
9908 Kolhol GR 30 Ge 28
1767 Kolhorn NH 32 Ef 32
7475 Kolkman OV 48 Gc 35
6133 Kollenberg LI 74 Ff 43
9290 Kollum FR 29 Ff 29
9293 Kollumerpomp FR 29 Gb 29
9298 Kollumerzwaag = Kollumersweach FR 29 Ff 29
8181 Kolthoorn GE 41 Ga 34
6691 Kommerdijk GE 54 Ff 37
9880 Kommerzijl GR 29 Gb 29
6104 Koningsbosch LI 74 Ff 42
8861 Koningsbuurt FR 34 Fc 29
3147 Koningshoek ZH 44 Eb 37
5018 Koningshoeven NB 53 Fa 39
5984 Koningslust LI 65 Ff 40
9984 Koningsoord GR 30 Ge 28
1540 Koog aan de Zaan NH 38 Ee 34
4205 Kooi ZH 52 Ef 37
8756 Kooihuizen FR 33 Fc 30
9164 Kooiplaats FR 28 Fe 28
5406 Kooldert NB 54 Fd 39
2821 Koolwijk ZH 45 Ee 37
9288 Kootstertille = Koatsertille FR 29 Ff 29
3775 Kootwijk GE 47 Fe 35
3774 Kootwijkerbroek GE 47 Fd 36
9945 Kopaf GR 31 Gf 29
9584 Kopstukken GR 37 Ha 31
3329 Kop van't Land ZH 52 Ee 38
3265 Korendijk ZH 51 Eb 38
9635 Korengarst GR 30 Gf 29
9883 Korhorn GR 29 Gc 29
4271 Korn NB 52 Ef 38
9864 Kornhorn GR 35 Gb 29
8752 Kornwerderzand = Koarnwerstersân FR 33 Fb 30
2802 Korte-Akkeren ZH 45 Ee 36
9644 Korte Akkers GR 30 Gf 30
5993 Korte Heide LI 65 Ga 40
9213 Kortehemmen = Koartehimmen FR 35 Ga 30
4706 Kortendijk NB 52 Ec 39
1240 Kortenhoef NH 46 Fa 35
4128 Kortenhoeven ZH 45 Fa 37
2461 Korteraar ZH 45 Ee 35
4631 Korteven NB 51 Eb 40
5342 Kortfoort NB 53 Fd 38
4484 Kortgene ZE 50 De 39
4145 Kortgerecht ZH 46 Fa 37
2954 Kortland ZH 52 Ee 37
3621 Kortrijk UT 45 Ef 36
9684 Kostverloren GR 31 Ha 29
9461 Kostvlies DR 36 Ge 31
7116 Kotten GE 49 Ge 37
8748 Koudehuizum FR 33 Fc 30
2396 Koudekerk aan de Rijn GE 45 Ed 36
4370 Koudekerke ZE 50 Dd 40
8433 Koudenburg FR 35 Gc 30
6679 Koudenhoek GE 54 Fe 37
3881 Koudhoorn GE 47 Fd 35
8723 Koudum FR 33 Fc 31
8529 Koufurderrige FR 34 Fd 31
5012 Kouwenberg NB 53 Fa 39
1608 Kraaienburg NH 39 Fa 33
8051 Kraaijenberg GE 41 Ga 34
6031 Kraan LI 64 Fe 41
5469 Kraanmeer NB 54 Fd 39
5175 Kraanven NB 53 Fa 39
1749 Krabbendam NH 38 Ee 32
4413 Krabbendijke ZE 61 Ea 40
4561 Krabbenhoek ZE 61 Ea 41
3881 Krachtighuizen GE 47 Fd 35
8317 Kraggenburg FL 40 Ff 33
7905 Krakeel DR 41 Gd 32
3247 Kralingen ZH 51 Ea 38
3064 Kralingseveer ZH 45 Ed 37
7933 Kraloo DR 35 Gc 32
7251 Kranenburg GE 48 Gc 36
3256 Kranendijk ZH 51 Eb 38
9893 Krassum GR 30 Gc 29
6161 Krawinkel LI 74 Fe 43
4758 Kreek NB 51 Ed 39
5513 Kreielt NB 53 Fb 40
6035 Kreijel LI 64 Fe 41
5591 Kreijl NB 64 Fd 40
1766 Kreil NH 32 Ef 32
1773 Kreileroord NH 33 Fa 31
5071 Kreitenmolen NB 53 Fa 39
5411 Kreitsberg NB 54 Fe 38
5492 Kremsel NB 53 Fc 39
9359 't Kret GR 29 Gc 29
4589 Kreverhille ZE 61 Df 40
9904 Krewerd GR 30 Ge 28
2920* Krimpen aan de IJssel ZH 45 Ed 37
2930 Krimpen aan de Lek ZH 45 Ed 37
7216 Kring van Dorth GE 48 Gb 35
3312 Krispijn ZH 52 Ed 38
4707 Kroeven NB 51 Ec 39
5441 Krolhoek NB 54 Ff 38
9682 Kromme-Elleboog GR 37 Ha 29
1426 Kromme Mijdrecht UT 45 Ee 35
4373 Krommenhoeke ZE 50 Dd 39
1560 Krommenie NH 38 Ee 34
1562 Krommeniedijk NH 38 Ee 33
3448 Kromwijk UT 45 Ef 36
5976 Kronenberg LI 65 Ff 40
9606 Kropswolde GR 30 Ge 30
4416 Kruiningen ZE 51 Ea 40
3233 Kruiningergors ZH 44 Ea 37
1703 't Kruis NH 38 Ee 33
5995 Kruisberg NB 65 Ga 41
7009 Kruisberg GE 48 Gb 37
4503 Kruisdijk ZE 59 Dd 40
4587 Kruisdorp ZE 61 Ea 40
9663 Kruiselwerk GR 37 Gf 30
3882 Kruishaar GE 46 Fd 35
5224 Kruiskamp, De NB 53 Fb 38
4756 Kruisland NB 51 Ec 39
4587 Kruispolderhaven ZE 61 Ea 40
5708 Kruisschot NB 54 Fd 40
4741 Kruisstraat NB 52 Ed 39
5200* Kruisstraat NB 53 Fc 38
2665 Kruisweg ZH 45 Ed 36
9977 Kruisweg GR 29 Gc 28
8732 Kûbaard FR 27 Fd 30
1433 Kudelstaart NH 45 Ee 35
9287 Kuikhorne FR 29 Ff 29
5091 Kuikseind NB 53 Fb 40
5071 Kuil NB 53 Fa 39
5094 Kuilenrode NB 63 Fa 40
8374 Kuinre OV 34 Ff 32
3274 Kuipersveer ZH 52 Ed 38
5151 Kuiskoe-Heide NB 53 Fa 38
4584 Kuitaart ZE 61 Ea 40
4751 Kuivezand NB 51 Ec 39
7244 Kulsdom GE 48 Gc 36
5801 Kulut LI 54 Ff 39
6367 Kunrade LI 74 Ff 43
6285 Kuttingen LI 74 Ff 44
9861 Kuzemerbalk GR 29 Gc 29
5131 Kwaalburg NB 52 Ef 40
4434 Kwadendamme ZE 60 Df 40
1470 Kwadijk NH 38 Ef 33
4543 Kwakkel ZE 60 Df 41
4793 Kwartier NB 51 Ec 39
6909 Kwartier GE 48 Ga 37
7241 Kwinkweerd GE 48 Gc 35
2295 Kwintsheul ZH 44 Eb 36

L

8774 Laad en Zaad FR 33 Fd 30
2975 Laag Blokland ZH 52 Ef 37
4207 Laag-Dalem ZH 53 Ef 38
8423 Laag-Duurswoude FR 35 Gb 31
5447 Laageind NB 54 Ff 39
4191 Laageinde GE 53 Fb 37
9414 Laaghalen DR 35 Gd 31
9414 Laaghalerveen DR 35 Gd 31
5981 Laagheide LI 65 Ff 40
5059 Laag-Heukelom NB 53 Fa 39
6998 Laag-Keppel GE 48 Gb 37
3628 Laagnieuwkoop UT 45 Ef 36
6957 Laag Soeren GE 47 Ga 36
5081 Laag Spul NB 53 Fa 40
4909 Laagstraat NB 52 Ef 39
8055 Laag Zuthem OV 41 Gb 34
6088 Laak LI 64 Ff 41
6107 Laak LI 64 Ff 42
6634 Laak GE 54 Fd 38
2283 Laakkwartier ZH 44 Eb 36
5258 Laar NB 53 Fc 38
5674 Laar NB 54 Fd 40
5993 Laar LI 65 Ga 40
8166 't Laar GE 40 Ff 35
Laar LI 64 Fd 41
Laar LI 64 Fe 41
5735* Laarbeek NB 54 Fd 39
5721 Laarbroek NB 64 Fe 40
3911 Laareind UT 47 Fd 37
5121 Laareind NB 52 Ef 39
8166 Laarstraat GE 40 Ff 35
8721 Laaxum = Laaksum FR 33 Fc 31
4854 Lage Aard NB 52 Ef 39
5571 Lage Berkt NB 63 Fb 41
8071 Lage Bijssel GE 40 Fe 34
3474 Lagebroek GE 45 Ee 36
1751 Lagedijk NH 32 Ee 32
5453 Lageheide NB 54 Fe 38
5386 Lagekant NB 53 Fc 38
9623 Lageland GR 30 Ge 29
5094 Lage Mierde NB 63 Fa 40
9981 't Lage van der Weg GR 30 Gd 28
3744 Lage-Vuursche UT 46 Fb 35
2935 Lageweg ZH 45 Ed 37
9798 Lageweg GR 30 Gd 29
5384 Lage Wijst NB 53 Fd 38
5161 Lage Zandschel NB 52 Ef 39
4926 Lage Zwaluwe NB 52 Ee 38
5853 Lakei LI 55 Ga 39
4128 Lakerveld ZH 45 Fa 37
9949 Lalleweer GR 31 Gf 29
1658 Lambertschaag NH 32 Ef 32
9883 Lammerburen GR 29 Gc 29
4385 Lammerenburg ZE 50 Dd 40
9551 Lammerweg DR 37 Ha 31
5446 Lamperen NB 54 Ff 39
4586 Lamswaarde ZE 61 Ea 40
5374* Landerd NB 54 Fd 38
8893 Landerum FR 27 Fb 28
6370 Landgraaf LI 75 Ga 43
5445 Landhorst NB 54 Fe 39
5528 Landorp NB 63 Fb 40
1120 Landsmeer NH 38 Ef 34
5175 Land van Kleef NB 53 Fa 39
3947 Langbroek UT 46 Fc 36
4707 Langdonk NB 52 Ec 39
1723 Langedijk NH 38 Ee 32
8425 Langedijke FR 35 Gb 31
5993 Lange Heide LI 65 Ga 40
2925 Langeland ZH 45 Ed 37
8484 Langelille FR 34 Ff 31
3420* Lange Linschoten UT 45 Ef 36
7481 Langelo OV 49 Ge 36
9333 Langelo DR 36 Gc 30
5283 Langenberg NB 53 Fc 39
5453 Langenboom NB 54 Fe 38
4715 Langendijk NB 52 Ed 39
8061 Langenholte OV 41 Ga 33
2461 Langeraar ZH 45 Ee 35
2967 Langerak ZH 45 Ef 37
7008 Langerak GE 48 Gb 37
7917 Langerak DR 42 Gd 32
1733 Langereis NH 38 Ef 32
5126 Langereit NB 52 Ef 39
4721 Langeschouw NB 52 Ed 40
7679 Langeveen OV 42 Ge 34
4771 Langeweg NB 52 Ed 39
3465 Langeweide ZH 45 Ee 36
8404 Langezwaag = Langsweagen FR 35 Ga 31
5993 Langhout NB 65 Ga 40
3256 Langstraat ZH 51 Eb 38
5768 Langstraat LI 64 Ff 41
8525 Langwar = Langweer FR 34 Fe 31
8525 Langweer = Langwar FR 34 Fe 31
5408 Lankes NB 54 Fd 39
7943 Lankhorst OV 41 Gb 32
2650* Lansingerland ZH 44 Ec 37
1250 Laren NH 46 Fb 35
7245 Laren GE 48 Gc 35
9625 Laskwerd GR 30 Ge 29
7384 Lathmer, De GE 48 Ga 35
6988 Lathum GE 47 Ga 37
7635 Lattrop OV 43 Gf 34
9551 Laude GR 37 Ha 31
9561 Laudermarke DR 37 Ha 31
9563 Lauder zwarteveen DR 37 Ha 31
9976 Lauwersoog GR 29 Gb 28
9885 Lauwerzijl GR 29 Gb 29
5846 Ledeacker NB 54 Ff 39
4041 Lede en Oudewaard GE 46 Fd 37
9746 Leegkerk GR 30 Gc 29
9350 Leek GR 35 Gc 29
4641 Leemberg NB 61 Eb 40
7722 Leemcule OV 41 Gb 33
9551 Leemdobben DR 37 Ha 31
5932 Leemhorst NB 65 Ga 41
5595 Leende NB 64 Fd 40
5595 Leenderstrijp NB 62 Fd 41
9965 Leens GR 29 Gc 28
5721 Leensel NB 64 Fe 40
4245 Leerbroek ZH 45 Fa 37
4140 Leerdam ZH 46 Fa 37
9912 Leermens GR 30 Ge 28
3956 Leersum UT 46 Fc 36
7203 Leesten GE 48 Gb 36
8900* Leeuwarden = Ljouwert FR 28 Fe 29
5995 Leeuwen LI 65 Ga 41
6041 Leeuwen LI 64 Ff 41
6658 Leeuwen, Beneden- GE 54 Fc 37
5993 Leeuwerik LI 65 Ga 40
7963 Leeuwte DR 35 Gc 32
8316 Leeuwte OV 40 Ff 32
4861 Leg NB 52 Ef 40
8525 Legemeer FR 34 Fe 31
6732 Legerplaats-Harskamp GE 47 Fe 36
5863 Legert LI 55 Ga 40
7991 Leggeloo DR 35 Gc 31
2300* Leiden ZH 44 Ec 35
2350 Leiderdorp ZH 45 Ed 36
2260* Leidschendam ZH 44 Ec 36
2450 Leimuiden ZH 45 Ee 35
1687 Lekermeer NH 38 Ef 32
2940 Lekkerkerk ZH 52 Ee 37
8468 Lekkerterp FR 34 Ff 30
9791 Lellens GR 30 Ge 29
8200* Lelystad FL 39 Fd 33
8218 Lelystad Haven FL 39 Fc 33
5527 Lemel NB 63 Fb 40
8148 Lemele OV 41 Gc 34
8150* Lemelerveld OV 41 Gc 34
6295 Lemiers LI 74 Ff 44
8530 Lemmer = Lemmer, De FR 34 Fe 31
7595 Lemselo OV 49 Gf 34
7044 Lengel GE 55 Gb 37
5281 Lennisheuvel NB 53 Fb 39
6663 Lent GE 54 Ff 37
7722 Lenthe OV 41 Gb 34
8833 Leons FR 28 Fe 30
4664 Lepelstraat NB 51 Eb 39
6045 Lerop LI 64 Ff 42
9827 Lettelbert GR 29 Gc 29
7434 Lettele OV 48 Gb 35
6010* Leudal LI 64 Ff 41
5854 Leuken NB 55 Ga 39
6004 Leuken LI 64 Fe 41
6088 Leukeshoeve LI 64 Ff 41
5809 Leunen LI 54 Ff 39
6615 Leur GE 54 Fe 38
3830 Leusden UT 46 Fc 36
3831 Leusden-Centrum UT 46 Fc 36
3832 Leusden-Zuid UT 46 Fc 36
7722 Leusenerslag OV 41 Gb 33
7722 Leusenerveld OV 41 Gb 33
4033 Leutes GE 46 Fd 37
6578 Leuth GE 55 Ff 38
9313 Leutingewolde DR 29 Gc 30
4171 Leuven GE 53 Fa 37
6974 Leuvenheim GE 48 Ga 36
3852 Leuvenum GE 40 Fe 35
6092 Leveroij LI 64 Fe 41
6093 Leveroijse Bergen LI 64 Fe 41
4456 Lewedorp ZE 50 De 40
9734 Lewenborg GR 30 Gd 29
4128 Lexmond ZH 45 Fa 37
7991 Lhee DR 35 Gc 32
7991 Lheebroek DR 35 Gc 31
6261 Libeek LI 74 Fe 44
9176 Lichtaard FR 28 Ff 29
6373 Lichtenberg LI 75 Ga 43
7064 Lichtenberg GE 55 Gc 37
7130 Lichtenvoorde GE 48 Gd 37
7954 Lichtmis, De OV 41 Gb 33
5111 Liefkenshoek NB 63 Ef 40
5298 Liempde NB 53 Fc 39
4033 Lienden GE 46 Fd 37
6634 Lienden NB 54 Fd 38
3811 Liendert GE 46 Fc 36
8144 Lierderholthuis OV 41 Ga 34
7381 Lieren GE 47 Ff 35
5715 Lierop NB 64 Fd 40
4838 Lies NB 52 Ee 39
8895 Lies FR 27 Fc 28
5481 Lieseind NB 53 Fc 39
5737 Lieshout NB 54 Fd 39
5757 Liessel NB 64 Fe 40
2964 Liesveld ZH 45 Ee 37
7137 Lievelde GE 48 Gd 36
5652 Lievendaal NB 63 Fc 40
9304 Lieveren DR 30 Gc 30
9411 Lieving DR 35 Gd 31
7441 Ligtenberg OV 42 Gc 35
1069 Lijnden NH 38 Ee 34
6662 Lijnden NH 47 Fe 37
4854 Lijndonk NB 52 Ef 39
5571 Lijnt NB 63 Fc 41
6140 Limbricht LI 74 Fe 42
6131 Limbrichterveld LI 74 Fe 42
6218 Limmel LI 74 Fe 43
1906 Limmen NH 38 Ed 33
1911 Limmerkoog NH 38 Ee 33
7433 Linde OV 41 Gb 35
7683 Linde OV 41 Gd 34
Linde DR 42 Gc 33
Linde DR 48 Gc 36
5439 Linden NB 54 Fe 38
6218 Lindenheuvel LI 74 Fe 43
6546 Lindenholt GE 54 Fe 38
7261 Lindenschot GE 48 Gc 36
7958 Lindhorst DR 41 Gb 32
4147* Lingewaal GE 53 Fa 37
6680* Lingewaard GE 47 Ff 37
5944 Lingsfort LI 55 Gb 40
6067 Linne LI 64 Ff 42
3460 Linschoten UT 45 Ef 36
7122 Lintelo GE 48 Gd 37
7273 Lintvelde GE 48 Gd 36
9136 Lioessens FR 29 Ff 28
8408 Lippenhuizen = Lippenhuzen FR 35 Ga 30
8622 Lippenwoade FR 34 Fd 31
2160 Lisse ZH 44 Ed 35
2165 Lisserbroek NH 45 Ed 35
5397 Lith NB 53 Fc 38
5396 Lithoijen NB 53 Fc 38
8900* Ljouwert = Leeuwarden FR 28 Fe 29
8915 Lobith GE 55 Ga 37
7240 Lochem GE 48 Gc 36
4782 Lochtenburg NB 52 Ed 38
7478 Lochuizen GE 48 Gd 36
7370 Loenen GE 47 Ga 36
7371 Loenen GE 54 Fe 37
3632 Loenen aan de Vecht UT 45 Ef 35
3634 Loenersloot UT 45 Ef 35
8604 Loënga FR 34 Fe 30
6940* Loerbek GE 48 Gb 37
3994 Loerik UT 46 Fb 36
2391 Loete ZH 45 Ed 36
6941 Loil GE 48 Ga 37
8823 Lollum FR 27 Fd 30
3079 Lombardijen ZH 52 Ed 37
3533 Lombok UT 46 Fa 36
5943 Lomm LI 55 Gb 40
8754 Longerhouw = Longerhou FR 34 Fc 30
7524 Lonneker OV 49 Gf 35
5388 Loo NB 54 Fd 38
5406 Loo NB 54 Fd 38
5571 Loo NB 63 Fc 41
5981 Loo NB 65 Ff 40
6924 Loo GE 47 Ff 37
7152 Loo GE 49 Ge 36
7437 Loo OV 48 Gc 35
7597 't Loo OV 42 Ge 35
8095 't Loo GE 40 Ff 34
5825 Loobeek NB 54 Ff 39
7437 Looërmark OV 48 Gc 35
5469 Looieind NB 54 Fd 39
5133 Looienhoek NB 53 Fa 39
7451 Look OV 42 Gc 35
5581 Loon NB 63 Fc 40
9409 Loon DR 36 Gd 30
5131 Looneind NB 52 Ef 40
5175 Loon op Zand NB 53 Fa 39
5071 Loons Hoekje NB 53 Fa 39
4322 Looperskapelle ZE 50 Df 38
5472 Loosbroek NB 54 Fc 38
2553 Loosduinen ZH 44 Eb 36
6852 Looveer GE 47 Ff 37
7778 Loozen OV 42 Gd 33
3763 Lop Hees UT 46 Fb 35
3410 Lopik UT 45 Ef 37
3412 Lopikerkapel UT 45 Fa 37
9919 Loppersum GR 30 Ge 29
9907 Losdorp GR 30 Ge 28
7580 Losser OV 49 Gf 35
5973 Lottum LI 55 Ga 40
5015 Loven NB 53 Fa 39
5971 Lovendaal NB 65 Ga 40
5111 Loveren NB 52 Ef 40
5263 Loveren NB 53 Fb 39
5563 Loveren NB 63 Fc 40
7921 Lubbinge DR 41 Gc 32
5731 Luchen NB 54 Fd 40
4031 Luchtenburg GE 46 Fc 37
9495 Luchtenburg DR 29 Gd 30
9495 Luchthaven DR 29 Gd 30
9624 Luddeweer DR 30 Ge 29
8468 Luinjeberd = Lúnbert FR 34 Ff 31
5282 Luissel NB 53 Fb 39
4882 Luitert NB 52 Ed 40
9603 Lula DR 30 Ge 30
6603 Lunen GE 54 Fe 38
5266 Lunetten NB 53 Fb 39
5831 Luneven NB 54 Ff 39
6740 Lunteren GE 47 Fd 36
4571 Luntershoek ZE 61 Df 41
1614 Lutjebroek NH 39 Fb 32
9866 Lutjegast GR 29 Gb 29
8801 Lutjelollum FR 34 Fd 29
9697 Lutjeloo GR 37 Ha 30
9912 Lutjerijp DR 30 Ge 28
9794 Lutjewijtwerd GR 30 Ge 29
1732 Lutjewinkel NH 32 Ef 32
9797 Lutjewolde GR 30 Gd 29
8315 Luttelgeest FL 34 Ff 32
5256 Luttelherpt NB 53 Fa 38
7775 Lutten OV 42 Gd 33
8105 Luttenberg OV 41 Gc 34
7707 Lutten-Oever OV 41 Gb 33
7788 Lutterhartje OV 42 Gd 33
7777 Lutterveld DR 42 Gd 33
8458 Luxwoude = Lukswâld FR 34 Ff 30
5575 Luyksgestel NB 63 Fb 41
9153 Lytse Jouwer, De = Hiaure FR 28 Ff 28
8642 Lytsewierrum FR 34 Fd 30
8614 Lytshuzen FR 34 Fd 31

M

4501 Maaidijk ZE 59 Dd 40
5113 Maaijkant NB 52 Ef 40
4884 Maalbergen NB 52 Ed 40
6071 Maalbroek LI 65 Ga 41
2242 Maaldrift ZH 44 Ec 36
4421 Maalstede ZE 51 Df 40
6717 Maandereng GE 47 Fd 36
6026 Maarheeze NB 64 Fd 41
9961 Maarhuizen GR 30 Gc 28
3950 Maarn UT 46 Fc 36
3953 Maarsbergen UT 46 Fc 36
3600* Maarssen UT 45 Fa 36
3605 Maarssenbroek UT 45 Ef 36
3738 Maartensdijk UT 46 Fb 36
9751 Maarwold DR 30 Gd 30
6627 Maasbommel GE 53 Fd 38
6050 Maasbracht LI 64 Ff 42
5993 Maasbree LI 65 Ga 40
3299 Maasdam ZH 52 Ed 38
2676 Maasdijk ZH 44 Eb 37
5381 Maasdonk NB 54 Fc 38
5331 Maasdriel GE 53 Fb 38
6017* Maasgouw LI 64 Ff 42
5823 Maashees NB 55 Ga 39
5512 Maaskant NB 63 Fb 40
5271 Maaskantje NB 53 Fc 39
3155 Maasland ZH 44 Eb 37
6042 Maasniel LI 65 Ff 41
3140* Maassluis ZH 44 Ea 37
6200* Maastricht LI 74 Fe 43
5367 Macharen NB 53 Fd 38
4920 Made NB 52 Ee 38
7683 Magele OV 41 Gd 34
4336 Magistraatwijk ZE 50 Dd 40
4571 Magrette ZE 60 Df 41
8423 Makkinga FR 35 Gb 31
8754 Makkum FR 33 Fc 30
9411 Makkum DR 35 Gd 31
6218 Malberg LI 74 Fd 43
6841 Malburgen GE 47 Ff 37
6580 Malden GE 54 Ff 38
5200* Maliskamp NB 53 Fc 38
4693 Malland ZE 51 Ea 39
7152 Mallem GE 49 Ge 36
4301 Malta ZE 50 Df 39
7663 Mander OV 42 Ge 34
7664 Manderveen OV 42 Ge 34
9022 Mantgum FR 28 Fe 30
9436 Mantinge DR 36 Gd 32
4501 Mardlleput ZE 60 Dc 40
5398 Maren GE 53 Fc 38
6269 Margraten LI 74 Fe 44
6245 Mariadorp LI 74 Fe 44
5464 Mariaheide NB 54 Fd 39
5813 Mariahoeve NB 54 Ff 39
6105 Maria Hoop LI 74 Ff 42
5738 Mariahout NB 54 Fd 39
7615 Mariaparochie OV 42 Ge 34
7692 Mariënberg OV 42 Gd 33
8106 Mariënheem OV 41 Gb 34
7263 Mariënvelde GE 48 Gc 36
8378 Marijenkampen OV 35 Ga 32
5985 Maris NB 64 Ff 40

7475 Markelo OV 48 Gc 35
1156 Marken NH 39 Fa 34
1536 Markenbinnen NH 38 Ee 33
8181 Markluiden GE 41 Ga 34
8316 Marknesse FL 40 Fe 32
4182 Mark Snelleveld GE 53 Fb 37
7478 Markvelde OV 48 Gd 35
8193 Marle GE 41 Ga 34
8198 Marle OV 42 Gc 34
9073 Marrum FR 28 Fe 29
5363 Mars NB 54 Fe 38
9034 Marssum = Marsum FR 28 Fe 29
9901 Marsum GR 30 Gf 28
7482 Martensboer OV 49 Gd 35
9606 Martenshoek GR 30 Ge 30
7958 Marterhaar DR 41 Gc 32
9363 Marum GR 29 Gb 30
9447 Marwijksoord DR 36 Gd 31
8294 Mastenbroek OV 41 Ga 33
3417 Mastwijk UT 45 Ef 36
7722 Mataram OV 41 Gb 34
3313 Matena NB 52 Ee 38
5761 Mathijseind NB 54 Fe 40
9749 Matsloot DR 30 Gc 29
4020 Maurik GE 46 Fc 37
4542 Mauritsfort ZE 60 De 41
6093 Maxet LI 64 Ff 41
6280 Mechelen LI 74 Ff 44
7110 Meddo GE 49 Ge 36
1670 Medemblik NH 33 Fa 32
5707 Medevoort NB 54 Fd 40
9650 Meeden GR 30 Gf 30
9937 Meedhuizen GR 30 Gf 29
6021 Meemortel NB 64 Fd 41
5525 Meer NB 63 Fb 40
8148 Meer OV 42 Gc 34
5451 Meeren NB 54 Fe 38
7031 Meerenbroek GE 48 Gb 37
1944 Meerestein NH 38 Ed 34
4230 Meerkerk ZH 45 Fa 37
9682 Meerland GR 37 Ha 29
5954 Meerlebroek NB 65 Ga 41
5864 Meerlo LI 55 Ga 39
6170 Meers LI 74 Fe 43
6230 Meerssen LI 74 Fe 43
4032 Meerten GE 46 Fc 37
3888 Meerveld GE 47 Fe 35
5512 Meerven NB 53 Fb 40
9606 Meerwijk DR 30 Ge 30
2716 Meerzicht ZH 44 Ec 36
4268 Meeuwen NB 53 Fa 38
7078 Megchelen GE 56 Gc 37
5863 Megelsum LI 55 Ga 39
5366 Megen NB 54 Fd 38
3474 Meije ZH 45 Ee 36
5768 Meijel LI 64 Ff 40
2243 Meijendel ZH 44 Eb 36
4861 Meijsberg NB 52 Ef 40
7522 Mekkelholt OV 49 Gf 35
7588 Mekkelhorst OV 43 Ha 34
5962 Melderslo LI 55 Ga 40
6074 Melick LI 65 Ga 42
5251 Meliestraat NB 53 Fb 38
4365 Meliskerke ZE 50 Dd 39
3248 Melissant ZH 51 Ea 38
5411 Melkpad NB 54 Fe 38
9036 Menaldum = Menaam FR 28 Fd 29
9959 Menkeweer GR 30 Gd 28
5623 Mensfort NB 53 Fc 40
9960 Mensingeweer GR 30 Gc 28
9630* Menterwolde GR 30 Gf 30
7261 Mentink GE 48 Gd 36
5388 Menzel NB 54 Fd 38
7940 Meppel DR 41 Ga 32
7855 Meppen DR 36 Ge 32
2318 Merenwijk ZH 44 Ec 35
6447 Merkelbeek LI 74 Ff 43
6661 Merm GE 47 Ff 37
5815 Merselo LI 54 Ff 39
6049 Merum LI 64 Ff 41
9918 Merum DR 30 Ge 29
6245 Mesch LI 74 Fe 44
4194 Meteren GE 53 Fb 37
5964 Meterik LI 55 Ga 40
9123 Metslawier = Mitselwier FR 29 Ff 28
6741 Meulunteren GE 47 Fd 36
6260 Mheer LI 74 Fe 44
6023 Midbuul NB 64 Fd 41
8124 Middel OV 41 Ga 34
6587 Middelaar LI 54 Ff 38
5091 Middelbeers NB 53 Fb 40
9216 Middelburen FR 29 Ff 30
2741 Middelburg ZH 45 Ee 36
4330* Middelburg ZE 50 Dd 39
3911 Middelbuurt UT 46 Fd 37
2992 Middeldijk ZH 52 Ed 37
3240 Middelharnis ZH 51 Ea 38
1472 Middelie NH 39 Fa 33
5964 Middelijk LI 55 Ga 40
4126 Middelkoop ZH 45 Fa 37
5258 Middelrode NB 53 Fc 39
3281 Middelsluis ZH 51 Ec 38
9990 Middelstum GR 30 Gd 28
7921 Middelveen DR 41 Gc 33
1462 Middenbeemster NH 38 Ef 33
8355 Middenbuurt OV 41 Ga 32
2635* Middendelfland ZH 44 Eb 37
7761 Middendorp DR 42 Gf 33
7766 Middendorp DR 43 Ha 33
9410* Midden-Drenthe DR 36 Gd 31
1795 Midden-Eierland NH 26 Ee 30
1775 Middenmeer NH 32 Ef 32
9475 Midlaren DR 30 Gd 30
8861 Midlum = Mullum FR 33 Fc 29
8890 Midsland = Midslân FR 27 Fb 28
8891 Midsland aan Zee FR 27 Fb 28
9680 Midwolda GR 31 Gf 29
9355 Midwolde GR 35 Gc 29
1679 Midwoud NH 39 Fa 32
8801 Miedum FR 33 Fd 29
9082 Miedum FR 28 Ff 29
5730 Mierlo NB 54 Fd 40
3640 Mijdrecht UT 45 Ee 35
3631 Mijnden UT 45 Fa 35
3270 Mijnsheerenland ZH 52 Ec 38
3471 Mijzijde GE 45 Ef 36
8454 Mildam FR 35 Ga 31
6037 Mildert LI 64 Fe 41
5763 Milheeze NB 54 Fe 40
5450 Mill NB 54 Fe 38
9615 Mill en Sint Hubert NB 54 Fe 38
7722 Millingen OV 41 Gb 34
6566 Millingen aan de Rijn GE 55 Ga 37
6596 Milsbeek LI 54 Ff 38
5425 Milschot NB 54 Fe 39
7081 Milt GE 55 Gc 37
6367 Mingersberg LI 74 Ff 43
4225 Minkeloos ZH 52 Ef 37
9047 Minnertsga = Minnertsgea FR 28 Fd 29
8573 Mirns = Murns FR 33 Fc 31
5094 Mispeleind NB 63 Fb 40
7109 Miste GE 49 Gd 37
9142 Moddergat FR 29 Ff 28
1156 Moeniswerf NH 39 Fa 34
1732 Moerbeek NH 32 Ef 32
4780 Moerdijk NB 52 Ed 38
4758* Moerdijk NB 52 Ec 38
4882 Moeren NB 52 Ed 40
5066 Moergestel NB 53 Fb 39
2750 Moerkapelle ZH 45 Ed 36
4529 Moershoofde ZE 59 Dd 41
6245 Moerslag LI 74 Fe 44
4727 Moerstraten NB 51 Eb 39
6004 Moesdijk LI 64 Fe 41
8316 Moespot FL 40 Ff 32
4364 Molembaix ZE 50 Dd 39
2973 Molenaarsgraaf ZH 52 Ee 37
5768 Molenbaan LI 64 Ff 40
1654 Molenbuurt NH 38 Ef 32
1793 Molenbuurt NH 32 Ef 30
4264 Moleneind NB 53 Fa 38
4841 Moleneind NB 52 Ee 39
5175 Moleneind NB 53 Fa 39
5349 Moleneind NB 54 Fd 38
5688 Moleneind NB 53 Fc 39
5864 Moleneind NB 55 Ga 39
6626 Moleneind GE 54 Fc 38
6627 Moleneind GE 53 Fd 37
5454 Molengat NB 54 Fe 38
5454 Molenheide NB 54 Fe 38
4583 Molenhoek ZE 61 Ea 41
5242 Molenhoek NB 53 Fc 38
5808 Molenhoek LI 55 Ga 40
6585 Molenhoek LI 54 Ff 38
6612 Molenhoek GE 54 Fe 38
6631 Molenhoek GE 54 Fd 37
8342 Molenhoek OV 35 Ga 32
5991 Molenhuizen LI 65 Ga 40
3602 Molenpolder GE 46 Fa 36
9968 Molenrij GR 29 Gc 28
5124 Molenschot NB 52 Ef 39
7991 Molenstad DR 35 Gc 31
5071 Molenstraat NB 53 Fa 39
5561 Molenveld NB 63 Fc 40
5409 Molenwijk NB 54 Fd 39
8715 Molkwerum = Molkwar FR 33 Fc 31
1140 Monnickendam NH 38 Ef 34
4474 Monnikendijk ZE 50 Df 39
2680 Monster ZH 44 Eb 36
6940* Montferland GE 48 Gb 37
3417 Montfoort UT 45 Ef 36
6065 Montfort LI 64 Ff 42
6585 Mook LI 54 Ff 38
6585 Mook en Middelaar LI 54 Ff 38
3999 Moolenbuurt UT 46 Fa 37
3295 Moolhoek ZH 52 Ed 38
2840 Moordrecht ZH 45 Ed 37
5715 Moorsel NB 64 Fd 40
6237 Moorveld LI 74 Fe 43
5684 Mooselaar NB 53 Fc 39
2544 Morgenstond ZH 44 Eb 36
4321 Moriaanshoofd ZE 50 Df 38
9697 Morige GR 37 Ha 30
9135 Morra FR 29 Ff 28
2253 Mors GE 44 Ec 36
5469 Morsche Hoef NB 54 Fd 39
5071 Mortel NB 53 Fa 39
5425 Mortel NB 54 Fe 39
6088 Mortel LI 64 Ff 41
5491 Mosbulten NB 53 Fd 39
7913 Moscou DR 41 Gd 32
5527 Mosik NB 63 Fb 40
8435 Moskou FR 35 Gb 30
6731 Mossel GE 47 Fe 36
4691 Mosselhoek ZE 51 Eb 39
5975 Most NB 65 Ga 40
5513 Mostheuvel NB 53 Fb 40
8356 Muggenbeet OV 34 Ff 32
5591 Muggenberg NB 64 Fd 40
5571 Muggenhoof NB 63 Fb 41
1398 Muiden NH 45 Fa 34
1399 Muiderberg NH 39 Fa 35
3381 Muisbroek ZH 52 Ef 37
8096 Mullegen GE 40 Ff 34
8861 Mullum = Midlum FR 33 Fc 29
5374 Mun NB 54 Fd 38
9063 Mûnein FR 28 Ff 29
8484 Munnekeburen = Munnekebuorren FR 34 Ff 31
9561 Munnekemoer DR 37 Ha 31
9853 Munnekezijl = Muntsjesyl FR 29 Gb 29
4714 Munnikenheide NB 52 Ed 39
5384 Munnikens-Vinkel NB 53 Fd 38
1131 Munnikeveld NH 39 Fa 33
5283 Munsel NB 53 Fb 39
6150 Munstergeleen LI 74 Ff 43
7881 Munsterscheveld DR 37 Ha 32
9649 Muntendam GR 30 Ge 30
9584 Mussel GR 37 Ha 31
9580 Musselkanaal GR 37 Ha 31
3791 Mussendorp GE 46 Fc 36
1231 Muyeveld NH 46 Fa 35

N

2670 Naaldwijk ZH 44 Eb 37
1410 Naarden NH 39 Fa 35
1410 Naarderbos NH 39 Fa 35
5683 Naastenbest NB 53 Fc 40
5411 Nabbegat NB 54 Fd 38
5935 Nabben NB 65 Ga 41
5871 Nachtegaal NB 55 Ga 39
6365 Nagelbeek LI 74 Ff 43
8308 Nagele FL 40 Fe 33
7221 Nagelvoort GE 48 Gb 36
9905 Nansum GR 30 Gf 28
9677 Napels GR 31 Ha 30
1566 Nauerna NH 38 Ee 34
1456 Neck NH 38 Ef 33
6612 Nederasselt GE 54 Fe 38
4040* Neder-Betuwe GE 46 Fd 37
3545 Nedereindseweg UT 45 Fa 36
3371 Nederhardinxveld ZH 52 Ef 38
4721 Nederheide NB 52 Ec 40
5317 Nederhemert-Noord NB 53 Fa 38
5317 Nederhemert-Zuid GE 53 Fa 38
1394 Nederhorst den Berg NH 45 Fa 35
3334 Nederhoven ZH 52 Ed 38
8362 Nederland OV 34 Ff 32
2931* Nederlek ZH 45 Ed 37
6030 Nederweert LI 64 Fe 41
6035 Nederweerterdijk LI 64 Fe 40
5674 Nederwetten NB 53 Fd 40
3925 Nederwoud UT 46 Fd 36
7211 Ned Mettray GE 48 Gb 35
7160 Neede GE 49 Gd 36
6086 Neer LI 65 Ff 41
4281 Neer-Andel NB 53 Fa 38
6191 Neerbeek LI 74 Fe 43
5427 Neerbroek NB 54 Fd 39
7451 Neerdorp OV 41 Gc 35
5091 Neereind NB 53 Fb 40
4182 Neerijnen GE 53 Fb 37
6015 Neeritter LI 64 Fe 42
5758 Neerkant NB 64 Fe 40
5371 Neerlangel NB 54 Fd 38
5371 Neerloon NB 54 Fe 38
6631 Neersteind GE 54 Fd 37
5761 Neerstraat NB 54 Fe 39
2636 Negenhuizen ZH 44 Eb 37
5282 Nergena NB 53 Fb 39
5126 Nerhoven NB 52 Ef 39
1741 Nes NH 32 Ee 32
8491 Nes FR 34 Ff 30
9163 Nes FR 28 Fe 28
1188 Nes aan de Amstel NH 45 Ef 35
3646 Nessersluis UT 45 Ef 35
5534 Netersel NB 63 Fb 40
7241 Nettelhorst GE 48 Gc 35
7077 Netterden GE 56 Gb 37
9146 Niawier = Nijewier FR 29 Ff 28
1688 Nibbixwoud NH 39 Fa 32
9365 Niebert GR 29 Gb 30
1733 Niedorp NH 38 Ef 32
1730* Niedorp NH 32 Ee 32
9884 Niehove GR 29 Gc 29
9821 Niekerk GR 29 Gb 29
9822 Niekerk GR 29 Gc 28
9681 Niesoord GR 37 Ha 29
9312 Nietap DR 29 Gc 30
5313 Nieuwaal GE 53 Fa 38
4387 Nieuw-Abeele ZE 50 Dd 40
5626 Nieuw Acht NB 53 Fc 40
8566 Nieuw Amerika FR 33 Fd 31
7833 Nieuw-Amsterdam DR 42 Gf 32
9468 Nieuw-Annerveen DR 36 Ge 30
7938 Nieuw-Balinge DR 36 Gd 32
9687 Nieuw-Beerta GR 31 Ha 29
3264 Nieuw-Beijerland ZH 51 Ec 38
5854 Nieuw Bergen LI 55 Ga 39
4616 Nieuw-Borgvliet NB 51 Eb 40
9520 Nieuw-Buinen DR 36 Gf 31
1783 Nieuw Den Helder NH 32 Ee 31
6942 Nieuw-Dijk GE 48 Ga 37
7885 Nieuw-Dordrecht DR 37 Gf 32
4455 Nieuwdorp ZE 50 De 40
9078 Nieuwe Bildtdijk FR 28 Fd 29
9078 Nieuwe Bildtzijl FR 28 Fe 29
2141 Nieuwebrug NH 38 Ee 34
8148 Nieuwebrug OV 41 Gc 34
8469 Nieuwebrug FR 34 Ff 31
9606 Nieuwe Compagnie DR 30 Ge 30
9511 Nieuwediep DR 36 Gf 30
5674 Nieuwe Dijk NB 54 Fd 40
3430* Nieuwegein UT 46 Fa 36
8414 Nieuwehorne = Nijehoarne FR 35 Ga 31
7741 Nieuwe Krim DR 42 Gd 32
4661 Nieuwe Molen NB 51 Eb 39
4793 Nieuwemolen NB 51 Ec 39
4735 Nieuwenberg NB 52 Ec 39
1025 Nieuwendam NH 38 Ef 34
3267 Nieuwendijk NB 51 Eb 38
4255 Nieuwendijk NB 52 Ef 38
6373 Nieuwenhagen LI 74 Ff 43
3222 Nieuwenhoorn ZH 51 Ea 37
1733 Nieuwe-Niedorp NH 32 Ef 32
4337 Nieuw-en Sint Joosland ZE 50 Dd 40
9663 Nieuwe Pekela GR 37 Gf 30
2415 Nieuwerbrug ZH 45 Ee 36
3632 Nieuwerhoek UT 45 Ef 35
4306 Nieuwerkerk ZE 51 Ea 39
2910 Nieuwerkerk aan den IJssel ZH 45 Ed 37
4321 Nieuwerkerke ZE 50 Df 38
7912 Nieuweroord DR 42 Gd 32
3630 Nieuwersluis UT 45 Fa 35
3626 Nieuwer-ter-Aa UT 45 Ef 35
6627 Nieuwe Schans GE 53 Fd 37
1794 Nieuweschild NH 32 Ef 30
8461 Nieuweschoot = Nijskoat FR 34 Ff 31
1761 Nieuwesluis NH 32 Ef 31
4511 Nieuwesluis ZE 60 Dc 40
9688 Nieuwe Statenzijl GR 31 Ha 29
5113 Nieuwe Strumpt NB 52 Ee 40
3244 Nieuwe-Tonge ZH 51 Eb 38
5161 Nieuwe-Vaart NB 52 Ef 38
8404 Nieuwe Waart FR 34 Ff 31
2376 Nieuwe Wetering ZH 45 Ed 35
3737 Nieuwe Wetering GE 46 Fb 36
8294 Nieuwe Wetering OV 41 Ga 33
5364 Nieuw Gassel NB 54 Fe 38
6921 Nieuwgraaf GE 47 Ga 37
3881 Nieuw Groevenbeek GE 47 Fd 35
4328 Nieuw-Haamstede ZE 50 De 38
8112 Nieuw-Heeten OV 41 Gc 35
3222 Nieuw-Helvoet ZH 51 Ea 37
5051 Nieuwkerk NB 53 Fa 40
9832 Nieuwklap GR 30 Gc 29
2420 Nieuwkoop ZH 45 Ee 36
5253 Nieuwkuijk NB 53 Fb 38
3114 Nieuwland ZH 44 Ec 37
3828 Nieuwland GE 46 Fc 35
4243 Nieuwland ZH 45 Fa 37
4522 Nieuwland ZE 60 Dd 40
7918 Nieuwlande DR 42 Gd 32
4521 Nieuwlandsche Molen ZE 60 Dd 40
2957 Nieuw-Lekkerland ZH 52 Ee 37

7710 Nieuwleusen OV 41 Gb 33
1231 Nieuw-Loosdrecht NH 46 Fa 35
6432 Nieuw-Lotbroek LI 74 Ff 43
3888 Nieuw Milligen GE 47 Fe 35
4568 Nieuw-Namen ZE 61 Ea 41
9944 Nieuwolda GR 31 Gf 29
9944 Nieuwolda-Oost GR 31 Gf 29
7681 Nieuwoord OV 42 Gd 34
2965 Nieuwpoort ZH 45 Ef 37
6731 Nieuw-Reemst GE 47 Fe 36
9311 Nieuw-Roden DR 29 Gc 30
7766 Nieuw-Schoonebeek DR 43 Gf 33
8081 Nieuwstad FL 40 Fe 34
8278 Nieuwstad OV 40 Ff 33
9906 Nieuwstad GR 30 Gf 28
6118 Nieuwstadt LI 74 Ff 42
4693 Nieuw-Strijen ZE 51 Ea 39
2440 Nieuwveen ZH 45 Ee 35
2150 Nieuw-Vennep NH 45 Ed 35
4504 Nieuwvliet ZE 60 Dc 40
4504 Nieuwvliet-Bad ZE 60 Dc 40
4680 Nieuw-Vossemeer NB 51 Eb 39
7830 Nieuw-Weerdinge DR 37 Gf 31
7031 Nieuw-Wehl GE 48 Ga 37
9842 Niezijl GR 29 Gb 29
6606 Niftrik GE 54 Fe 38
1393 Nigtevecht UT 38 Fa 35
9076 Nij Altoenae FR 28 Fd 29
9245 Nij Beets FR 35 Ga 30
7397 Nijbroek GE 41 Ga 35
8411 Nijeberkoop = Nijeberkeap FR 35 Gb 31
9264 Nijega = Nyegea FR 29 Ff 30
8446 Nijehaske FR 34 Ff 31
8414 Nijeholtpade = Nijeholtpea FR 35 Ga 31
8488 Nijeholtwolde = Nijeholtwâlde FR 34 Ff 31
8487 Nijelamer = Nijelemmer FR 34 Ff 31
8566 Nijemirdum FR 33 Fd 31
3704 Nijenheim UT 46 Fb 36
9904 Nijenklooster GR 30 Ge 28
9967 Nijenklooster GR 29 Gc 28
8383 Nijensleek DR 35 Gb 31
8485 Nijetrijne = Nijetrine FR 34 Ff 31
7948 Nijeveen DR 41 Ga 32
8344 Nijeveense Bovenboer DR 35 Ga 32
8614 Nijezijl FR 34 Fd 30
7552 Nijhofshoek OV 49 Ge 35
5111 Nijhoven NB 52 Ef 40
8775 Nijhuizum FR 34 Fc 31
6089 Nijken LI 64 Ff 41
3860 Nijkerk GE 46 Fc 35
3864 Nijkerkerveen GE 46 Fc 35
8931 Nijlân FR 28 Fe 29
8770 Nijland FR 33 Fd 30
9452 Nijlande DR 36 Gd 31
6500* Nijmegen GE 54 Ff 37
5492 Nijnsel NB 54 Fc 39
7627 Nijrees OV 42 Gd 35
7595 Nijstad OV 42 Gf 34
7932 Nijstad DR 41 Gc 32
6286 Nijswiller LI 74 Ff 44
7440 Nijverdal OV 42 Gc 34
1217 Nimrodpark UT 46 Fa 35
4709 Nispen NB 52 Ec 40
4721 Nispense-Achterhoek NB 52 Ec 40
4443 Nisse ZE 50 Df 40
5388 Nistelrode NB 54 Fd 38
6171 Niuewdorp LI 74 Fe 43
9257 Noardburgum FR 28 Ff 29
9089 Noardeind FR 28 Fe 30
5076 Noenes NB 53 Fb 39
7441 Noetsele OV 42 Gc 34
9365 Nois GR 29 Gb 30
7921 Nolde DR 41 Gc 33
1823 Nollen NH 38 Ee 33
9449 Nooitgedacht DR 36 Ge 31
9909 Nooitgedacht GR 30 Gf 28
6255 Noorbeek LI 74 Fe 44
7812 Noordbarge DR 36 Gf 32
1463 Noordbeemster NH 38 Ef 33
4493 Noord-Beveland ZE 50 De 39
9635 Noordbroek GR 30 Gf 29
9943 Noordbroeksterhamrik GR 30 Gf 29
7591 Noord Deurningen OV 43 Gf 34
1645 Noorddijk NH 38 Ef 33
1968 Noorddorp NH 38 Ed 33
1485 Noordeinde NH 38 Ef 33
1566 Noordeinde NH 38 Ee 34
2435 Noordeinde ZH 45 Ee 35
2651 Noordeinde NH 44 Ec 36
3628 Noordeinde UT 45 Ef 35
8355 Noordeinde OV 35 Ga 32
4225 Noordeloos ZH 45 Ef 37
7383 Noord-Empe GE 48 Ga 36
2430 Noorden ZH 45 Ee 36
7912 't Noorden DR 42 Gd 32
2910 Noordeneind NB 51 Ec 40
9300* Noordenveld DR 30 Gc 30
1778 Noorderbuurt NH 32 Ef 31
9738 Noorderhoogebrug GR 30 Gd 29
1679 Noorder-Koggenland NH 39 Fa 32
9644 Noorderkolonie GR 36 Gf 30
1652 Noordermeer NH 38 Ef 32
9402 Noorderpark Pittelo DR 35 Gd 30
4661 Noordgeest NB 51 Eb 39
4317 Noordgouwe ZE 50 Df 38
4758 Noordhoek NB 52 Ed 39
9804 Noordhorn GR 29 Gc 29
9805 Noordhornerga GR 29 Gc 29
9843 Noordhornertolhek GR 29 Gb 29
2725 Noordhove ZH 44 Ec 36
7161 Noordijk GE 48 Gd 36
7597 Noordijk OV 42 Ge 34
7255 Noordink GE 48 Gb 36
5845 Noordkant NB 54 Ff 39
9479 Noordlaren GR 30 Ge 30
7683 Noord-Meer OV 42 Gc 34
9988 Noordpolderzijl GR 30 Gd 28
9988 Noordpool GR 30 Gd 28
4791 Noordschans NB 52 Ed 38
1723 Noord-Scharwoude NH 38 Ee 32
7914 Noordscheschut DR 41 Gd 32
2431 Noordse Dorp ZH 45 Ee 35
3652 Noordsehuurt ZH 45 Ef 35
7846 Noordsleen DR 36 Ge 32
1643 Noord-Spierdijk NH 38 Ef 33
7701 Noord-Stegeren OV 42 Gc 33
4589 Noordstraat ZE 61 Df 40
4326 Noordwelle ZE 50 De 38
7958 Noordwijk DR 41 Gb 32
2200* Noordwijk ZH 44 Ec 35
9824* Noordwijk GR 35 Gb 29
2202 Noordwijk aan Zee ZH 44 Ec 35
2200* Noordwijk-Binnen ZH 44 Ec 35
2210 Noordwijkerhout ZH 44 Ec 35
8390 Noordwolde FR 35 Ga 31
9784 Noordwolde GR 30 Gd 29
2411 Noordzijde ZH 45 Ee 36
2630 Nootdorp ZH 44 Ec 36
9330 Norg DR 36 Gc 30
9336 Norgervaart DR 36 Gc 30
5688 Notel NB 53 Fb 39
4681 Notendaal NB 51 Eb 39
4856 Notsel NB 52 Ee 39
7467 Notter OV 48 Gd 34
2641 Noukoop ZH 44 Ec 36
3911 Nude GE 47 Fd 37
5670* Nuenen NB 54 Fd 40
5670* Nuenen, Gerwen en Nederwetten NB 54 Fd 40
5390 Nuland NB 53 Fc 38
3280 Numansdorp ZH 51 Ec 38
9663 Numero-Dertien GR 36 Gf 30
4513 Nummer Eén ZE 60 Dd 40
6083 Nunhem LI 64 Ff 41
8070* Nunspeet FL 40 Fe 34
6360 Nuth LI 74 Ff 43
7638 Nutter OV 42 Gf 34
9943 Nw-Scheemda GR 30 Gf 29

O

6125 Obbicht LI 74 Fe 42
1713 Obdam NH 38 Ef 32
9953 Obergum GR 29 Gd 28
4050 Ochten GE 54 Fd 37
3455 Ockhuizen UT 45 Ef 36
3984 Odijk UT 46 Fb 36
5409 Odiliapeel NB 54 Fe 39
7873 Odoorn DR 36 Gf 31
7874 Odoornerveen DR 36 Ge 31
5440 Oeffelt NB 54 Ff 38
2340 Oegstgeest ZH 44 Ec 35
4882 Oekel NB 52 Ee 40
6975 Oeken GE 48 Ga 36
8167 Oene GE 47 Ga 34
5301 Oensel GE 53 Fb 38
6333 Oensel LI 74 Fe 43
9062 Oentsjerk FR 28 Ff 29
5507 Oerle NB 63 Fc 40
5292 Oetelaar NB 53 Fc 39
3882 't Oever GE 46 Fd 35
6116 Oevereind LI 64 Fe 42
5953 Offenbeek NB 65 Ga 41
8601 Offenwier = Offingawier FR 34 Fe 30
8601 Offingawier = Offenwier FR 34 Fe 30
6107 Ohé LI 64 Ff 42
4151 Oiefdijk GE 46 Fa 37
5394 Oijen NB 54 Fc 38
5995 Oijen NB 65 Ga 41
5808 Oirlo LI 55 Ga 39
5766 Oirlosche LI 55 Ff 40
6438 Oirsbeek LI 74 Ff 43
5688 Oirschot NB 53 Fb 39
5060 Oisterwijk NB 53 Fb 39
5059 Oisterwijkse NB 53 Fa 39
7435 Okkenbroek OV 41 Gb 35
7225 Olburgen GE 48 Ga 36
9670* Oldambt GR 31 Ha 29
8420 Oldeberkoop = Oldeberkeap FR 35 Ga 31
8096 Oldebroek GE 40 Ff 34
8474 Oldeholtpade = Aldeholtpea FR 35 Ga 31
8477 Oldeholtwolde FR 35 Ga 31
9883 Oldehove GR 29 Gc 29
9821 Oldekerk GR 29 Gb 29
8486 Oldelamer = Aldlemmer FR 34 Ff 31
8375 Oldemarkt OV 34 Ff 32
7273 Olden GE 48 Gd 36
7981 Oldendiever DR 35 Gb 31
8051 Oldeneel GE 41 Ga 34
7963 Oldenhave DR 35 Gb 32
9905 Oldenklooster GR 30 Ge 28
7570* Oldenzaal OV 42 Ge 35
9986 Oldenzijl GR 30 Ge 28
8516 Oldeouwer FR 34 Fe 31
8486 Oldetrijne = Aldetrine FR 34 Ff 31
5674 Olen NB 54 Fd 39
6096 Oler LI 64 Fe 41
9903 Oling GR 30 Gf 29
5491 Olland NB 53 Fc 39
8120 Olst OV 48 Ga 34
9246 Olterterp FR 35 Ga 30
5715 Ommel NB 64 Fd 40
5724 Ommel NB 64 Fe 40
9644 Ommelanderwijk GR 36 Gf 30
7730 Ommen OV 42 Gc 33
4032 Ommeren GE 46 Fc 37
4031 Ommerenveld GE 46 Fc 37
7739 Ommerschans OV 41 Gc 33
7738 Ommerveld OV 41 Gc 33
2908 Ommoord ZH 45 Ed 37
1841 Omval NH 38 Ee 33
6450* Onderbanken LI 74 Ff 43
9959 Onderdendam GR 30 Gd 29
1693 Onderdijk NH 39 Fa 32
5988 Onder-Eindt LI 65 Ga 41
9951 Onderwierum GR 30 Gd 29
1793 Ongeren NH 32 Ee 30
8344 Onna OV 35 Ga 32
9755 Onnen GR 30 Gd 30
5253 Onsenoort NB 53 Fa 38
9590 Onstwedde GR 37 Gf 30
4054 Ooij GE 54 Fc 37
6576 Ooij GE 54 Ff 37
5856 Ooijen LI 55 Gb 39
6049 Ool LI 64 Ff 41
7245 Oolde GE 48 Gb 35
3257 Ooltgensplaat ZH 51 Eb 38
9581 Oomsberg GR 37 Ha 31
7061 Ooseld GE 48 Gb 37
1794 Oost NH 32 Ef 30
5724 Oostappe NB 64 Fe 40
4500 Oostburg ZE 59 Dd 41
4501 Oostburgsche Brug ZE 60 Dc 40
2636 Oostbuurt ZH 44 Eb 37
3252 Oostdijk ZE 50 Df 38
4413 Oostdijk ZE 51 Ea 40
2242 Oostdorp GE 44 Ec 36
6732 Oostdorp GE 47 Fe 36
3356 Oosteind NB 52 Ee 38
4909 Oosteind NB 52 Ef 39
5171 Oosteind NB 53 Fa 39
1432 Oosteinde NH 38 Ee 35
1647 Oosteinde NH 38 Fa 33
2181 Oosteinde ZH 38 Ed 35
2361 Oosteinde ZH 44 Ed 35
7961 Oosteinde DR 35 Gb 32
8072 Oosteinde GE 40 Fe 34
9983 Oosteinde GR 30 Ge 28
5091 Oostelbeers NB 53 Fb 40
1633 Oostemijzen NH 38 Ef 33
3342 Oostendam ZH 52 Ed 37
8081 Oostendorp GE 40 Ff 34
6860 Oosterbeek GE 47 Fe 37
8854 Oosterbierum = Easterbierrum FR 28 Fc 29
1696 Oosterblokker NH 39 Fa 33
7943 Oosterboer DR 41 Gb 32
8495 Oosterboorn FR 34 Ff 30
9761 Oosterbroek DR 30 Gd 30
1902 Oosterbuurt NH 38 Ed 33
7722 Ooster-Dalfsen OV 41 Gb 33
1602 Oosterdijk NH 33 Fb 32
9675 Oostereinde GR 31 Ha 30
1794 Oosterend NH 32 Ef 30
8896 Oosterend = Aasterein FR 27 Fc 28
1606 Oostergouw NH 39 Fb 32
9753 Oosterhaar DR 36 Gd 30
4904 Oosterheide NB 52 Ee 39
7860 Oosterhesselen DR 36 Ge 32
8171 Oosterhof GE 40 Ff 35
8271 Oosterholt OV 40 Ff 33
4900* Oosterhout NB 52 Ef 39
6678* Oosterhout GE 54 Fe 37
7381 Oosterhuizen GE 47 Ga 36
5595 Oosterik NB 64 Fd 40
1777 Oosterklief NH 32 Ef 31
1779 Oosterland NH 32 Ef 31
4307 Oosterland ZE 51 Ea 39
1609 Oosterleek NH 39 Fb 33
8331 Oostermeenthe OV 35 Ga 32
9985 Oosternieland GR 30 Ge 28
9137 Oosternijkerk = Easternijtsjerk FR 29 Ff 28
7761 Oosterse DR 42 Gf 33
8391 Oosterstreek = Easterstreek FR 35 Gb 31
9988 Oostervalge GR 30 Gd 28
7274 Oosterveld GE 48 Gd 36
4163 Oosterwijk ZH 53 Fa 37
7021 Oosterwijk GE 48 Gb 36
7957 Oosterwijk DR 41 Gb 32
9911 Oosterwijtwerd GR 30 Ge 28
1616 Oosterwijzend NH 39 Fb 32
8097 Oosterwolde GE 40 Ff 34
8430 Oosterwolde FR 35 Gb 31
9843 Oosterzand GR 29 Gb 29
8536 Oosterzee FR 34 Fe 31
1812 Oosterzij NH 38 Ee 33
3255* Oostflakkee ZH 51 Eb 38
6942 Oost-Friesland GE 48 Gb 37
7131* Oost Gelre GE 48 Gd 36
1487 Oost Graftdijk NH 38 Ee 33
8617 Oosthem = Easthum FR 34 Fd 30
3265 Oosthoek ZH 51 Ec 38
8081 Oosthoek GE 40 Ff 34
2665 Oosthoekeind ZH 45 Ed 36
1474 Oosthuizen NH 38 Fa 33
9354 Oostindië GR 29 Gc 30
4356 Oostkapelle ZE 50 Dd 39
1534 Oost-Knollendam NH 38 Ee 33
4724 Oostlaar NB 51 Ec 39
6245 Oost-Maarland LI 74 Fe 44
5807 Oostrum LI 55 Ga 39
9121 Oostrum = Eastrum FR 29 Ff 29
4388 Oost-Souburg ZE 50 Dd 40
8421* Ooststellingwerf FR 35 Gb 30
9893 Oostum GR 29 Gd 29
8899 Oost-Vlieland = East Flylân FR 27 Fa 29
3233 Oostvoorne ZH 44 Ea 37
9682 Oostwold GR 31 Ha 29
9828 Oostwold GR 29 Gc 29
9682 Oostwolderpolder GR 31 Ha 29
1678 Oostwoud NH 39 Fa 32
1510 Oostzaan NH 38 Ef 34
1033 Oostzaan, Tuindorp NH 38 Ef 34
7630 Ootmarsum OV 42 Gf 34
7204 Ooyerhoek GE 48 Gb 36
4281 Op-Andel NB 53 Fa 38
5853 Op de Belt LI 55 Ga 39
6088 Op de Bos LI 64 Ff 41
9218 Opeinde = Pein, De FR 29 Ff 30
9865 Opende GR 35 Gb 29
4060 Ophemert GE 53 Fc 37
4043 Opheusden GE 47 Fd 37
6088 Ophoven LI 64 Ff 41
6101 Ophoven LI 64 Ff 42
4184 Opijnen GE 53 Fb 38
5840 Oploo NB 54 Ff 39
9939 Opmeeden GR 30 Gf 29
1660* Opmeer NH 38 Ef 32
8625 Oppenhuizen FR 34 Fe 30
1674 Opperdoes NH 33 Fa 32
2941 Opperduit ZH 45 Ee 37
5671 Opwetten NB 53 Fd 40
9902 Opwierde GR 30 Gf 29
7885 Oranjedorp DR 36 Gf 32
9416 Oranjekanaal DR 36 Gc 31
4794 Oranjeoord NB 51 Ec 39
8453 Oranjewoud FR 34 Ff 31
7312 Orden GE 47 Ff 35
5200* Orthen NB 53 Fb 38
9441 Orvelte DR 36 Gd 31
1069 Osdorp NH 38 Ee 34
6049 Osen LI 64 Ff 41
7958 Oshaar DR 41 Gc 32
8621 Osingahuizen = Oasingahuzen FR 34 Fd 31
6035 Ospel LI 64 Fe 41
6035 Ospeldijk LI 64 Fe 41
5340* Oss NB 53 Fc 38
4640 Ossendrecht NB 61 Ec 40
4589 Ossenisse ZE 61 Df 40
4124 Ossenwaard UT 55 Ga 37
8376 Ossenzijl OV 34 Ff 32
4885 Ostaaijen NB 52 Ed 40
5871 Oterbos LI 55 Ga 40
1842 Oterleek NH 38 Ef 33
4533 Othene ZE 60 Df 41

5711 Otterdijk NB 64 Fe 40
6730 Otterlo GE 47 Fe 36
6595 Ottersum LI 54 Ff 38
2975 Ottoland ZH 52 Ef 37
9981 Ottoma GR 30 Ge 28
3621 Oud-Aa UT 45 Ef 35
2374 Oud-Ade ZH 45 Ed 35
2969 Oud-Alblas ZH 52 Ee 37
9655 Oud-Annerveen DR 36 Ge 30
7707 Oud-Avereest OV 41 Gc 33
3260* Oud-Beijerland ZH 51 Ec 38
7795 Oud-Bergentheim OV 42 Gd 33
2411 Oud-Bodegraven ZH 45 Ee 36
6218 Oud Caberg LI 74 Fd 43
6942 Oud-Dijk GE 48 Ga 37
3253 Ouddorp ZH 50 Df 38
4927 Oud-Drimmelen NB 52 Ee 38
9078 Oude Bildtdijk FR 28 Fe 29
9078 Oudebildtzijl = Aldebiltsyl FR 28 Fe 29
9968 Oudedijk GR 30 Gc 28
4339 Oudedorp ZE 50 Dd 40
8582 Oudega FR 33 Fd 31
8614 Oudega FR 33 Fd 31
9216 Oudega = Aldegea FR 28 Ff 30
5631 Oude Gracht NB 54 Fc 40
8465 Oudehaske = Aldehaske FR 34 Ff 31
8403 Oudehorne = Aldehoarne FR 35 Ga 31
7050* Oude IJsselstreek GE 48 Gc 37
2935 Oudeland ZH 45 Ee 37
3252 Oudeland ZH 50 Df 38
4515 Oudeland ZE 60 Dd 40
4436 Oudelande ZE 60 De 40
2641 Oude Leede ZH 44 Ec 37
9078 Oude Leije = Aldeleie FR 28 Fe 29
6621 Oude Maasdijk GE 53 Fc 38
1438 Oude Meer NH 38 Ee 35
8567 Oudemirdum = Aldemardum FR 33 Fd 31
2952 Oude Molen ZH 52 Ed 37
7434 Oude Molen OV 48 Gb 35
9484 Oudemolen DR 36 Gd 30
Oudemolen NB 51 Eb 39
Oudemolen NB 52 Ec 39
5221 Oud-Empel NB 53 Fb 38
4730 Oudenbosch NB 52 Ed 39
1630 Oudendijk NH 38 Ef 33
3267 Oudendijk NB 51 Eb 38
3291 Oudendijk ZH 52 Ec 38
4285 Oudendijk NB 52 Ef 38
9989 Oudendijk GR 29 Gd 28
3227 Oudenhoorn ZH 51 Eb 38
1734 Oude-Niedorp NH 38 Ef 32
3252 Oude Nieuwland ZH 50 Df 38
5591 Oudenmolen NB 64 Fd 40
9665 Oude Pekela GR 37 Ha 30
4574 Oude Polder ZE 60 Df 41
1115* Ouder-Amstel NH 38 Ef 35
4698 Ouder de Molen ZE 51 Ea 39
2930 Ouderkerk ZH 45 Ed 37
1190 Ouderkerk aan de Amstel NH 38 Ef 35
2935 Ouderkerk aan de IJssel ZH 45 Ed 37
9696 Oudeschans GR 31 Ha 30
1792 Oudeschild NH 32 Ef 30
9984 Oudeschip GR 30 Ge 28
8443 Oudeschoot = Aldskoat FR 34 Ff 31
8491 Oude Schouw FR 34 Fe 30
1757 Oudesluis NH 32 Ee 31
3286 Oudesluis ZH 52 Ec 38
4631 Oude Stee NB 51 Eb 40
4585 Oude Stoof ZE 61 Df 40
5113 Oude Strumpt NB 52 Ee 40
3255 Oude-Tonge ZH 51 Eb 38
3420 Oudewater UT 45 Ef 36
8457 Oudewegstervaart FR 34 Ff 30
2377 Oude Wetering ZH 45 Ed 35
8044 Oude Wetering OV 41 Ga 33
4750 Oud Gastel NB 52 Ec 39
3851 Oud-Groevenbeek GE 40 Fd 35
5256 Oudheusden NB 53 Fa 38
1617 Oudijk NH 39 Fa 32
3471 Oudkamerik UT 45 Ef 36
1724 Oudkarspel NH 38 Ee 32
3832 Oud-Leusden UT 46 Fc 36
7722 Oudleusen OV 41 Gb 33
7722 Oudleusenerveld OV 41 Gb 33
1231 Oud-Loosdrecht NH 46 Fa 35
3612 Oud-Maarsseveen UT 46 Fa 36
7637 Oud-Oostmarsum OV 42 Gf 34
1829 Oudorp NH 38 Ee 33
6731 Oud-Reemst GE 47 Fe 36
6116 Oud Roosteren LI 64 Ff 42
4471 Oud-Sabbinge ZE 50 De 39
6301 Oud Valkenburg LI 74 Fe 43
7924 Oud Veeningen DR 41 Gc 32
2761 Oud Verlaat ZH 45 Ed 37
4698 Oud-Vossemeer ZE 51 Eb 39
9294 Oudwoude = Aldwâld FR 29 Ff 29
3993 Oud-Wulven UT 46 Fa 36
6905 Oud Zevenaar GE 47 Ga 37
3600* Oud-Zuilen UT 45 Fa 36
2811 Oukoop ZH 45 Ee 36
3645 Oukoop UT 45 Ef 35
3886 Ouwendorp GE 47 Fe 35
4305 Ouwerkerk ZE 51 Df 39
8517 Ouwsterhaule = Ousterhaule FR 34 Fe 31
8516 Ouwster-Nijega FR 34 Fe 31
5411 Oventje NB 54 Fe 38
4836 Overa NB 52 Ee 39
5731 Overakker NB 64 Fd 40
6610 Overasselt GE 54 Fe 38
4143 Overbeicop ZH 46 Fa 37
3959 Overberg UT 46 Fc 36
4635 Overberg NB 51 Ec 40
6660* Overbetuwe GE 47 Fe 37
7271 Overbiel GE 48 Gd 36
4145 Overboeicops GE 46 Fa 37
5809 Overbroek LI 55 Ff 40
9551 Over de Dijk DR 37 Hb 31
1814 Overdie NH 38 Ee 33
1095 Over-Diemen NH 38 Fa 34
7586 Overdinkel OV 49 Gf 35
6287 Overeys LI 74 Ff 44
6081 Overhaelen LI 64 Ff 41
6136 Overhoven LI 74 Ff 42
3947 Overlangbroek UT 46 Fc 37
5371 Overlangel NB 54 Fe 38
1141 Overleek NH 38 Ef 34
5825 Overloon NB 54 Ff 39
1394 Overmeer NH 45 Fa 35
3042 Overschie ZH 44 Ec 37
9625 Overschild GR 30 Ge 29
5761 Overschot NB 54 Fe 40
4575 Overslag ZE 60 Df 41
7009 Overstegen GE 48 Gb 37
2050 Overveen NH 38 Ed 34
7447 Overwater OV 42 Gc 34
1444 Overwhere NH 38 Ef 33
6741 Overwoud GE 47 Fd 36
4440 Ovezande ZE 60 De 40
7428 Oxe OV 48 Gb 35

P

4569 Paal ZE 61 Ea 40
7925 Paardelanden DR 42 Gc 33
6077 Paarlo LI 65 Ga 42
8378 Paasloo OV 35 Ga 32
4384 Paauwenburg ZE 50 Dd 40
9742 Paddepoel GR 29 Gd 29
7742 Padhuis DR 42 Gf 33
9136 Paesens = Peazens FR 29 Ff 28
9545 Pallert GR 37 Hb 31
6931 Pals GE 47 Ff 37
5741 Pandelaarse NB 54 Fd 39
6097 Panheel LI 64 Ff 41
1704 Pannekeet NH 38 Ee 32
6910 Pannerden GE 55 Ga 37
5980 Panningen LI 64 Ff 41
3464 Papekop UT 45 Ef 36
3350* Papendrecht ZH 52 Ee 37
6127 Papenhoven, Grevenbicht- LI 74 Fe 42
5449 Papenvoort NB 54 Ff 39
9447 Papenvoort DR 36 Ge 31
2461 Pappenveer ZH 45 Ee 35
4542 Paradijs ZE 60 De 41
5446 Park NB 54 Fe 39
8763 Parrega = Parregea FR 34 Fc 30
6286 Partij LI 74 Ff 44
9355 Pasop GR 29 Gc 29
4006 Passewaaij GE 53 Fc 37
9765 Paterswolde, Eelde- DR 29 Gd 30
7543 Pathmos OV 49 Gf 35
9247 Paulinahoeve FR 35 Ga 30
4584 Pauluspolder ZE 61 Ea 41
9136 Peazens = Paesens FR 29 Ff 28
5768* Peel en Maas LI 64 Ff 40
9486 Peelo DR 36 Gd 30
5427 Peelsehuis NB 54 Fe 39
5427 Peelstraat NB 54 Fe 39
5446 Peelstraat NB 54 Fe 39
4273 Peerenboom NB 52 Ef 38
9334 Peest DR 35 Gd 30
6102 Peij LI 64 Ff 42
8812 Peins FR 28 Fd 29
9320 Peize DR 29 Gd 30
9321 Peizermade DR 36 Gd 29
9745 Peizerweg GR 29 Gd 29
9321 Peizerwold DR 30 Gc 30
9661* Pekela GR 37 Gf 30
4761 Pelikaan NB 52 Ed 39
7101 Pelkwijk GE 49 Ge 37
4681 Pelsendijk NB 51 Eb 39
3084 Pendrecht ZH 52 Ec 37
4851 Pennendijk NB 52 Ee 39
2065 Penningsveer NH 38 Ee 34
8395 Peperga FR 35 Ga 31
6102 Pepinusbrug LI 64 Ff 42
7511 Perik OV 49 Gf 35
4588 Perkpolder ZE 61 Ea 40
3195 Pernis ZH 51 Ec 37
7933 Pesse DR 36 Gc 32
1755 Petten NH 32 Ed 32
4553 Philippine ZE 60 De 41
7165 Philipshuis GE 49 Gd 36
8756 Piaam FR 33 Fc 30
8617 Piekezijl FR 33 Fd 30
7924 Pieperij DR 41 Gc 33
8014 Pierik OV 41 Ga 34
7437 Pieriksmars OV 48 Gb 35
3265 Piershil ZH 51 Eb 38
9247 Pieterburen FR 35 Gb 30
9968 Pieterburen GR 30 Gc 28
8856 Pietersbierum = Pitersbierrum FR 28 Fc 29
9844 Pieterzijl GR 29 Gb 29
2640 Pijnacker ZH 44 Ec 36
7688 Piksen OV 41 Gd 34
7742 Pikveld DR 42 Ge 33
8749 Pingjum = Penjum FR 28 Fc 30
4353 Pitteperk ZE 50 Dd 39
6285 Plaat LI 74 Ff 44
9551 Plaggenborg GR 37 Ha 31
6562 Plak GE 54 Ff 38
4528 Plakkebord ZE 59 Dd 41
4493 Plankendorp ZE 50 De 39
7031 Plantage GE 48 Gb 37
4725 Plantage Centrum NB 51 Ec 40
6586 Plasmolen LI 54 Ff 38
2285 Plaspoelder ZH 44 Eb 36
1531 Plaszoom NH 38 Ee 33
7383 Platenberg GE 48 Ga 35
2811 Platteweg ZH 45 Ee 36
6035 Platveld LI 64 Ff 41
7412 Platvoet GE 48 Ga 35
5258 Plein NB 53 Fc 38
6301 Plenkert LI 74 Fe 43
5307 Poederoijen GE 53 Fa 38
5307 Poederoijenschoek GE 53 Fa 38
2685 Poeldijk ZH 44 Eb 36
5275 Poeldonk NB 53 Fc 38
6019 Pol LI 64 Ff 42
3461 Polanen UT 45 Ef 36
8051 Polder Hattem OV 40 Ff 34
9541 Poldert GR 37 Ha 30
9909 Polen GR 30 Gf 28
8507 Polle FR 34 Fe 31
3415 Polsbroek UT 45 Ef 37
3415 Polsbroekerdam UT 45 Ef 37
4515 Ponte ZE 60 Dd 41
4515 Ponte-Avencé ZE 60 Dd 41
1766 Poolland NH 32 Ef 32
4543 Poonhaven ZE 60 Df 40
3170 Poortugaal ZH 51 Ec 37
4693 Poortvliet ZE 51 Ea 39
4364 Poppendamme ZE 50 Dd 39
7741 Poppenhare DR 42 Ge 32
8495 Poppenhuizen FR 34 Ff 30
9013 Poppenwier FR 34 Fe 30
3621 Portengen UT 45 Ef 36
3621 Portennensebrug UT 45 Ef 36
3253 Port Zélande ZH 50 Df 38
9792 Post, Ten DR 30 Ge 29
7391 Posterenk GE 48 Ga 35
6060 Posterholt LI 65 Ga 42
8097 Posthoorn GE 40 Ff 34
7475 Pothoek OV 48 Gc 35
6841 Praets GE 47 Ff 37
6824 Presikhaaf GE 47 Ff 37
4811 Princenhage NB 52 Ee 39
1611 Princenhof NH 39 Fb 32
4840 Prinsenbeek NB 52 Ed 39
3862 Prinsenkamp GE 47 Fd 35
4568 Prosperdorp NB 61 Eb 41
6655 Puiflijk GE 54 Fd 37
7715 Punthorst OV 41 Gb 33
1482 Purmer NH 38 Ef 34
1440* Purmerend NH 38 Ef 33
1451 Purmerland NH 38 Ef 34
6105 Putbroek LI 64 Ff 42
6155 Puth LI 74 Ff 43
3481 Putkop UT 45 Ef 36
5443 Putselaar NB 54 Ff 38
2950 Putte NB 61 Ec 40
3880* Putten GE 47 Fd 35
3297 Puttershoek ZH 52 Ed 38
4553 Pyramide ZE 60 De 41

Q

7213 Quatre Bras GE 48 Gb 35
9256 Quatrebras FR 28 Ff 29

R

5928 Raaieind NB 65 Ga 40
8100 Raalte OV 41 Gb 34
4882 Raamberg NB 52 Ed 39
4944 Raamsdonk NB 52 Ef 38
4940 Raamsdonksveer NB 52 Ef 38
6231 Raar LI 74 Fe 43
9155 Raard FR 28 Ff 29
6661 Raayen GE 47 Fe 37
7791 Radewijk OV 42 Ge 33
7348 Radio Kootwijk GE 47 Fe 35
9012 Raerd FR 34 Fe 30
7045 Rafelder GE 55 Gb 37
4858 Rakens NB 52 Ee 39
5406 Rakt NB 54 Fd 38
4493 Rancho Grande ZE 50 De 39
8196 Rande GE 41 Ga 35
3818 Randenbroek GE 46 Fc 36
2811 Randenburg ZH 45 Ed 36
6668 Randwijk GE 47 Fe 37
6311 Ransdaal LI 74 Ff 43
1028 Ransdorp NH 38 Ef 34
7722 Ranserveen OV 41 Gb 33
9951 Ranum GR 29 Gd 28
6291 Raren LI 74 Ff 44
9955 Rasquert GR 30 Gc 28
7106 Ratum GE 49 Ge 37
5761 Ravensgat NB 54 Fe 40
5370 Ravenstein NB 54 Fd 38
4119 Ravenswaaij GE 46 Fb 37
8427 Ravenswoud FR 35 Gc 31
8736 Reahûs FR 34 Fd 30
7722 Rechteren OV 41 Gb 34
7642 Rectum OV 42 Gd 35
9008 Reduzum FR 28 Fe 30
3271 Reedijk ZH 51 Ec 38
5375 Reek NB 54 Fe 38
5045 Reeshof NB 52 Ef 39
6662 Reeth GE 54 Fe 37
2810 Reeuwijk ZH 45 Ee 36
2811 Reeuwijk-Dorp ZH 45 Ee 36
5672 Refeling NB 54 Fd 40
3481 Reijerscop UT 45 Ef 36
6274 Reijmerstok LI 74 Ff 44
4400* Reimerswaal ZE 61 Ea 40
9175 Reitsum FR 28 Ff 29
7157 Rekken GE 49 Ge 36
3911 Remmerden UT 46 Fd 37
8774 Remswerd FR 33 Fd 30
4325 Renesse ZE 50 De 38
6870 Renkum GE 47 Fe 37
9541 Renneborg GR 37 Ha 30
6413 Rennemig LI 74 Ff 43
3927 Renswoude UT 46 Fd 36
5045 Renswoude NB 52 Ef 39
7274 Respelhoek GE 48 Gc 36
6684 Ressen GE 54 Ff 37
5111 Reth NB 62 Ef 40
4525 Retranchement ZE 59 Dc 40
5541 Reusel NB 63 Fa 40
5540 Reusel-De Mierden NB 63 Fa 40
5111 Reuth NB 52 Ef 40
6077 Reutje LI 65 Ff 42
7667 Reutum OV 42 Gf 34
5953 Reuver LI 65 Ga 41
4543 Reuzenhoek ZE 60 Df 41
7224 Rha GE 48 Ga 36
7447 Rhaan OV 42 Gc 34
6990 Rheden GE 47 Ff 36
9695 Rhederbrug GR 37 Hb 30
9699 Rhederveld GR 37 Hb 30
9487 Rhee DR 36 Gd 30
7975 Rheebruggen DR 35 Gb 32
9415 Rheeveld DR 36 Gc 31
7794 Rheeze OV 42 Gd 33
7797 Rheezerveen OV 41 Gd 33
3910 Rhenen GE 46 Fd 37
4152 Rhenoy GE 53 Fa 37
6971 Rhienderen GE 48 Ga 36
3160 Rhoon ZH 51 Ec 37
2481 Ridderbuurt ZH 45 Ee 36
2980* Ridderkerk ZH 52 Ed 37
2403 Riderveld GE 45 Ed 36
8810 Ried = Rie FR 28 Fd 29
5133 Riel NB 53 Fa 39
5661 Riel NB 64 Fd 40
8641 Rien FR 34 Fd 30
5560 Riethoven NB 63 Fc 40
7165 Rietmolen GE 49 Gd 36
2391 Rietveld ZH 45 Ed 36
4241 Rietveld UT 45 Ee 36
5428 Rietven NB 54 Fe 39
5512 Rietven NB 63 Fb 40
6247 Rijckholt LI 74 Fe 44
5120 Rijen NB 52 Ef 39
4453 Rijkebuurt ZE 50 De 40
5995 Rijkel LI 65 Ga 41
5427 Rijkerbeek NB 54 Fd 39
5447 Rijkevoort NB 54 Ff 39
2242 Rijksdorp ZH 44 Ec 36
2331 Rijndijk GE 44 Ec 36
2382 Rijndijk, Zoeterwoude- ZH 45 Ed 36

2465 Rijnsaterwoude ZH 45 Ee 35
2230 Rijnsburg ZH 44 Ec 35
6916 Rijnwaarden GE 55 Ga 37
2391* Rijnwoude ZH 45 Ed 36
1744 Rijp NH 32 Ee 32
5709 Rijpelberg NB 54 Fe 40
2375 Rijpwetering ZH 45 Ed 35
8572 Rijs = Riis FR 33 Fd 31
4890 Rijsbergen NB 52 Ed 39
9551 Rijsdam DR 37 Ha 31
3972 Rijsenburg, Driebergen- UT 46 Fb 36
1435 Rijsenhout NH 45 Ee 35
2988 Rijsoord ZH 52 Ed 37
7460 Rijssen OV 42 Gc 35
4023 Rijswijk GE 46 Fc 37
4284 Rijswijk NB 53 Fa 38
2280* Rijswijk ZH 44 Eb 36
5571 Rijt NB 63 Fb 41
8763 Rijtseterp FR 34 Fc 30
4410 Rilland ZE 61 Eb 40
6370 Rimburg LI 75 Ga 43
5851 Rimpeld LI 55 Ga 39
5991 Rinkesfort LI 65 Ga 40
5721 Rinkveld NB 64 Fe 40
1934 Rinnegom NH 38 Ed 33
9105 Rinsumageest = Rinsumageast FR 28 Ff 29
5764 Rips NB 54 Fe 39
4838 Rith NB 52 Ee 39
9034 Ritsumazijl = Ritsumasyl FR 28 Fe 29
4389 Ritthem ZE 50 Dd 40
9067 Roadtsjerk = Roodkerk FR 28 Ff 29
9976 Robbenoort FR 29 Gb 28
3235 Rockanje ZH 51 Ea 37
9300 Roden DR 30 Gc 30
2651 Rodenrijs, Berkel en ZH 44 Ec 37
9305 Roderesch DR 29 Gc 30
9301 Roderveld DR 29 Gc 30
9315 Roderwolde DR 36 Gc 29
4574 Rode Sluis ZE 60 Df 41
9959 Rodewolt GR 30 Gd 28
8061 Roebolligehoek OV 41 Ga 33
6733 Roekel GE 47 Fe 36
9561 Roelage DR 37 Ha 31
2493 Roeleven ZH 44 Ec 36
2370 Roelofarendsveen ZH 45 Ed 35
6049 Roer LI 64 Ff 41
6060* Roerdalen LI 64 Ff 42
6040* Roermond LI 65 Ga 41
7965 Rogat DR 41 Gb 32
6088 Roggel LI 64 Ff 41
5768 Roggelse Dijk LI 64 Ff 41
8515 Rohel FR 34 Fe 31
4681 Rolaf NB 51 Eb 39
9450 Rolde DR 36 Gd 31
7136 't Rolder GE 48 Gd 36
6088 Roligt LI 64 Ff 41
7715 Rollecate OV 41 Gb 33
5335 Rome GE 53 Fb 38
7946 Ronduite OV 41 Ga 32
5845 Rondveld NB 54 Ff 39
9608 Roodehaan DR 30 Gd 29
9963 Roodehaan GR 29 Gc 29
4515 Roodenhoek ZE 60 Dd 40
9983 Roodeschool GR 30 Ge 28
4782 Roodevaart NB 52 Ed 38
4475 Roodewijk ZE 50 De 39
9067 Roodkerk = Roadtsjerk FR 28 Ff 29
4700* Roosendaal NB 51 Ec 39
5993 Rooth NB 65 Ga 40
2161 Rooversbroek ZH 45 Ed 35
8857 Roptazijl FR 28 Fc 29
7722 Rosengaarde OV 41 Gb 33
6077 Roskam LI 64 Ff 42
5240* Rosmalen NB 53 Fc 38
5328 Rossum GE 53 Fb 38
7596 Rossum OV 42 Gf 34
7895 Roswinkel DR 37 Ha 31
6231 Rothem LI 74 Fe 43
8462 Rotstergaast FR 34 Ff 31
8463 Rotsterhaule FR 34 Ff 31
3000* Rotterdam ZH 51 Eb 37
9220 Rottevalle = Rottefalle, De FR 29 Ff 30
8461 Rottum FR 34 Ff 31
9998 Rottum GR 30 Gd 28
7954 Rouveen OV 41 Ga 33
4569 Roverberg ZE 61 Ea 40
5081 Rovert NB 53 Fa 40
1437 Rozenburg NH 38 Ee 35
3180 Rozenburg ZH 44 Eb 37
2851 Rozendaal ZH 45 Ee 36
6891 Rozendaal GE 47 Ff 36
1156 Rozewerf NH 39 Fa 34
4715 Rucphen NB 52 Ec 39
5012 Rugdijk NB 53 Fa 39
3232 Rugge ZH 44 Ea 37
4493 Ruierplaat ZE 50 Dd 39
8571 Ruigahuizen = Rûgehuzen FR 34 Fd 31
2211 Ruigenhoek ZH 38 Ed 35
3421 Ruigeweide UT 45 Ee 36
9885 Ruigezand GR 29 Gb 29
1047 Ruigoord NH 38 Ee 34
7025 Ruimzicht GE 48 Gc 36
7963 Ruinen DR 35 Gc 32
7961 Ruinerweide DR 41 Gb 32
7960 Ruinerwold DR 41 Gb 32
9734 Ruischerbrug GR 30 Gd 29
3905 Ruisseveen UT 46 Fd 36
9619 Ruiten DR 30 Ge 29
7711 Ruitenveen OV 41 Gb 33
5591 Rul NB 64 Fd 40
5674 Rullen NB 54 Fd 40
6443 Rumpen LI 74 Ff 43
4156 Rumpt GE 53 Fa 37
1645 Rustenburg NH 38 Ef 33
5411 Rusven NB 54 Fe 38
7546 Rutbeek OV 49 Ge 35
8313 Rutten FL 34 Fe 32
7260 Ruurlo GE 48 Gc 36
5343 Ruwaard NB 54 Fc 38
9861 Ruzemerbalk GR 29 Gb 29
8926 Ryptsjerk FR 28 Ff 29

S

9886 Saaksum GR 29 Gc 29
7597 Saasveld OV 42 Ge 35
9957 Saaxumhuizen GR 30 Gc 28
8801 Salverd FR 34 Fd 29
5836 Sambeek NB 54 Ff 39
9314 Sandebuur DR 35 Gc 29
8775 Sandfirden = Sânfurd FR 34 Fc 31
6014 Santfort LI 64 Fe 41
2070 Santpoort-Noord NH 38 Ed 34
2080 Santpoort-Zuid NH 38 Ed 34
9611 Sappemeer DR 30 Ge 30
4513 Sasput ZE 60 Dd 40
2170 Sassenheim ZH 44 Ec 35
4550 Sas van Gent ZE 60 De 41
9770 Sauwerd GR 29 Gd 29
9937 Schaapbult GR 30 Gf 29
9618 Schaaphok DR 30 Ge 29
6089 Schaapsbrug LI 64 Ff 41
6816 Schaarsbergen GE 47 Ff 36
5341 Schadewijk NB 54 Fd 38
5561 Schadewijk NB 63 Fc 40
5811 Schadijk LI 54 Ff 40
6370 Schaesberg LI 75 Ga 43
5991 Schafelt NB 65 Ga 40
5821 Schafferden NB 54 Ff 39
5556 Schaft NB 64 Fc 41
1740 Schagen NH 32 Ee 32
1750 Schagerbrug NH 32 Ee 32
5374 Schaijk NB 54 Fd 38
7433 Schalkhaar OV 48 Gb 35
2034 Schalkwijk UT 38 Ed 34
3998 Schalkwijk UT 46 Fb 37
8813 Schalsum FR 28 Fd 29
5111 Schaluinen NB 62 Ef 40
5941 Schandelo LI 65 Gb 40
4251 Schans NB 52 Ef 38
4751 Schans NB 52 Ed 39
5768 Schans LI 64 Ff 40
6088 Schans LI 64 Ff 41
4571 Schapenbout ZE 60 Df 41
1476 Schardam NH 39 Fa 33
4322 Scharendijke ZE 50 Df 38
8721 Scharl FR 33 Fc 31
9616 Scharmer GR 30 Ge 29
8711 Scharneburen FR 33 Fc 31
8629 Scharnegoutum = Skearnegoutum FR 34 Fd 30
8517 Scharsterbrug = Skasterbrêge FR 34 Fe 31
1634 Scharwoude NH 39 Fa 33
8166 Schaveren GE 40 Ff 35
9679 Scheemda GR 37 Gf 29
9679 Scheemdermeer GR 37 Ha 29
9679 Scheemder-zwaag GR 36 Gf 29
8371 Scheerwolde OV 35 Ga 32
5809 Scheide LI 55 Ff 40
5758 Scheim NB 64 Ff 40
4435 Scheldeoord ZE 60 Df 40
4569 Scheldevaartshoek ZE 61 Ea 41
9765 Schelfhorst DR 29 Gd 30
4351 Schellach ZE 50 Dd 39
8019 Schelle GE 41 Ga 34
1023 Schellingwoude NH 38 Ef 34
1697 Schellinkhout NH 39 Fa 33
4209 Schelluinen ZH 52 Ef 37
2905 Schenkel ZH 45 Ed 37
3284 Schenkeldijk ZH 51 Ec 38
3291 Schenkeldijk ZH 52 Ed 38
5551 Schepelweijen NB 63 Fc 40
1636* Schermer NH 38 Ee 33
1636 Schermerhorn NH 38 Ef 33
4501 Scherpbier ZE 59 Dd 40
5513 Scherpenering NB 53 Fc 40
4694 Scherpenisse ZE 51 Ea 39
3925 Scherpenzeel GE 46 Fc 36
8483 Scherpenzeel = Skerpenseel FR 34 Ff 31
8747 Schettens = Skettens FR 34 Fc 30
6307 Scheulder LI 74 Ff 44
2586 Scheveningen ZH 44 Eb 36
3045 Schiebroek ZH 44 Ec 37
3100* Schiedam ZH 44 Ec 37
9166 Schiermonnikoog = Skiermûntseach FR 29 Ff 28
4720 Schijf NB 52 Ed 40
5480* Schijndel NB 53 Fc 39
6102 Schilberg LI 64 Ff 42
2516 Schilderswijk ZH 44 Eb 36
9626 Schildwolde GR 30 Ge 29
9022 Schillaard FR 28 Fe 30
6014 Schillersheide LI 64 Fe 41
9951 Schilligeham GR 30 Gc 29
7755 Schimmelarij DR 42 Ge 32
6333 Schimmert LI 74 Fe 43
8816 Schingen FR 28 Fd 29
6365 Schinnen LI 74 Ff 43
6305 Schin op Geul LI 74 Ff 43
6450 Schinveld LI 75 Ff 43
9469 Schipborg DR 36 Ge 30
7949 Schiphorst DR 41 Gb 32
2636 Schipluiden ZH 44 Eb 37
4635 Schoelieberg NB 51 Ec 40
3067 Scholleaar ZH 45 Ed 37
6611 Schonenburg GE 54 Fe 38
4511 Schoneveld ZE 59 Dd 40
7475 Schoolbuurt OV 48 Gd 35
4507 Schoondijke ZE 59 Dd 40
4693 Schoondorp ZE 51 Ea 39
7760 Schoonebeek DR 42 Gf 33
2870 Schoonhoven ZH 45 Ef 37
9443 Schoonloo DR 36 Ge 31
7848 Schoonoord DR 36 Ge 31
2821 Schoonouwen ZH 45 Ee 37
4145 Schoonrewoerd ZH 46 Fa 37
5262 Schoonveld NB 53 Fb 39
5809 Schoor LI 54 Ff 40
6031 Schoor LI 64 Fe 41
6021 Schoordijk NB 64 Fd 41
5492 't Schoor-Hel NB 54 Fc 39
1870 Schoorl LI 38 Ed 32
1749 Schoorldam NH 38 Ee 32
5071 Schoorstraat NB 53 Fa 39
5504 Schoot NB 63 Fc 40
4423 Schore ZE 51 Df 40
4417 Schorebrug ZE 51 Df 40
3828 Schothorst UT 46 Fc 35
5391 Schotsheuvel NB 53 Fc 38
4493 Schotsman ZE 50 Dd 39
7921 Schottershuizen DR 41 Gc 33
5752 Schouw NB 54 Fe 40
8567 Schouw FR 33 Fd 31
9962 Schouwen GR 29 Gc 29
4320 Schouwen-Duiveland ZE 50 De 38
9962 Schouwerzijl GR 30 Gc 28
8753 Schraard = Skraard FR 34 Fc 30
9514 Schreierswijk DR 36 Gf 31
4317 Schuddebeurs ZE 50 Df 38
4561 Schuddebeurs ZE 61 Ea 41
7447 Schuilenburg OV 42 Gc 34
7777 Schuinesloot OV 41 Gd 33
1901 Schulpstet NH 38 Ee 33
3281 Schuring ZH 52 Ec 38
5706 Schutsboom NB 54 Fd 40
7887 Schutwijk DR 42 Gf 32
6433 Schuureik LI 74 Ff 43
2931 Schuwacht ZH 45 Ed 37
6281 Schweiberg LI 74 Ff 44
9862 Sebaldeburen GR 29 Gb 29
8884 Seerijp FR 27 Fb 28
5282 Selissen NB 53 Fb 39
9550 Sellingen GR 37 Ha 31
9551 Sellingerbeetse GR 37 Ha 31
9551 Sellingerzwarteveen GR 37 Ha 31
9883 Selwerd GR 29 Gc 29
9747 Selwerderhof GR 30 Gc 29
5151 Sempke NB 53 Fa 38
5575 Sengelsbroek NB 63 Fc 41
4327 Serooskerke ZE 50 De 38
4353 Serooskerke ZE 50 Dd 39
4903 Seters NB 52 Ef 39
5975 Sevenum LI 65 Ga 40
8855 Sexbierum = Seisbierrum FR 28 Fc 29
1243 's-Graveland UT 46 Fa 35
3295 's-Gravendeel ZH 52 Ed 38
2491* 's-Gravenhage = Den Haag ZH 44 Eb 36
5109 's Gravenmoer NB 52 Ef 39
5109 's Gravenmoerse Vaart NB 52 Ef 39
4430 's-Gravenpolder ZE 50 Df 40
2690* 's-Gravenzande ZH 44 Ea 36
4444 's-Heer Abtskerke ZE 50 Df 40
4458 's-Heer Arendskerke ZE 50 De 40
7040 's-Heerenberg GE 55 Gb 37
8275 's-Heerenbroek OV 40 Ff 33
4453 's-Heerenhoek ZE 50 De 40
4472 's-Heer-Hendrikskinderen ZE 50 Df 39
5200* 's-Hertogenbosch NB 53 Fa 38
2988 Shoek ZH 52 Ed 37
6301 Sibbe LI 74 Fe 43
7693 Sibculo OV 42 Gd 34
7936 Siberie DR 35 Gd 32
8647 Sibrandabuorren FR 34 Fe 30
9628 Siddeburen GR 30 Ge 29
5853 Siebengewald LI 55 Ga 39
9248 Siegerswoude DR 35 Gb 30
1655 Sijbakarspel NH 38 Ef 32
9106 Sijbrandahuis FR 28 Ff 29
7064 Silvolde GE 48 Gc 37
3212 Simonshaven ZH 51 Eb 38
6350* Simpelveld LI 74 Ff 43
7065 Sinderen GE 48 Gc 37
1132 Singelwijk NH 39 Fa 33
4444 Sinoutskerke ZE 50 Df 40
5435 Sint Agatha NB 54 Ff 38
4063 Sint Andries GE 53 Fc 38
4697 Sint Annaland ZE 51 Ea 39
9079 Sint Annaparochie FR 28 Fd 29
4524 Sint Anna ter Muiden ZE 59 Dc 41
9796 Sint Annen GR 30 Ge 29
9781 Sint Annerhuisjes GR 30 Gd 29
5845 Sint Anthonis NB 54 Fe 39
6267 Sint Antoniusbank LI 74 Fe 43
6265 Sint Geertruid LI 74 Fe 44
5454 Sint Hubert NB 54 Fe 38
7482 Sint Isidorushoeve OV 49 Ge 35
9079 Sint Jacobiparochie FR 28 Fd 29
4374 Sint-Janskerke ZE 50 Dc 39
8326 Sint Jansklooster OV 41 Ga 32
4564 Sint Jansteen ZE 61 Ea 41
8464 Sint Johannesga FR 34 Fe 31
6110 Sint Joost LI 64 Ff 42
4528 Sint Kruis ZE 59 Dd 41
4333 Sint Laurens ZE 50 Dd 39
1744 Sint Maarten NH 32 Ee 32
1752 Sint Maartensbrug NH 32 Ee 32
4695 Sint Maartensdijk ZE 51 Ea 39
1753 Sint Maartensvlotburg NH 32 Ee 32
1755 Sint Maartenszee NH 32 Ee 32
5270 Sint-Michielsgestel NB 53 Fc 39
8520 Sint Nicolaasga = Sint Nyk FR 34 Fe 31
6077 Sint Odiliënberg LI 64 Ff 42
5490 Sint-Oedenrode NB 54 Fc 39
1834 Sint Pancras NH 38 Ee 33
4675 Sint Philipsland ZE 51 Ea 39
4710 Sint Willebrord NB 52 Ed 39
4308 Sirjansland ZE 51 Ea 38
6130* Sittard LI 74 Ff 43
8742 Sjungadijk FR 33 Fd 30
8501 Skarsterlân FR 34 Fe 31
9166 Skiermûntseach = Schiermonnikoog FR 29 Ff 28
8844 Skrins FR 28 Fd 30
8880* Skyge = Terschelling FR 27 Fb 28
5374 Slabroek NB 54 Fd 38
7776 Slagharen OV 41 Gd 33
9746 Slaperstil GR 30 Gc 29
9037 Slappeterp FR 28 Fd 29
7840 Sleen DR 36 Ge 32
4254 Sleeuwijk NB 52 Ef 38
6102 Slek LI 64 Ff 42
6277 Slenaken LI 74 Ff 44
7722 Slennebroek OV 41 Gb 34
3862 Slichtenhorst GE 46 Fc 35
3360* Sliedrecht ZH 52 Ee 38
5658 Sliffert NB 63 Fc 40
8489 Slijkenburg FR 34 Ff 32
6677 Slijk-Ewijk GE 54 Fe 37
4513 Slijkplaat ZE 60 Dd 40
5325 Slijkwel GE 53 Fb 38
4505 Slikkenburg ZE 59 Dc 40
4661 Slikkenburg ZE 51 Eb 39
3651 Slikkendam GE 45 Ee 36
2961 Slikkerveer ZH 52 Ed 37
7951 Slingenberg OV 41 Ga 32
3844 Slingerbos GE 46 Fd 34
9620 Slochteren GR 30 Ge 29
5757 Sloot NB 64 Fe 40
1774 Slootdorp NH 32 Ef 31
8556 Sloten FR 45 Ee 34
8556 Sloten = Sleat FR 34 Fd 31
1067 Slotermeer NH 38 Ee 34
4901 Slotjes NB 52 Ef 39
2811 Sluipwijk ZH 45 Ee 36

4524 Sluis ZE 59 Dc 41
4675 Sluis ZE 51 Ea 39
4458 Sluis De Piet ZE 50 De 39
4520 Sluiskil ZE 60 De 41
7603 Sluitersveld OV 42 Ge 34
5817 Smakt NB 55 Ga 39
5854 Smal LI 55 Ga 39
9411 Smalbroek DR 36 Gc 31
8621 Smallebrugge FR 34 Fd 31
9214 Smalle Ee DR 28 Ff 30
4527 Smedekensbrugge ZE 60 Dc 41
9591 Smeerling GR 37 Ha 30
6598 Smele LI 54 Ff 39
1777 Smerp NH 32 Ef 31
6014 Smidstraat LI 64 Fe 41
9422 Smilde DR 36 Gc 31
8919 Snakkerburen = Snakkerbuorren FR 28 Fe 29
8600* Sneek = Snits FR 34 Fe 30
5511 Sneidershoek NB 63 Fb 40
3425 Snelrewaard UT 45 Ef 36
5688 Snepseind NB 53 Fb 39
2742 Snijdelwijk ZH 45 Ed 36
5126 Snijders-Chaam NB 52 Ef 39
8512 Snikzwaag = Sniksweach FR 34 Fe 31
6661 Snodenhoek GE 47 Fe 37
3831 Snorrenhoef UT 46 Fc 36
8494 Soarremoarre FR 34 Ff 30
6027 Soerendonk NB 64 Fd 41
3760* Soest UT 46 Fb 35
3743 Soestdijk UT 46 Fb 35
3768 Soestduinen UT 46 Fb 36
3769 Soesterberg UT 46 Fb 36
3760* Soestzuid UT 46 Fb 36
5993 Soeterbeek LI 65 Ga 40
5710 Someren NB 64 Fe 40
5712 Someren-Heide NB 64 Fd 40
3245 Sommelsdijk ZH 51 Ea 38
8565 Sondel FR 34 Fd 31
5690 Son en Breugel NB 54 Fc 39
8486 Sonnega = Sonnegea FR 34 Ff 31
5691 Sonniuswijk NB 53 Fc 39
8862 Sopsum FR 28 Fc 30
5571 Spaanrijt NB 63 Fb 41
6104 Spaanshuisken LI 74 Ff 42
2064 Spaarndam NH 38 Ee 34
3751* Spakenburg, Bunschoten- UT 46 Fc 35
1715 Spanbroek NH 38 Ef 32
1794 Spang NH 32 Ef 30
8482 Spanga FR 34 Ff 32
3015 Spangen ZH 44 Ec 37
6956 Spankeren GE 48 Ga 36
8843 Spannum FR 28 Fd 30
6176 Spaubeek LI 74 Fe 43
7391 Spekhoek GE 47 Ga 35
6466 Spekholzerheide LI 75 Ga 43
5841 Spekklef NB 54 Ff 39
5674 Spekt NB 54 Fd 40
3628 Spengen UT 45 Ef 36
3852 Speuld GE 47 Fe 35
5761 Speurgt NB 54 Fe 39
9417 Spier DR 36 Gc 32
1640 Spierdijk NH 38 Ef 33
5985 Spiesberg LI 64 Ff 40
4210 Spijk GE 55 Ga 37
4261 Spijk NB 53 Fa 38
6917 Spijk GE 53 Fa 37
9909 Spijk GR 30 Gf 28
1794 Spijkdorp NH 32 Ef 30
3200* Spijkenisse ZH 51 Eb 37
1488 Spijkerboor NH 38 Ee 33
9468 Spijkerboor DR 36 Ge 30
6042 Spik LI 65 Ga 41
4612 Spinolaberg NB 51 Eb 39
9636 Spitsbergen GR 36 Gf 29
2771 Spoelwijk ZH 45 Ee 36
7707 Sponturfwijk OV 41 Gc 33
8042 Spoolde GE 41 Ga 33
1761 Spoorbuurt NH 32 Ee 31
5688 Spoordonk NB 53 Fb 39
5160 Sprang-Capelle NB 53 Fa 38
5171 Sprangsevaart NB 53 Fa 39
4714 Sprundel NB 52 Ed 39
4539 Spui ZE 60 Df 41
5995 Spurkt NB 65 Ga 41
3243 Stad aan't Haringvliet ZH 51 Eb 38
3842 Stadsdennen GE 47 Fd 34
4794 Stadse Dijk NB 51 Ec 39
8605 Stadsfenne FR 34 Fe 30
9500* Stadskanaal GR 37 Gf 31
7931 Stadterij DR 36 Gc 32
5694 Stad van Gerwen NB 54 Fd 39
9541 Stakenborg GR 37 Hb 30
5913 Stalberg LI 65 Gb 40
4754 Stampersgat NB 51 Ec 39
4758 Standdaarbuiten NB 51 Ec 39
7950 Staphorst OV 41 Ga 33
1488 Starnmeer NH 38 Ee 33
9996 Startenhuizen GR 30 Ge 28
1921 Starting NH 38 Ee 33
5835 Startwijk NB 54 Ff 39
4567 Statenboom ZE 61 Ea 41
4931 Statendam NB 52 Ef 38
2596 Statenkwartier ZH 44 Eb 36
4411 Stationsbuurt ZE 61 Ea 40
2991 Stationswijk ZH 52 Ed 37
4696 Stavenisse ZE 51 Ea 39
3852 Staverden GE 40 Fe 35
8715 Stavoren = Starum FR 33 Fc 31
9920 Stedum GR 30 Ge 29
5976 Steeg LI 65 Ff 40
5813 Steegsbroek LI 55 Ff 40
4650 Steenbergen NB 51 Ec 39
7921 Steenbergen DR 41 Gc 32
9307 Steenbergen DR 35 Gc 30
9629 Steendam GR 30 Gf 29
7220 Steenderen GE 48 Gb 36
7392 Steenenkamer GE 48 Ga 35
4508 Steenhoven ZE 59 Dd 41
7325 Steenkamp GE 47 Ga 35
4849 Steenoven NB 52 Ef 39
5768 Steenoven LI 64 Ff 40
4543 Steenovens ZE 60 Df 41
4721 Steenpaal NB 52 Ec 40
3291 Steenplaats ZH 52 Ed 38
5524 Steensel NB 63 Fc 40
8330 Steenwijk OV 35 Ga 32
8340 Steenwijkerwold OV 35 Ga 32
7741 Steenwijksmoer DR 42 Ge 32
2286 Steenwoorde ZH 44 Eb 36
3203 Steerenkwartier ZH 51 Eb 37
5721 Stegen NB 64 Fe 40
7737 Stegeren OV 41 Gd 33
7797 Stegerveld OV 41 Gd 33
6903 Stegeslag GE 47 Ga 37
8395 Steggerda FR 35 Ga 31
6170 Stein LI 74 Fe 43
3250 Stellendam ZH 51 Ea 38
7482 Stepelo OV 49 Ge 35
9591 Sterenborg GR 37 Ha 30
6029 Sterksel NB 64 Fd 40
3328 Sterrenburg ZH 52 Ee 38
6686 Sterreschans GE 55 Ga 37
4251 Steurgat ZH 52 Ef 38
5844 Stevensbeek NB 54 Ff 39
6107 Stevensweert LI 64 Fe 42
5561 Stevert NB 63 Fc 40
5935 Steyl NB 65 Ga 40
1393* Stichtse Vecht NH 45 Ef 35
7756 Stieltjeskanaal DR 42 Ge 32
9050 Stiens FR 28 Fe 29
1489 Stierop NH 38 Ee 33
5715 Stipdonk NB 54 Fd 40
5708 Stiphout NB 54 Fd 40
9999 Stitswerd GR 30 Gd 28
9545 Stobben GR 37 Hb 30
5988 Stogger LI 65 Ff 41
5049 Stokhasselt NB 53 Fa 39
6321 Stokhem LI 74 Ff 44
7531 Stokhorst OV 49 Gf 35
1391 Stokkelaarsbrug NH 45 Ef 35
5521 Stokkelen NB 63 Fb 40
7039 Stokkum GE 55 Gb 37
7475 Stokkum GE 48 Gd 35
5066 Stokske NB 53 Fb 39
5872 Stokt NB 55 Ga 40
1751 Stolpen NH 32 Ee 32
2820 Stolwijk ZH 45 Ee 37
2808 Stolwijkersluis ZH 45 Ee 36
6243 Stommeveld LI 74 Fe 43
1840 Stompetoren NH 38 Ee 33
2266 Stompwijk ZH 44 Ec 36
4751 Stoof NB 52 Ec 39
9635 Stootshorn DR 30 Ge 29
9919 Stork DR 30 Ge 28
3835 Stoutenburg UT 46 Fc 36
5988 Stox LI 65 Ff 41
5591 Strabrecht NB 64 Fd 40
6039 Stramproy LI 64 Fe 41
8751 Strand FR 27 Fc 30
5688 Straten NB 53 Fc 39
6031 Strateris LI 64 Fe 41
5644 Stratum NB 64 Fc 40
2959 Streefkerk ZH 52 Ee 37
9511 Streek DR 36 Gf 30
8152 Strenkhaar OV 41 Gb 34
8061 Streukel OV 41 Ga 33
4856 Strijbeek NB 52 Ee 39
3290 Strijen ZH 51 Ed 38
3292 Strijensas ZH 52 Ed 38
3454 Strijkviertel UT 45 Fa 36
5651 Strijp NB 53 Fc 40
4825 Strikberg NB 52 Ee 39
1777 Stroe NH 32 Ef 31
3776 Stroe GE 47 Fe 35
1744 Stroet NH 32 Ee 32
7542 Stroinkslanden OV 49 Gf 35
9870 Stroobos FR 29 Gb 29
4493 Stroodorp ZE 50 De 39
4554 Stroodorpe ZE 60 Df 41
4765 Strooiendorp NB 52 Ee 38
7701 Strooiendorp OV 41 Gc 33
4589 Strooienstad ZE 61 Df 40
6088 Strubben LI 64 Ff 41
7958 Struikberg DR 41 Gc 32
3235 Strype ZH 51 Ea 37
3235 Stuifakker UT 51 Ea 37
7934 Stuifzand DR 36 Gc 32
4845 Stuivezand NB 52 Ee 38
4882 Stuivezand NB 52 Ee 40
9284 Stynsgea = Augustinusga FR 29 Gb 29
9262 Sumar FR 35 Ga 29
9230 Surhuisterveen = Surhusterfean FR 35 Gb 29
9283 Surhuizum = Surhuzum FR 29 Ff 29
9230 Surhusterfean = Surhuisterveen FR 35 Gb 29
9283 Surhuzum = Surhuizum FR 29 Ff 29
6114 Susteren LI 74 Ff 42
9883 Suttum GR 30 Gc 29
9265 Suwald FR 34 Ff 29
6070 Swalmen LI 65 Ga 41
6005 Swartbroek LI 64 Fe 41
9079 Swarte Haan = Zwarte Haan FR 28 Fd 29
6174 Sweikhuizen LI 74 Ff 43
9088 Swichum FR 28 Fe 30
8255 Swifterbant FL 40 Fd 33
5866 Swolgen LI 55 Ga 40

T

9485 Taarlo DR 36 Gd 30
3421 Tappersheul UT 45 Ef 36
4585 Tasdijk ZE 61 Df 40
7701 't Bergje OV 42 Gc 33
3471 Teckop UT 45 Ef 36
5395 Teeffelen NB 54 Fc 38
9085 Teerns FR 28 Fe 29
5930 Tegelen LI 65 Ga 40
9145 Teijeburen FR 28 Ff 28
5076 't Eind NB 53 Fb 39
9082 Tekkum FR 28 Ff 29
3853 Telgt GE 40 Fd 35
2811 Tempel ZH 45 Ee 36
9790 Ten Boer GR 30 Ge 29
6343 Ten Esschen LI 74 Ff 43
7983 Ten Have DR 35 Gb 31
5531 Ten Vorsel NB 63 Fb 40
2460 Ter Aar ZH 45 Ee 35
9487 Ter Aard DR 35 Gd 30
9560 Ter Apel GR 37 Ha 31
9563 Ter Apelkanaal GR 37 Ha 31
8441 Terband FR 34 Ff 31
6325 Terbijt LI 74 Fe 43
7060 Terborg GE 48 Gc 37
9551 Ter Borg DR 37 Ha 31
1733 Terdiek NH 38 Ef 32
5761 Tereyken NB 54 Fe 39
9178 Tergrêft FR 28 Fe 29
9561 Ter Haar DR 37 Ha 31
4844 Terheijden NB 52 Ee 39
9312 Terheijl DR 29 Gc 30
8493 Terherne FR 34 Fe 30
4505 Terhofstede ZE 59 Dc 40
4583 Ter Hole ZE 61 Ea 41
9418 Ter Horst DR 36 Gc 31
8477 Ter Idzard = Teridzert FR 35 Ga 31
8542 Terkaple FR 34 Fe 30
9781 Ter Laan GR 30 Gd 29
7352 Terlet GE 47 Ff 36
6274 Terlinden LI 74 Ff 44
6269 Termaar LI 74 Fe 44
6343 Termaar LI 74 Ff 43
9501 Ter Maarsch GR 37 Gf 30
9947 Termunten GR 31 Ha 29
9948 Termunterzijl GR 31 Gf 29
9145 Ternaard FR 28 Ff 28
4530* Terneuzen ZE 60 De 40
8524 Teroele FR 34 Fe 31
5131 Terover NB 52 Ef 40
8880* Terschelling = Skyge FR 27 Fb 28
3784 Terschuur GE 46 Fd 35
1606 Tersluis NH 39 Fb 33
9014 Tersoal FR 34 Fe 30
4481 Tervaten ZE 50 Df 40
4854 Tervoot NB 52 Ef 39
6372 Terwinselen LI 75 Ga 43
9563 Ter Wisch GR 37 Ha 31
8407 Terwispel FR 35 Ga 30
8426 Terwisscha FR 35 Gb 31
7396 Terwolde GE 41 Ga 35
9591 Ter Wupping GR 37 Ha 30
6285 Terziet LI 74 Ff 44
4847 Teteringen NB 52 Ee 39
7395 Teuge GE 47 Ga 35
2170* Teylingen ZH 44 Ec 35
3997 't Goy UT 46 Fb 36
7946 't Haagje DR 41 Ga 32
2612 't Haantje ZH 44 Eb 36
4756 't Haantje NB 51 Ec 39
7847 't Haantje DR 36 Ge 32
9057 't Haantje FR 28 Fe 29
8084 't Harde GE 40 Ff 34
3761 't Hart UT 46 Fb 35
6874 't Hazeleger GE 47 Fe 36
5271 Theerehaide NB 53 Fb 39
5993 't Heeske LI 65 Ga 40
5688 Theetuin NB 53 Fb 40
5826 't Herselt NB 54 Ff 39
9797 Thesinge GR 30 Gd 29
4690 Tholen ZE 51 Eb 39
5541 't Holland NB 63 Fa 40
6017 Thorn LI 64 Ff 42
1797 't Horntje NH 32 Ee 30
6044 Thuserhof LI 65 Ga 41
9051 Tichelwerk FR 28 Fe 29
4000* Tiel GE 54 Fc 37
7936 Tiendeveen DR 36 Gd 32
6522 Tiengeboden GE 54 Ff 37
3284 Tiengemeten ZH 51 Eb 38
1793 Tienhoven NH 32 Ee 30
3612 Tienhoven UT 46 Fa 36
4121 Tienhoven UT 46 Fa 37
4235 Tienhoven ZH 45 Ef 37
5865 Tienraij NB 55 Ga 40
4891 Tiggelt NB 52 Ee 39
4891 Tiggeltscheberg NB 52 Ed 39
8406 Tijnje = Tynje FR 34 Ff 30
9125 Tilburen FR 29 Ff 28
5000* Tilburg NB 52 Ef 39
7634 Tilligte OV 43 Gf 34
5581 Timmereind NB 63 Fc 40
1741 Tin NH 32 Ee 32
9954 Tinallinge GR 29 Gd 28
8608 Tinga FR 34 Fd 30
3234 Tinte ZH 51 Ea 37
8771 Tirns = Turns FR 34 Fd 30
9697 Tjabbesstreek GR 31 Ha 30
4561 't Jagertje ZE 61 Ea 41
8771 Tjalhuizum FR 34 Fd 30
8458 Tjalleberd FR 34 Ff 31
1769 Tjallewal NH 32 Ee 32
9901 Tjamsweer GR 30 Ge 29
8842 Tjeppenboer FR 34 Fd 29
8765 Tjerkwerd = Tsjerkwert FR 33 Fd 30
7431 Tjoene OV 41 Gb 35
9939 Tjuchem GR 30 Gf 29
7157 't Kip GE 49 Ge 36
8355 't Klooster OV 35 Ga 32
9359 't Kret GR 29 Gc 29
1703 't Kruis NH 38 Ee 33
8166 't Laar GE 40 Ff 35
9981 't Lage van der Weg GR 30 Gd 28
7597 't Loo OV 42 Ge 35
8095 't Loo GE 40 Ff 34
7912 't Noorden DR 42 Gd 32
3882 't Oever GE 46 Fd 35
6916 Toindorp GE 55 Ga 37
4707 Tolberg NB 51 Ec 39
9356 Tolbert GR 35 Gc 29
7227 Toldijk GE 48 Gb 36
6916 Tolkamer GE 55 Ga 37
1742 Tolke NH 32 Ee 32
8309 Tollebeek FL 40 Fd 32
2387 Tommel NB 62 Ef 40
6975 Tonden GE 48 Ga 36
5642 Tongelre NB 53 Fd 40
5282 Tongeren NB 53 Fb 39
8131 Tongeren OV 41 Gb 34
8162 Tongeren GE 40 Ff 34
5975 Tongerlo NB 65 Ga 40
5993 Tongerlo LI 65 Ga 40
4797 Tonnekreek NB 52 Ec 38
3843 Tonsel GE 40 Fd 35
6021 Toom NB 64 Fd 41
9994 Toornwerd GR 30 Gd 28
8321 Top FL 40 Fd 33
5091 Toren NB 53 Fb 40
9511 Torenveen DR 36 Gf 30
5846 Toven NB 54 Ff 39
4507 Tragel ZE 59 Dd 40
9678 Tranendal GR 31 Gf 30
2171 Trappenberg ZH 44 Ec 35
5688 Tregelaar NB 53 Fb 39
5411 Trent NB 54 Fe 38
4196 Tricht GE 53 Fb 37
9296 Triemen FR 29 Ff 29
5731 Trimpert NB 64 Fd 40
9603 Tripscompagnie DR 30 Ge 30
8804 Tritzum FR 27 Fd 30
7136 't Rolder GE 48 Gd 36
1217 Trompenburg UT 46 Fa 35
8423 Tronde FR 35 Gb 31
5492 't Schoor-Hel NB 54 Fc 39
9022 Tsjeintgum FR 28 Fe 30
7650 Tubbergen OV 42 Ge 34
4176 Tuil GE 53 Fb 38
3121 Tuindorp ZH 44 Ec 37
5856 Tuindorp NB 55 Ga 39
1747 Tuitjenhorn NH 38 Ee 32
8334 Tuk OV 35 Ga 32
3999 Tull en 't Waal UT 46 Fa 36
6005 Tungelroy LI 64 Fe 41
4508 Turkeije ZE 60 Dd 41
9649 Tusschenloegen DR 30 Ge 30
2861 Tusschlanen ZH 45 Ee 37
9649 Tussenklappen DR 30 Ge 30
7627 Tusveld OV 42 Ge 35
5827 Tuutees NB 54 Ff 39

7122 't Villeken GE 48 Gd 37
4451 't Vlaandertje ZE 50 De 40
6846 't Vlot GE 47 Fe 37
9943 't Waar GR 30 Gf 29
1741 't Wad NH 32 Ee 32
9570 Tweede DR 37 Gf 31
9515 Tweede Dwarsdiep DR 36 Gf 31
3316 Tweede Tol ZH 52 Ed 38
3218 Tweede Vlotbrug = 2e Vlotbrug ZH 51 Eb 37
4016 Tweesluizen GE 53 Fb 37
7521 Twekkelerveld OV 49 Ge 35
7554 Twekkelo OV 49 Ge 35
7390 Twello GE 47 Ga 35
7670* Twenterand OV 42 Gd 34
8422 Twijtel FR 35 Gb 31
9286 Twijzel = Twizel FR 29 Ff 29
9287 Twijzelerheide = Twizelerheide FR 29 Ff 29
1676 Twisk NH 33 Fa 32
5095 Twisselt NB 63 Fa 40
9286 Twizel = Twijzel FR 29 Ff 29
9287 Twizelerheide = Twijzelerheide FR 29 Ff 29
2636 't Woudt ZH 44 Eb 37
9482 Tynaarlo DR 36 Gd 30
9470* Tynaarlo DR 36 Gd 30
9255 Tytsjerk FR 28 Ff 29
1756 't Zand NH 32 Ee 31
4335 't Zand ZE 50 Dd 39
5044 't Zand NB 53 Fa 39
5131 't Zand NH 52 Ef 40
5831 't Zand NB 54 Ff 39
8051 't Zand GE 41 Ga 33
9987 't Zandstervoorwerk GR 30 Ge 28
9915 't Zandt GR 30 Ge 28
8804 Tzum = Tsjom FR 28 Fd 30
8850 Tzummarum = Tsjummarum FR 27 Fd 29

U

6380 Ubach over Worms LI 75 Ga 43
6367 Ubachsberg LI 74 Ff 43
9487 Ubbena DR 36 Gd 30
6574 Ubbergen GE 54 Ff 38
5928 Ubroek LI 65 Ga 40
3888 Uddel GE 47 Fe 35
5400* Uden NB 54 Fd 39
5070 Udenhout NB 53 Fa 39
6012 Uffelsen LI 64 Fe 41
7975 Uffelte DR 35 Gb 32
7339 Ugchelen GE 47 Ff 35
8406 Uilesprong FR 34 Ff 30
1154 Uitdam NH 39 Fa 34
9216 Uiteinde FR 28 Ff 30
9906 Uitelnde GR 30 Gf 28
9635 Uiterburen GR 36 Gf 29
1383 Uitermeer NH 39 Fa 35
1910 Uitgeest NH 38 Ed 33
1420 Uithoorn NH 45 Ee 35
9980 Uithuizen GR 30 Gd 28
9982 Uithuizermeeden GR 30 Ge 28
3412 Uitweg UT 45 Fa 37
8625 Uitwellingerga = Twellingea FR 34 Fe 31
9931 Uitwierde GR 30 Gf 28
4288 Uitwijk NB 53 Fa 38
6235 Ulestraten LI 74 Fe 43
7070 Ulft GE 55 Gc 37
5975 Ulfterhoek NB 65 Ga 40
9715 Ulgersmaborg GR 30 Gd 29
5113 Ulicoten NB 52 Ef 40
5846 Ullingen NB 54 Ff 39
9970 Ulrum GR 29 Gc 28
9686 Ulsda GR 31 Ha 30
3790 Ulven LI 74 Fe 44
4850 Ulvenhout NB 52 Ee 39
9915 Umtadaburgh DR 30 Ge 28
8871 Ungebuurt FR 34 Fc 29
9247 Ureterp FR 35 Gb 30
8320 Urk FL 40 Fd 33
5662 Urkhoven NB 53 Fd 40
6129 Urmond LI 74 Fe 43
1645 Ursem NH 38 Ef 33
9988 Usquert GR 30 Gd 28
5345 Ussen NB 54 Fc 38
3500* Utrecht UT 46 Fa 36
3941* Utrechtse Heuvelrug UT 46 Fb 36

V

6290 Vaals LI 75 Ff 44
4839 Vaareind NB 52 Ee 39
5711 Vaarrsche Hoef NB 64 Fe 40
5632 Vaartbroek NB 54 Fc 40
4571 Vaartwijk ZE 60 Df 41
8170 Vaassen GE 40 Ff 35
6438 Vaesrade LI 74 Ff 43
4543 Val ZE 60 Df 41
3331 Valburg ZH 52 Ed 38
6675 Valburg GE 47 Fe 37
6611 Valenberg GE 54 Fe 38
4021 Valentijn GE 46 Fc 37
2235 Valkenburg LI 44 Ec 35
6300 Valkenburg aan de Geul LI 74 Ff 43
3953 Valkenheide UT 46 Fc 36
5595 Valkenhorst NB 64 Fc 40
9401 Valkenstijn DR 36 Gd 31
5550* Valkenswaard NB 63 Fc 40
1744 Valkkoog NH 32 Ee 32
9981 Valom GR 30 Ge 28
7751 Valsteeg DR 42 Ge 32
7872 Valthe DR 36 Gf 31
7876 Valtherblokken DR 36 Gf 31
7876 Valthermond DR 37 Gf 31
7877 Valthermussel DR 37 Gf 31
1764 Van Ewijcksluis NH 32 Ef 31
4064 Varik GE 53 Fc 38
7731 Varsen OV 41 Gc 33
7255 Varssel GE 48 Gc 36
7076 Varsselder GE 55 Gc 37
7050 Varsseveld GE 48 Gc 37
7660 Vasse OV 42 Ge 34
1779 Vatrop NH 32 Ef 31
3981 Vechten UT 46 Fa 36
8293 Veecaten OV 41 Ga 33
9541 Veele GR 37 Ha 30
4264 Veen NB 53 Fa 38
9640* Veendam GR 36 Ge 30
7948 Veendijk DR 35 Gb 32
3900 Veenendaal UT 46 Fd 36
7906 Veenesluis DR 42 Gc 32
9514 Veenhof DR 36 Ge 31
1716 Veenhuizen NH 38 Ef 32
7751 Veenhuizen DR 42 Ge 32
7983 Veenhuizen DR 35 Gb 31
9340 Veenhuizen DR 37 Ha 30
9341 Veenhuizen DR 35 Gc 30
9611 Veenhuizen DR 30 Ge 29
3881 Veenhuizerveld GE 47 Fd 35
7924 Veeningen DR 41 Gc 33
9298 Veenkloster FR 29 Ff 29
7844 Veenoord DR 42 Ge 32
9269 Veenwouden = Feanwâlden FR 28 Ff 29
4350 Veere ZE 50 De 39
4351* Veere ZE 50 Dd 39
9566 Veerlerveen GR 37 Ha 30
5995 Veers NB 65 Ga 41
9551 Veerster Veldhuis DR 37 Ha 31
8194 Veessen GE 41 Ga 34
8501 Vegelingsoard = Vegelinsoord FR 34 Fe 31
8501 Vegelinsoord = Vegelingsoard FR 34 Fe 31
5460* Veghel NB 54 Fd 39
5971 Veiling NB 65 Ga 40
1735 Veld NH 38 Ef 32
5944 Veld NB 55 Gb 40
2381 Veldbraak NB 63 Ef 40
6627 Velddijk GE 53 Fd 38
5334 Velddriel GE 53 Fb 38
5940 Velden LI 65 Gb 40
7255 Veldhoek GE 48 Gc 36
5500* Veldhoven NB 63 Fc 40
1692 Veldhuis NH 39 Fa 32
9541 Veldhuis, Vlagtwedder- GR 37 Ha 30
3454 Veldhuizen UT 45 Ef 36
6713 Veldhuizen GE 47 Fd 36
7983 Veldhuizen DR 35 Gb 31
7076 Veldhunten GE 55 Gc 37
5961 Veld-Oostenrijk NB 55 Ga 40
9354 Veldstreek GR 29 Gb 30
7251 Veldwijk GE 48 Gb 36
4507 Veldzicht ZE 59 Dd 40
4515 Veldzicht ZE 60 Dd 41
5363 Velp NB 54 Fe 38
6880 Velp GE 47 Ff 37
1950* Velsen NH 38 Ed 34
1950 Velsen-Noord NH 38 Ed 34
1980 Velsen-Zuid NH 38 Ed 34
7021 Velswijk GE 48 Gb 36
5804 Veltum LI 54 Ff 39
6624 Veluwe GE 53 Fc 38
8161 Vemde GE 41 Ga 34
5464 Ven NB 54 Fd 39
5595 Ven NB 64 Fd 40
5761 Ven NB 54 Fe 39
7792 Venebrugge OV 42 Ge 33
8423 Veneburen FR 35 Gb 31
8431 Venekoten FR 35 Gb 31
5428 Venhorst NB 54 Fe 39
1606 Venhuizen NH 39 Fb 33
5900* Venlo LI 65 Gb 40
5152 Venne Oost NB 53 Fa 38
5800 Venray LI 54 Ff 39
5691 Vensehoeve NB 54 Fc 39
5111 Venweg NB 52 Ef 40
6595 Ven-Zelderheide LI 54 Ff 38
5991 Vergelt NB 65 Ga 41
8331 Verlaat OV 35 Ga 32
1471 Verloren Einde NH 38 Ef 33
4871 Verloren Hoek NB 52 Ed 39
5691 Vernhout NB 53 Fc 39
5512 Vessem NB 63 Fb 40
7046 Vethuizen GE 48 Gb 37
5814 Veulen LI 55 Ff 40
4130 Vianen NB 46 Fa 37
5434 Vianen NB 54 Fe 38
7233 Vierakker GE 48 Gb 36
4273 Vierbannen NB 52 Ef 38
8076 Vierhouten GE 40 Ff 35
8763 Vierhuizen FR 34 Fc 30
9909 Vierhuizen GR 30 Gf 28
9975 Vierhuizen GR 29 Gb 28
5820 Vierlingsbeek NB 55 Ga 39
3237 Vierpolders ZH 51 Eb 37
5768 Vieruiterstein LI 64 Ff 40
9744 Vierverlaten GR 30 Gc 29
4251 Vijcie NB 52 Ef 38
4561 Vijfhoek ZE 61 Df 41
4726 Vijfhoek NB 51 Ec 39
2140 Vijfhuizen NH 38 Ee 34
5133 Vijfhuizen NB 52 Ef 39
6294 Vijlen LI 74 Ff 44
7004 Vijverberg GE 48 Gb 37
5941 Vilgert NB 65 Ga 40
5451 Vilheide NB 54 Fe 38
7122 't Villeken GE 48 Gd 37
5492 Villenbraken NB 54 Fc 39
7734 Vilsteren OV 41 Gc 33
6325 Vilt LI 74 Fe 43
6464 Vink LI 75 Ga 43
2064 Vinkebrug NH 38 Ee 34
8393 Vinkega FR 35 Ga 31
5380* Vinkel NB 54 Fc 38
5066 Vinkenberg NB 53 Fb 39
4724 Vinkenbroek NB 51 Ec 39
7739 Vinkenbuurt OV 41 Gc 33
3645 Vinkenkade UT 45 Ef 35
5975 Vinkepas NB 65 Ga 40
3645 Vinkeveen UT 45 Ef 35
9746 Vinkhuizen GR 30 Gc 29
4703 Visberg NB 51 Ec 39
9151 Visbuurt FR 28 Ff 28
4707 Visdonk NB 52 Ec 39
8724 Vissersburen FR 33 Fd 31
6116 Visserweert LI 74 Fe 42
9845 Visvliet GR 29 Gb 29
9674 Vitusholt GR 31 Gf 30
4451 't Vlaandertje ZE 50 De 40
3130* Vlaardingen ZH 44 Eb 37
6086 Vlaas LI 64 Ff 41
5845 Vlagberg NB 54 Fe 39
9540 Vlagtwedde GR 37 Ha 30
9541 Vlagtwedder-Veldhuis GR 37 Ha 30
4417 Vlake ZE 51 Ea 40
5712 Vlas NB 64 Fe 40
8380 Vledder DR 35 Gb 31
9591 Vledderhuizen GR 37 Ha 30
8385 Vledderveen DR 35 Gb 31
9585 Vledderveen GR 37 Ha 31
4725 Vleet NB 51 Ec 40
5492 Vleut NB 53 Fc 39
3450 Vleuten, De Meern UT 45 Ef 36
5985 Vliegert LI 64 Ff 40
7742 Vlieghuis DR 42 Ge 33
2641 Vlieland ZH 44 Ec 36
5056 Vlierakkers NB 53 Fa 39
5756 Vlierden NB 54 Fe 40
2851 Vliet ZH 45 Ef 36
2252 Vlietwijk GE 44 Ec 36
5250 Vlijmen NB 53 Fb 38
4380* Vlissingen ZE 50 Dc 40
2851 Vlist ZH 45 Ee 37
6063 Vlodrop LI 65 Ga 42
6063 Vlodrop-Statjon LI 65 Ga 42
5094 Vloeieind NB 63 Fa 40
6846 't Vlot GE 47 Fe 37
3225 Vlotbrug ZH 51 Eb 37
5411 Voederheil NB 54 Fd 38
6367 Voerendaal LI 74 Ff 43
3314 Vogelbuurt ZH 52 Ed 38
2114 Vogelenzang NH 38 Ed 35
5427 Vogelenzang NB 54 Fe 39
6611 Vogelenzang GE 54 Fe 38
4581 Vogelfort ZE 61 Df 40
6026 Vogelsberg NB 64 Fd 41
4214 Vogelswerf GE 53 Fa 37
4580 Vogelwaarde ZE 61 Df 41
3584 Vohenhove UT 46 Fb 36
4411 Völckerdorp ZE 61 Eb 40
5581 Voldijn NB 64 Fc 40
1130* Volendam, Edam- NH 39 Fa 34
5408 Volkel NB 54 Fd 39
8325 Vollenhove OV 40 Ff 32
7596 Volthe OV 42 Gf 34
2270* Voorburg ZH 44 Ec 36
5721 Voordeldonk NB 64 Fe 40
5254 Voordijk NB 53 Fb 38
6996 Voor-Drempt GE 48 Gb 36
5096 Vooreind NB 63 Fa 40
2624 Voorhof ZH 44 Ec 37
2215 Voorhout ZH 44 Ec 35
6624 Voorne GE 53 Fc 38
8857 Voorrijp FR 28 Fc 29
2250* Voorschoten ZH 44 Ec 36
6061 Voorst LI 65 Ga 42
7083 Voorst GE 55 Gc 37
7383 Voorst GE 48 Ga 36
5556 Voorste Brug NB 63 Fc 41
5541 Voorste Heikant NB 63 Fa 40
6061 Voorsterveld LI 65 Ga 42
6975 Voorstonden GE 48 Ga 36
5561 Voort NB 63 Fc 40
5091 Voorteind NB 53 Fb 40
3780 Voorthuizen GE 46 Fd 35
5731 Voortje NB 64 Fd 40
2391 Voorweg ZH 45 Ed 36
8193 Vorchten GE 41 Ga 34
7250 Vorden GE 48 Gb 36
5281 Vorst NB 53 Fb 39
5476 Vorstenbosch NB 54 Fd 39
5827 Vortum-Mullem NB 54 Ff 39
5981 Vosberg LI 64 Ff 40
5111 Voske NB 63 Ef 40
8091 Voskuil OV 40 Ff 34
3832 Voskuilen UT 46 Fc 36
7753 Vossebelt DR 42 Ge 32
9584 Vosseberg GR 37 Ha 31
5721 Vosselen NB 64 Fe 40
5126 Vossenberg NB 52 Ef 39
5424 Vossenberg NB 54 Fe 39
7156 Vossenberg GE 48 Gd 36
6663 Vossenpels GE 54 Ff 37
7134 Vragender GE 48 Gd 37
6003 Vrakker LI 64 Fd 41
6851 Vredenburg GE 47 Ff 37
9444 Vredenheim DR 36 Gd 31
5813 Vredepeel LI 54 Ff 39
4661 Vrederust NB 51 Eb 39
3633 Vreeland UT 45 Fa 35
3433 Vreeswijk UT 46 Fa 36
3075 Vreewijk ZH 51 Ed 37
6414 Vrieheide LI 74 Ff 43
9480 Vries DR 36 Gd 30
9699 Vriescheloo GR 37 Ha 30
2451 Vriezekoop ZH 45 Ee 35
7670 Vriezenveen OV 42 Gd 34
7676 Vriezenveensewijk, Westerhaar- OV 42 Gd 34
5853 Vrij LI 55 Ga 39
2445 Vrijhoeven GE 45 Ee 36
5298 Vrilkhoven NB 53 Fb 39
6255 Vroelen LI 74 Fe 44
4703 Vroenhout NB 51 Ec 39
7681 Vromshoop OV 41 Gd 34
2441 Vrouwenakker ZH 45 Ee 35
9077 Vrouwenparocme FR 28 Fe 29
4354 Vrouwenpolder ZE 50 Dd 39
4838 Vuchtschoot NB 52 Ee 39
5260* Vught NB 53 Fb 39
2975 Vuilendam ZH 52 Ef 37
7925 Vuile Riete DR 42 Gc 33
4214 Vuren GE 53 Fa 38
3264 Vuurbaken ZH 51 Ec 38

W

Waaksens FR 27 Fd 30
Waaksens FR 28 Ff 28
6369 Waalbroek LI 74 Ff 44
5580 Waalre NB 63 Fc 40
5140* Waalwijk NB 53 Fa 38
4421 Waanskinderen ZE 50 Df 40
9943 't Waar GR 30 Gf 29
4414 Waarde ZE 61 Ea 40
4180 Waardenburg GE 53 Fb 37
3466 Waarder ZH 45 Ee 36
4283 Waardhuizen NB 53 Fa 38
1738 Waarland NH 38 Ee 32
6035 Waatskamp LI 64 Fe 41
7754 Wachtum DR 42 Ge 32
1741 't Wad NH 32 Ee 32
2740 Waddinxveen ZH 45 Ed 36
2740* Waddinxveen ZH 45 Ed 36
4014 Wadenoijen GE 53 Fc 37
1715 Wadway NH 38 Ef 32
9989 Wadwerd GR 30 Gd 28
4845 Wagenberg NB 52 Ee 39
9945 Wagenborgen GR 30 Gf 29
6705 Wageningen GE 47 Fd 37
6286 Wahlwiller LI 74 Ff 44
6741 Walderveen GE 46 Fd 36
6343 Walem LI 74 Ff 43
5561 Walik NB 63 Fc 40
7077 Wals GE 56 Gc 37
5752 Walsberg NB 54 Fe 40
5449 Walsert NB 54 Ff 39
4588 Walsoorden ZE 61 Ea 40
6659 Wamel GE 54 Fc 37
8636 Wammert FR 28 Fe 30
5042 Wandelbos NB 53 Fa 39
7946 Wanneperveen OV 41 Ga 32
5446 Wanroij NB 54 Fe 39
5860 Wanssum LI 55 Ga 39
9178 Wânswert FR 28 Ff 29
8190 Wapenveld GE 41 Ga 34
7983 Wapse DR 35 Gb 31
8350 Wapserveen DR 35 Gb 32
4904 Warande NB 52 Ee 39
1473 Warder NH 38 Fa 33

9989 Warffum GR 29 Gd 28
9989 Warffumerklooster GR 30 Gd 28
9963 Warfhuizen GR 29 Gc 28
9293 Warfstermolen = Warfstermûne FR 29 Gb 29
7231 Warken GE 48 Gb 36
7046 Warm GE 48 Gb 37
1749 Warmenhuizen NH 38 Ee 32
2360 Warmond ZH 44 Ed 35
9245 Warniahuizen FR 34 Ff 30
8720 Warns FR 33 Fc 31
7230 Warnsveld GE 48 Gb 36
8939 Warstiens FR 28 Ff 30
9003 Warten FR 28 Ff 30
9949 Wartumerklap GR 31 Ha 29
8434 Waskemeer FR 35 Gb 30
5165 Waspik NB 52 Ef 38
5165 Waspik Zuid NB 52 Ef 38
2240* Wassenaar GE 44 Eb 36
7021 Wassinkbrink GE 48 Gb 37
1969 Waterakkers NH 38 Ed 33
8438 Wateren DR 35 Gb 31
1454 Watergang NH 38 Ef 34
7271 Waterhoek GE 48 Gd 36
9608 Waterhuizen DR 30 Gd 29
2290 Wateringen ZH 44 Eb 36
1732 Wateringskant NH 32 Ef 32
4664 Waterkant NB 51 Eb 39
3205 Waterland ZH 51 Ec 38
4508 Waterlandkerkje ZE 59 Dd 41
5087 Waterstraat NB 53 Fa 40
1191 Waver NH 45 Ef 35
3646 Waverveen UT 45 Ef 35
6086 Waye LI 65 Ga 41
2134 Weberbuurt NH 38 Ed 35
9698 Wedde GR 37 Ha 30
9698 Wedderheide GR 37 Ha 30
9697 Wedderveer GR 37 Ha 30
5571 Weebosch NB 63 Fb 41
9541 Weende GR 37 Ha 31
6081 Weerd, De LI 64 Ff 42
7814 Weerdinge DR 36 Gf 32
2181 Weerestein ZH 38 Ed 35
8377 Weerribben OV 34 Ff 32
7595 Weerselo OV 42 Gf 34
6004 Weert LI 64 Fe 41
6222 Weert LI 74 Fe 43
7961 Weerwille DR 41 Gb 32
1380 Weesp NH 39 Fa 35
6536 Weezenhof GE 54 Fe 38
9964 Wehe-den Hoorn GR 29 Gc 28
7030 Wehl GE 48 Gb 37
5591 Weibossen NB 64 Fd 40
9024 Weidum FR 28 Fe 30
7742 Weijerswold DR 42 Ge 33
2415 Weijland ZH 45 Ee 36
2415 Weijport ZH 45 Ee 36
4884 Weimeren NB 52 Ed 40
2381 Weipoort ZH 44 Ed 36
9541 Weite GR 37 Ha 30
7765 Weiteveen DR 43 Gf 33
1551 Weiver NH 38 Ee 34
9936 Weiwerd GR 30 Gf 29
6733 Wekerom GE 47 Fe 36
4651 Welberg NB 51 Ec 39
7625 Weleveld OV 42 Ge 35
5325 Well GE 53 Fb 38
5855 Well LI 55 Ga 39
5856 Wellerlooi LI 55 Ga 39
5325 Wellseind GE 53 Fb 38
5658 Welschap, Vliegveld NB 63 Fc 40
7722 Welsum OV 41 Gb 33
8196 Welsum OV 47 Ga 34
7396 Welsumerveld GE 41 Ga 35
6669 Wely GE 47 Fe 37
4424 Wemeldinge ZE 50 Df 39
7921 Wemmenhove DR 41 Gc 32
6983 Wemmersweerd GE 47 Ga 36
7345 Wenum GE 47 Ff 35
8432 Weper FR 35 Gb 30
6575 Wercheren GE 54 Ff 37
4373 Werendijke ZE 50 Dc 39
9005 Wergea FR 28 Ff 30
4250 Werkendam NB 52 Ee 38
2321 Werkhoven NB 52 Ee 40
3985 Werkhoven UT 46 Fb 36
4884 Wernhout NB 52 Ed 40
4884 Wernhoutsburg NB 62 Ed 40
5835 Werveld NB 54 Ff 38
8198 Werven GE 41 Ga 34
1693 Wervershoof NH 39 Fa 32
8124 Wesepe OV 41 Gb 35
7546 Wesseler Brink OV 49 Gf 35
6019 Wessem LI 64 Ff 42
8085 Wessinge GE 40 Fe 34
9591 Wessinghuizen GR 37 Ha 30
9551 Wessingtange DR 37 Ha 31
8881 West aan Zee FR 27 Fb 28
1464 Westbeemster NH 38 Ef 33
3615 Westbroek UT 46 Fa 36
9534 Westdorp DR 36 Ge 31
4554 Westdorpe ZE 60 De 41
3351 Westeind ZH 52 Ed 38
9611 Westeind GR 30 Ge 30
9697 Westeind GR 31 Ha 30
9944 Westeind GR 31 Gf 29
1647 Westeinde NH 38 Ef 33
2381 Westeinde GE 44 Ec 36
Westeinde DR 35 Gb 32
Westeinde DR 41 Ga 32
5091 Westelbeers NB 53 Fb 40
1231 West-End UT 45 Fa 35
7054 Westendorp GE 48 Gc 37
8166 Westendorp GE 40 Ff 35
6732 Westeneng GE 47 Fe 36
7814 Westenesch DR 36 Gf 32
8042 Westenholte OV 41 Ga 33
4328 Westenschouwen ZE 50 De 38
5843 Westerbeek NB 54 Ff 39
1628 Westerblokker NH 39 Fa 33
9430 Westerbork DR 36 Gd 31
9608 Westerbroek GR 36 Gd 29
9781 Westerdijkshorn GR 30 Gd 29
9922 Westeremden GR 30 Ge 28
8571 Westerend Harich FR 33 Fd 31
1406 Westereng UT 46 Fa 35
9295 Westergeest = Westergeast FR 29 Ff 29
7676 Westerhaar-Vriezenveensewijk OV 42 Gd 34
9989 Westerhorn GR 30 Gd 28
5563 Westerhoven NB 63 Fc 41
1778 Westerklief NH 32 Ef 31
1648 Wester-Koggenland NH 38 Ef 33
1778 Westerland NH 32 Ef 31
2676 Westerlee ZH 44 Eb 37
9678 Westerlee GR 31 Gf 30
1791 Westermient NH 32 Ee 30
9969 Westernieland GR 30 Gc 28
9073 Westernijtsjerk FR 28 Fe 29
7761 Westerse Bos DR 42 Gf 32
9989 Westervalge GR 29 Gd 28
7970* Westerveld DR 35 Gb 32
9337 Westervelde DR 35 Gc 30
7478 Westervlier OV 48 Gd 35
6930 Westervoort GE 47 Ff 37
5087 Westerwijk NB 53 Fa 40
9993 Westerwijtwerd GR 30 Gd 29
9862 Westerzand GR 29 Gb 29
1906 Westerzij NH 38 Ed 33
7678 West Geesteren OV 42 Ge 34
1486 West-Graftdijk NH 38 Ee 33
8658 Westhem = Westhim FR 33 Fd 30
9079 Westhoek FR 27 Fd 29
4360 Westkappelle ZE 50 Dc 39
1525 West-Knollendam NH 38 Ee 33
2291* Westland ZH 44 Ea 36
3273 Westmaas ZH 52 Ec 38
6658 West Maas en Waal GE 54 Fc 37
3252 West Nieuwland ZH 50 Df 38
3191 Westpunt ZH 51 Ec 37
4841 Westrik NB 52 Ee 39
9773 Westsinge GR 29 Gd 29
8880 West-Skylge = West-Terschelling FR 27 Fb 28
4385 West-Souburg ZE 50 Dd 40
8880 West-Terschelling = West-Skylge FR 27 Fb 28
3233* Westvoorne ZH 51 Ea 37
1617 Westwoud NH 39 Fa 32
1550 Westzaan NH 38 Ee 34
1551 Westzaner Overtoom NH 38 Ee 34
8363 Wetering OV 34 Ff 32
2156 Weteringbrug NH 45 Ed 35
9121 Wetsens FR 29 Ff 28
6550 Weurt GE 54 Fe 37
2988 Wever ZH 52 Ed 37
5815 Weverslo LI 54 Ff 39
6604 Wezel GE 54 Fe 37
8090 Wezep GE 41 Ga 34
7852 Wezup DR 36 Ge 32
7853 Wezuperbrug DR 36 Ge 31
1443 Wheermolen NH 38 Ef 33
7234 Wichmond GE 48 Gb 36
9143 Wie FR 29 Ff 28
3316 Wieldrecht ZH 52 Ed 38
7081 Wieken GE 55 Gc 37
5973 Wielden NB 55 Ga 40
5954 Wieler LI 65 Ga 41
3084 Wielewaal ZH 51 Ec 37
5293 Wielsche NB 53 Fc 39
7495 Wiene OV 49 Gd 35
7251 Wientjesvoort GE 48 Gc 36
9043 Wier FR 28 Fd 29
7640 Wierden OV 42 Gd 34
9911 Wierhuizen GR 30 Ge 28
9968 Wierhuizen GR 29 Gc 28
1766 Wieringerwaard NH 32 Ee 31
1770 Wieringerwerf NH 33 Fa 31
9140 Wierum FR 29 Ff 28
9833 Wierum GR 29 Gd 29
9774 Wierumerschouw GR 30 Gc 29
7345 Wiesel GE 47 Ff 35
5482 Wijbosch NB 54 Fc 39
6600* Wijchen GE 54 Fe 38
8561 Wijckel = Wikel FR 34 Fd 31
1230* Wijdemeren NH 45 Fa 35
1608 Wijdenes NH 39 Fa 33
1456 Wijdewormer NH 38 Ef 34
4201 Wijdschild ZH 52 Ef 38
8130 Wijhe OV 41 Ga 34
1949 Wijk aan Zee NH 38 Ed 34
3960* Wijk bij Duurstede UT 46 Fb 37
4260 Wijk en Aalburg NB 53 Fa 38
6320 Wijlre LI 74 Ff 43
1697 Wijmers NH 39 Fa 33
8857 Wijnaldum = Winaam FR 28 Fc 29
6363 Wijnandsrade LI 74 Ff 43
7048 Wijnbergen GE 48 Gb 37
8161 Wijnbergen GE 41 Ga 35
3366 Wijngaarden ZH 52 Ee 37
9240 Wijnjewoude = Wynjewâld FR 35 Gb 30
9418 Wijster DR 35 Gd 32
8026 Wijthmen OV 41 Gb 34
1688 Wijzemd NH 39 Fa 32
5455 Wilbertoord NB 54 Fe 39
7241 Wildenborch GE 48 Gc 36
9501 Wildeplaats GR 36 Gf 30
9939 Wilderhof GR 30 Gf 29
4881 Wildert NB 52 Ee 40
9648 Wildervank GR 36 Ge 30
9663 Wildervanksterdallen GR 36 Gf 30
4475 Wilhelminadorp ZE 50 Df 39
5684 Wilhelminadorp NB 53 Fc 40
8384 Wilhelminaoord DR 35 Ga 31
7843 Wilhelmsoord DR 36 Gf 32
5465 Willebrordus-Hoek NB 53 Fd 39
3316 Willemsdorp ZH 52 Ed 38
8338 Willemsoord OV 35 Ga 32
4797 Willemstad NB 51 Ec 38
8428 Willemstad FR 35 Gc 31
9363 Willemstad GR 29 Gb 30
3417 Willeskop UT 45 Ef 36
2871 Willige-Langerak ZH 45 Ef 37
3648 Wilnis UT 45 Ef 35
7384 Wilp GE 48 Ga 35
7384 Wilp-Achterhoek GE 47 Ga 35
8274 Wilsum OV 40 Ff 33
2266 Wilsveen ZH 44 Ec 36
1934 Wimmenum NH 38 Ed 33
8857 Winaam = Wijnaldum FR 28 Fc 29
9495 Winde DR 29 Gd 30
8015 Windesheim OV 41 Ga 34
1730 Winkel NH 32 Ef 32
5071 Winkel NB 53 Fa 39
6021 Winkel NB 64 Fd 41
7021 Winkelshoek GE 48 Gb 37
5731 Winkelstraat NB 64 Fd 40
9794 Winnerweer GR 30 Ge 29
9670* Winschoten GR 31 Ha 30
9674 Winschoterhoogeburg GR 31 Ha 30
6645 Winssen GE 54 Fe 37
8830 Winsum FR 28 Fd 30
9950 Winsum GR 29 Gd 29
5513 Wintelre NB 53 Fb 40
7100* Winterswijk GE 49 Ge 37
6367 Winthagen LI 74 Ff 43
7245 Wippert GE 48 Gc 35
2624 Wippolder ZH 44 Ec 37
8024 Wipstrik OV 41 Ga 33
9917 Wirdum GR 30 Ge 29
9088 Wirdum = Wurdum FR 28 Fe 30
9918 Wirdumerdraai DR 30 Ge 29
6039 Wisbroek LI 64 Fe 41
4472 Wissekerke ZE 50 De 39
8162 Wissel GE 47 Ff 34
4824 Wisselaar NB 52 Ee 39
4490 Wissenkerke ZE 50 De 39
6089 Witdonk NB 64 Ff 41
7738 Witharen OV 41 Gc 33
8748 Witmarsum = Wytmarsum FR 34 Fc 30
5521 Witrijt NB 63 Fb 41
7021 Wittebrink GE 48 Gb 36
7986 Wittelte DR 35 Gb 32
6286 Wittem LI 74 Ff 44
9408 Witten DR 36 Gc 31
3224 Wittenshoeck ZH 51 Ea 38
8339 Witte Paarden OV 35 Ga 32
7964 Witteveen DR 35 Gc 32
9439 Witteveen DR 36 Gd 32
9793 Wittewierum GR 30 Ge 29
8636 Wiuwert FR 28 Fe 30
8801 Wjelsryp FR 28 Fd 30
4634 Woensdrecht NB 61 Eb 40
5628 Woensel NB 54 Fc 40
6628 Woerd GE 53 Fd 37
3440* Woerden UT 45 Ee 36
3652 Woerdense Verlaat ZH 45 Ef 36
7351 Woeste Hoeve GE 47 Ff 36
6604 Woezik GE 54 Fe 38
1643 Wogmeer NH 38 Ef 33
1687 Wognum NH 38 Ef 32
8191 Wolbert GE 41 Ga 34
9946 Woldendorp GR 31 Ha 29
7021 Wolfershoeve GE 48 Gc 36
6291 Wolfhaag LI 74 Ff 44
6874 Wolfheze GE 47 Fe 36
6668 Wolfkamp GE 47 Fe 37
9606 Wolfsbarge GR 30 Ge 30
7905 Wolfsbos DR 42 Gc 32
5421 Wolfsbosch NB 54 Fe 39
5511 Wolfshoek NB 63 Fc 40
5735 Wolfsput NB 54 Fd 39
9545 Wollingboermarke GR 37 Hb 31
9541 Wollinghuizen GR 37 Ha 31
4470 Wolphaartsdijk ZE 50 De 39
5251 Wolput NB 53 Fb 38
8774 Wolsum FR 33 Fd 30
9795 Woltersum GR 30 Ge 29
8470 Wolvega = Wolvegea FR 34 Ff 31
1520 Wormerveer NH 38 Ee 34
8730 Wommels FR 28 Fd 30
8761 Wonneburen FR 34 Fc 30
8753 Wons = Wûns FR 33 Fc 30
7108 Woold GE 49 Ge 37
5266 Woonoord NB 53 Fb 39
6613 Woord GE 54 Fe 38
5324 Wordragen GE 53 Fb 38
8710 Workum = Warkum FR 33 Fc 31
1530 Wormer NH 38 Ee 34
6611 Worsum GE 54 Fe 38
2480 Woubrugge ZH 45 Ed 36
3862 Woud GE 46 Fd 35
5275 Woud NB 53 Fc 39
9618 Woudbloem DR 30 Ge 29
3930 Woudenberg UT 46 Fc 36
4285 Woudrichem NB 53 Fa 38
2481 Woudse Dijk ZH 45 Ed 35
8550 Woudsend = Wâldsein FR 34 Fd 31
2636 't Woudt ZH 44 Eb 37
9104 Wouterswoude = Wâlterswâld FR 29 Ff 29
4724 Wouw NB 51 Ec 39
4725 Wouwse Hil NB 51 Ec 40
4725 Wouwse Plantage NB 51 Ec 40
5753 Wreewijk NB 54 Fe 40
6211 Wyck LI 74 Fe 43
9051 Wyns FR 28 Ff 29
9089 Wytgaard FR 28 Fe 30

X

–

Y

9494 Yde DR 30 Gd 30
4400 Yerseke ZE 51 Ea 40
4401 Yersekendam ZE 51 Ea 40
8554 Ypecolsga FR 34 Fd 31
8633 Ysbrechtum FR 34 Fd 30
5813 Ysselsteyn LI 55 Ff 40

Z

4543 Zaamslag ZE 60 Df 41
4543 Zaamslagveer ZE 60 Df 41
1506 Zaandam NH 38 Ee 34
1544 Zaandijk NH 38 Ee 34
1500* Zaanstad NH 38 Ee 34
5761 Zaarvlaas NB 54 Fe 39
8276 Zalk OV 40 Ff 33
3192 Zalmplaat ZH 51 Ec 37
8025 Zalné OV 41 Ga 34
5300 Zaltbommel GE 53 Fb 38
1756 't Zand NH 32 Ee 31
4335 't Zand ZE 50 Dd 39
5044 't Zand NB 53 Fa 39
5131 't Zand NH 52 Ef 40
5761 Zand NB 54 Fe 39
5831 't Zand NB 54 Ff 39
6663 Zand GE 54 Ff 37
8051 't Zand GE 41 Ga 33
4119 Zandberg GE 46 Fc 37
5988 Zandberg ZE 65 Ga 40
5991 Zandberg LI 65 Ga 40
Zandberg DR 37 Ha 31
Zandberg ZE 61 Ea 41
9286 Zandbulten FR 29 Ff 29
4351 Zanddijk ZE 50 Dd 39
5133 Zandeind NB 52 Ef 39
9997 Zandeweer GR 30 Ge 28
6691 Zandheuvel Kapel GE 54 Ff 37

5427 Zandhoek NB 54 Fd 39
5807 Zandhoek LI 55 Ga 39
8389 Zandhuizen FR 35 Gb 31
5074 Zandkant NB 53 Fa 39
5845 Zandkant NB 54 Ff 39
5507 Zandoerle NB 63 Fc 40
4542 Zandplaat ZE 60 De 41
7764 Zandpol DR 42 Gf 32
5161 Zandschel NB 52 Ef 39
9987 't Zandstervoorwerk GR 30 Ge 28
4551 Zandstraat ZE 60 De 41
9698 Zandstroom GR 37 Ha 30
9915 't Zandt GR 30 Ge 28
2040 Zandvoort NH 38 Ec 34
6691 Zandvoort GE 54 Ff 37
9511 Zandvoort DR 36 Ge 30
1715 Zandwerven NH 38 Ef 32
4286 Zandwijk NB 52 Ef 38
1862 Zanegeest NH 38 Ee 32
7038 Zeddam GE 48 Gb 37
4132 Zederik UT 46 Fa 37
4230* Zederik ZH 45 Ef 37
4589 Zeedorp ZE 60 Df 40
4567 Zeegat ZE 61 Ea 41
9483 Zeegse DR 36 Gd 30
5410 Zeeland NB 54 Fe 38
6566 Zeeland GE 55 Ga 37
5556 Zeelberg NB 64 Fc 40
5856 Zeelberg NB 55 Ga 39
5871 Zeelberg NB 55 Ga 40
9914 Zeerijp GR 30 Ge 28
7731 Zeesse OV 41 Gc 33
3891* Zeewolde FL 40 Fc 35
4735 Zegge NB 52 Ec 39
5752 Zeilberg NB 55 Ff 40
3700* Zeist UT 46 Fb 36
7495 Zeldam OV 49 Gd 35
6595 Zelderheide, Ven- LI 55 Ga 38
3828 Zeldert GE 46 Fc 35
5981 Zelen LI 64 Ff 41
7020 Zelhem GE 48 Gc 36
5066 Zelt NB 53 Fb 39
7625 Zenderen OV 42 Ge 35
4061 Zennewijnen GE 53 Fc 37
5071 Zeshoeven NB 53 Fa 39
9363 Zethuis GR 29 Gb 30
6670 Zetten GE 47 Fe 37
4031 Zeven GE 46 Fc 37
6900* Zevenaar GE 48 Ga 37
4760 Zevenbergen NB 52 Ed 39
4765 Zevenbergsen Hoek NB 52 Ee 38
5595 Zevenbuizen NB 64 Fd 40
3411 Zevender ZH 45 Ef 37
2435 Zevenhoven ZH 45 Ee 35
5411 Zevenhuis NB 54 Fd 38
1794 Zevenhuizen NH 32 Ef 30
2374 Zevenhuizen ZH 45 Ed 35
2760 Zevenhuizen ZH 45 Ed 36
3751 Zevenhuizen UT 46 Fc 35
4794 Zevenhuizen NB 51 Ec 39
9998 Zevenhuizen GR 30 Gd 28
Zevenhuizen GR 29 Gb 30
Zevenhuizen GR 30 Gd 29
9491 Zeyen DR 35 Gd 30
9336 Zeyerveen DR 36 Gc 30
9488 Zeyerveld DR 36 Gc 30
7075 Ziek GE 48 Gb 37
4300 Zierikzee ZE 50 Df 39
7136 Zieuwent GE 48 Gc 36
1421 Zijdelwaard NH 45 Ee 35
4122 Zijderveld UT 46 Fa 37
1736 Zijdewind NH 32 Ee 32
9987 Zijldijk GR 30 Ge 28
5428 Zijp NB 54 Fe 39
1750* Zijpe NH 32 Ee 32
1873 Zijpersluis NH 38 Ee 32
5465 Zijtaart NB 54 Fd 39
7371 Zilven GE 47 Ga 36
6852 Zilverkamp GE 47 Ff 37
3262 Zinkweg ZH 51 Ec 38
6077 Zittard LI 65 Ff 42
5511 Zitterd NB 63 Fc 40
7597 Zoeke OV 42 Ge 35
4010 Zoelen GE 46 Fc 37
4110 Zoelmond GE 46 Fb 37
7983 Zoerte DR 35 Gb 31
2722 Zoeterhage ZH 44 Ed 36
2700* Zoetermeer ZH 44 Ed 36
2380 Zoeterwoude ZH 44 Ed 36
2380 Zoeterwoude-Dorp ZH 44 Ec 36
2382 Zoeterwoude-Rijndijk ZH 45 Ed 36
5384 Zoggel NB 54 Fc 38
7637 Zollamt OV 42 Gf 34
9945 Zomerdijk GR 31 Gf 29
5465 Zondveld NB 54 Fd 39
4316 Zonnemaire ZE 50 Df 38
4623 Zoomvliet NB 51 Ec 40
5025 Zorgvlied NB 53 Fa 39
8437 Zorgvlied DR 35 Gb 31
4374 Zoutelande ZE 50 Dc 40
3137 Zouteveen ZH 44 Ec 37
9974 Zoutkamp GR 29 Gb 28
9636 Zudbroek GR 30 Gf 30
7821 Zuidbarge DR 36 Gf 32
3284 Zuid-Beijerland ZH 51 Ec 38
2861 Zuidbroek ZH 45 Ee 37
2381 Zuidbuurt GE 44 Ed 36
5411 Zuid Carolina NB 54 Fe 38
4574 Zuiddorpe ZE 60 Df 41
1796 Zuid-Eierland NH 26 Ee 30
9525 Zuideind DR 36 Gf 31
1566 Zuideinde NH 38 Ee 34
1825 Zuideinde NH 38 Ee 33
2445 Zuideinde ZH 45 Ee 36
8278 Zuideinde GE 40 Ff 34
8355 Zuideinde DR 41 Ga 32
9761 Zuidelnde DR 30 Gd 30
9663 Zuiderkolonie GR 36 Gf 30
1652 Zuidermeer NH 38 Ef 33
7913 Zuideropgaande DR 42 Gd 32
9678 Zuiderveen GR 31 Gf 30
1153 Zuiderwoude NH 39 Fa 34
4625 Zuidgeest NB 51 Eb 40
2421 Zuidhoek ZH 45 Ee 36
9800 Zuidhorn GR 29 Gc 29
9474 Zuidlaarderveen DR 36 Ge 30
3214 Zuidland ZH 51 Eb 38
9470 Zuidlaren DR 36 Ge 30
7437 Zuidloo OV 48 Gb 35
1460 Zuidoostbeemster NH 38 Ef 33
2751* Zuidplas ZH 45 Ed 36
1722 Zuid-Scharwoude NH 38 Ee 32
1846 Zuidschermer NH 38 Ee 33
1641 Zuid-Spierdijk NH 38 Ef 33
8343 Zuidveen OV 35 Ga 32
9432 Zuidveld DR 36 Gd 31
9335 Zuidvelde DR 36 Gc 30
9644 Zuidwending GR 36 Gf 30
3085 Zuidwijk ZH 52 Ec 37
7206 Zuidwijken GE 48 Gb 36
7920 Zuidwolde DR 42 Gc 32
9785 Zuidwolde GR 30 Gd 29
4505 Zuidzande ZE 60 Dc 40
2411 Zuidzijde ZH 45 Ee 36
3258 Zuidzijde ZH 51 Eb 38
3264 Zuidzijde ZH 51 Ec 38
3554 Zuilen UT 46 Fa 36
3438 Zuilenstein UT 46 Fa 36
5305 Zuilichem GE 53 Fa 38
7466 Zuna OV 41 Gd 35
1027 Zunderdorp NH 38 Ef 34
4880 Zundert NB 52 Ee 40
8181 Zuppeld GE 41 Ga 34
8751 Zurich = Surch FR 27 Fc 30
7200* Zutphen GE 48 Gb 36
8166 Zuuk GE 40 Ff 35
9966 Zuurdijk GR 29 Gc 28
3232 Zuurlang ZH 51 Ea 37
1689 Zwaag NH 39 Fa 32
1680* Zwaagdijk-Oost NH 39 Fa 32
1680* Zwaagdijk-West NH 39 Fa 32
9270 Zwaagwesteinde = Westerein, De FR 29 Ff 29
2136 Zwaanshoek NH 38 Ed 35
9299 Zwagerbosch FR 29 Ff 29
2470 Zwammerdam ZH 45 Ee 36
3291 Zwanegat ZH 52 Ec 38
1161 Zwanenburg NH 38 Ee 34
5973 Zwanenheike NB 55 Ga 40
3785 Zwartebroek GE 46 Fd 35
8077 Zwarte Goor GE 40 Fe 34
9079 Zwarte Haan = Swarte Haan FR 28 Fd 29
7894 Zwartemeer DR 43 Ha 32
4871 Zwartenberg NB 52 Ed 39
8265 Zwartendijk OV 40 Ff 33
3238 Zwartewaal ZH 51 Eb 37
8064 Zwartewaters-Klooster OV 41 Ga 33
7934 Zwartschaap DR 35 Gd 32
8064 Zwartsluis OV 41 Ga 33
3284 Zwartsluisje ZH 51 Eb 38
6921 Zweekhorst GE 47 Ga 37
7851 Zweeloo DR 36 Ge 32
8814 Zweins FR 28 Fd 29
2991 Zwet ZH 52 Ed 37
3046 Zweth ZH 44 Ec 37
7241 Zwiep GE 48 Gc 36
9433 Zwiggelte DR 36 Gd 31
3332* Zwijndrecht ZH 52 Ed 38
5491 Zwijnsberge NB 53 Fd 39
7864 Zwinderen DR 42 Ge 32
4793 Zwingelspaan NB 52 Ec 39
7152 Zwolle GE 49 Gd 36
8000* Zwolle OV 41 Ga 33

Kanton · Canton · Kanton · Canton
Cantone · Cantón · Cantão · Kanton
Kanton · Kanton · Kanton · Kanton

CA Capellen
CL Clerf/Clervaux/Klierf
DI Diekirch
EC Echternach
ES Esch-sur-Alzette
GR Grevenmacher
LU Luxembourg/Lëtzebuerg
ME Mersch
RD Redange/Redingen
RM Remich
VD Vianden
WI Wiltz

A

9462 Abweiler ES 99 Ga 51
Ackerscheid CL 91 Ga 49
Aechelbour ME 91 Gb 50
Aessen ES 98 Ff 51
5401 Ahn GR 98 Gc 51
9631 Allerborn CL 90 Ff 48
9632 Alscheid WI 90 Ga 49
6150 Altlinster GR 98 Gb 50
6225 Altrier ME 98 Gb 50
5670* Altwies RM 98 Gb 51
5815* Alzingen LU 98 Gb 51
7410 Angelsberg ME 99 Ga 50
7411 Ansembourg RD 98 Ga 50
Antoniushaff CL 90 Ff 48
8808 Arsdorf RD 98 Ff 49
5717* Aspelt ES 98 Gb 51
5402 Assel RM 98 Gb 51
9940 Asselborn CL 90 Ff 48
7392 Asselscheuer ME 99 Ga 50

B

Banert CL 91 Ga 48
Banzelt GR 98 Gc 50
9942 Basbellain CL 90 Ff 48
4930 Bascharage CA 98 Ff 51
4930 Bascharage Gare CA 98 Ff 51
9633 Baschleiden WI 98 Fe 49
9351* Bastendorf VD 99 Ga 49
9635 Bavigne WI 90 Ff 49
6310* Beaufort EC 91 Gb 50
6230* Bech EC 98 Gc 50
5405* Bech-Kleinmacher RM 98 Gb 51
8523* Beckerich RD 98 Ff 50
Beforterhaed EC 98 Gb 49
Beggen LU 99 Ga 51
Behlen GR 98 Gb 50
6235 Beidweiler GR 98 Gb 50
9944 Beiler CL 91 Ga 47
Belair LU 99 Ga 51
4477* Belvaux ES 98 Ff 51
6831 Berbourg GR 98 Gc 50
Berburgerhaff GR 98 Gc 50
Berchem ES 99 Ga 51
6550* Berdorf EC 91 Gc 50
7430* Béreldange LU 99 Ga 51
6922* Berg GR 98 Gc 50
7701* Berg, Colmar- GR 91 Ga 50
3316* Bergem ES 98 Ga 51
Berghaff LU 98 Gb 51
7590* Beringen ME 99 Ga 50
9636 Berlé WI 90 Ff 49
Berschbach ME 99 Ga 50
8079* Bertrange LU 98 Ga 51
4970* Bettange-sur-Mess CA 98 Ff 51
8606 Bettborn RD 98 Ff 50
9452* Bettel VD 91 Gb 49
3253* Bettembourg ES 99 Ga 51
9355* Bettendorf DI 98 Gb 49
6832 Betzdorf GR 98 Gb 50
5410 Beyren GR 98 Gc 51
Bif CA 98 Ff 51
6340 Bigelbach DI 98 Gb 49
8813* Bigonville RD 98 Fe 49
Biirgerkreiz LU 99 Ga 51
7425 Bill ME 98 Ga 50
8811 Bilsdorf RD 98 Fe 49
9946 Binsfeld CL 91 Ga 48
Binzrath ME 99 Ga 50
Birel CA 98 Ff 51
Birkelt EC 91 Gc 50
Birlergrond LU 98 Gb 51
7758 Birtrange ME 91 Ga 50
7777* Bissen ME 99 Ga 50
Bissen-Forges ME 98 Ga 50
3320* Bivange ES 99 Ga 51
9453 Bivels VD 91 Gb 49
6833* Biwer GR 98 Gc 50
9948 Biwisch CL 90 Ff 48
7390* Blaschette ME 98 Gb 50
Bleesbreck DI 98 Gb 49
Bloen-Eck DI 91 Gb 50
7639 Blumenthal GR 98 Gb 50
9637 Bockholtz CL 90 Ff 49
9830 Bockholtz CL 91 Ga 48
9740 Boevange CL 90 Ff 48
8710* Boevange-sur-Attert ME 98 Ga 50
7372* Bofferdange ME 99 Ga 50
Bofort LU 98 Ff 51
Bollendorf-Pont EC 98 Gc 49
9660 Bonnal WI 98 Ff 49
1313 Bonnevoie LU 99 Ga 51
6661* Born EC 98 Gc 50
Born-Moulin EC 98 Gc 50
6835 Boudler GR 98 Gc 50
6835 Boudlerbach GR 98 Gb 50
9639* Boulaide WI 98 Fe 49
Bour RD 98 Ga 50
Bourghaff ME 91 Ga 50
6160* Bourglinster GR 98 Gb 50
9140* Bourscheid DI 90 Ga 49
Boursdorf EC 98 Gc 50
5408* Bous RM 98 Gb 51
9741* Boxhorn CL 90 Ff 48
9641 Brachtenbach CL 90 Ff 48
Brameschhaff CA 98 Ga 51
9360* Brandenbourg VD 91 Ga 49
8816 Brattert RD 98 Ff 49
Brehm RM 98 Gb 51
9950 Breidfeld CL 91 Ga 48
Breidweiler ME 98 Gb 50
6836 Breinert GR 98 Gc 50
Bricherhaff LU 98 Gb 51
8140* Bridel CA 99 Ga 51
9373 Broderbour DI 98 Gb 49
Brosiushaff ME 91 Ga 50
6837 Brouch GR 98 Gb 50
7415* Brouch ME 98 Ga 50
Bruch ES 98 Ff 51
Brücherhaff DI 91 Gb 50
Buchholz GR 98 Gc 51
Buchholzerhaff RM 98 Gb 51
3485 Budersberg ES 99 Ga 52
Buderscheid DI 90 Ff 49
Burange ES 99 Ga 52
9145 Bürden DI 99 Ga 49
Burfelt WI 98 Ff 49
Burgronn ES 98 Ff 52
5675 Burmerange RM 98 Gb 52
Burschtermillen DI 91 Ga 49
7418 Buschdorf ME 98 Ff 50
8610 Buschrodt RD 90 Ff 50

C

8525 Calmus RD 98 Ff 50
5411* Canach RM 98 Gb 51
Cap CA 98 Ff 51
8325 Capellen CA 98 Ff 51
Carlshaff RD 90 Ga 50
Centre Europeen LU 99 Ga 51
1320 Cessange LU 99 Ga 51
7640* Christnach EC 98 Gb 50
9902 Cinqfontaines CL 90 Ga 48
Cite Manertchem EC 91 Gc 50
Clausenhamm LU 99 Ga 51
Claushaff CA 98 Ff 50
Claushaff ME 99 Ga 50
4901 Clémency CA 98 Ff 51
9710* Clervaux CL 90 Ff 48
9378 Closdelt DI 99 Ga 49
Colbette ME 98 Gb 50
7701* Colmar-Berg ME 91 Ga 50
8526 Colpach-Bas RD 98 Fe 50
Colpach-Haut ME 98 Fe 50
6210* Consdorf EC 98 Gb 50
9831 Consthum CL 91 Ga 49
5310* Contern LU 98 Gb 51
3326* Crauthem ES 99 Ga 51
9743 Crendal CL 90 Ff 48
7420* Cruchten ME 99 Ga 50

D

9644 Dahl WI 90 Ff 49
8351* Dahlem CA 98 Ff 51
5680* Dalheim RM 98 Gb 51
Dasburg-Pont CL 91 Ga 48
Deich ES 99 Ga 52
9744 Deiffelt CL 90 Ff 48
9144 Dellen RD 98 Ff 49
9645 Derenbach WI 90 Ff 48
Dickeschbour WI 98 Ff 49
Dickt CL 91 Ga 49
6557 Dickweiler EC 98 Gc 50
9254* Diekirch DI 99 Ga 49
4599* Differdange ES 98 Ff 51
6350 Dillingen EC 98 Gb 49
4974* Dippach CA 98 Ff 51
Dirbach DI 90 Ga 49
Direndall CA 99 Ga 50
9745 Doennange CL 90 Ff 48
1419 Dommeldange LU 99 Ga 51
9647 Doncols WI 90 Fe 49
7423 Dondelange CA 98 Ga 50
9833 Dorscheid CL 91 Ga 48
Dorscheiderhaischen CL 91 Ga 48
Dosterhaff ME 98 Gb 50
9746 Drauffelt CL 90 Ff 48
Dreiborn GR 98 Gc 51
9952 Drinklange CL 90 Ga 48
3401 Dudelange ES 99 Ga 52
Dumontshaff ES 98 Ga 51

E

6477* Echternach EC 91 Gc 50
3961 Ehlange ES 98 Ga 51
4381* Ehlerange ES 98 Ff 51
5419* Ehnen GR 98 Gc 51
8529 Ehner RD 98 Ff 50
Eich LU 99 Ga 51
8472* Eischen CA 98 Ff 50
6196 Eisenborn GR 98 Gb 50
8530* Ell RD 98 Ff 50
5690 Ellange RM 98 Gb 51
8540 Eltz RD 98 Ff 50
8533 Elvange RD 98 Ff 50
5692* Elvange RM 98 Gb 51
5695 Emerange RM 98 Gb 52
Emeringerhaff RM 98 Gb 51
Emeschbad CL 90 Ff 48
Engelshaff LU 98 Gb 50
9747 Enscherange WI 90 Ff 48
9365 Eppeldorf DI 98 Gb 49
9366 Ermsdorf DI 91 Gb 50
6165 Ernster LU 98 Gb 50
7635* Ernzen ME 98 Gb 50
Ernzerbierg ME 98 Gb 50
5408 Erpeldange RM 98 Gb 51
Erpeldange DI 90 Ff 49
9145* Erpeldange-sur-Sûre DI 99 Ga 49
5423 Ersange RM 98 Gb 51
9150 Eschdorf WI 98 Ff 49
8817 Eschette RD 90 Ff 50
4132* Esch sur Alzette ES 98 Ff 52
9650 Esch-sur-Sûre WI 90 Ff 49
6169 Eschweiler GR 98 Gb 50
9651 Eschweiler WI 90 Ff 49
9738* Eselborn CL 90 Ga 48
7424 Essingen ME 99 Ga 50
9010* Ettelbruck DI 99 Ga 49
8715 Everlange RD 98 Ff 50

F

Feischterhaff DI 91 Ga 49
Féitsch WI 90 Ff 48
3332 Fennange ES 99 Ga 51
Fennberg CL 91 Ga 48
Fensterdall ME 99 Ga 50
5811* Fentange LU 99 Ga 51
9175 Feulen DI 98 Ga 49
Fielsmillen EC 91 Gc 50
Fielsmillen GR 98 Gc 50
5740* Filsdorf RM 98 Gb 51
Findel LU 98 Gb 51
Findelshaff LU 98 Ga 51
4979 Fingig CA 98 Ff 51
Firtgeshaff ME 91 Gb 50
7430 Fischbach ME 99 Ga 50
9749 Fischbach CL 91 Ga 48
8812 Flatzbour RD 98 Fe 49
6925 Flaxweiler GR 98 Gb 51
9378 Flebour DI 91 Ga 49
Flebour WI 98 Fe 49
Foetz ES 98 Ff 51
9368 Folkendange DI 98 Gb 49
8835* Folschette RD 90 Ff 50
9454 Fouhren VD 91 Gb 49
Fousbann ES 98 Ff 51
Freckeisen ME 91 Gb 50
Fréiresmillen WI 90 Ff 48
9183 Friedbusch DI 91 Ga 49
Friedhaff DI 99 Ga 49
5751* Frisange ES 98 Gb 51
Frohmillen RM 98 Gb 52
Frombourg EC 98 Gc 50
Furels ME 98 Gb 50

G

8469 Gaichel CA 98 Ff 50
8354* Garnich CA 98 Ff 51
1320 Gasperich LU 99 Ga 51
Geyershaff EC 98 Gc 50
9373* Gilsdorf DI 98 Gb 49
6559 Girst EC 98 Gc 50
6580 Girsterklause EC 98 Gc 50
Givenich EC 98 Gc 50
6170* Godbrange GR 98 Gb 50
Goebelsmühle DI 91 Ga 49
8358* Goeblange CA 98 Ff 50
9954 Goedange CL 90 Ga 48
Goeldt RD 90 Ff 50
9653 Goesdorf WI 90 Ff 49
8360* Goetzingen CA 98 Ff 51
Gondelange RM 98 Gb 51
6180* Gonderange GR 98 Gb 50
7432 Gosseldange ME 99 Ga 50
5425 Gostingen GR 98 Gc 51
Goudelt ME 98 Gb 50
9375 Gralingen VD 91 Ga 49
Grand-Bevange CA 98 Ff 51
Grand-Ducal ME 91 Ga 50
Grass CA 98 Ff 51
6240 Graulinster GR 98 Gb 50
8363 Greisch CA 98 Ff 50
5426* Greiveldange RM 98 Gb 51
7758 Grentzingen DI 99 Ga 49
8818 Grevels RD 98 Ff 49
Grevels LU 98 Ga 51
7433 Grevenknapp ME 98 Ff 50
6755 Grevenmacher GR 98 Gc 50
9751 Grindhausen CL 91 Ga 48
9645 Groëstaen CL 90 Ff 48
Groëstaen GR 98 Gc 50
9154* Grosbous RD 90 Ff 50
Gruef DI 98 Gb 49
9654 Grumelscheid WI 90 Ff 49
6360 Grundhof EC 91 Gb 50

H

9956 Hachiville CL 90 Ff 48
Hackenhaff LU 98 Gb 51
6838 Hagelsdorf GR 98 Gc 50
8365* Hagen CA 98 Ff 51
6370 Haller EC 91 Gb 50
Halsbach EC 91 Gc 50
Hamhaff EC 98 Gc 49
9752 Hamiville CL 90 Ff 48
Hannerhaassel CL 90 Ff 48
Hanzendal ES 99 Ga 52
Harderbach DI 90 Ff 49
9657 Harlange WI 90 Fe 49
Harlange Poteau WI 90 Fe 49
Harthaff ME 91 Gb 50
5762 Hassel LU 98 Gb 51
Haupeschhaff DI 99 Ga 49
9943 Hautbellain CL 90 Ff 48
4910* Hautcharage CA 98 Ff 51
8823 Haut-Martelange RD 90 Fe 50
Heesberhaff RM 98 Gb 51
7653* Heffingen ME 98 Gb 50
9157* Heiderscheid WI 98 Ff 49
Heidscheuer RM 98 Gb 51
Heienhaff LU 98 Gb 51
Heinenhaff DI 99 Ga 49
9753* Heinerscheid CL 91 Ga 48

Heisbich ME 91 Gb 50
9157 Heischtergronn WI 98 Ff 49
7340* Heisdorf LU 99 Ga 50
8819 Heispelt RD 98 Ff 49
Helfent LU 99 Ga 51
3333* Hellange ES 99 Ga 51
7372* Helmdange ME 99 Ga 50
Helmsange LU 99 Ga 51
6243 Hemstal EC 98 Gb 50
6665 Herborn EC 98 Gc 50
Herdermillen RM 98 Gb 51
Hersberg ME 98 Gb 50
5810* Hesperange LU 99 Ga 51
Hessemillen DI 98 Gb 49
Hëttermillen RM 98 Gc 51
9144 Hierheck WI 98 Ff 49
Hingerhaff ME 99 Ga 50
Hirzenhaff DI 98 Gb 49
8369 Hivange CA 98 Ff 51
8372* Hobscheid CA 98 Ff 50
9456 Hoesdorf DI 98 Gb 49
9960 Hoffelt CL 90 Ff 48
7435 Hollenfels ME 98 Ga 50
9962 Holler CL 91 Ga 48
1450 Hollerich LU 99 Ga 51
8820 Holtz RD 90 Fe 50
8279 Holzem CA 98 Ff 51
9834 Holzthum CL 91 Ga 49
Hongerhaff ME 98 Gc 50
Honicht CL 91 Ga 48
Horas RD 90 Ff 50
9376* Hoscheid DI 91 Ga 49
Hoscheiderdickt DI 91 Ga 49
9809* Hosingen CL 91 Ga 48
8537* Hostert RD 90 Ff 50
Hostert LU 98 Gb 51
Houschterhaff DI 91 Ga 49
8538 Hovelange RD 98 Ff 50
Howald LU 99 Ga 51
9964 Huldange CL 90 Ff 48
3341* Huncherange ES 99 Ga 51
Hùnnebour ME 99 Ga 50
7395 Hünsdorf ME 99 Ga 50
9755 Hupperdange CL 90 Ga 48
8539 Huttange RD 98 Ff 50

I

9145* Ierpeldeng = Erpeldange DI 99 Ga 49
6195 Imbringen GR 98 Gb 50
9160* Ingeldorf DI 99 Ga 49
9660 Insenborn WI 98 Ff 49
5950* Itzig LU 98 Gb 51

J

Jacobsbierg EC 98 Gc 50
Jardin Napoléon RD 98 Ff 49
Jénkenhaff RD 98 Ff 50
Juckefeld ME 98 Gc 50
Junglinster GR 98 Gb 50

K

Käerjeng CA 98 Ff 51
Kaesfurt CL 91 Ga 48
aesfurt CL 91 Ga 48
affishaff LU 98 Gb 51
ahler CA 98 Ff 51
Kalborn CL 91 Ga 48
Kalkesbach EC 91 Gb 50
Kannerduerf ME 99 Ga 50
Kapellebour CA 98 Ff 51
Kapenacker GR 98 Gc 51
Kapweiler RD 98 Ff 50
2 Kaundorf WI 90 Ff 49
9663 Kautenbach WI 90 Ff 49
3616* Kayl ES 99 Ga 52
8284* Kehlen CA 98 Ga 51
9163 Kehmen DI 98 Ga 49
8293* Keispelt CA 99 Ga 50
9364 Keiwelbach DI 98 Gb 49
Kelleschhaff ME 91 Gb 50
9776 Kiischpelt WI 90 Ff 49
Kimm RD 98 Fe 49
Kinnikshaff RD 98 Ff 49
Kinsick GR 98 Gb 50
Klaus CL 90 Ff 48
Klaus RD 90 Fe 50
Kleck DI 98 Gb 49
8381* Kleinbettingen CA 98 Ff 51
Kleinhoscheid WI 90 Ff 48
Klenge Bourghaff DI 91 Ga 50
Klengelbour CA 99 Ga 51
9710* Klierf = Clervaux CL 90 Ff 48
9759 Knaphoscheid WI 90 Ff 48
Kobenbour ME 98 Gb 50
Kocherei CL 91 Ga 48
Kockelscheuer ES 99 Ga 51
6155 Koedange ME 98 Gb 50
Koenerhaff DI 90 Ff 49
Koeppenhaff DI 99 Ga 49
8383* Koerich CA 98 Ff 50
8821 Koetschette RD 98 Fe 49
Kohn ME 91 Gb 50
Komp CL 90 Fe 49
8184* Kopstal CA 99 Ga 51
Kreizenbéicht ME 98 Gb 50
Kreizerbuch RD 98 Ff 50
Kreizwé CA 98 Ff 51
8822 Kuborn RD 98 Ff 49

L

9635* Lac de la Haute Sûre WI 90 Fe 49
Lallange ES 98 Ff 51
4874* Lamadelaine ES 98 Ff 51
Lameschmillen WI 90 Ff 49
9457* Landscheid VD 91 Ga 49
Langent EC 91 Gc 50
8542 Lannen RD 98 Fe 50
7610* Larochette ME 98 Gb 50
4501* Lasauvage ES 98 Fe 51
9968 Lausdorn CL 91 Ga 48
Lauterbourg EC 98 Gc 50
Leesbech CA 98 Ff 50
Lehrhaff WI 98 Ff 49
Leidenbach ME 98 Gb 50
9970 Leithum CL 91 Ga 48
Leitrange RD 98 Ff 50
Lellerhaff ME 99 Ga 50
6839 Lellig GR 98 Gc 50
9760 Lellingen WI 90 Ga 49
5430* Lenningen RM 98 Gb 51
9761 Lentzweiler CL 90 Ff 48
3358* Leudelange ES 99 Ga 51
8543 Levelange RD 98 Ff 50
Leymillen ES 98 Gb 51
9665 Liefrange WI 90 Ff 49
9972 Lieler CL 91 Ga 48
Lilien EC 98 Gc 50
4499 Limpach ES 98 Ff 51
Limpertsberg LU 99 Ga 51
4797* Linger CA 98 Ff 51
7447* Lintgen ME 99 Ga 50
9164 Lipperscheid DI 91 Ga 49
3378 Livange ES 99 Ga 51
9459 Longsdorf VD 98 Gb 49
Lorentzscheier LU 98 Ff 51
7372* Lorentzweiler ME 99 Ga 50
Luitzhausen WI 90 Ff 49
9762 Lullange CL 90 Ff 48
1009* Luxembourg LU 99 Ga 51

M

6841* Machtum GR 98 Gc 51
8220 Mamer CA 98 Ff 51
6850 Manternach GR 98 Gc 50
Marbourg CL 91 Ga 48
7411 Marienthal ME 99 Ga 50
Marienthalerhaff ME 99 Ga 50
Markenbach DI 91 Ga 49
9764* Marnach CL 91 Ga 48
Marscherwald ME 98 Gb 50
Martelinville RD 98 Fe 49
Marxberg VD 98 Gb 49
Masseler DI 90 Ga 49
Maulusmillen CL 90 Ff 48
9710 Mecher CL 90 Ff 48
9765 Mecher WI 90 Ff 49
7660* Medernach DI 91 Gb 50
5355 Médingen LU 98 Gb 51
8291 Meispelt CA 98 Ga 50
Mélick EC 91 Gc 50
Mélicksheck ME 98 Gb 50
6933* Mensdorf GR 98 Gb 51
9670 Merkholtz WI 90 Ff 49
1313 Merl LU 99 Ga 51
7520* Mersch ME 99 Ga 50
9157 Merscheid WI 98 Ff 49
9380 Merscheid VD 91 Ga 49
6630 Mertert GR 98 Gc 50
9170* Mertzig DI 90 Ga 50
Meysembourg ME 98 Gb 50
9172* Michelau DI 99 Ga 49
9173 Michelbouch RD 90 Ga 50
Michelsbierg EC 98 Gc 50
Michelshaff EC 98 Gc 50
Mierschgronn CA 98 Ff 50
Milbech LU 98 Gb 51
Millebach EC 98 Gb 49
Misere WI 98 Ff 49
6690* Moersdorf EC 98 Gc 50
7462* Moesdorf ME 99 Ga 50
9381* Moestroff DI 98 Gb 49
6695 Mompach EC 98 Gc 50
3943* Mondercange ES 98 Ff 51
5612* Mondorf-les-Bains RM 98 Gb 51
Moserhaff DI 98 Gb 49
5339* Moutfort LU 98 Gb 51
7680 Müllerthal EC 98 Gb 50
Münsbach LU 98 Gb 51
Münschecker GR 98 Gc 50
9766 Munshausen CL 90 Ga 48

N

9461 Nachtmanderscheid VD 91 Ga 49
8544 Nagem RD 98 Ff 50
9837 Neidhausen CL 91 Ga 48
Neihaff WI 98 Ff 49
Neiheisgen LU 98 Gb 51
Neimillen CA 98 Ff 50
6940 Neudorf LU 99 Ga 51
9671 Neunhausen WI 98 Ff 49
6940* Niederanven LU 98 Gb 51
4681 Niedercorn ES 98 Ff 51
5433* Niederdonven GR 98 Gc 51
7431 Niederglabach ME 99 Ga 50
8545 Niederpallen RD 98 Ff 50
Niedert LU 98 Ga 51
9672 Niederwampach CL 90 Fe 48
Niederwiltz WI 90 Ff 49
9674 Nocher WI 90 Ff 49
Nocher-Route DI 90 Ff 49
8550* Noerdange RD 98 Ff 50
9676 Noertrange WI 90 Ff 49
3380* Noertzange ES 99 Ga 51
7465 Nommern ME 98 Gb 50
8391* Nospelt CA 98 Ff 50
9678 Nothum WI 90 Ff 49

O

Obenthalt ME 98 Ga 50
6970* Oberanven LU 98 Gb 51
4671 Obercorn ES 98 Ff 51
5435 Oberdonven GR 98 Gc 51
9838 Obereisenbach CL 91 Ga 48
9180* Oberfeulen DI 98 Ga 49
7465 Oberglabach ME 99 Ga 50
8552 Oberpallen RD 98 Fe 50
9673 Oberwampach CL 90 Ff 48
5351* Oetrange LU 98 Gb 51
Oligsmillen ME 98 Gb 50
6951* Olingen GR 98 Gb 50
8394* Olm CA 98 Ga 51
8540 Ospern RD 98 Ff 50
Osterholz ME 98 Gc 50
6570* Osweiler EC 98 Gc 50

P

Pafebierg EC 98 Gc 50
9809* Parc Hosingen DI 91 Ga 49
Peckelshaff RD 90 Ga 50
3390* Peppange ES 99 Ga 51
8826* Perlé RD 90 Fe 50
4750* Pétange ES 98 Ff 51
Petit-Bevange CA 98 Ff 51
8557 Petit-Nobressart RD 98 Fe 50
7463 Pettingen ME 99 Ga 50
9767 Pintsch WI 90 Ga 49
Pissange ES 98 Ff 51
Plankenhaff ME 99 Ga 50
8611 Platen RD 98 Ff 50
Pleitrange LU 98 Gb 51
9638 Pommerloch WI 90 Fe 49
4393* Pontpierre ES 98 Ga 51
Posselt ME 91 Gc 50
Potaschberg GR 98 Gc 50
8612* Pratz RD 90 Ff 50
8606 Préizerdaul RD 98 Ff 50
Pretemer CA 98 Ff 51
7460 Prettingen ME 99 Ga 50
Prévent ME 98 Gb 50
9462* Putscheid VD 91 Ga 49

Q

Quatre-Vents CA 98 Ga 50
Quatre Vents WI 98 Ff 49

R

8805* Rambrouch RD 90 Fe 50
6972* Rameldange LU 98 Gb 51
Ratt CA 98 Ff 51
7595* Reckange ME 99 Ga 50
4981* Reckange-sur-Mess ES 98 Ga 51
Recken-Dall LU 99 Ga 51
Reckingerhaff RM 98 Gb 51
8506* Redange-sur-Attert RD 98 Ff 50
8558 Reichlange RD 98 Ff 50
8614 Reimberg RD 98 Ff 50
9390* Reisdorf DI 98 Gb 49
5440* Remerschen RM 98 Gb 52
5540* Remich RM 98 Gb 51
7670 Reuland ME 98 Gb 50
9768 Reuler CL 90 Ga 48
Rindschleiden RD 98 Ff 49
9181 Ringel WI 90 Ga 49
6246 Rippig EC 98 Gb 50
8720 Rippweiler RD 98 Ff 50
4812* Rodange ES 98 Fe 51
Ródbach RD 98 Ff 50
6955* Rodenbourg GR 98 Gb 50
Rodenhaff EC 98 Gc 50
9769 Roder CL 91 Ga 48
9839 Rodershausen CL 91 Ga 48
3392* Roedgen ES 98 Ga 51
5442 Roedt RM 98 Gb 51
3394* Roeser ES 99 Ga 51
5443 Rolling RM 98 Gb 51
7516* Rollingen ME 99 Ga 50
Rollingergrund LU 99 Ga 51
8832 Rombach-Martelange RD 98 Fe 49
Roodt CA 98 Ff 50
8530 Roodt-lès-Ell RD 98 Fe 50
Roodt-sur-Syre LU 98 Gb 50
Roost ME 99 Ga 50
6580* Rosport EC 91 Gc 50
Rossmillen CL 91 Ga 48
9681 Roullingen WI 90 Ff 49
Rousch ME 99 Ga 50
3730* Rumelange ES 99 Ga 52
9770 Rumlange CL 90 Ff 48

S

7470* Saeul RD 98 Ff 50
5231* Sandweiler LU 98 Gb 51
4987* Sanem ES 98 Ff 51
9976 Sassel CL 90 Ff 48
6380 Savelborn DI 91 Gb 50
Schaedhaff LU 98 Gb 51
8620 Schandel RD 98 Ff 50
Schaulsmillen WI 90 Fe 49
Scheidberg GR 98 Gc 50
9182 Scheidel DI 98 Ga 49
6251* Scheidgen EC 98 Gc 50
Scheierbierg RM 98 Gb 51
Scheierhaff LU 98 Gb 51
5445* Schengen RM 98 Gb 52
Scherbach ME 98 Gb 50
Scherbach ME 98 Gb 50
9125* Schieren DI 91 Ga 50
3850* Schifflange ES 98 Ga 51
Schiltzbierg ME 98 Gb 50
9684 Schimpach CL 90 Ff 48
Schleiderhaff ME 91 Ga 50
9654 Schleif WI 90 Ff 49
Schleiterhaff ME 91 Gc 50
8079 Schlewenhaff ES 98 Ga 51
9183 Schlindermanderscheid DI 90 Ga 49
9839 Schmitzdelt CL 91 Ga 48
7473 Schoenfels ME 99 Ga 50
7475 Schoos ME 98 Gb 50
Schorenshaff GR 98 Gc 50
4994* Schouweiler CA 98 Ff 51
5360* Schrassig LU 98 Gb 51
9184 Schrondweiler ME 91 Ga 50
Schuttbourg WI 90 Ga 49
5367* Schuttrange LU 98 Gb 51
8561 Schwebach RD 98 Ff 50
5447 Schwebsange RM 98 Gb 51
8562 Schweich RD 98 Ff 50
Schwunnendall CA 99 Ga 50
9682 Selscheid WI 90 Ff 48
Selz DI 98 Gb 49
6960* Senningen LU 98 Gb 51
Senningerberg LU 98 Gb 51
8396* Septfontaines CA 98 Ff 50
Seylerhaff ME 91 Ga 50
9840 Siebenaler CL 90 Ga 48
8396 Simmerschmelz CA 98 Ff 50
4463* Soleuvre ES 98 Ff 51
9647 Sonlez WI 90 Fe 49
Soup ME 98 Gb 50
Spirberich DI 91 Ga 50
4970* Sprinkange CA 98 Ff 51
5451* Stadtbredimus RM 98 Gb 51
Stafelter LU 99 Ga 51
9186 Stegen DI 91 Ga 50
Steinborn ME 98 Gb 50
8437* Steinfort CA 98 Ff 51
7322* Steinsel LU 99 Ga 50
9771 Stockem CL 90 Ff 48
9463* Stolzembourg VD 91 Ga 49
8008* Strassen LU 99 Ga 51
Strunk CL 91 Ga 48
9687 Surré WI 98 Fe 49
5898 Syren LU 98 Gb 51

T

9181 Tadler WI 90 Ff 49
9395 Tandel VD 98 Gb 49
9351* Tandel VD 98 Gb 49
9689 Tarchamps WI 90 Fe 49
3784* Tétange ES 99 Ga 52
Thillsmillen CA 99 Ga 51
Tomm DI 99 Ga 49
Tonn DI 98 Gb 49
5460 Trintange RM 98 Gb 51
9772 Troine CL 90 Ff 48
9773 Troine-Route CL 90 Ff 48
9905* Troisvierges CL 90 Ff 48
Tschiddeschmillen DI 99 Ga 49
7480* Tuntange ME 98 Ga 50

U

5376 Uebersyren LU 98 Gb 51
Uerschterhaff ES 98 Ff 51
9838 Untereisenbach CL 91 Ga 48
Unterschlinder DI 91 Ga 49

/4 Urspelt CL 91 Ga 48
3706* Useldange RD 98 Ff 50

V

9366 Vallée de l'Ernz DI 98 Gb 49
Vesquenhaff ES 98 Ff 51
9410* Vianden VD 91 Gb 49
9190* Vichten RD 90 Ff 50
Vugelsmillen EC 91 Gb 50

W

8838* Wahl RD 98 Ff 49
9841* Wahlhausen CL 91 Ga 49
7680* Waldbillig EC 98 Gb 50
5465 Waldbredimus RM 98 Gb 51
Waldhaff LU 98 Gb 51
7220* Walferdange LU 99 Ga 51
9392 Wallendorf-Pont DI 98 Gb 49
9465 Walsdorf VD 91 Gb 49
Wandhaff CA 98 Ff 51
9019* Warken DI 99 Ga 49
6630* Wasserbillig GR 98 Gc 50
9690 Watrange WI 90 Fe 49
6868* Wecker GR 98 Gc 50
6868 Wecker-Gare GR 98 Gc 50
9775 Weicherdange CL 90 Ff 48
Weidemillen RM 98 Gb 52
Weidendall CA 99 Ga 51
9517* Weidingen WI 90 Ff 49
9462 Weiler VD 91 Ga 49
9982 Weiler CL 90 Ff 48
Weilerbach EC 98 Gc 49
5772* Weiler-la-Tour LU 98 Gb 51
9990* Weiswampach CL 91 Ga 48
5698 Welfrange RM 98 Gb 51
5470* Wellenstein RM 98 Gc 51
9191 Welscheid DI 99 Ga 49
7713* Welsdorf ME 91 Ga 50
9780 Wëntger = Wincrange CL 90 Ff 48
Weydert ME 98 Gb 50
6880 Weydig GR 98 Gb 50
6155 Weyer ME 98 Gb 50
Wickrange ES 98 Ff 51
Wiltgeshaff RD 90 Ff 50
9573* Wiltz WI 90 Ff 49
9980 Wilwerdange CL 90 Ff 48
9776 Wilwerwiltz WI 90 Ff 49
9780 Wincrange CL 90 Ff 48
9696 Winseler WI 90 Ff 49
5495 Wintrange RM 98 Gb 51
Wolfsmillen CA 98 Ff 51
Wolpert ME 98 Gc 50
8833 Wolwelange RD 90 Fe 50
5480 Wormeldange RM 98 Gb 51
Woulkeschdau ES 99 Ga 52

X

–

Y

–

Z

6255 Zittig EC 98 Gc 50